北京舞蹈学院"十四五"时期
科研成果出版资助计划项目
Publishing Funding Project of Academic Achievements
of Beijing Dance Academy's "14th Five-Year Plan"

北京市教育委员会科学研究计划项目资助（SM201910051002）

新时代高等院校素质教育形体练习系列教材

素质教育 形体课程

（男班）

主编　胡　晓

U0771671

中国教育出版传媒集团
高等教育出版社·北京

内容提要

本教材为"新时代高等院校素质教育形体练习系列教材"之男班卷，内容丰富，体系完备，图文并茂。教材科学进阶，梯度合理，精心编写了初级、中级、高级的 5 个阶段即 5 个课例。每课例包含 20 个练习组合，全书共计 100 个组合，循序渐进，适应不同层次的学习者使用。书中不仅详述课程教法，配以清晰示范图片，还附有高清视频动作演示和专用钢琴伴奏音乐，学习者可通过文中二维码便捷观看，助力更好地掌握动作规范与目标达成。

系列教材共分为女班卷、男班卷和伴奏谱例三册，共计 10 课例、200 个练习组合，均根植于芭蕾舞蹈的教学方法为基础，内容丰富、系统、优雅。既可作为综合类高等院校学生舞蹈美育的练习教材，也适用于非专业舞蹈类学生的训练需求，更为广大舞蹈形体爱好者提供帮助。

图书在版编目（CIP）数据

素质教育形体课程. 男班 / 胡晓主编. --北京：高等教育出版社，2024. 9

ISBN 978-7-04-060305-7

Ⅰ.①素… Ⅱ.①胡… Ⅲ.①男性-形体-健身运动-高等学校-教材 Ⅳ.①G831.3

中国国家版本馆CIP数据核字（2023）第055901号

Suzhi Jiaoyu Xingti Kecheng（Nanban）

策划编辑	张卓卓	责任编辑	张卓卓	封面设计	李树龙	版式设计	徐艳妮	责任绘图	裴一丹
责任校对	窦丽娜	责任印制	刁 毅	图片摄影	胡 晓	后期监制	覃 超
视频制作	刘彦良	李 维	任海波	音乐录音	施 政	任海波	刘彦良

出版发行	高等教育出版社	网 址	http://www.hep.edu.cn
社 址	北京市西城区德外大街 4 号		http://www.hep.com.cn
邮政编码	100120	网上订购	http://www.hepmall.com.cn
印 刷	涿州市京南印刷厂		http://www.hepmall.com
开 本	787mm×1092mm 1/16		http://www.hepmall.cn
印 张	29.25		
字 数	490 千字	版 次	2024 年 9 月第 1 版
购书热线	010-58581118	印 次	2024 年 9 月第 1 次印刷
咨询电话	400-810-0598	定 价	79.80 元

本书如有缺页、倒页、脱页等质量问题，请到所购图书销售部门联系调换

版权所有　侵权必究

物 料 号　60305-00

编写组成员

主　编：胡　晓

主　审：许定中

编　委：李春华　汪华馨　张玉萍　李　里　吴　卉　杨　楠

　　　　张颖雪　马　南　帅晓军　张　栩　杨　扬

前 言

本教材是在 2019—2020 年北京市教委科研计划社科一般项目"新时代高等院校素质教育芭蕾形体训练研究"的基础上，对我国高校形体课程教材的研发工作。为了加快发展和提高全国美育教育水平，深入贯彻落实习近平总书记关于学校美育的重要论述，做好深化学校美育工作及改革实践，已成为全国各条教育战线落实立德树人根本任务的重要工作之一。面向我国综合类高等院校的舞蹈形体课程研究，也逐步成为辐射全国舞蹈美育教育的重要环节。高校是学校美育创新研究和美育实施推进的重要阵地，也是我国高素质人才培养和全国美育师资培养的重要阵地。

我们在逐步展开的中西方高校舞蹈形体美育的时代需求与现状对比中，发现我国目前高校形体教学方式和教材一些问题与缺失。该教材围绕国家倡导的新时代创新精神与现实的社会需求，去阐述如何做好课程教材的分层设计与方案研究。并结合在北京多所高校实际调研与教学的实例，总结出可供课程具体实施和推广应用的方法。希望我们的探索能为我国舞蹈美育教育的可持续研究提供路径和基础。

一、高校舞蹈形体美育的需求与现状

（一）时代发展和教育进步的需求

在我国综合实力高速发展的新时代里，如何提高综合类高等院校在校大学生素质教育中的美育教育水平，一直是国家领导人和教育主管部门关心的重要问题。北京市教育委员会目前大力开展学校的美育工作，积极组织相关的教学研究和科研项目，我们在这里主要展开对高等学校舞蹈形体美育的研究。在素质教育中，美育教育是不可缺少的重要部分，缺少美育的教育不是真正的素质教育。舞蹈形体课程，是舞蹈美育的核心组成部分之一。培养全国高校学生对美感的认知与体验，培养青年学生们优雅的形体，并逐步提高艺术审美能力，都成为与美的理论、美的知识、美的规律相关联的体系化的美育教育。

在舞蹈形体美育中，我们要让学生们切身地参与到身体的舞动中来。通过有规律的课程学习，在科学的方式下去展开练习，逐步达到身心共同的美育培养。在身体体态、姿态、动律较为符合现代人体审美特征的练习方法中，芭蕾舞的教学模式和动作语言得到相对广泛的认可，"可以说，舞蹈的科学训练与形体美育在芭蕾艺术中是统一着的。"[①] 以芭蕾舞蹈为基础的形体课程，可以让学生们在认识身体各关节部位和参与运动肌肉的同时，逐步培养出青年人挺拔、舒展、积极向上的体态和动律。并在优美的钢琴伴奏音乐中，陶冶学生们的艺术情操，抒发他们在新时代校园中健康洋溢的身心。

（二）国内外形体美育教材研究现状

要让我们所倡导的美育教育理念落地开花，就不能仅仅是观念研究或文化研究。而是要在国家的号召中更快进入到实质性的教学研究中去。教材，是支撑实际教学和模式推广的重要支柱。没有实质的、系统的、优质的教材，没有适合我们学生年龄特点、接受层级的教学内容，就很难开展优质有效的舞蹈美育教育。培养出可支配、有规范、有意识的身体，才可以逐步成为更多舞蹈内涵表达的可能和基础。

从高校舞蹈形体课程的研究现状来看，芭蕾舞蹈作为形体教学的基础课程，在美国、英国、法国等综合类高等院校中（美国芝加哥大学、纽约州立大学、英国诺丁汉大学等）都有着较好的应用经验和历史传承。但他们具体实施的教材内容，几乎都掌握在执行课教师的个人教案里，我们目前还没有发现他们出版的专门针对综合类高等院校研发的指导教程。而只是在多次的出国考察中，发现并察觉到他们对芭蕾形体课程的重视性和广泛实施。

同时，从走访调研北京知名的综合类高等院校来看（清华大学、北京大学、中国传媒大学等），他们的大学本科生或舞蹈队在舞蹈练习中，也主要使用了芭蕾舞蹈的训练方法和内容，教师和学生们都非常地认可这样的形式。但又苦于此类专项指导教材的匮乏，可以参考学习的文字教案和视频材料都不够专业系统，其指导教材的丰富性就更是无从谈起。全国的高等院校也都有比较相同的问题。

目前能够在国内正式出版物中获得的指导教程，也不够完善和系统，不具备足够

---

① 于平. 形体美育与舞蹈科学训练 [N]. 北京：中国艺术报，2017 年 4 月 21 日：第 3 版。

的专业指导性。其存在的缺失大致可以划分为四类：

1. 只有文本式的教法专著，无可视示范教程。学习者难以读懂舞蹈动作在空间、时间中丰富的变化，一切只能依靠动作想象的方式来学习。

2. 只有可视示范教程，没有文本式的教法专著。学习者无法系统地掌握所有舞蹈动作的具体名称与节拍分配，教师们也不能将课程准确地传授给学生。

3. 芭蕾课程指导专门化的很少，多舞种混搭的教材较多。出现芭蕾舞与中国古典舞、中国民间舞、外国民间舞相互混搭的教材。学习使用者难以系统而专注地在其中获取相对精准的课程内容。

4. 现有教程涵盖的课例体量有限、层级不清。目前国内出版的文献类或可视类指导教程，所包含的课例量较小。按照大学三年共6个学期（1年实习期除外）的在校学习时间来分配，其现有教程涵盖的指导和参考内容都是远远不够的。

由此，我们迫切需要针对高校美育教材在现阶段的不足与缺失，及时根据我们授课的对象，展开一系列的适用教材研究。去做好我国高校舞蹈美育教育的具体实施工作，让学生花费在舞蹈美育课程中的宝贵时间，学好走正，有所收获。

二、高校舞蹈形体美育课程的时代创新

（一）专用教材系统化的整体设计

以中西方都有教育基础的形体课程为研究载体，以中国特色文化背景下的综合类高校学生为对象，我们需要研发一套针对性强、指导性高、内容丰富的课程内容，为后续的舞蹈美育研究提供具有高度参照性和借鉴性的科研成果。

此项目负责人胡晓教授组织了课题研究团队10人，主要来自北京舞蹈学院芭蕾舞系老中青三代优秀教师，正高6人，副高1人，讲师3人。大家齐心协力、严谨认真地进行课题研发，将我们在教材编创研究中的设计理念和编创方法分享给大家，亦为此后的同类研究提供参考。课题研究采取深入考察、撰写验证、实施拍摄，三步走的方法来展开：

1. 深入考察、探访、收集工作：有针对性地设定考察对象与合作单位。考察清华大学、北京大学、中国传媒大学、四川大学、四川传媒大学等在内的多所国内综合类高等院校。组织有计划的教学内容观察、练习成果收集比对、教师授课经验采访等研究材料的收集工作。

2. 撰写教材课例工作：将收集、整理和访谈到的所有相关材料，分类、分批的按需要分析研究。按照所得依据，集体讨论之后，实施具体的教材课例编写工作，这也是此类研究内容中的核心工作。

根据高校大学生的年龄和舞蹈水平。我们从初始级别开始，设计完成了一整套的男班、女班完全独立的高校专用形体美育教程。总体内容设计为 5 个阶段 10 个课例，200 个练习组合，可以给任何类型的综合类大学四年本科，以覆盖性的课程关照。这是以往此类研究中从未达到的大体量的、全新模式的创新研发。

3. 教材实施实验，拍摄制作教程的视频、音频：将撰写的课例教程，实施于以前期考察过的高等院校，实验性的展开教学工作，在不断地反馈中及时修改、修正教材内容。在磨合、验证、定稿之后，再组织专业的拍摄队伍，安排优秀的示范学生，与钢琴伴奏老师编创好的音乐一起完成拍摄。

对于研究成果的教程出版物，我们也构思了新的设计理念，要求全套教材易读易用。为了学习者能够获得最大的使用便捷，以及对课程的准确掌握，成果中的每一堂课例都要包含：

（1）有详细的课程教法文字叙述，并配有清晰明了的示范动作图片；

（2）全部课程的练习组合，都有高清视频的示范展示；

（3）全部课程的专用课堂音乐，都有钢琴伴奏谱集的汇编；

（4）全部课程，配有钢琴伴奏音频。

这样四位一体的成果形式，也是对现有的此类舞蹈美育教程出版物内容与形式的全面创新。

（二）男女性别特质的专属练习

在以往的同类研究中，舞蹈形体课程通常都以女生为主，男生往往会被忽视。这个问题，在儿童和中小学年龄段的教材中尚不明显，但在高校形体教程中就极为突出。这也是造成高校男女学生舞蹈美育发展不平衡的问题之所在。由此，需要在当前的课程设计中，创新性、针对性地加入并区分男女生各自的教学内容，在尊重性别特质的同时，也更好地去完成各自性别气质与体态、体貌的独立培养。

在课程中男女性别化动作和组合方式，是有不同之处的。包括男女姿态、动律和心理外化呈现的不同区分，都需要具有专门化职业工作能力的教师去设计教程。我们在集体讨论课程总体难易程度和具体推进关系的基础上，将 10 位主要项目工作人员划分为三个不同的工作组别，由胡晓教授（男班）、张玉萍教授（女班）、吴卉讲师（乐谱）为主导的三个研究小组，分别去完成男班练习教程、女班练习教程、钢琴伴奏编曲的具体研究。课程总体设计为 5 个阶段，男班 5 课例，女班 5 课例。要有逻辑关系地逐步设计每一堂课例的程度和进度，还要找到每一堂课例内部之间内容的平衡关系。使每一堂课例的 20 个练习组合，保持彼此间合理的、平衡的推进逻辑。

我们认为，此类舞蹈美育的教材研究，不应只是专业芭蕾训练教材的简化和缩影，而应是完全针对综合类高校学生层级水平的丰富性创造。这既是此类研究专业化含金量的程度体现，也是完成好此类研究的重要前提和保障。

三、高校舞蹈形体美育的实施与推进

（一）不同层级的安排实施

为了舞蹈形体美育研究工作的顺利推进，我们应该更多地走进高校，多去观察不同层级水平的学生，为确立实际的研究依据和储备必要的研究条件，多做积累。只有这样，才有可能研发出针对性强、适用性高、辐射面广的优质教材。

我们要观察综合类高校在舞蹈美育教育中相关的选修课程、必修课程，包括所在高校的艺术系、艺术社团、有建制的舞蹈队的练习环节与课程设置。观看他们的招新录用、基础训练、技术考核、艺术比赛、文艺汇演等具体活动。我们在实际的调研中与教师、学生访谈，了解到高校对芭蕾形体教学内容专门化、类型化、丰富化的种种迫切需求。

我们在舞蹈美育课程教材的研发中，要从内容的受众群体去仔细设计课程内容的难易程度和递进方式。既要考虑在高校普及类舞蹈美育课程中，对学生普遍初级水平的程度教授，要为青年学生们做好从入门级出发的课程设计，也要考虑到在课程结束之时，他们可以达到和提高的级别水平。教育部在 2019 年 4 月发布的《关于切实加强新时代高等学校美育工作的意见》教体艺〔2019〕2 号中指出："高校美育要以艺术教育的改革发展为重点，紧紧围绕高校普及艺术教育、专业艺术教育和艺术师范教育三个重点领域，大力加强和改进美育教育教学。"[①] 这里提到的三个领域，都需要在具体的教材研究中有针对性的兼顾涉及。

---

① 教育部关于切实加强新时代高等学校美育工作的意见 [2019-04-02].

参看我们正在研究中的形体课程教材，其 5 个递进式层级 200 个组合的内容设定，也正是为了更好地去兼顾这样的教学任务。初级阶段 1 课例的 20 个练习组合，主要设定对象是零基础、起始级的舞蹈美育普及类学生，一切从最基础的姿态、位置、节奏开始学习。初级阶段 2 课例，是在初级阶段 1 上的提高，可以是普及类学生的发展级。中级阶段 1 课例，可以是普及类学生的较高级别，也可以是接受专业艺术教育高校生的起始级。中级阶段 2 课例，可以是专业艺术高校生的发展级。高级阶段课例，可以是专业艺术高校生的较高级。中级阶段 2 和高级阶段也可以是普及类学生能力提高之后的延展级，这取决于高校学生入校时的舞蹈基础水平，以及在教师指导下的进步速度。

这些相对丰富、针对性强的舞蹈课程，将有助于快速解决我国舞蹈美育形体教学方法混乱、教材陈旧、层级单薄等迫切需要改变的关键性问题。此类研究的创新性成果，给现有高校舞蹈美育教育提供了丰富而专业的指导性材料。并在完善目前高校课程教材更新迭代的同时，也为日后更多的高等教育师资培训、培养（师范类高等学院）等众多走向产生广泛而深远的实用价值。

（二）阶梯型教材的递进推动

按照高校大学生由低至高的年级增长，舞蹈美育学习时长由少至多的不断增加，我们在形体课程中去完成的学习任务，也需要向攀登"台阶"一样地向上延展、向前推进，只有这样才能满足广大青年学生对优质丰富美育资源的期盼。

首先，要在教材研究中做好阶梯式教学内容的设计，为高校美育教师和学生准备好授课材料。这需要教材的研究员们对整个芭蕾形体课程的内容，具备相当高水平的掌握能力和丰富的实践操作经验。要从众多的练习动作和训练技术中，挑选出适合高校普及舞蹈美育教学的针对性内容，并安排设计出每一级课例学生们可以达到的进度标准。课级进度之间的"台阶"不能过高，缺乏合理进阶步骤的教学目标，会降低或失去对形体美育成果的实现。相反"台阶"也不能过低，提升目标不明显或不明确，学生对形体美育的投入和兴趣也会逐步削弱和消散。

以前期研究的高校形体美育教程为例，我们从以往完整的芭蕾动作练习内容和步骤中，挑选和设定适应普遍大学生年龄层级和接受能力的练习内容和练习方式，使其能够较好地去完成形体美育的培养目标。我们舍弃了在教室地面上坐立和平躺的少儿式练习方式，将所有下肢的伸蹦和屈伸练习都直接从扶把部分站立展开。在沿地面向外延伸的 Battement tendu（擦地）和双腿屈伸蹲起的 Demi plié（蹲起）中，放慢节奏和简化运动方向，逐步展开对大学生身体形态和风度气质的练习。Battement tendu 从第 1 阶段八拍一次的运动节奏，向第 5 阶段一拍一次的难度去递进。运动方式也从双手扶把辅助人体重心站立，单一向旁的多次、重复运动开始学习，再逐级的推进到站立在教室中间去完成好在 En face（正面）舞姿站立、Épaulement（侧面）姿态方向、带En tournant（转动）舞姿的种种练习。同时，考虑普及类大学生不需要去学习更多的舞台上技术技巧动作，我们也在教材中减弱了对高难度的跳跃技巧，以及复杂的炫技般的复合类旋转技术的课程内容，而是更多地加入对大学生们在 Port de bras（头手练习）的韵律中，上身与下肢协调配合的运动练习。也将 Pas balancé（摇摆步）、Pas de basque（交叉步）、Pas couru（快跑步）、Pas chassé（滑动步）、Temps levé（单腿推跳步）等优雅的、功能性的舞步设计加入到不同层级的课程中去。以使青年大学生们在舞蹈艺术的美育培养中，逐步获得一个行动舒展、举止优雅、活泼能动的形体与姿态。

其次，另一个完成好阶梯式推动教学的关键环节，是课堂中执行教材教学的授课教师。她（他）们要有意识、有经验地去根据具体的教授对象，在已有教材内容中，做好有针对性、选择性的调配施教。有条理、有方法的去逐步完成递进推动式的教学模式，以达到美育课程最终的教学目标。

我国的综合类高校美育教育处在建设中的发展时期，各高校对于舞蹈美育的课程设置各不相同，大学生们在舞蹈课堂中的练习时间也各不相同。有的综合类学校或年级每周设置一次舞蹈课（90 分钟），有的艺术类学校或班级每周设置两次或三次舞蹈课等，各不相同。同样，以我们前期研究的 5 课例的男女班教材为例，就需要每一个授课教师或学校的教研组，在面对本校学生舞蹈基础和能力情况下，结合可支配的课堂时间，可以有取舍的在 200 个组合中选择部分内容去展开教学。我们教材给出的是一个较为宽泛概念的形体美育教学内容，这是一种有别于纯粹芭蕾表演专业训练的内容和方式。按不同的层级递进教学，它适用于非芭蕾专业的所有高校普及类舞蹈美育，以及准专业舞蹈教育类的形体基训课程。在与课例视频配套的文本专著中，不仅有每一个组合所有动作和节拍的详细描述，还包括了对每个组合练习目的和练习要求在内的三个版块的丰富阐述：

1. 练习目的与教学内容；
2. 主要动作的节拍进度与练习要求；

3. 组合的动作节拍与做法详解。

这些系统而详细的阐述，是为了每一位使用这套教材的教师，可以清晰地知道自己在为了教什么而授课；知道每个组合的主要核心动作是什么；知道每个核心动作的练习方法和步骤是什么。高校教师对课程内容和执行教法掌握得越清晰，大学生们才会学得越准确，我们舞蹈美育的教学才更有条件去推动和实现，接受美育教育的群体才会更受益。

最后，我们要特别感谢以下人员和单位的大力支持。

女班课例动作示范：张玮（舞蹈学系）、钟心仪（舞蹈学系）、王愈（芭蕾舞系）。

男班课例动作示范：罗奕阳（国际标准舞系）、陈博文（芭蕾舞系）、任波旺（芭雷舞系）。

协助单位：北京舞蹈学院科研处、教务处、财务处；北京舞蹈学院外国舞党总支芭蕾舞系；北京舞蹈学院外国舞党总支国际标准舞系；北京舞蹈学院人文与教育学院党总支舞蹈学系。

感谢大家为配合此套教材的编写与出版付出的极大努力和贡献！

编写组

2023 年 12 月

体 例

一、教室（舞台）方向图示

舞台分为 8 个方向，分别用阿拉伯数字 1—8 代表。这 8 个方向，既可以是教室或舞台为 8 个方向，也可以是学生站立在任意点上的 8 个方向。

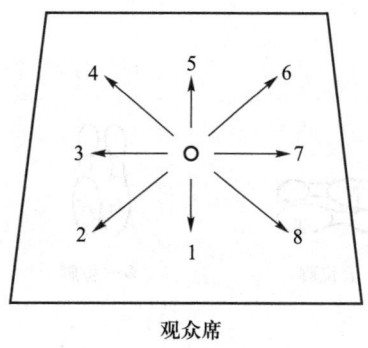

观众席

二、教室（舞台）位置图示及区域划分

4点位置	5点位置	6点位置	(教室后区)
3点位置	中心点位置	7点位置	(教室中区)
2点位置	1点位置	8点位置	(教室前区)

观众席

三、舞蹈段落和音乐的文字表述

①：为一个八拍的段落起始标识。

"da-1"：为音乐小节的长度代码。"da" 在 $\frac{2}{4}$、$\frac{4}{4}$ 的音乐中代表半拍，在 $\frac{3}{4}$ 的音乐中代表 1 拍。"da-1" 代表 $\frac{2}{4}$、$\frac{4}{4}$ 音乐中的 1 拍，或在 $\frac{3}{4}$ 的音乐中代表 1 小节。

"da1-2"：则代表 $\frac{2}{4}$、$\frac{4}{4}$ 音乐中的 2 拍，或在 $\frac{3}{4}$ 的音乐中的代表 2 小节。

"1-da-da"：代表 $\frac{3}{4}$ 音乐中的 1 小节。

四、芭蕾舞蹈的脚位图示

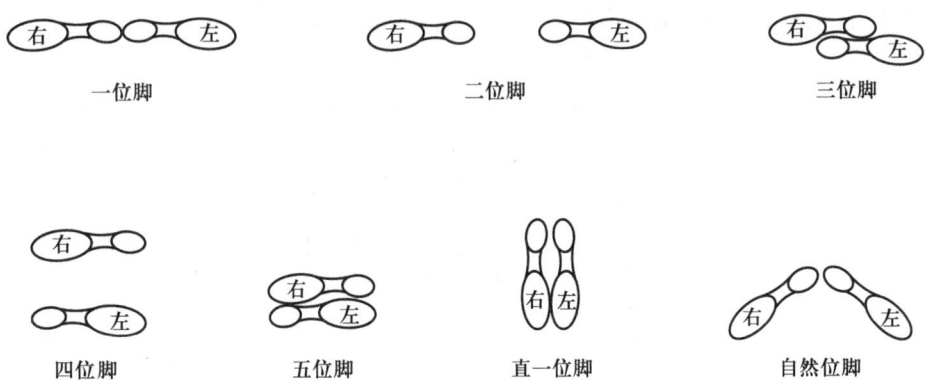

一位脚　　　　　　二位脚　　　　　　三位脚

四位脚　　　　五位脚　　　　直一位脚　　　　自然位脚

五、芭蕾舞蹈的手位图示

一位手　　　　　　二位手　　　　　　三位手

右四位手　　　　左四位手　　　　右五位手　　　　左五位手

右六位手　　　　左六位手　　　　七位手

目　录

初级阶段 1：第一课例

本课例视频
汇总

◈ 练习总任务：

本阶段的课程共二十个练习组合，主要设定对象是零基础、起始级的舞蹈美育普及类学生，一切从最基础的形体姿态、手脚位置、动律节拍开始学习。逐步完成对基础动作中身体动态的了解与搭建，开启对于舞蹈特定方向、方位和空间的认知，也逐步完成对于芭蕾舞蹈专用术语的掌握，以及对于舞蹈动作与音乐律动之间相互配合的初始化规范学习。

此课例呈现内容，可以作为初始学期期末课堂考试的展示样式与阶段性目标。具体的分解动作练习，可以在此课例的节拍和形式的基础上，去做更为缓慢节拍和单一动作的练习，将四拍一次的分解动作都用八拍一次的长度来更为细致的完成。单手扶把的内容，也都先要在双手扶把的基础上开始练习，当身体基本掌握重心平衡和动作的要求之后，再脱离双手扶把的练习程度，逐步转换为单手扶把或站在教室中间去练习和完成。

注意按照教学和学习的必要步骤，每一个动作都需要在完成各自的单一和多次练习之后，才彼此组合在一起做综合练习。

一、BARRE 扶把部分

（一）Warm up 热身练习

1. 训练目的与教学内容

此组合是整个课堂训练的起始段落，通常从学生与授课教师面对面的行礼动作开始。继而学生转身双臂搭扶把杆，一位脚站立，从活动腿部各关节和肌肉开始，伴随着舒缓的音乐，逐步预热自己的身体，为后续的其他训练组合做好身体与精神的准备。在此组合中，首先掌握正确的站立体态，再逐步学习站一位脚往旁、往前、往后的 Battement tendu 舞蹈动作。

（1）Révérence［勒韦朗斯］：原意为"屈膝礼"。之后延伸为所有芭蕾男生与女生的行礼，都称为 Révérence 行礼。可以是舞者 En face 面对观众或教师的行礼，也可以是男女舞者面对面的相互致礼。通常行礼动作都配合手臂的 Port de bras 动作和脚下的步伐来一起完成。本组合学习男生常用的单臂展开的，都面对 En face 的行礼做法。

（2）Battement tendu［巴特芒·唐究］：Battement 原意为"击打"。Tendu 原意为"绷直"。我们称此动作为"擦地"。Battement tendu 是在比较平稳的速度上来训练整条腿的开、绷、直外，主要是锻炼脚腕、脚掌、脚趾的柔韧性、弹性的伸展动作，加强腿的力量，并使腿具有漂亮的线条。Battement tendu 作为芭蕾最基础的动作，它是其他 Battement 类动作的基础，它的作用和 Plié 一样重要。本组合学习在双手扶把的姿态中，往旁、往前、往后的基础练习。

（3）Port de bras［波·德·勃拉］：Port 原意为"姿势"。Bras 原意为"手臂"。也就是"手臂姿态"的练习。Port de bras 在芭蕾训练中是一个很重要的组成部分，它有一整套固定搭配的组合模式，一共有六种。它不单纯是手臂动作的练习，而是在手臂的运动中加入了躯干、头和眼睛的配合，可以说是一项综合性的动作练习。本组合学习在双手扶把的姿态中，身体向后展胸腰的动作。

2. 主要动作的节拍进度与训练要求

（1）Révérence［勒韦朗斯］：舞者的行礼

节拍：四拍一次

da-1 右腿向旁迈一步。da-2 左腿收回。da-3 低头行礼。da-4 抬头站立。

要求：男生在行礼动作过程中动作流畅、节拍准确、神态端庄、富有亲和力。迈出的右腿要坚定，成为单腿重心的有力支撑，不能晃动。收回并拢的双腿，在低头行礼时保持伸直膝关节。前倾的上身角度不要过大，动作优雅得体。

（2）Battement tendu［巴特芒·唐究］：动作腿的擦地延伸与收回

节拍：四拍一次

da-1 右腿出旁点地。da-2 点地不动。da3-4 收回一位。

要求：脚在所有的擦地过程中，伸出时完成从全脚掌到高半脚掌，再到抓绷脚趾的联动过程。在收回过程中，又从放长脚趾形成高半脚掌开始，再到全脚掌擦地收回。并在所有的过程中，做到双腿最大限度地有力外开。

（3）Port de bras［波·德·勃拉］：手臂的动作或上体的仰俯

节拍：四拍一次

da1-2 上体向后仰身。da3-4 上体起直站立。

要求：本组合是单一向后的展胸腰练习，要求身体随着音乐连贯不间断的动律做动作。双肩打开，拉长颈椎，从头部开始主动向后展胸腰。再留头主动挑胸腰起直站立。

3. 组合的动作节拍与做法详解

节拍：$\frac{4}{4}$，缓慢的

准备姿态：面对教室前区 1 点位置收腹挺胸站立，双腿成自然位，双臂于身体两侧自然下垂，抬头平视前方（图 1-1-1）。

（前奏）da-1　右腿向身体右旁迈出一步，左腿推地紧绷于身体左旁点地。同时右臂抬起右旁，手臂与肩同高，并翻转手臂成掌心向上。左臂保持自然下垂。头部保持平视前方（图 1-1-2）。

da-2　左腿向右腿收回到自然位，双腿重心站立。身体和手臂保持姿态不变（图 1-1-3）。

da-3　右臂收落回身体右旁自然下垂。同时上身稍向前俯对 1 点方向低头行礼，视线看向地面正下方（图 1-1-4）。

da-4　抬起头部目视前方，身体起直站立（图1-1-5）。

da5-6　身体向左侧后转身，左腿迈出第一步，向身后的扶把位置走去。双臂成二位，头看手臂（图1-1-6）。

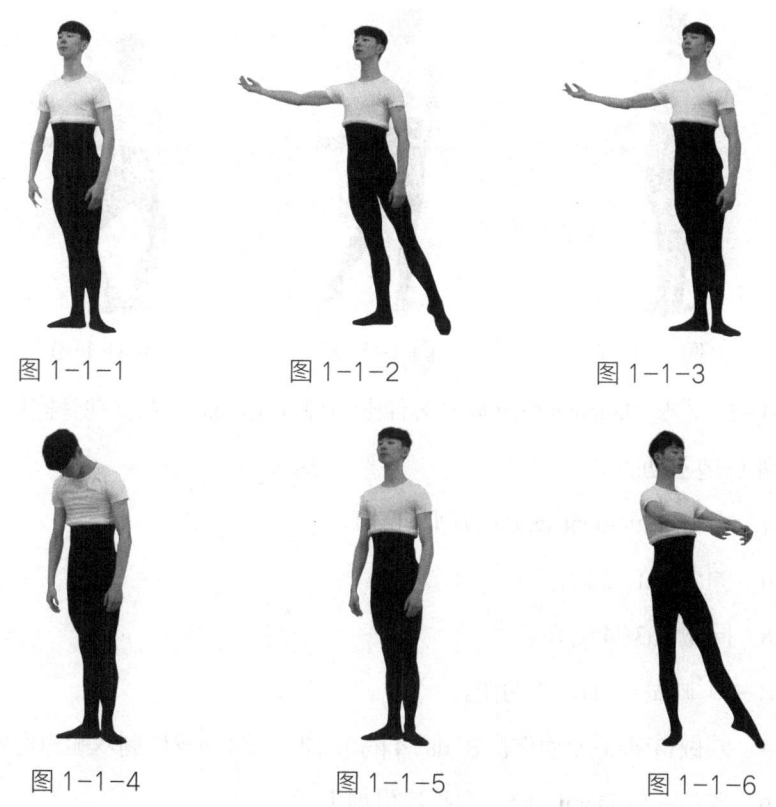

图1-1-1　　　　　　　　图1-1-2　　　　　　　　图1-1-3

图1-1-4　　　　　　　　图1-1-5　　　　　　　　图1-1-6

da7-8　身体面对扶把，收腹、抬头、挺胸快速站好一位脚。双臂打开轻扶把杆，目光平视1点方向。在最后一拍的音乐里，双胯有力上提，帮助身体移动重心至左腿前脚掌位置（图1-1-7）。

① da1-2　右腿 Battement tendu 向旁伸出绷脚点地。da-1 右腿向旁擦地伸出。da-2 右腿停在外点地不动，保持外开的力量继续延伸（图1-1-8）。

da3-4　右腿 Battement tendu 收回一位脚。收回时先松脚趾形成高半脚掌，再落全脚掌擦地收回一位。

da5-6　同做 da1-2 动作。

da7-8　同做 da3-4 动作。

② da1-2　同做①da1-2 动作。

da3-4　同做①da3-4 动作。在 da-4 的节拍中，移动身体到一位双腿重心站立。

da5-6　双腿一位 Demi plié，两拍连贯地下蹲（图1-1-9）。

da7-8　两拍连贯地推直双腿站立。在最后的 da-8 节拍中，身体向右移到右腿支撑重心站立。

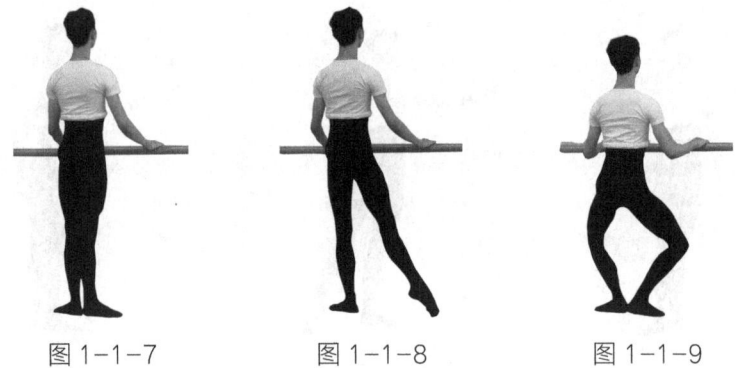

图 1-1-7　　　　　　　图 1-1-8　　　　　　　图 1-1-9

③ da1-2　左腿 Battement tendu 向旁伸出绷脚点地。da-1 左腿向旁擦地伸出。da-2 左腿停在外点地不动。

da3-4　右腿 Battement tendu 收回一位脚。

da5-6　同做 da1-2 动作。

da7-8　同做 da3-4 动作。

④ da1-2　同做③da1-2 动作。

da3-4　同做③da3-4 动作。在 da-4 的节拍中，移动身体到双腿重心站立。

da5-6　双腿一位 Demi plié，两拍连贯地下蹲。

da7-8　两拍连贯地推直双腿站立。在最后的 da-8 节拍中，身体向左移到左腿支撑重心站立。

⑤ da1-2　右腿 Battement tendu 向前伸出绷脚点地。da-1 右腿向前擦地伸出，同时头转向右旁90°平视3点方向，身体保持不动。da-2 右腿停在前点地不动（图1-1-10）。

da3-4　右腿 Battement tendu 收回一位脚。收回时先松脚趾形成高半脚掌，再落全脚掌擦地收回一位。

da5-6　右腿 Battement tendu 向旁伸出绷脚点地。da-5 右腿向旁擦地伸出，同时头转向1点方向平视前方，身体保持不动。da-6 右腿停在旁点地不动（图1-1-11）。

da7-8　右腿 Battement tendu 收回一位脚。

⑥ da1-2　右腿 Battement tendu 向后伸出绷脚点地。da-1 右腿向后擦地伸出。

da-2 右腿停在后点地不动，并在右腿向后擦出同时，头转向 7 点方向平视前方，身体保持不动（图 1-1-12）。

da3-4　右腿 Battement tendu 收回一位脚，成一位双腿重心站立。

da5-6　身体做 Port de bras 向后展胸腰，转头看向 3 点方向（图 1-1-13）。

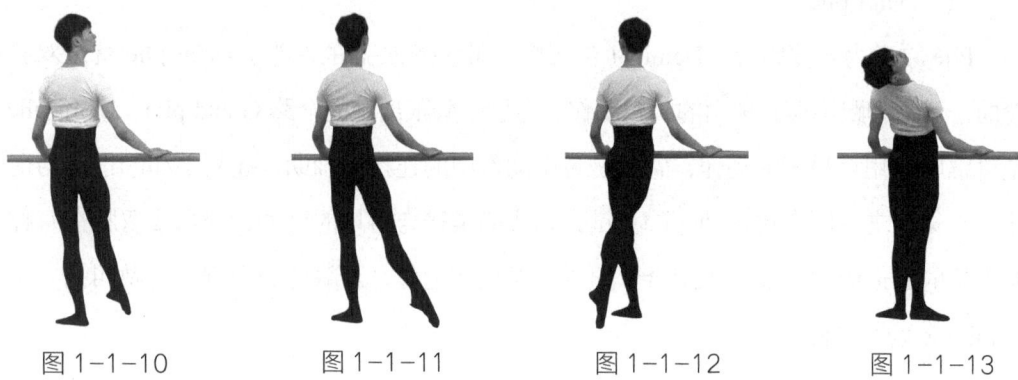

图 1-1-10　　　　　　图 1-1-11　　　　　　图 1-1-12　　　　　　图 1-1-13

da7-8　身体在两拍的音乐中起直站立。并在最后 da-8 的节拍中，头转向 1 点方向平视前方，身体向右移到右腿支撑重心站立。

⑦ da1-2　左腿 Battement tendu 向前伸出绷脚点地，头转向 7 点方向。

da3-4　左腿 Battement tendu 收回一位脚。

da5-6　左腿 Battement tendu 向旁伸出绷脚点地，头转向 1 点方向。

da7-8　左腿 Battement tendu 收回一位脚。

⑧ da1-2　左腿 Battement tendu 向后伸出绷脚点地，头转向 3 点方向。

da3-4　左腿 Battement tendu 收回一位脚。

da5-6　身体做 Port de bras 向后展胸腰。转头看向 7 点方向。

da7-8　身体在两拍的音乐中起直站立。并在最后 8-da 的节拍中，头转向 1 点方向平视前方，身体保持双腿支撑重心站立。

（二）Plié 蹲起练习

1. 练习目的与教学内容

学习 Demi plié 在四个脚位上的单一做法，同时学习手臂 Port de bras 的基础运动方式。两种动作虽然在一个组合里，但都分别完成各自的运动。学习各自单一的基础节拍和动作方式，为之后的手脚联动练习打好基础。Plié 对于整个古典芭蕾舞蹈的动作

体系来说，都是至关重要的。练习如何在上身挺立、双腿外开的状态下去完成好膝关节和踝关节的屈伸是动作的重点。在 Plié 的组合中，通过在五个脚位上多次的屈伸蹲起练习，可以很好地增强跟腱拉伸的柔韧性，膝关节和踝关节的弹性，以及下肢各肌群的运动力量。

（1）Demi plié

Plié 原意为屈膝蹲起。Demi 为"一半"，指原来姿态的一半。Demi plié 就是双膝弯曲，双腿脚跟不离开地面的蹲起动作。有别于脚跟离地的全蹲 Grand plié。Demi plié 是舞蹈中运用得最多的动作，它既是各个动作中的连接与辅助，起到柔和的过渡与衔接，它又是支撑所有跳跃动作的关键，起跳的推送与落地的缓冲，都需要双腿在有控制力量的 Plié 中去实现。本组合学习手臂保持在七位，双腿在四个脚位上做四拍一次 Demi plié 的基础做法。

（2）Port de bras

本组合学习在单手扶把的姿态中，练习一个手臂完成手位连接的 Port de bras 动作。

2. 主要动作的节拍进度与练习要求

（1）Demi plié［德米·普利埃］：半蹲

节拍：四拍一次

da1-2　双腿屈膝下蹲。

da3-4　双腿推地起直。

要求：在下蹲和站起的过程中，始终保持双腿全脚着地，脚跟不能离开地面。下蹲在最低点时，不要有停顿。双腿双膝保持最大限度的外开，身体后背要直立挺拔。动作平稳流畅，节拍连贯准确。

（2）Port de bras［波·德·勃拉］：手臂的动作

节拍：二拍一次

da1-2　从一位手抬至二位手。

da3-4　从二位手打开至七位手。

要求：手臂在运动中随着音乐连贯不间断的动律，每个手位的位置要准确清晰。同时头部和视线都要一起配合手臂的动作。双肩要保持平正，不能耸肩或抠肩。

3. 组合的动作节拍与做法详解

节拍：$\frac{6}{8}$ 拍，慢速的

准备姿态：左臂单手扶把，右臂一位，双腿一位，头转向 3 点方向，抬头挺胸收腹，平视前方（图 1-2-1）。

（前奏）da5-6　右臂从一位抬至二位手，头部稍向左侧、稍低，视线看向运动中的右臂指位置（图 1-2-2）。

da7-8　右臂从二位打开至七位，头部随手向右旁转动，抬头看向 3 点方向，身体和手臂保持姿态不变（图 1-2-3）。

图 1-2-1　　　　图 1-2-2　　　　图 1-2-3

① da1-2　一位脚的 Demi plié 下蹲（图 1-2-4）。右臂保持七位，头保持看向 3 点方向。

da3-4　起身站直一位（图 1-2-5）。

da5-6　一位脚的 Demi plié 下蹲。同做 da1-2 动作。

da7-8　起身站直一位脚。同做 da3-4 动作。

② da1-2　手的 Port de bras。右臂经七位 Allongé 伸展之后，运动到一位手。头部跟随手动。

da3-4　右臂从一位抬至二位手，头部稍向左侧、稍低，视线看向运动中的右臂指位置。

da5-6　右臂从二位打开至七位手，头部随手向右旁转动，抬头看向 3 点方向。身体和手臂保持姿态不变。最后的 da-6 中，身体提胯，移重心到左腿支撑。

da7-8　右腿 Battement tendu 向旁伸出绷脚点地（图 1-2-6）。在移动身体踩落二位脚，双腿重心站立（图 1-2-7）。

图 1-2-4　　　　　图 1-2-5　　　　　图 1-2-6　　　　　图 1-2-7

③ da1-2　二位脚的 Demi plié 下蹲（图 1-2-8）。

da3-4　起身站直二位脚。右臂保持七位，头保持看向 3 点方向。

da5-6　二位脚的 Demi plié 下蹲。同做 da1-2 动作。

da7-8　起身站直二位。同做 da3-4 动作。

④ da1-2　手的 Port de bras。右臂经七位 Allongé 再到一位手。同做②da1-2 的动作。

da3-4　右臂从一位抬至二位手。同做②da3-4 的动作。

da5-6　右臂从二位打开至七位手。同做②da5-6 的动作。

da7-8　推绷右腿旁点地，同时身体移动重心至左腿支撑站立。再右腿 Battement tendu 收回右腿前五位双腿重心站立（图 1-2-9）。

⑤ da1-2　五位脚的 Demi plié 下蹲（图 1-2-10）。

da3-4　起身站直五位脚。右臂保持七位，头保持看向 3 点方向。

da5-6　五位脚的 Demi plié 下蹲。同做 da1-2 动作。

da7-8　起身站直五位脚。同做 da3-4 动作。

图 1-2-8　　　　　　图 1-2-9　　　　　　图 1-2-10

⑥ da1-2　手的 Port de bras。右臂经七位 Allongé 向上抬起至三位手，头部稍向右侧抬起，看向右臂手腕关节的远方（图 1-2-11）。

da3-4　右臂从三位垂直向下放至二位手。

da5-6　右臂从二位打开至七位手。头看向 3 点方向。

da7-8　右腿 Battement tendu 向前伸出绷脚点地（图 1-2-12）。再向前移动身体踩落四位脚，双腿重心站立（图 1-2-13）。

⑦ da1-2　四位脚的 Demi plié 下蹲（图 1-2-14）。

图 1-2-11　　　　　图 1-2-12　　　　　图 1-2-13　　　　　图 1-2-14

da3-4　起身站直四位脚。右臂保持七位，头保持看向 3 点方向。

da5-6　四位脚的 Demi plié 下蹲。同做 da1-2 动作。

da7-8　起身站直四位脚。同做 da3-4 动作。

⑧ da1-2　手的 Port de bras。右臂经七位 Allongé 向上抬起至三位手。同做⑥da1-2 的动作。

da3-4　右臂从三位垂直向下放至二位手。同做⑥da3-4 的动作。

da5-6　右臂从二位打开至七位手。头看向 3 点方向。同做⑥da5-6 的动作。

da7-8　推绷右腿前点地，同时身体移动重心至左腿支撑站立。再右腿 Battement tendu 收回一位双腿重心站立。

（结束拍）da7-8　右臂经七位 Allongé 伸展之后，收落到一位手。头部跟随手动，最后抬头看向 3 点方向。

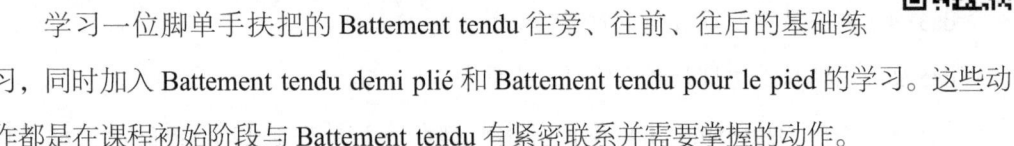

（三）Battement tendu 擦地练习

1. 练习目的与教学内容

学习一位脚单手扶把的 Battement tendu 往旁、往前、往后的基础练习，同时加入 Battement tendu demi plié 和 Battement tendu pour le pied 的学习。这些动作都是在课程初始阶段与 Battement tendu 有紧密联系并需要掌握的动作。

（1）Battement tendu

本组合学习在单手扶把的姿态上，往旁、往前、往后的擦地练习。

（2）Battement tendu demi plié

是 Battement tendu 和 Demi plié 两个动作的合成。我们称此动作为"带蹲的擦地"。进一步练习身体的协调性和动作的连贯性，锻炼腿部肌肉的柔韧性，练习身体重心的稳定与转换。

（3）Battement tendu pour le pied

Pour 原意是"为了"。Pied 原意为"脚"。Pour le pied 的意思是"为了脚"。我们称此动作为"带压脚跟的擦地"和"带勾绷脚的擦地"。它是一种锻炼脚腕、脚背、脚趾尖能力的练习。其目的是强化脚腕、脚背、脚趾尖的力量及推地的能力，锻炼脚部关节和肌肉，增强脚的灵活性和韧性，使脚部更具表现力。

2. 主要动作的节拍进度与练习要求

（1）Battement tendu［巴特芒·唐究］：动作腿的擦地延伸与收回

① 节拍：四拍一次

da-1 出前点地，da-2 点地不动，da3-4 收回一位脚站立。

② 节拍：两拍一次

da-1 出前点地，da-2 收回一位脚站立。

要求：在擦地过程中先将身体重心移到一条腿上支撑，另一腿经全脚往远擦出，先脚后跟离地，再脚掌离地，最后绷紧脚尖轻轻点地。收回时经过落脚掌、脚后跟，最后全脚着地擦回。尽可能早地落下脚后跟，使大腿内侧肌肉得到锻炼。并在所有的过程中，做到双腿最大限度地伸直和转开。

（2）Battement tendu demi plié［巴特芒·唐究·德米·普里耶］：带蹲的擦地

节拍：八拍一次

da-1 出前点地，da-2 点地不动，da3-4 收回一位脚站立，da5-6 Plié 下蹲，da7-8

起直站立。

要求：做 Battement tendu 的时候重心是在支撑腿上，而做 Demi plié 的时候，重心要放到两条腿上，要注意身体重心在动作中的移动转换，重心的转换要做得平稳。

（3）Battement tendu pour le pied［巴特芒·唐究·普·勒·皮耶］：带压脚的擦地
节拍：八拍一次

da1-2 Battement tendu 向旁擦出，da3-4 落二位脚，da5-6 推起绷脚，da7-8 收回一位脚。

要求：Battement tendu 擦出后，动作腿的脚要经过半脚掌一节一节压下去，最后脚后跟落地。推起绷脚时，也要一节一节地推地绷起。身体要注意保持很好地提胯移动重心。

3. 组合的动作节拍与做法详解

节拍：$\frac{2}{4}$ 拍，中速

准备姿态：左臂单手扶把，右臂一位，双腿一位，头转向 3 点方向，抬头挺胸收腹，平视前方。

（前奏）da5-6 右臂抬至二位手，头部稍向左侧头看向右臂位置；

da7-8 右臂打开至七位，转头看向 3 点方向。

① da1-2 右腿开始做四拍一次的 Battement tendu。右腿向前伸出绷脚点地。da-1 右腿向前擦地伸出。da-2 右腿停在前点地不动，保持外开的力量继续延伸（图 1-3-1）。

da3-4 右腿 Battement tendu 收回一位脚。右腿经半脚掌过程擦地收回，动作连贯稍慢，将两拍收回的时间填充满。身体重心保持在左腿支撑。保持右臂七位，头看 3 点方向。

da5-6 右腿开始做两拍一次的 Battement tendu。da-1 右腿出前点地。da-2 收回到一位站立。

da7-8 同 da5-6 的动作，再做一遍。

② da1-2 开始做 Battement tendu demi plié 一次。右腿 Battement tendu 向前点地。

da3-4 右腿 Battement tendu 收回一位脚。同时提跨移动身体成双腿重心。

da5-6 一位脚的 Demi plié 下蹲。保持右臂七位，头看 3 点方向（图 1-3-2）。

da7-8 提跨推直膝关节起直站立。并在最后的 da-8 节拍中，移动身体重心成左腿支撑。

③ da1-2 右腿 Battement tendu 向旁伸出绷脚点地。da-1 右腿向旁擦地伸出，同时头转到 1 点方向，手保持七位不动（图 1-3-3）。da-2 右腿停在旁点地。

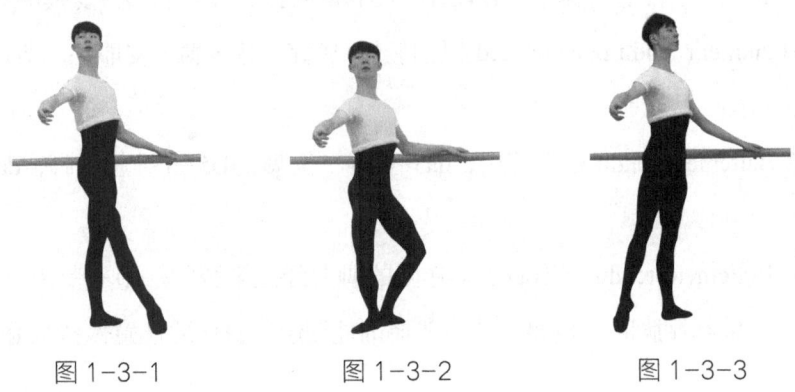

图 1-3-1   图 1-3-2   图 1-3-3

da3-4 右腿 Battement tendu 收回一位脚。

da5-6 右腿两拍一次的 Battement tendu 往旁做一次。

da7-8 同 da5-6 的动作，再做一遍。

④ da1-2 开始做 Battement tendu pour le pied 一次，右腿 Battement tendu 向旁擦出。

da3-4 提重心向右旁，慢压至二位全脚（图 1-3-4）。

da5-6 右腿推起绷脚点地，身体提重心向左移回左腿支撑。

da7-8 右腿 Battement tendu 收回一位脚。保持七位手，头看 1 点方向。

⑤ da1-2 右腿 Battement tendu 向后伸出绷脚点地。da-1 右腿向后擦地伸出，同时头转到 3 点方向，手保持七位不动。da-2 右腿停在后点地不动，保持外开的力量继续延伸（图 1-3-5）。

da3-4 右腿 Battement tendu 收回一位脚。

da5-6 右腿两拍一次的 Battement tendu 往后做一次。

da7-8 同③da5-6 的动作，再做一遍。

⑥ da1-2 开始做 Battement tendu demi plié 一次，右腿 Battement tendu 向后点地。

da3-4 右腿 Battement tendu 收回一位脚。同时提胯移动身体成双腿重心。

da5-6 一位脚的 Demi plié 下蹲。保持右臂七位，头看 3 点方向（图 1-3-6）。

da7-8 提胯推直膝关节起直站立。并在最后的 da-8，移动身体重心成左腿支撑。

图 1-3-4   图 1-3-5   图 1-3-6

⑦ da1-2 右腿 Battement tendu 向旁伸出绷脚点地。同做③da1-2 的动作。

da3-4 右腿 Battement tendu 收回一位脚。同做③da3-4 的动作。

da5-6 右腿两拍一次的 Battement tendu 往后做一次。

da7-8 同③da5-6 的动作，再做一遍。

⑧ da1-2 开始做 Battement tendu pour le pied 一次。右腿 Battement tendu 向旁擦出。同做④da1-2 的动作。

da3-4 提重心慢压二位全脚。同做④da3-4 的动作。

da5-6 右腿推起绷脚点地，身体提重心向左移回左腿支撑。同做④da5-6 的动作。

da7-8 右腿 Battement tendu 收回一位脚。保持七位手，头看 1 点方向。同做④da7-8 的动作。并在最后的 da-8，移动身体重心成双腿支撑。

（结束拍）da-7 右臂七位 Allongé，头转到 3 点方向。

da-8 右臂到一位，头部跟随手动，最后抬头看 3 点方向。

（四）Battement tendu jeté 小踢腿练习

1. 练习目的与教学内容

学习一位脚单手扶把的 Battement tendu jeté 往前、往旁、往后的基础练习，同时加入 Battement tendu jeté demi plié 和 Battement tendu jeté pointé 的学习。这些动作都是与 Battement tendu jeté 有紧密联系并需要掌握的基础动作。

（1）Battement tendu jeté

Jeté 原意为"扔出"，用指踢腿。我们称此动作为"小踢腿"。它是 Battement tendu 的发展，是学生接触到的第一个腿抬离地面的动作。它主要是锻炼脚趾、脚踝、小腿、大腿快速收紧和控制的能力，为小跳有力快速地推地跳起做好准备。此动作也为许多 Allegro 舞步打下基础。

（2）Battement tendu jeté demi plié

是 Battement tendu jeté 和 Demi plié 两个动作的合成。我们称此动作为"带蹲的小踢腿"。这个动作锻炼腿部肌肉的力量，对发展肌肉的柔韧性，练习重心的稳定和转换，以及对弹跳和各种转的开始与结束都有重要的练习价值。

（3）Battement tendu jeté pointé

Pointé 原意为"绷脚点地"。Battement tendu jeté pointé 也称 Battement tendu jeté piqué。我们称此动作为"带点地的小踢腿"。它能增强腿的力量，锻炼脚踝关节与脚趾关节紧绷的力量和控制能力。

2. 主要动作的节拍进度与练习要求

（1）Battement tendu jeté［巴特芒·唐究·热泰］：小的踢腿动作

节拍：四拍一次（分解体）

da-1 右腿 Tendu 出前点地，da-2 直腿踢起，da-3 落前点地，da-4 收回一位脚站立。

要求：Battement tendu jeté 在 Battement tendu 全部要求的基础上，强调擦地到最远处脚尖才能离地。动作腿踢到空中 35° 的高度上，在空中上要有停顿并继续延伸。收回时，脚尖还要经过前点地最远端的位置，然后经过擦地的全过程收回到一位脚。动作腿踢出去时，要特别注意支撑腿和躯干的稳定，不要摇晃，躯干要保持正直。

（2）Battement tendu jeté demi plié［巴特芒·唐究·热泰·德米·普里耶］：带蹲的小踢腿

节拍：八拍一次（分解体）

da-1 右腿 Tendu 出前点地，da-2 直腿踢起，da-3 落前点地，da-4 收回一位脚，da5-6 Plié 下蹲，da7-8 起直站立。

要求：同 Battement tendu demi plié 的全部要求。强调动作腿一定要完全收好直腿的一位脚之后，再双腿一起屈膝做 Demi plié。注意动作过程中身体重心的转换，要非常有力地控制整个身体，保持身体的稳定。Battement tendu jeté 要做得有力度，Demi plié 要做得富有韧性，从而进一步锻炼腿部肌肉和跟腱的弹性。

（3）Battement tendu jeté pointé［巴特芒·唐究·热泰·普安泰］：带点地的小踢腿

节拍：二拍一次

da-1 右腿从踢出旁 35° 落下到旁点地位置停顿，da-2 再踢起旁 35° 的高度停顿。

要求：在 Battement tendu jeté 的全部要求基础上，强调动作腿在点地和踢起时，始终保持整条腿的收紧和绷直转开，用力伸直膝盖、绷紧脚踝和脚趾，点地时也不能松懈。在此分解体的学习中，要求点地过程带有停顿，这是为了准确地掌握动作腿拉远点地的正确位置。当以后做到完成体时，点地动作要做得短促有力，不要在地面上停留，一触地就迅速踢回到空中。

3. 组合的动作节拍与做法详解

节拍：$\frac{2}{4}$ 拍，中速

准备姿态：双腿一位站立，左臂单手扶把，右臂一位，头转向 3 点方向，抬头挺胸收腹，平视前方。

（前奏拍）da5-6　右臂抬至二位手，头部稍向左侧头看向右臂位置；

da7-8　右臂打开至七位，转头看向 3 点方向。

① da1-4　右腿 Battement tendu jeté 往前的一次。da-1 右腿擦地向前点地（图 1-4-1）。da-2 右腿直腿踢前 35°（图 1-4-2）。da-3 右腿绷脚落前点地。da-4 右腿经 Battement tendu 收回一位脚。保持右臂七位，头看 3 点方向。

da5-8　再右腿 Battement tendu jeté 往前的一次。同 da1-4 动作。

② da1-4　开始做右腿前 Battement tendu jeté demi plié 一次。先做 Battement tendu jeté 往前的一次。同①da1-4 动作。最后 da-4，在右腿收回一位的同时，身体提胯移动重心至双腿支撑站立一位，为后面的 Plié 动作做好准备。

da5-6　再双腿一位 Plié 下蹲。保持右臂七位，头看 3 点方向（图 1-4-3）。

图 1-4-1　　　　　　　图 1-4-2　　　　　　　图 1-4-3

da7-8　起直站立，完成 Battement tendu jeté demi plié 的整个练习。最后 da-8，身体提胯移动重心至左腿支撑站立一位，为后面的动作做好准备。

③ da1-4　右腿 Battement tendu jeté 往旁的一次。da-1 右腿擦地向旁点地，同时头转到 1 点方向，右臂保持七位（图 1-4-4）。da-2 右腿直腿踢旁 35°（图 1-4-5）。da-3 右腿绷脚落旁点地。da-4 右腿经 Battement tendu 收回一位脚。

da5-8　再右腿 Battement tendu jeté 往旁的一次。同③ da1-4 动作。

④ da1-4　开始做右腿旁 Battement tendu jeté demi plié 一次。先做 Battement tendu jeté 往旁的一次。同③ da1-4 动作。最后 da-4，在右腿收回一位的同时，身体提胯移动重心至双腿支撑站立一位，为后面的 Plié 动作做好准备。

da5-6　再双腿一位 Plié 下蹲。保持右臂七位，头看 1 点方向（图 1-4-6）。

da7-8　起直站立，完成 Battement tendu jeté demi plié 的整个练习。最后 da-8 的节拍，身体提胯移动重心至左腿支撑站立一位，为后面的动作做好准备。

图 1-4-4　　　　　　　图 1-4-5　　　　　　　图 1-4-6

⑤ da1-4　右腿 Battement tendu jeté 往后的一次。da-1 右腿擦地向后点地，同时头转到 3 点方向，右臂保持七位（图 1-4-7）。da-2 右腿直腿踢后 35°（图 1-4-8）。da-3 右腿绷脚落后点地。da-4 右腿经 Battement tendu 收回一位脚。

da5-8　再右腿 Battement tendu jeté 往后的一次。同 da1-4 动作。

⑥ da1-4　开始做右腿后 Battement tendu jeté demi plié 一次。先做 Battement tendu jeté 往后的一次。同⑤ da1-4 动作。最后 da-4，在右腿收回一位的同时，身体提胯移动重心至双腿支撑站立一位，为后面的 Plié 动作做好准备。

da5-6　再双腿一位 Plié 下蹲。保持右臂七位，头看 3 点方向（图 1-4-9）。

da7-8　起直站立，完成 Battement tendu jeté demi plié 的整个练习。最后 da-8，

身体提胯移动重心至左腿支撑站立一位，为后面的动作做好准备。

图 1-4-7　　　　　　　　　图 1-4-8　　　　　　　　　图 1-4-9

⑦ da1-4　右腿 Battement tendu jeté 往旁的一次。保持七位手，转头看 1 点方向。同③ da1-4 动作。

da5-8　再右腿 Battement tendu jeté 往旁的一次。同③ da5-8 动作。

⑧ da1-2　右腿 Battement tendu jeté 往旁擦地点地，再直腿踢旁 35°。

da3-6　右腿向旁连续做三次 Battement tendu jeté pointé 带点地的小踢腿。da-3 右腿旁点地。da-4 抬起 35°（图 1-4-10）。da-5 旁点地（图 1-4-11）。da-6 抬起 35°（图 1-4-12）。

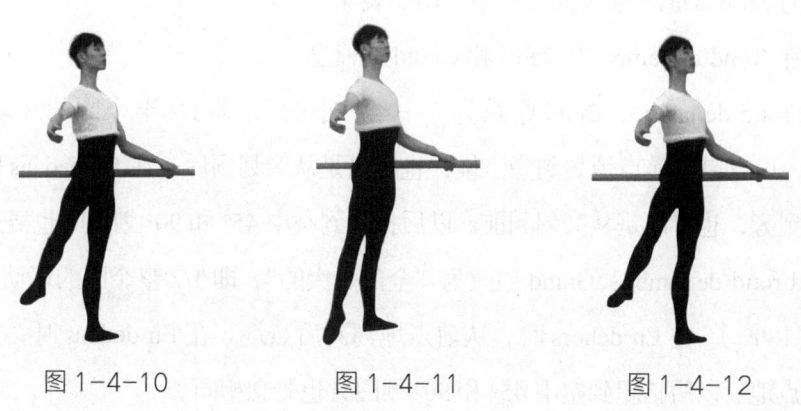

图 1-4-10　　　　　　　　　图 1-4-11　　　　　　　　　图 1-4-12

da7-8　右腿绷脚点地，再经 Battement tendu 收回一位脚。并在最后的 da-8，移动身体重心成双腿支撑。保持七位手，头看 1 点方向。

（结束拍）da-7　右臂七位 Allongé，头转到 3 点方向。

da-8　右臂到一位，头部跟随手动，最后抬头看 3 点方向。

（五）Rond de jambe 划圈练习

1. 练习目的与教学内容

学习一位脚单手扶把 Rond de jambe par terre 的分解做法，并逐步形成动作腿 En dehors 向外、En dedans 向内的运动概念。同时加入第三 Port de bras 的学习，增强身体躯干的柔韧性和表现力。这些动作按照教学步骤，都需要在完成各自的单一和多次练习之后，才可以组合在一起做综合练习。

（1）Rond de jambe par terre

Rond de jambe 原意"腿的划圈"，它是髋关节的转动练习。它有多种变化形式，从地面开始的划圈，到空中 45°、90° 上的划圈，以及带踢腿性质的大幅度划圈练习，能扩大腿部的活动范围，增强髋关节的力量和活动自如的能力。A terre 原意"在地面"，即动作腿绷脚在地面上的环动划圈。它能加强髋关节的力量和活动自如的能力，锻炼支撑腿的稳定和动作腿的灵活自如，为以后抬腿在空中的环动动作打下基础。

（2）在 Rond de jambe 中 En dehors 和 En dedans 的概念

En dehors：是往外的运动，即动作腿的运动路线是由前经划旁再划到后向外划的规律，称为 En dehors。在地面与空中环动的规律一样。

En dedans：是往里的运动，即动作腿的运动路线是由后经划旁再到划前向里划的规律，称为 En dedans。在地面与空中环动的规律一样。

（3）在 Rond de jambe 中 Demi 和 Grand 的概念

Demi rond de jambe：Demi 原意为"一半、小的"，即 1/4 半个圈的环动。在 En dehors 时，可以是从前点地划到旁点地，也可以是从旁划到后。在 En dedans 时，可以是从后划到旁，也可以是从旁划到前。以后抬腿到空中 45° 和 90° 划圈时也概念相同。

Grand rond de jambe：Grand 原意为"全部、大的"，即 1/2 整个圈的环动（动作腿身体一侧 180°）。在 En dehors 时，从前点地划到后点地。在 En dedans 时，是从后点地划到前点地。以后抬腿到空中 45° 和 90° 划圈时也概念相同。

（4）第三 Port de bras

带往前往后下腰的手臂练习。身体向前，大的屈体下腰，以及身体向后，大的屈体下腰。同时配合手臂和头部视线的联动练习。

2. 主要动作的节拍进度与练习要求

（1）Rond de jambe par terre：[隆·德·让·巴·泰尔] 地面的划圈环动

节拍：四小节一次（分解体）

1-da-da 右腿 Tendu 出前点地。

2-da-da 右腿划到旁点地。

3-da-da 右腿划到后点地。

4-da-da 右腿收回一位脚站立。

要求：在划圈的过程中双腿保持充分的外开，动作腿在经过的每一个点上都要转开到最大限度。做 En dehors 划圈时，用脚尖带着主动向后划，同时感觉脚后跟要向前顶着划，以保持动作腿在外圈外开的状态下做环动划圈。做 En dedans 划圈时，则要向前推着脚跟并带动向前划。脚尖始终贴在地面上做，不要抬离开地面，圈要划得连贯平稳。

（2）第三 Port de bras［波·德·勃拉］：带往前往后下腰的手臂练习

节拍：十六拍一次（或 $\frac{3}{4}$ 拍，音乐十六小节一次）

① da1-2　上身向前下腰 90°，手从七位至二位。

da3-4　保持前屈姿态不动。

da5-6　上身起直站立，手到二位。

da7-8　上身不动，手到三位。

② da1-2　上身向后下腰 90°，手保持三位。

da3-4　保持后展姿态不动。

da5-6　上身起直站立，手打开至七位。

da7-8　上身不动，手落到一位。

要求：往前下腰时，腿要用力伸直转开，保持垂直，在下腰的过程中，重心不要往后。初学时保持后背挺直下到 90°。往后下腰时，双肩要摆正，双腿伸直，保持重心垂直，胯收紧向上提起，收紧腹肌、臀肌，不要向前腆胯，保持准确的手臂形态。向前弯腰时注意不要驼背，向后弯腰时不要出现耸肩缩脖的形态。

3. 组合的动作节拍与做法详解

节拍：$\frac{3}{4}$ 拍，中速

准备姿态：双腿一位站立，左臂单手扶把，右臂一位，头转向 3 点方向，抬头挺胸收腹，平视前方。

（前奏拍）5-6-da-da　右臂抬至二位手，头部稍向左侧头看向右臂位置。

7-8-da-da　右臂打开至七位，转头看向 3 点方向。

① 1-4-da-da　右腿 Rond de jambe par terre 1/4 En dehors 往外的一次。1-da-da 右腿擦地向前点地，手七位，头看 3 点方向（图 1-5-1）。2-da-da 右腿划到旁点地，同时转头看 1 点方向（图 1-5-2）。3-da-da 右腿收回一位脚。4-da-da 保持不动。右臂七位，头看 1 点方向。

5-8-da-da　同 da1-4 动作，做往后 1/4 的一次。1-da-da 右腿擦地向旁点地，手七位，头看 1 点方向。2-da-da 右腿划到后点地，同时转头看 3 点方向（图 1-5-3）。3-da-da 右腿收回一位脚。4-da-da 保持不动。右臂七位，头看 3 点方向。

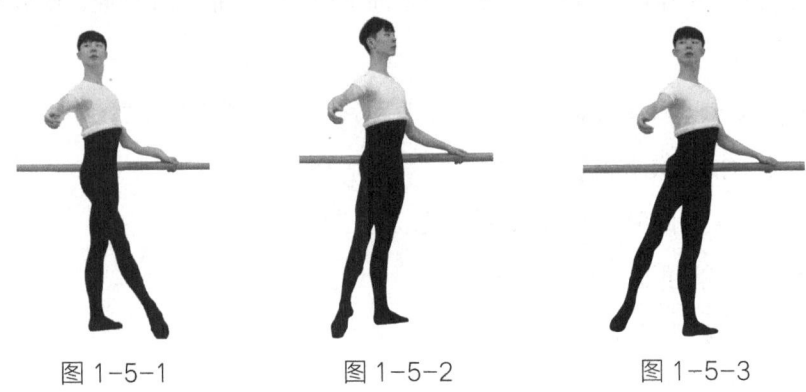

图 1-5-1　　　　　　　图 1-5-2　　　　　　　图 1-5-3

② 1-4-da-da　右腿 Rond de jambe par terre 1/2 En dehors 往外的一次。1-da-da 右腿擦地向前点地，手七位，头看 3 点方向。2-da-da 右腿划到旁点地，同时转头看 1 点方向。3-da-da 右腿划到后点地，同时转头看 3 点方向。4-da-da 右腿收回一位脚。保持右臂七位，头看 3 点方向。

5-8-da-da　同 1-4-da-da 动作，再做一遍。

③ 1-4-da-da　右腿 Rond de jambe par terre 1/4 En dedans 往里的一次。1-da-da 右腿擦地向后点地，手七位，头看 3 点方向。2-da-da 右腿划到旁点地，同时转头看 1 点方向。3-da-da 右腿收回一位脚。4-da-da 保持不动。右臂七位，头看 1 点方向。

5-8-da-da　同 da1-4 动作，做往前 1/4 的一次。1-da-da 右腿擦地向旁点地，手七位，头看 1 点方向。2-da-da 右腿划到前点地，同时转头看 3 点方向。3-da-da 右腿收回一位脚。4-da-da 保持不动。右臂七位，头看 3 点方向。

④ 1-4-da-da　右腿 Rond de jambe par terre 1/2 En dedans 往里的一次。1-da-da 右腿擦地向后点地，手七位，头看 3 点方向。2-da-da 右腿划到旁点地，同时转头看 1

点方向。3–da–da 右腿划到前点地，同时转头看 3 点方向。4–da–da 右腿收回一位脚。保持右臂七位，头看 3 点方向。

5–8–da–da　同 1–4–da–da 动作，再做一遍。最后一小节右臂七位 Allongé，头看 3 点方向。

⑤ 1–2–da–da　开始在一位脚上做第三 Port de bras。上身向前下腰 90°，手从七位至二位，头看向右臂一侧（图 1–5–4）。

3–4–da–da　保持前屈姿态不动。

5–6–da–da　上身起直站立，手到二位，头看向右臂（图 1–5–5）。

7–8–da–da　上身不动，手到三位，抬头看右臂斜上方（图 1–5–6）。

图 1–5–4　　　　　　图 1–5–5　　　　　　图 1–5–6

⑥ 1–2–da–da　上身向后下腰 90°，手保持三位，头保持看向右臂的斜上方（图 1–5–7）。

3–4–da–da　保持后展姿态不动。

5–6–da–da　上身起直站立，手打开至七位，头看 3 点方向（图 1–5–8）。

图 1–5–7　　　　　　图 1–5–8

7-8-da-da　右臂经七位 Allongé 到一位手，头部跟随手动，最后抬头看 3 点方向。

（六）Battement fondu 单腿蹲练习

1. 练习目的与教学内容

学习一位脚单手扶把 Battement fondu 点地的两种基础做法。在分解练习中掌握准确的 Sur le cou-de-pied 位置，以及在单腿重心上如何去完成双腿的同时屈伸动作。

（1）Battement fondu

Fondu 原意是"融化的、渐落的"。我们称此动作为单腿的渐蹲，是指支撑腿做蹲起动作，动作腿做屈伸动作，即在同一节拍中双腿同时弯、同时直，或双腿做不同的动作。练习两条腿的柔韧、力量和弹性，赋予动作以协调性、连贯性和流畅性。

（2）Sur le cou-de-pied

"Sur le"原意是"放在"。"cou-de-pied"原意是"脚踝骨"。Sur le cou-de-pied 是"放在脚踝上"的意思。在学习 Battement fondu、Battement frappé 之前，都要先学会 Sur le cou-de-pied 的位置。

2. 主要动作的节拍进度与练习要求

（1）Battement fondu［巴特芒·丰究］

动作腿打开在点地姿态上，两腿不同时屈伸的分解做法。此为完成体的一种过渡练习方式。

节拍：四拍一次（分解体）（或 $\frac{3}{4}$ 拍，音乐四小节一次）

准备拍右腿 Tendu 打开旁点地

da-1　右腿收前 Sur le cou-de-pied，左腿保持直腿站立。

da-2　右腿保持前 Sur le cou-de-pied，左腿 Demi plié 下蹲。

da-3　右腿保持前 Sur le cou-de-pied，左腿推地站起。

da-4　右腿伸出前点地，左腿保持全脚站立。

要求：动作中支撑腿要有稳定的单腿重心，Demi plié 的蹲起要柔和、连贯。动作腿的 Sur le cou-de-pied 位置要准确，膝关节打开，脚跟有力前顶。动作腿从 Sur le cou-de-pied 到打开点地的路线要直接，保持膝关节高度，用小腿的外开带动伸直腿向外点地。

（2）Battement fondu［巴特芒·丰究］

动作腿打开在点地姿态上，两腿同时屈伸的完成体做法。此为完成体的慢节奏练习方式。

节拍：四拍一次（或 $\frac{3}{4}$ 拍，音乐四小节一次）

准备拍右腿 Tendu 打开旁点地

da1-2 右腿收前 Sur le cou-de-pied，同时左腿 Demi plié 下蹲。

da3-4 右腿伸出前点地，同时左腿推地全脚站起。

要求：动作中要求保持双腿同时屈伸的连贯性与最大限度地外开。动作腿向前伸出时要留住膝盖，保持外开和大腿的高度，用脚跟和小腿主动推着往前伸直出去，最后向远伸出绷直到脚尖。在收回 Sur le cou-de-pied 时，动作腿膝盖和脚尖主动带回，脚跟保持前顶。双胯平正，有力上提。

3. 组合的动作节拍与做法详解

节拍：$\frac{3}{4}$ 拍，中速

准备姿态：双腿一位站立，左臂单手扶把，右臂一位，头转向 3 点方向，抬头挺胸收腹，平视前方。

（前奏拍）da5-6 右臂抬至二位手，头部稍向左侧头看向右臂位置。

da7-8 右腿 Tendu 旁点地，右臂打开至七位，转头看向 3 点方向。

① da-1 开始做四拍一次 Battement fondu 往前的分解体。右腿收前 Sur le cou-de-pied，左腿保持直腿站立（图 1-6-1）。

da-2 再左腿 Demi plié 下蹲（图 1-6-2）。保持右臂七位，头看 3 点方向。

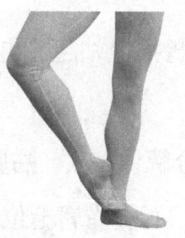 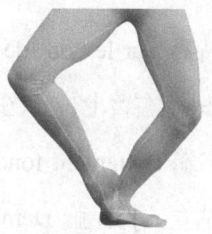

图 1-6-1   图 1-6-2

da-3 右腿保持前 Sur le cou-de-pied，左腿推地站起（图 1-6-3）。

da-4 右腿伸出前点地，左腿保持全脚站立（图 1-6-4）。保持右臂七位，头看 3 点方向。

　　da5-6　开始做右腿 Battement fondu 往旁的分解体一次。右腿收前 Sur le cou-de-pied，左腿保持直腿站立。再左腿 Demi plié 下蹲。保持右臂七位，头看 3 点方向。

　　da7-8　右腿保持前 Sur le cou-de-pied，左腿推地站起。再右腿伸出旁点地，同时头转向 1 点方向，右臂保持七位（图 1-6-5）。

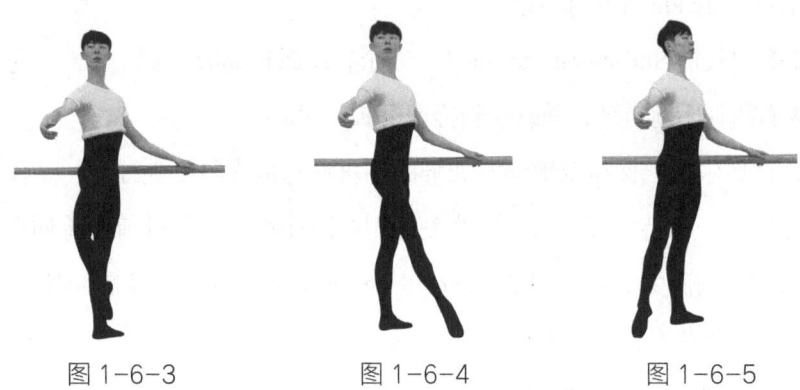

图 1-6-3　　　　　　　图 1-6-4　　　　　　　图 1-6-5

　　② da1-2　开始做右腿 Battement fondu 往后的分解体一次。右腿收后 Sur le cou-de-pied，左腿保持直腿站立（图 1-6-6）。再左腿 Demi plié 下蹲（图 1-6-7）。保持右臂七位，头看 1 点方向。

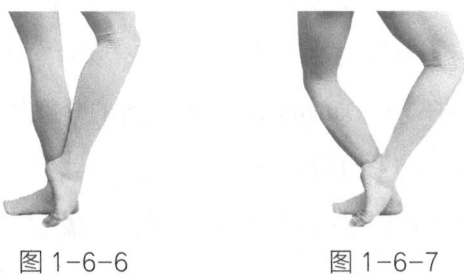

图 1-6-6　　　　　　　图 1-6-7

　　da3-4　右腿保持后 Sur le cou-de-pied，左腿推地站起。再右腿伸出后点地，同时头转向 3 点方向，保持右臂七位（图 1-6-8）。

　　da5-6　开始做右腿 Battement fondu 往旁的分解体一次。右腿收后 Sur le cou-de-pied，左腿保持直腿站立。再左腿 Demi plié 下蹲。保持右臂七位，头看 3 点方向。

　　da7-8　右腿保持后 Sur le cou-de-pied，左腿推地站起。再右腿伸出旁点地，同时头转向 1 点方向，右臂保持七位。

　　③ da1-2　开始做四拍一次 Battement fondu 往前的完成体。右腿收前 Sur le cou-de-pied，同时左腿 Demi plié 下蹲。保持右臂七位，头看 1 点方向（图 1-6-9）。

da3-4　右腿伸出前点地，左腿推地站起，同时头转向 3 点方向，保持右臂七位（图 1-6-10）。

图 1-6-8　　　　　　　　图 1-6-9　　　　　　　　图 1-6-10

da5-6　开始做右腿 Battement fondu 往旁的完成体一次。右腿收前 Sur le cou-de-pied，同时左腿 Demi plié 下蹲。保持右臂七位，头看 3 点方向。

da7-8　右腿伸出旁点地，左腿推地站起，同时头转向 1 点方向，保持右臂七位（图 1-6-11）。

④ da1-2　开始做右腿 Battement fondu 往后的完成体一次。右腿收后 Sur le cou-de-pied，同时左腿 Demi plié 下蹲。保持右臂七位，头看 1 点方向（图 1-6-12）。

da3-4　右腿伸出后点地，左腿推地站起，同时头转向 3 点方向，保持右臂七位（图 1-6-13）。

da5-6　开始做右腿 Battement fondu 往旁的完成体一次。右腿收后 Sur le cou-de-pied，同时左腿 Demi plié 下蹲。保持右臂七位，头看 3 点方向。

da7-8　右腿伸出旁点地，左腿推地站起，同时头转向 1 点方向，保持右臂七位（图 1-6-14）。

图 1-6-11　　　　　图 1-6-12　　　　　图 1-6-13　　　　　图 1-6-14

（结束拍）da-7　右臂七位 Allongé，同时头转向 3 点方向。

da-8　右臂到一位手，同时右腿 Tendu 收回一位。头随手动，最后抬头看 3 点方向。

（七）Battement frappé 小弹腿练习

1. 练习目的与教学内容

学习一位脚单手扶把 Battement frappé 点地的往旁、往前、往后的练习。这是 Frappé 一类动作的基础做法。同时加入小的击打动作 Petit battement sur le cou-de-pied 的学习。这些练习都可以很好地加强动作腿的灵敏度和灵活性。更多地培养膝关节在完成快速类击打动作的运动习惯和支配能力。

（1）Battement frappé

Frappé 原意为"击打""射出"。我们称此动作为"小弹腿"。该动作练习腿快速有力地屈伸运动，锻炼膝关节和踝关节的弹性和灵活性，培养小腿和脚背的力量，以及脚尖的锐利。Battement frappé 动作的力度要比 Battement tendu jeté 更大、更快。

（2）Petit battement sur le cou-de-pied

Petit 原义是"小的"。在 Sur le cou-de-pied 位置上动作腿做小的"击打"。该动作训练膝关节和踝关节的灵活性，为 Double frappé 以及一些打击类动作做准备。

2. 主要动作的节拍进度与练习要求

（1）Battement frappé［巴特芒·弗拉佩］：动作腿快速屈伸的弹腿动作

节拍：四拍一次（分解的）

da-1　动作腿收 Sur le cou-de-pied 位置。

da-2　保持不动。

da-3　快速伸出旁点地。

da-4　保持点地不动。

要求：动作腿从 Sur le cou-de-pied 的位置直接打开到点地的位置时，要直线打开和收回，不能在打开的过程中抬腿或脚擦地出去。往旁、往前、往后做的伸出和收回时，动作腿的膝关节和大腿都要完全转开，脚后跟要主动往前顶，保持最大限度地外开。

（2）Petit battement sur le cou-de-pied［珀蒂·巴特芒·絮·勒·库得皮耶］：动

作腿在支撑腿踝位置做小而快的连续击打

节拍：四拍一次（分解的）

da–1　右腿收前 Sur le cou-de-pied（包脚的）。

da–2　停顿不动。

da–3　右腿向旁打开至小腿与地面垂直位置，再收到后 Sur le cou-de-pied。

da–4　停顿不动。

要求：动作腿始终保持大腿的外开不动，并主动放松膝关节，小腿脚背绷紧。小腿向旁打开时是直进直出的直线路径，不能出现小腿前后摆动的现象。整个躯干和支撑腿不能因为动作腿的快速击打而随之颤动，要特别强调躯干和支撑腿的稳定与平衡。

3. 组合的动作节拍与做法详解

节拍：$\frac{2}{4}$拍，中速

准备姿态：左臂单手扶把，右臂一位，双腿一位，头转向 3 点方向，抬头挺胸收腹，平视前方。

（前奏）da5–6　右臂抬至二位手，头部稍向左侧头看向右臂位置。

da–7　右臂打开至七位，转头看向 3 点方向。

da–8　右腿 Tendu 往旁点地。

① da1–2　Battement frappé 往前做。右腿收前 Sur le cou-de-pied，再停顿一拍不动。保持右臂七位，头看 3 点方向（图 1-7-1）。

da3–4　右腿伸出前点地，再停顿一拍不动。保持右臂七位，头看 3 点方向（图 1-7-2）。

da5–6　同 da1–2 动作，再做一遍。

da7–8　同 da3–4 动作，再做一遍。

② da1–2　同①da1–2 动作，再做一遍。

da3–4　Battement frappé 往旁做。右腿伸出旁点地，同时转头看 1 点方向，右臂保持七位（图 1-7-3）。再停顿一拍不动。

da5–6　右腿收后 Sur le cou-de-pied，再停顿一拍不动。保持右臂七位，头看 1 点方向（图 1-7-4）。

da7–8　同 da3–4 动作，再做一遍。

图 1-7-1   图 1-7-2   图 1-7-3   图 1-7-4

③ da1-2　同 da5-6 动作，再做一遍。

da3-4　Battement frappé 往后做。右腿伸出后点地，同时转头看 3 点方向，右臂保持七位（图 1-7-5）。再停顿一拍不动。

da5-6　右腿收后 Sur le cou-de-pied，再停顿一拍不动。保持右臂七位，头看 3 点方向（图 1-7-6）。

da7-8　同 da3-4 动作，再做一遍。

图 1-7-5   图 1-7-6

④ da1-2　同③da5-6 动作，再做一遍。

da3-4　Battement frappé 往旁做。右腿伸出旁点地，同时转头看 1 点方向，右臂保持七位。再停顿一拍不动。

da5-6　右腿收前 Sur le cou-de-pied，再停顿一拍不动。保持右臂七位，头看 1 点方向。

da7-8　同 da3-4 动作，再做一遍。

⑤ da1-2　开始做 Petit battement Sur le cou-de-pied。右腿收前 Sur le cou-de-pied（图 1-7-7），再停顿一拍不动。保持右臂七位，头看 1 点方向。

da3-4　右腿向旁打开，经小腿与地面垂直的位置（图 1-7-8），快速收后 Sur le cou-de-pied（图 1-7-9）。再停顿一拍不动。保持右臂七位，头看 1 点方向。

图 1-7-7　　　　　　　　　图 1-7-8　　　　　　　　　图 1-7-9

da5-6　右腿再 Petit battement 收前 Sur le cou-de-pied。

da7-8　右腿伸出旁点地，再停顿一拍不动。右臂保持七位，头看 1 点方向。

⑥ da1-2　右腿收后 Sur le cou-de-pied，再停顿一拍不动。

da3-4　右腿 Petit battement 收前 Sur le cou-de-pied。

da5-6　右腿 Petit battement 收后 Sur le cou-de-pied。

da7-8　右腿伸出旁点地，再停顿一拍不动。右臂保持七位，头看 1 点方向。

（结束拍）da-7　右臂七位 Allongé，头转到 3 点方向。

da-8　右腿 Battement tendu 收回一位脚，同时右臂到一位，头部跟随手动，最后抬头看 3 点方向。

（八）Adagio 控制练习

1. 练习目的与教学内容

学习慢板类动作中最为基础的两种高抬腿方式，动作腿由低向高直腿抬起的 Battement relevé lent，以及由里向外经屈腿延伸到直腿抬起的 Battement développé 动作。本组合学习在单手扶把上这两个动作八拍一次的分解做法。练习支撑腿在单腿重心上的平衡稳定，以及动作腿离开地面在空中高抬腿的准确位置和运动路线。

（1）Battement relevé lent

Relevé 原意是"上升"。Lent 原意是"慢慢地"。Battement relevé lent 就是"慢抬腿"的意思。它是从 Battement tendu 派生出来的直线延展动作，是练习整条动作腿的柔韧力量和控制能力，为学习各种慢速和快速打开到高抬腿的舞姿打下基础。

（2）Battement développé

Développé 原意为"伸展、发展"，是舞台上使用频率较高的动作之一。它能锻炼身体平衡、练习准确的舞姿，加强动作腿在空中的伸展和控制能力，使支撑腿和后背更加结实有力，为以后中间的 Adagio 舞段，以及大舞姿转和大跳动作做好准备。

2. 主要动作的节拍进度与练习要求

（1）Battement relevé lent［巴特芒·雷勒韦·朗］：动作腿由直腿延展抬腿的动作

节拍：八拍一次（分解的）

双腿一位脚站立，左臂扶把，右臂七位准备。

da1−2　右腿一拍 Battement tendu 向旁点地。再停顿一拍。

da3−4　右腿 Battement relevé lent 90° 抬起旁。

da5−6　右腿直腿落旁点地。

da7−8　右腿 Battement tendu 收回一位脚。再停顿一拍。

要求：动作腿打开抬起时，用力绷直膝盖、脚背和脚趾，并保持外开。在空中要更加强调伸直膝盖，绷直整条腿。抬起和下落的过程要缓慢。支撑腿同样要保持外开，膝盖伸直。要特别注意两胯的正确姿势。身体的重心要始终保持在支撑腿上。动作腿往前和往旁打开抬起时，躯干要保持垂直收紧。往后打开抬起时，躯干要稍稍前倾调节身体重心，当腿收回时，躯干要同时恢复直立姿势。

（2）Battement développé［巴特芒·代弗洛佩］：动作腿由屈腿延伸到直腿打开的动作

节拍：八拍一次（分解的）

右腿前五位站立，左臂扶把，右臂七位准备。

da1−2　右腿抬起前 Sur le cou-de-pied 位置。停顿一拍。

da3−4　右腿吸腿到前五位 Battement retiré 位置。

da5−6　右腿 Battement développé 90° 向旁打开。

da7−8　右腿直腿落点地旁。再 Battement tendu 收回前五位脚。

要求：动作腿要从准确的五位 Sur le cou-de-pied 位置，连贯地紧贴着支撑腿向上拉起到 Battement retiré 的位置，并吸腿到最高处再向外延伸打开出去。过程中的支撑腿要用力伸直，不要因为动作腿的运动而晃动。整个动作要做得连贯而有延伸感。

3. 组合的动作节拍与做法详解

节拍：$\frac{6}{8}$ 拍，中速

准备姿态：双腿一位站立，左臂单手扶把，右臂一位，头看 3 点方向。

（前奏）da5-6   右臂抬至二位手，头部稍向左侧头看向右臂位置。

da7-8   右臂打开至七位，转头看向 3 点方向。

① da1-2   右腿一拍 Battement tendu 往前点地，保持右臂七位，头看 3 点方向（图 1-8-1）。再停顿一拍不动。

da3-4   右腿 Battement relevé lent 抬起 90° 前（图 1-8-2）。

da5-6   右腿直腿落前点地。

da7-8   右腿 Battement tendu 收回一位脚。再停顿一拍。

② da1-2   右腿 Battement tendu 往后点地，保持右臂七位，头看 3 点方向（图 1-8-3）。再停顿一拍不动。

da3-4   右腿 Battement relevé lent 抬起 90° 后（图 1-8-4）。

da5-6   右腿直腿落前点地。

da7-8   右腿 Battement tendu 收回一位脚。再停顿一拍。

图 1-8-1   图 1-8-2   图 1-8-3   图 1-8-4

③ da1-2   右腿 Battement tendu 往旁点地，同时转头看 1 点方向，保持右臂七位（图 1-8-5）。再停顿一拍不动。

da3-4   右腿 Battement relevé lent 抬起 90° 旁（图 1-8-6）。

da5-6   右腿直腿落旁点地。

da7-8   右腿 Battement tendu 收回前五位脚。再停顿一拍。

图 1-8-5   图 1-8-6

④ da1-2　右腿抬起前 Sur le cou-de-pied 位置，保持右臂七位，头看 1 点方向（图 1-8-7）。再停顿一拍。

da3-4　右腿吸腿到前五位 Battement retiré 位置（图 1-8-8）。再停顿一拍。

da5-6　右腿 Battement développé 90° 向旁打开（图 1-8-9）。

图 1-8-7   图 1-8-8   图 1-8-9

da-7　右腿直腿落点地旁。保持右臂七位，头看 1 点方向。

da-8　右臂七位 Allongé，头转到 3 点方向。再右腿 Battement tendu 收回一位脚，同时右臂到一位，头部跟随手动，最后抬头看 3 点方向。

（九）Grand battement jeté 大踢腿练习

1. 练习目的与教学内容

学习站一位脚单手扶把 Grand battement jeté 往前、往旁、往后的基础练习。Grand battement jeté 是由 Battement tendu jeté 发展而来，我们称此动作为"大踢腿"。它对于增强腿部和腰腹部的力量，增大动作腿活动的幅度，加强支撑腿的稳定性方面都有着重要的练习价值。它也是为完成好所有中跳、大跳动作的最基础练习。

Grand battement jeté

Grand 原意为"全的、大的"。Battement 原意为"击打"。Jeté 原意为"扔出"，用来指踢腿。我们称此动作为"大的踢腿"。动作腿经过 Battement tendu 直腿向外沿地面伸出，再快速地直腿向上踢起并直腿收回。本组合学习在单手扶把分解体的、单一的往前、往旁、往后的做法。

2. 主要动作的节拍进度与练习要求

Grand battement jeté［格朗·巴特芒·热泰］：动作腿大的向外踢腿动作

节拍：四拍一次

双腿一位站立，左臂扶把，右臂七位准备。

da-1　右腿 Tendu 前点地。

da-2　直腿踢起。

da-3　落前点地。

da-4　收回一位脚站立。

要求：学习之初不要求踢高，要强调把踢出和收回的路线与方法做正确。随着腿部能力的增长再逐步向高踢起。踢起来的腿应该最大限度地转开髋关节，并伸直膝关节，绷紧脚踝关节以及脚趾关节，向长、向远、向高快速踢起。动作腿的下落和收回，也同样要求做好开、绷、直的全过程。身体保持垂直，向上提起，后背有力地收紧。支撑腿向上挺立和转开，要保持肩和胯的平整，重心不要被快速踢出去的腿所影响。腿踢得要快速、轻巧、自由。

3. 组合的动作节拍与做法详解

节拍：$\frac{3}{4}$ 拍，中速

准备姿态：双腿一位，左臂单手扶把，右臂一位，头看 3 点方向。

（前奏）da5-6　右臂抬至二位手，头部稍向左侧头看向右臂位置。

da7-8　右臂打开至七位，转头看向 3 点方向。

① da-1　开始做右腿四拍一次 Grand battement jeté 往前的。右腿 Battement tendu 往前点地（图 1-9-1）。

da-2　右腿直腿往前踢起 90° 以上（图 1-9-2）。保持右臂七位，头看 3 点方向。

da-3　右腿直腿落前点地。

da-4　右腿 Battement tendu 收回一位脚。保持右臂七位，头看 3 点方向。

图 1-9-1　　　　　　　　　图 1-9-2

da5-8　同 da1-4 的动作，再做一遍。

② da-1　开始做右腿 Grand battement jeté 往旁的。右腿 Battement tendu 往旁点地，同时转头看 1 点方向，右臂保持七位（图 1-9-3）。

da-2　右腿直腿往旁踢起 90° 以上（图 1-9-4）。

da-3　右腿直腿落旁点地。

da-4　右腿 Battement tendu 收回一位脚。保持右臂七位，头看 1 点方向。

da5-8　同 da1-4 的动作，再做一遍。

③ da-1　开始做右腿 Grand battement jeté 往后的。右腿 Battement tendu 往后点地，同时转头看 3 点方向，右臂保持七位（图 1-9-5）。

da-2　右腿直腿往后踢起 90° 以上（图 1-9-6）。

da-3　右腿直腿落后点地。

da-4　右腿 Battement tendu 收回一位脚。保持右臂七位，头看 3 点方向。

da5-8　同 da1-4 的动作，再做一遍。

图 1-9-3　　　　　图 1-9-4　　　　　图 1-9-5　　　　　图 1-9-6

④ da-1　开始做右腿 Grand battement jeté 往旁的。右腿 Battement tendu 往旁点地，同时转头看 1 点方向，右臂保持七位。

da-2　右腿直腿往旁踢起 90° 以上。

da-3　右腿直腿落旁点地。

da-4　右腿 Battement tendu 收回一位脚。保持右臂七位，头看 1 点方向。

da5-8　同 da1-4 的动作，再做一遍。

（结束拍）da-7　右臂七位 Allongé，头转到 3 点方向。

da-8　右臂到一位，头随手动，最后抬头看 3 点方向。

（十）Battement tendu 擦地练习

1. 练习目的与教学内容

此组合为双臂扶把练习，在扶把部分的最后，它既是在 Adagio 和 Grand battement jeté 等大幅度运动之后的身体缓冲性练习组合，也可以作为下一阶段学习新动作或新节奏难度的预备练习方式。本组合学习双臂扶把在五位的 Battement tendu 和 Plié soutenu 带 Revelé 的做法，为以后单手扶把的练习做好身体重心和准确位置的准备练习。

（1）Battement tendu

本组合学习双臂扶把五位脚开始的 Battement tendu 往旁做。

（2）Plié soutenu

Soutenu 原意为"保持住"。也被称为"Battement tendu soutenu"。这个动作是 Plié 和 Battement tendu 的合成动作。两条腿在同一时间，做不同的动作。支撑腿做曲直的动作，动作腿在脚不离开地面的状态下做伸收的动作。练习双腿的协调性和灵活性，动作要做得连贯而富有弹性。本组合学习双臂扶把，五位脚开始的 Plié soutenu 往旁，带收回时双腿立起 Relevé 的做法。

（3）Relevé

原意为"升起、踮起"。指通过立半脚尖和脚尖升高身体的高度。锻炼腿部和脚腕的力量以及身体的平衡能力。高半脚 Relevé，是男班地面支撑动作的高级别形式之一，在以后的扶把和中间练习时较为常见。

2. 主要动作的节拍进度与练习要求

（1）Battement tendu［巴特芒·唐究］

节拍：四拍一次（分解体）

双臂扶把，右腿前五位站立准备。

da-1　右腿 Battement tendu 出旁点地。

da-2　保持点地不动。

da-3　右腿 Battement tendu 收回后五位。

da-4　保持五位站立不动。

要求：在学习五位 Battement tendu 向旁时，强调每次伸出腿时，都要经过一位脚的位置再擦出去，收回来时也是先经过一位的位置再收回五位脚。强调动作腿贴着支撑腿回来，可以防止学生在做擦地时出现划圈的现象。另外，膝盖收回来时容易弯，所以要强调支撑腿用力上提。

（2）Plié soutenu［普利埃·苏特纽］：在支撑腿蹲起的同时，动作腿向外的打开和收回

节拍：八拍一次带 Relevé（分解体）

双臂扶把，右腿前五位站立准备。

da1-2　双腿五位 Demi plié 蹲下。

da-3　左腿保持 Plié 下蹲，右腿 Battement tendu 出旁点地。

da-4　保持点地不动。

da-5　右腿 Battement tendu 收后五位 Relevé。

da-6　保持 Relevé 不动。

da-7　落五位全脚站立。

da-8　保持站立不动。

要求：在 Demi Plié 蹲下时，动作腿的往旁的 Tendu 要完成好全脚贴服地面的擦出点地，并且不能牵扯出身体的重心。收回五位 Relevé，要双腿保持外开的有力向内并紧，过程中动作腿的膝关节不能放松。双腿的 Relevé 要一拍快速收到位置并拢五位，绷紧脚踝关节，高半脚位置收腹、提胯站立。

3. 组合的动作节拍与做法详解

节拍：$\frac{4}{4}$拍，中速

准备姿态：身体面对扶把，右腿前五位站立，双臂扶把，头看正前 1 点方向。

（前奏）da5-8 双腿五位站立不动。

① da1-4　右腿前五位 Demi Plié 四拍一次的做一次。da1-2 下蹲（图 1-10-1）。da3-4 站起（图 1-10-2）。

　　da5-8　右腿旁 Battement tendu 四拍一次的做一次。da-1 右腿 Tendu 出旁点地（图 1-10-3）。da-2 保持点地不动。da-3 右腿 Tendu 收回后五位脚（图 1-10-4）。da-4 保持站起不动。

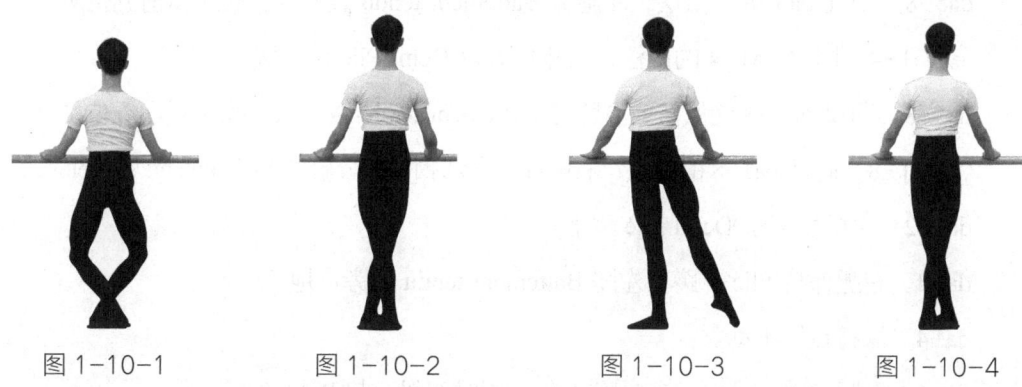

图 1-10-1　　　　　　图 1-10-2　　　　　　图 1-10-3　　　　　　图 1-10-4

② da1-4　同①da1-4 的做法，右腿后五位 Demi Plié 做一次。

　　da5-8　同①da5-8 的做法，右腿旁 Battement tendu 做一次，收右腿前五位站立。

③ da1-8　右腿往旁，做八拍一次分解的 Plié soutenu 带 Relevé。

da1-2　双腿五位 Demi plié 蹲下（图 1-10-5）。

da-3　左腿保持 Plié 下蹲，右腿 Battement tendu 出旁点地（图 1-10-6）。

da-4　保持点地不动。

da-5　右腿 Battement tendu 收后五位，同时双腿立起 Relevé（图 1-10-7）。

da-6　保持 Relevé 不动。

da-7　落五位全脚站立（图 1-10-8）。

da-8　保持站立不动。

④ da1-8　同③da1-8 的做法，右腿做往旁的 Plié soutenu 带 Relevé，收右前五位站立。

⑤ da1-4　开始做左腿一边的动作。同①da1-4 的做法，左腿后五位 Demi Plié 做一次。

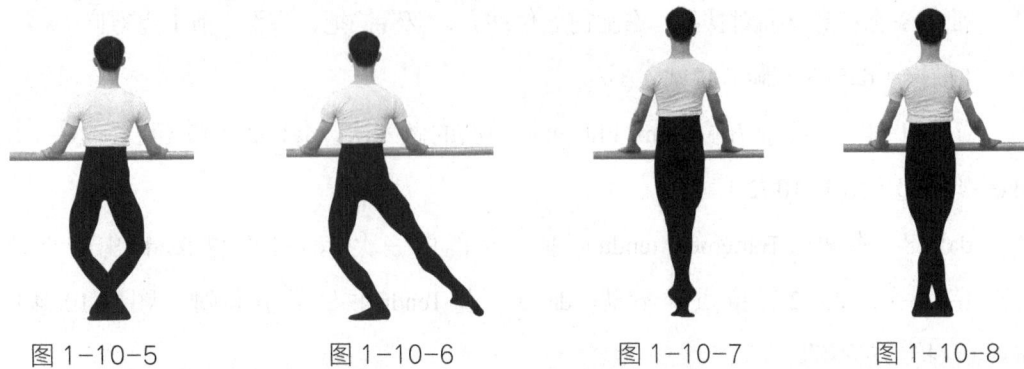

图 1-10-5　　　　　图 1-10-6　　　　　图 1-10-7　　　　　图 1-10-8

da5-8　同①da5-8 的做法，左腿旁 Battement tendu 做一次。收左腿前五位脚。

⑥ da1-4　同②da1-4 的做法，右腿后五位 Demi Plié 做一次。

da5-8　同②da5-8 的做法，右腿旁 Battement tendu 做一次，收左腿后五位站立。

⑦ da1-8　同④da1-8 的做法，右腿往旁做八拍一次分解的 Plié soutenu 带 Relevé。

da1-2　左腿后五位 Demi plié 蹲下。

da-3　右腿保持 Plié 下蹲，左腿 Battement tendu 出旁点地。

da-4　保持点地不动。

da-5　左腿 Battement tendu 收前五位，同时双腿立起 Relevé。

da-6　保持 Relevé 不动。

da-7　落五位全脚站立。

da-8　保持站立不动。

⑧ da1-8　同⑦da1-8 做法，左腿做往旁的 Plié soutenu 带 Relevé，收左腿后五位站立。

二、CENTRE 中间部分

（十一）Port de bras 头手练习

1. 训练目的与教学内容

此组合为学生离开扶把站位，到教室中间来做舞蹈练习的第一个组合。在 Port de bras 的练习中，要通过对运动中手臂基本位置、运动路线、运动速度的逐步控制与掌握，使上肢更富有表现力，舞蹈动作更为流畅、柔润和丰富。

（1）Port de bras

本组合学习第一种 Port de bras 的练习，以及将七个手位衔接在一起的做法（七个手位的命名是中国特有的方式，便捷、准确）。

（2）Battement tendu demi plié

本组合里学习在一位脚上往旁的，经二位 Demi plié 移动身体重心的做法。

2. 主要动作的节拍进度与练习要求

（1）Port de bras［波·德·勃拉］：手臂的动作或上体的仰俯

两拍一动的换位：教室中间 En face 一位脚站立，双臂一位准备。

da1–2　双臂从一位抬起到二位手。

da3–4　双臂抬起到三位手。

要求：在动作中重心垂直，膝关节收紧站立。双臂的运动速度要配合音乐的速度，平稳地按照正确的运动路线交替变换手位。上肢躯干挺拔，颈椎松弛，呼吸顺畅，头部和视线应配合手位的变换，完成好规定姿态的构成。

（2）Battement tendu demi plié［巴特芒·唐究·德米·普里耶］：带蹲的擦地

节拍：八拍一次

教室中间 En face 一位脚站立，双臂一位准备。

da1–2　右腿出旁点地。

da3–4　落二位脚 Demi plié 下蹲。

da5–6　右腿起直站立，左腿旁点地。

da7–8　左腿收回一位脚站立。

要求：做 Battement tendu 的时候重心是在支撑腿上，二位脚 Demi plié 的重心要平衡地放到两条腿上。注意提胯移动身体的重心要做得平稳、流畅。

3. 组合的动作节拍与做法详解

节拍：$\frac{12}{8}$ 拍，中速

准备姿态：教室中间 En face［昂·法斯］一位脚站立，双臂一位，头看正前 1 点方向准备。

（前奏）da5–8　双腿一位站立不动（图 1–11–1）。

① da1–2　开始做第一种 Port de bras。双臂抬起到二位手。头部稍向左侧，看向右臂手心方向（图 1–11–2）。

da3-4　双臂抬起到三位。头随手动，看向 2 点斜上方（图 1-11-3）。

图 1-11-1　　　　　　　图 1-11-2　　　　　　　图 1-11-3

da5-6　双臂向旁打开到七位。头随手动，看向 3 点方向（图 1-11-4）。

da-7　双臂七位 Allongé。头保持看 3 点方向（图 1-11-5）。

da-8　双臂向下收回到一位手。头随手动，最后看向 1 点方向。保持一位脚站立不动（图 1-11-6）。

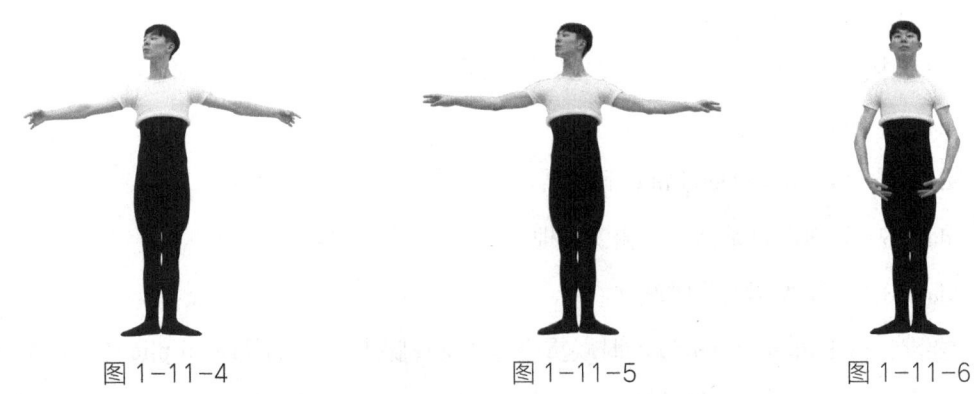

图 1-11-4　　　　　　　图 1-11-5　　　　　　　图 1-11-6

② da1-2　开始做衔接七个手位的 Port de bras。双臂抬起到二位手。头看右臂方向（图 1-11-7）。

da3-4　双臂抬起到三位。头随手动，看向 2 点斜上方（图 1-11-8）。

da5-6　右臂向下到二位，左臂保持三位，头看右臂手心方向。形成双臂的右四位手（图 1-11-9）。

da7-8　右臂打开到七位，左臂保持三位，头看 3 点方向。形成双臂的右五位手（图 1-11-10）。

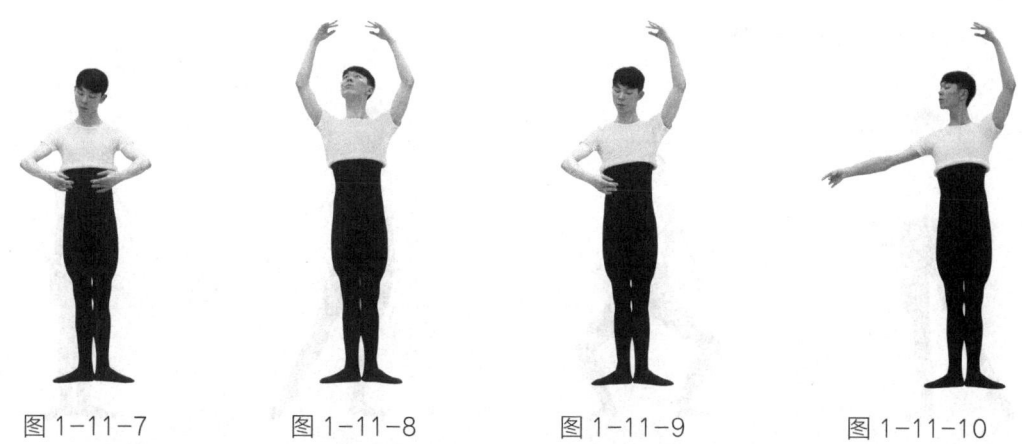

图 1-11-7　　　　　　图 1-11-8　　　　　　图 1-11-9　　　　　　图 1-11-10

③ da1-2　左臂向下到二位，右臂保持七位，头看左臂手心方向。形成双臂的右六位手（图 1-11-11）。

da3-4　左臂打开七位，头随手动，看向 7 点方向。右臂保持七位。形成双臂的七位手（图 1-11-12）。

da-5　双臂七位 Allongé。转头看向 3 点方向（图 1-11-13）。

da-6　双臂向下收回到一位手。头随手动，最后看向 1 点方向（图 1-11-14）。

da-7　保持一位脚站立不动。

da-8　向右腿移动重心站立。

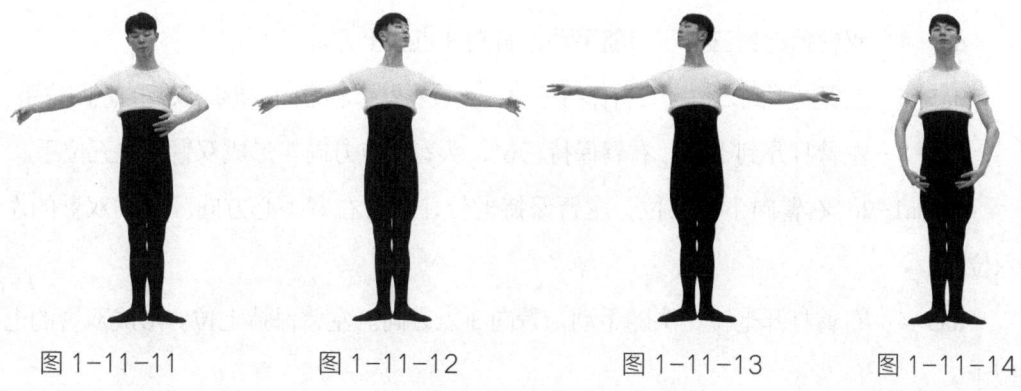

图 1-11-11　　　　　图 1-11-12　　　　　图 1-11-13　　　　　图 1-11-14

④ da1-2　开始做向旁的 Battement tendu demi plié。右腿 Battement tendu 出旁点地。双臂保持一位，头看 1 点方向（图 1-11-15）。

da3-4　身体重心向右移动，落二位脚 Demi plié 下蹲（图 1-11-16）。

da5-6　右腿推地起直站立，左腿伸直向旁点地（图 1-11-17）。

da7-8　左腿 Battement tendu 收回一位脚，双腿重心垂直站立。双臂保持一位，头看 1 点方向（图 1-11-18）。

| 图 1-11-15 | 图 1-11-16 | 图 1-11-17 | 图 1-11-18 |

⑤ da1-2　开始做另一边的第一种 Port de bras。双臂抬起到二位手。头看向左臂手心方向。

da3-4　双臂抬起到三位。头随手动，看向 8 点斜上方。

da5-6　双臂向旁打开到七位。头看 7 点方向。

da-7　双臂七位 Allongé。头保持看 7 点方向。

da-8　双臂向下收回到一位手。头随手动，最后看向 1 点方向。保持一位脚站立不动。

⑥ da1-2　开始另一边七个手位的 Port de bras。双臂抬起到二位手。头看左臂方向。

da3-4　双臂抬起到三位。头随手动，看向 8 点斜上方。

da5-6　左臂向下到二位，右臂保持三位，头看左臂手心方向。形成双臂的左四位手。

da7-8　左臂打开到七位，右臂保持三位，头看 7 点方向。形成双臂的左五位手。

⑦ da1-2　右臂向下到二位，左臂保持七位，头看右臂手心方向。形成双臂的左六位手。

da3-4　右臂打开七位，头随手动，看向 3 点方向。左臂保持七位。形成双臂的七位手。

da-5　双臂七位 Allongé。转头看向 7 点方向。

da-6　双臂向下收回到一位手。头随手动，最后看向 1 点方向。

da-7　保持一位脚站立不动。

da-8　向左腿移动重心站立。

⑧ da1-2　开始做左腿向旁的 Battement tendu demi plié。左腿 Battement tendu 出

旁点地。双臂保持一位，头看 1 点方向。

  da3–4 身体重心向左移动，落二位脚 Demi plié 下蹲。

  da5–6 左腿推地起直站立，右腿伸直向旁点地。

  da7–8 右腿 Battement tendu 收回一位脚。再身体回到双腿重心垂直站立。双臂保持一位，头看 1 点方向。

（十二）Battement tendu 擦地练习

1. 练习目的与教学内容

  学习在中间站一位脚 Battement tendu 往旁、往前、往后的做法，以及 Demi rond de jambe par terre 的基础练习。练习在身体原地垂直站立单腿支撑的基础上，控制正确稳定的重心，去完成动作腿向外打开和环动的运动能力。并在 Battement tendu demi plié 的练习中，逐步掌握双腿在屈伸中交换支撑重心的协调能力。

  （1）Battement tendu

  此组合练习在中间一位脚站立，做两拍一次的往前、往旁、往后的练习。此组合为初学阶段，为了身体重心在动作中获得更多的稳定，头部始终保持在 En face（1 点）方向做动作。

  （2）Demi rond de jambe par terre

  此组合练习 En dehors 向外和 En dedans 向里的各方向 1/4 圈的做法。并在 Rond de jambe par terre 收回一位脚的同时，加入做 Battement tendu demi plié 的练习。

  2. 主要动作的节拍进度与练习要求

  （1）Battement tendu［巴特芒·唐究］：动作腿的擦地延伸与收回

节拍：两拍一次

双腿一位 En face 站立，双臂七位准备。

da–1 右腿往前 Battement tendu 点地。

da–2 右腿 Battement tendu 收回一位脚站立。

  要求：在一位脚的擦地过程中，往前和往后点地的脚尖，要与支撑腿的脚跟在一条直线上，双腿保持最大限度的伸直与转开。身体重心平稳，收腹提胯，双肩平正。擦地伸出和收回的动作腿要动作连贯，全脚、半脚掌、绷脚的过程都要清晰、准确。

（2）Rond de jambe par terre［隆·德·让·巴·泰尔］：动作腿的划圈环动

节拍：四拍一次

双腿一位 En face 站立，双臂七位准备。

da-1   右腿 Battement tendu 出前点地。

da-2   右腿 Rond de jambe par terre en dehors 划到旁点地。

da-3   右腿 Battement tendu 收回一位脚站立。

da-4   双腿站立不动。

要求：在划圈的过程中双腿保持充分的外开，身体的重心要放在支撑腿上。动作腿在环动的每一个点上都要转开到最大限度。做 En dehors 划圈时，用脚尖带着主动向后划，同时感觉脚后跟要向前顶着划。做 En dedans 划圈时，则要向前推着脚跟并带动向前划。脚尖始终贴在地面上做，不要抬离开地面，圈要划得连贯平稳。

（3）Battement tendu demi plié［巴特芒·唐究·德米·普里耶］：带蹲的擦地

节拍：两拍一次

身体面对 En face，右腿旁点地，双臂七位。

da-1   右腿 Battement tendu 收回一位脚同时，双腿一位 Demi plié

da-2   双腿伸直膝关节起直站立。

要求：Battement tendu 收回一位时，同样要有全脚擦地收回的全过程。在 Demi plié 下蹲时，身体的重心要完全回到两个脚的平稳支撑上。要注意身体重心的转换要做得平稳。

3. 组合的动作节拍与做法详解

节拍：$\frac{2}{4}$ 拍，中速

准备姿态：站教室中间，面对 En face，双腿一位，双臂一位。头看 1 点方向，抬头、挺胸、收腹，平视前方（图 1-12-1）。

（前奏）da5-6   双臂抬至二位手，头部稍向左侧头看向右臂位置。

da7-8   双臂打开至七位，抬头看 1 点方向（图 1-12-2）。最后一拍，身体重心向左移动到左腿支撑。

① da1-2   右腿两拍一次的 Battement tendu 往前一次。da-1 右腿向前擦地伸出，双臂七位，头看 1 点方向（图 1-12-3）。da-2 右腿 Battement tendu 收回一位脚。

da3-4   右腿同 da1-2 动作，再做一遍。

da5-6　右腿 Rond de jambe par terre 从前划到旁 En dehors 的一次。da-1 右腿 Battement tendu 出前点地。da-2 右腿 Rond de jambe par terre 划到旁点地（图 1-12-4）。

da7-8　右腿从旁 Battement tendu demi plié 一次。da-1 右腿 Battement tendu 收回一位脚同时，双腿 Demi plié 下蹲，同时双臂手心向下到二位，头看右臂方向（图 1-12-5）。da-2 双腿推直膝关节全脚站立，同时双臂打开七位，头看 1 点方向。

图 1-12-1　　　　　　　　　　　图 1-12-2

图 1-12-3　　　　　　　图 1-12-4　　　　　　　图 1-12-5

② da1-2　右腿往旁 Battement tendu 一次。双臂七位，头看 1 点方向（图 1-12-6）。

da3-4　右腿同 da1-2 动作，再做一遍。

da5-6　右腿 Rond de jambe par terre 从旁划到后 En dehors 的一次（图 1-12-7）。

da7-8　右腿从后 Battement tendu demi plié 收回一位脚，同时双臂手心向下到二位，头看左臂方向（图 1-12-8）。再双腿全脚站起，双臂打开七位，头看 1 点方向。

③ da1-2　左腿往前 Battement tendu 一次。双臂七位，头看 1 点方向（图 1-12-9）。

da3-4　左腿同 da1-2 动作，再做一遍。

da5-6　左腿 Rond de jambe par terre 从划前到旁 En dehors 的一次（图 1-12-10）。

da7-8　左腿从旁 Battement tendu demi plié 收回一位脚，同时双臂手心向下到二位，头看左臂方向（图 1-12-11）。再双腿全脚站起，双臂打开七位，头看 1 点方向。

图 1-12-6   图 1-12-7   图 1-12-8

图 1-12-9   图 1-12-10   图 1-12-11

④ da1-2　左腿往旁 Battement tendu 一次。双臂七位，头看 1 点方向（图 1-12-12）。

da3-4　左腿同 da1-2 动作，再做一遍。

da5-6　左腿 Rond de jambe par terre 从旁划到后 En dehors 的一次（图 1-12-13）。

da7-8　左腿从后 Battement tendu demi plié 收回一位脚，同时双臂手心向下到二位，头看右臂方向（图 1-12-14）。再双腿全脚站起，双臂打开七位，头看 1 点方向。

图 1-12-12   图 1-12-13   图 1-12-14

⑤ da1-2　整个组合从后往回做。右腿往后 Battement tendu 一次。双臂七位，头看 1 点方向。

da3-4　右腿同 da1-2 动作，再做一遍。

da5-6　右腿 Rond de jambe par terre 从后划到旁 En dedans 的一次。

da7-8　右腿从旁 Battement tendu demi plié 收回一位脚，同时双臂手心向下到二位，头看右臂方向。再双腿全脚站起，双臂打开七位，头看 1 点方向。

⑥ da1-2　右腿往旁 Battement tendu 一次。双臂七位，头看 1 点方向。

da3-4　右腿同 da1-2 动作，再做一遍。

da5-6　右腿 Rond de jambe par terre 从旁划到前 En dedans 的一次。

da7-8　右腿从前 Battement tendu demi plié 收回一位脚，同时双臂手心向下到二位，头看左臂方向。再双腿全脚站起，双臂打开七位，头看 1 点方向。

⑦ da1-2　左腿往后 Battement tendu 一次。双臂七位，头看 1 点方向。

da3-4　左腿同 da1-2 动作，再做一遍。

da5-6　左腿 Rond de jambe par terre 从后划到旁 En dedans 的一次。

da7-8　左腿从旁 Battement tendu demi plié 收回一位脚，同时双臂手心向下到二位，头看左臂方向。再双腿全脚站起，双臂打开七位，头看 1 点方向。

⑧ da1-2　左腿往旁 Battement tendu 一次。双臂七位，头看 1 点方向。

da3-4　左腿同 da1-2 动作，再做一遍。

da5-6　左腿 Rond de jambe par terre 从旁划到前 En dedans 的一次。

da7-8　左腿从前 Battement tendu demi plié 收回一位脚，同时双臂手心向下到二位，头看右臂方向。再双腿全脚站起，双臂打开七位，头看 1 点方向。

（结束拍）da-7　双臂七位 Allongé，转头看 3 点方向。

da-8　双臂到一位，头部跟随手动，最后抬头看 1 点方向。

（十三）Adagio 控制练习

1. 练习目的与教学内容

学习在中间 En face 一位上的 Battement relevé lent 往前、往旁、往后 90° 抬腿的练习。伸直绷紧动作腿的抬离地面，是 Adagio 系列动作中最为基础的慢速抬腿控制动作。它能逐步练习腿部在空中的伸展与滞空能力，以及支撑腿控制身体重心平衡的有效能力。

（1）Battement relevé lent

此组合练习与单手扶把节奏相同，将分解练习放到中间来脱把练习，加大身体控制平衡的重心难度要求。

（2）Plié soutenu

本组合学习在中间一位脚开始的 Plié soutenu 往旁做，同时带双臂的 Port de bras 练习。

2. 主要动作的节拍进度与练习要求

（1）Battement relevé lent［巴特芒·雷勒韦·朗］：动作腿由直腿延展抬腿的动作

节拍：八拍一次（分解的）

双腿一位 En face 站立，双臂七位准备。

da1−2   右腿一拍 Battement tendu 向前点地。再停顿一拍。

da3−4   右腿 Battement relevé lent 90° 抬起前。

da5−6   右腿直腿落前点地。

da7−8   右腿 Battement tendu 收回一位脚。再停顿一拍。

要求：动作中强调身体的平衡稳定，支撑腿要有力地提胯和推踩地板，以获得最大的支撑力量。收腹、挺胸，双肩、双臂放正。动作腿的抬起，要用力绷直膝盖、脚背和脚趾。抬起和下落的过程都要缓慢、平稳。身体的重心要始终保持在支撑腿上，动作腿往前和往旁打开抬起时，躯干要保持垂直收紧，不能后躺。往后打开抬起时，躯干要稍前倾调节身体重心，当腿收回时，躯干要同时恢复直立姿势。

（2）Plié soutenu［普利埃·苏特纽］：在支撑腿蹲起的同时，动作腿向外的伸出与收回

节拍：八拍一次（分解体）

双腿一位 En face 站立，双臂一位准备。

da1−2   双腿一位 Demi plié 蹲下。双臂一位。

da3−4   左腿保持 Plié 下蹲，右腿 Battement tendu 出旁点地。双臂到二位。

da5−6   右腿保持旁点地，左腿推地全脚站立。双臂打开七位。

da7−8   右腿 Battement tendu 收回一位。双臂到一位。

要求：在 Demi Plié 蹲下时，动作腿往旁的 Tendu 要完成好全脚贴服地面的擦出点地，并且不能牵扯出身体的重心。支撑腿从下蹲到站起的过程中，动作腿要继续保持

有力地向外伸展的动力，不能放松，绷脚主动向内收缩。手臂和头部的 Port de bras 要配合腿部蹲起、打开、收回的节奏，双肩、双胯保持平正。

3. 组合的动作节拍与做法详解

节拍：$\frac{6}{8}$ 拍，中速

准备姿态：双腿一位 En face 站立，双臂七位，头看 1 点方向准备。

（前奏）da5-6　右臂抬至二位手，头部稍向左侧头看向右臂位置。

da7-8　右臂打开至七位，头看向 1 点方向。

① da1-2　右腿一拍 Battement tendu 往前点地，保持双臂七位，头看 1 点方向（图 1-13-1）。再停顿一拍不动。

da3-4　右腿 Battement relevé lent 抬起 90° 前（图 1-13-2）。

da5-6　右腿直腿落前点地。

da7-8　右腿 Battement tendu 收回一位脚。再停顿一拍。

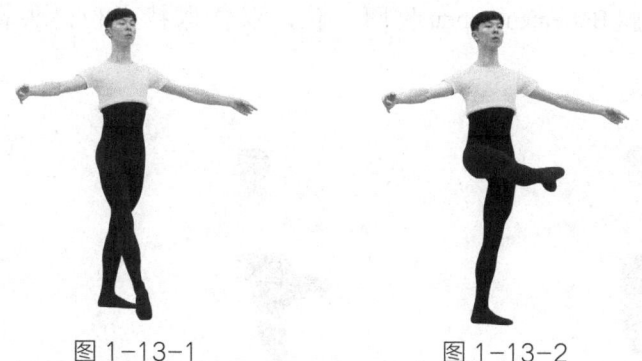

图 1-13-1　　　　　　　图 1-13-2

② da1-2　右腿 Battement tendu 往旁点地，保持双臂七位，头看 1 点方向（图 1-13-3）。再停顿一拍不动。

da3-4　右腿 Battement relevé lent 抬起 90° 旁（图 1-13-4）。

图 1-13-3　　　　　　　图 1-13-4

da5–6　右腿直腿落旁点地。

da7–8　右腿 Battement tendu 收回一位脚。再停顿一拍。

③ da1–2　右腿 Battement tendu 往后点地，保持双臂七位，头看 1 点方向（图 1–13–5）。再停顿一拍不动。

da3–4　右腿 Battement relevé lent 抬起 90° 后（图 1–13–6）。

da5–6　右腿直腿落后点地。

da7–8　右腿 Battement tendu 收回一位脚。再双臂经七位 Allongé 到一位。

④ da1–2　双腿一位 Demi plié 蹲下。双臂一位，头看 1 点方向（图 1–13–7）。

da3–4　左腿保持 Plié 下蹲，右腿 Battement tendu 出旁点地。双臂到二位，头看右臂方向（图 1–13–8）。

da5–6　右腿保持旁点地，左腿推地全脚站立。双臂打开七位，头看 1 点方向（图 1–13–9）。

da7–8　右腿 Battement tendu 收回一位，双臂保持七位，头看 1 点方向（图 1–13–10）。

图 1–13–5　　　　　　　　图 1–13–6　　　　　　　　图 1–13–7

图 1–13–8　　　　　　　　图 1–13–9　　　　　　　　图 1–13–10

⑤ da1-2　左腿 Battement tendu 往前点地，保持双臂七位，头看 1 点方向。再停顿一拍不动。

da3-4　左腿 Battement relevé lent 抬起 90° 前。

da5-6　左腿直腿落前点地。

da7-8　左腿 Battement tendu 收回一位脚。再停顿一拍。

⑥ da1-2　左腿 Battement tendu 往旁点地，保持双臂七位，头看 1 点方向。再停顿一拍不动。

da3-4　左腿 Battement relevé lent 抬起 90° 旁。

da5-6　左腿直腿落旁点地。

da7-8　左腿 Battement tendu 收回一位脚。再停顿一拍。

⑦ da1-2　左腿 Battement tendu 往后点地，保持双臂七位，头看 1 点方向。再停顿一拍不动。

da3-4　左腿 Battement relevé lent 抬起 90° 后。

da5-6　左腿直腿落后点地。

da7-8　左腿 Battement tendu 收回一位脚。再双臂经七位 Allongé 到一位。

⑧ da1-2　双腿一位 Demi plié 下蹲。双臂保持。

da3-4　右腿保持 Plié 下蹲，左腿 Battement tendu 出旁点地。双臂到二位，头看左臂方向。

da5-6　左腿保持旁点地，右腿推地全脚站立。双臂七位 Allongé，头看 7 点方向。

da7-8　左腿 Battement tendu 收回一位。双臂到一位，头随左臂动，最后抬头看 1 点方向。

（十四）Grand battement jeté 大踢腿练习

1. 练习目的与教学内容

学习在中间站 En face 从一位脚开始的 Grand battement jeté 往前、往旁、往后的基础练习。大的踢腿动作，对于增强腿部和腰腹部的力量、增大动作腿活动的幅度、加强支撑腿的稳定性方面都有着重要的练习价值。掌握 Grand battement jeté 的运动方式与能力积累，为以后的中跳、大跳动作的踢腿起跳，以及空中的大幅度快速展开双腿，获得空中的优美姿态起到决定性的作用。

（1）Grand battement jeté

本组合学习在中间一位脚站立，往前、往旁、往后踢腿的做法。

（2）Grand battement jeté plié

是 Grand battement jeté 和 Demi plié 两个动作的合成，我们称此动作为"带蹲的大踢腿"。这个动作锻炼腿部肌肉的力量，对发展肌肉的柔韧性，练习重心的稳定和转换，以及对于弹跳和各种转的开始和结束都有重要的练习价值。本组合学习在中间一位脚站立，做往旁经二位 Demi plié 移动重心的分解体做法。

2. 主要动作的节拍进度与练习要求

（1）Grand battement jeté［格朗·巴特芒·热泰］：动作腿大的向外踢腿动作

节拍：四拍一次

双腿一位 En face 站立，双臂七位准备。

da-1　右腿 Battement tendu 前点地。

da-2　踢起前 90° 以上。

da-3　落前点地。

da-4　右腿 Battement tendu 收回一位脚站立。

要求：在中间练习 Grand battement jeté，要注意支撑腿的直立与平衡，膝关节要有力地伸直。双胯、双肩都要在动作中保持平正。初学时动作腿不要求踢得过高，要强调把踢出和收回的路线与方法做正确。重心不要被快速踢出去的腿所影响，腿要踢得快速、轻巧、自由。

（2）Grand battement jeté plié［格朗·巴特芒·热泰·普利埃］：动作腿大的、高的向外踢腿，在收回时带双腿蹲起的动作

节拍：八拍一次

双腿一位 En face 站立，双臂七位准备。

da-1　右腿 Battement tendu 往旁点地。

da-2　往旁踢起 90° 以上。

da-3　落旁点地。

da-4　右腿落二位 Demi plié，双臂经七位 Allongé 到一位。

da-5　右腿全脚站起，左腿旁点地。双臂到二位。

da-6　双臂打开到七位。

da-7　左腿 Battement tendu 收回一位脚。

da-8　双臂收回一位。

要求：在二位 Demi plié 转换双腿重心时，要有双腿支撑重心的全过程，并保持双胯有力上提，身体垂直，然后再交换支撑腿推地站起。Grand battement jeté 要做得快速有力，Demi plié 要做得富有弹性。双臂和头部协调配合腿部的蹲起动律，收腹、挺胸，控制整个身体保持稳定不晃动。

3. 组合的动作节拍与做法详解

节拍：$\frac{4}{4}$ 拍，中速

准备姿态：双腿一位 En face 站立，双臂一位，头看 1 点方向准备。

（前奏）da5-6　右臂抬至二位手，头部稍向左侧头看向右臂位置。

da7-8　右臂打开至七位，头看向 1 点方向。

① da-1　开始做四拍一次 Grand battement jeté。右腿 Battement tendu 往前点地（图 1-14-1）。

da-2　右腿往前踢起 90° 以上。保持双臂七位，头看 1 点方向（图 1-14-2）。

图 1-14-1　　　　　　　　图 1-14-2

da-3　右腿落前点地。

da-4　右腿 Battement tendu 收回一位脚。保持双臂七位，头看 1 点方向。

da5-8　同 da1-4 的动作，右腿往前踢腿的再做一遍。

② da-1　右腿 Battement tendu 往后点地。保持双臂七位，头看 1 点方向（图 1-14-3）。

da-2　右腿往后踢起 90° 以上（图 1-14-4）。

da-3　右腿落后点地。

图 1-14-3　　　　　　　　　　　图 1-14-4

da-4　右腿 Battement tendu 收回一位脚。保持双臂七位，头看 1 点方向。

da5-8　同②da1-4 的动作，右腿往后踢腿的再做一遍。

③ da-1　右腿 Battement tendu 往旁点地，保持双臂七位，头看 1 点方向（图 1-14-5）。

da-2　右腿往旁踢起 90° 以上（图 1-14-6）。

图 1-14-5　　　　　　　　　　　图 1-14-6

da-3　右腿落旁点地。

da-4　右腿 Battement tendu 收回一位脚。保持双臂七位，头看 1 点方向。

da5-8　同③da1-4 的动作，右腿往旁踢腿的再做一遍。

④ da-1　开始做八拍一次的 Grand battement jeté plié 往旁的。右腿 Battement tendu 往旁点地，保持双臂七位，头看 1 点方向。

da-2　右腿往旁踢起 90° 以上。

da-3　右腿落旁点地。保持双臂七位，头看 1 点方向（图 1-14-7）。

da-4　右腿落二位 Demi plié。双臂经七位 Allongé 到一位，头看 1 点方向（图 1-14-8）。

　da-5　右腿推地全脚站起，左腿推绷旁点地。双臂到二位，头看左臂方向（图1-14-9）。

　da-6　保持左腿旁点地姿态。双臂打开到七位，头看1点方向（图1-14-10）。

图1-14-7　　　　　　图1-14-8　　　　　　图1-14-9　　　　　　图1-14-10

　da-7　左腿 Battement tendu 收回一位脚。保持双臂七位，头看1点方向。

　da-8　保持一位脚，身体重心移到右腿支撑，为接下去的动作准备好重心。

　⑤ da1-4　左腿四拍一次往前踢腿的做一遍。

　da5-8　左腿往前踢腿的做一遍。

　⑥ da1-4　左腿往后踢腿的做一遍。

　da5-8　左腿往后踢腿的做一遍。

　⑦ da1-4　左腿往旁踢腿的做一遍。

　da5-8　左腿往旁踢腿的做一遍。

　⑧ da-1　左腿开始做八拍一次的 Grand battement jeté plié 往旁的。左腿 Battement tendu 往旁点地，保持双臂七位，头看1点方向。

　da-2　左腿往旁踢起90°以上。

　da-3　左腿落旁点地。保持双臂七位，头看1点方向。

　da-4　左腿落二位 Demi plié。双臂经七位 Allongé 到一位，头看1点方向。

　da-5　左腿推地全脚站起，右腿推绷旁点地。双臂到二位，头看右臂方向。

　da-6　保持右腿旁点地姿态。双臂打开到七位，头看1点方向（图1-14-11）。

　da-7　双臂打开到七位 Allongé，转头看3点方向（图1-14-12）。

　da-8　左腿 Battement tendu 收回一位脚。同时双臂到一位，头随右臂动，最后抬头看1点方向。

图 1-14-11   图 1-14-12

三、JUMPS 跳跃部分

（十五）Pas sauté 小跳练习

1. 练习目的与教学内容

学习在中间站一位脚从 En face 开始的 Pas sauté 动作。它是 Allegro 跳跃类动作中最简单的形式，是初学者最初接触的跳跃动作，一般放在每堂课跳跃部分的初始，主要起到逐步活动和锻炼脚踝关节和脚趾关节的作用。此外也练习在起跳时 Demi plié 的快速蹬伸能力，以及落地结束时 Demi plié 的柔和的缓冲能力。同时，学习原地 Changement de pied 换脚落地跳的分解动作，为以后更多的空中双腿换位跳跃类动作打好基础。

（1）Pas sauté

Pas 泛指"舞步"。Sauté 原意为"带跳的、在跳中做的"。它是跳类的第一个动作，属于双腿起双腿落跳。它有原地和移动的做法，也有空中直腿和吸腿的形式。本组合学习在中间 En face 站立，做原地一、二、五位脚的，直腿跳跃的分解练习。

（2）Changement de pied

Changement 原义是"变化、更换"。即译为"两脚交换或变换位置的跳"。主要锻炼脚的灵活性、敏捷和柔韧性。它有原地和移动的做法，也有带 En tournant 转身的做法。在锻炼跳跃能力之外，还为以后的 Tour en l`air（原地空中转）打下基础。本组合学习在原地起跳和落地的、八拍一次的分解做法。

2. 主要动作的节拍进度与练习要求

（1）Pas sauté［帕·索泰］：简单的空中跳跃

节拍：八拍一次

双腿一位 En face 站立，双臂一位准备。

da1-2　双腿 Demi plié 下蹲。

da-　双腿推地跳起。

3-4　落地一位 Demi plié。

da5-6　双腿起直站立。

da7-8　保持不动。

要求：一位、二位、五位起跳后，要垂直绷脚，脚不要用力往外踢。五位跳起后，两腿在空中收紧成五位，双腿前后夹紧成一脚的位置。

Pas sauté 在任何一个位置上都要保持起跳和落地 Demi plié 的柔韧性、腿的外开和推地的弹性。跳至空中时两腿要用力绷直膝盖、脚背和脚尖。在跳的整个过程中，要始终保持上身的垂直，背肌、腰肌、腹肌收紧，肩部自然下垂，上身不要向前倾或空中塌腰，造成脊椎弯曲。头保持正直，颈部不要因为起跳而随之用力，形成颈部的紧张僵硬。手臂在跳跃中要始终保持正确和自然的手臂姿态。

（2）Changement de pied［尚日芒·德·皮耶］：空中两脚交换位置的跳跃

节拍：八拍一次

右腿前五位 En face 站立，双臂一位准备。

da1-2　右腿前五位 Demi plié 下蹲。

da-　双腿推地跳起，同时空中换左腿至前五位。

3-4　落左腿前五位 Demi plié。

da5-6　双腿起直站立。

da7-8　保持不动。

要求：起跳和落地都要保持 Demi plié 的柔韧、腿的外开和推地的弹力，空中两腿要用力绷直膝盖、脚背和脚尖。在跳起的同时立刻换成另一脚在前，双腿在空中前后夹紧成一腿在前的位置。落地五位 Demi plié 保持上身垂直，背肌、腰肌、腹肌收紧，头要保持正直。

3. 组合的动作节拍与做法详解

节拍：$\frac{2}{4}$拍，中速

准备姿态：双腿一位 En face 站立，双臂一位，头看 1 点方向准备。

（前奏）da5-8   保持一位脚 En face 站立不动。

① da1-2   开始做八拍一次在一位脚上的 Pas sauté。双腿一位 Demi plié 下蹲，双臂一位，头看 1 点方向（图 1-15-1）。

da3-4   在 da 拍双腿推地跳起空中一位，双腿绷紧脚背（图 1-15-2）。再原地落双腿一位 Demi plié 下蹲（图 1-15-3）。

da5-6   双腿推直站起一位（图 1-15-4）。

da7-8   保持不动。

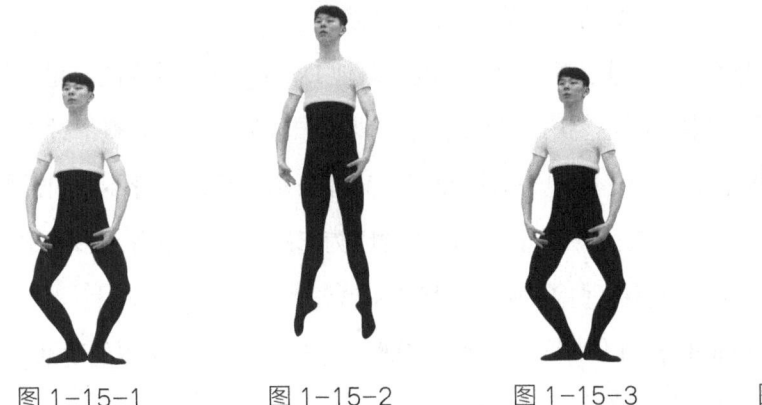

图 1-15-1   图 1-15-2   图 1-15-3   图 1-15-4

② da1-8   同①da1-8 的动作，一位脚 Pas sauté 再做一遍。

③ da1-8   同①da1-8 的动作，一位脚 Pas sauté 再做一遍。

④ da1-2   右腿 Battement tendu 往旁点地，双臂保持一位（图 1-15-5）。

da3-4   保持右腿旁点地不动。

da5-6   向右移动重心，落右腿全脚成二位脚站立。双臂一位，头看 1 点方向（图 1-15-6）。

da7-8   保持二位脚站立不动。

⑤ da1-2   开始做八拍一次在二位脚上的 Pas sauté。双腿二位 Demi plié 下蹲，双臂一位，头看 1 点方向（图 1-15-7）。

da3-4   在 da 拍双腿推地跳起空中二位，双腿绷紧脚背（图 1-15-8）。再原地落双腿二位 Demi plié 下蹲。

da5-6　双腿推直站起二位。

da7-8　保持不动。

图 1-15-5　　　　　图 1-15-6　　　　　图 1-15-7　　　　　图 1-15-8

⑥ da1-8　同⑤da1-8 的动作，二位脚 Pas sauté 再做一遍。

⑦ da1-8　同⑤da1-8 的动作，二位脚 Pas sauté 再做一遍。

⑧ da1-2　向左移动重心，右腿推绷旁点地，双臂保持一位。

da3-4　保持右腿旁点地不动。

da5-6　右腿 Battement tendu 收回到前五位脚站立。双臂一位，头看 1 点方向。

da7-8　保持五位脚站立不动。

⑨ da1-2　开始做八拍一次在五位脚上的 Pas sauté。右腿前的五位 Demi plié 下蹲，双臂一位，头看 1 点方向（图 1-15-9）。

da3-4　在 da 拍双腿推地跳起空中五位，双腿绷紧脚背（图 1-15-10）。再原地落右腿前的五位 Demi plié 下蹲。

da5-6　双腿推直站起五位。

da7-8　保持不动。

⑩ da1-2　开始做八拍一次在五位脚上的 Changement de pied。右腿前的五位 Demi plié 下蹲，双臂一位，头看 1 点方向。

da3-4　在 da 拍双腿推地跳起，同时空中换左腿至前五位（图 1-15-11）。再原地落左腿前的五位 Demi plié 下蹲（图 1-15-12）。

da5-6　双腿推直站起五位。

da7-8　保持不动。

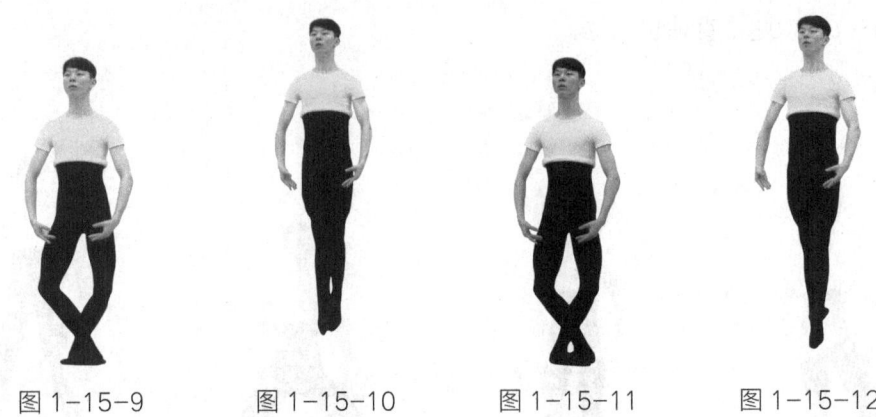

图 1-15-9　　　　　图 1-15-10　　　　　图 1-15-11　　　　　图 1-15-12

⑪ da1-8　同⑨da1-8 的动作，左腿前五位的 Pas sauté 再做一遍。

⑫ da1-2　开始做左腿前五位的 Changement de pied。左腿前的五位 Demi plié 下蹲，双臂一位，头看 1 点方向。

da3-4　在 da 拍双腿推地跳起，同时空中换右腿至前五位，再原地落右腿前的五位 Demi plié 下蹲。

da5-6　双腿推直站起五位。

da7-8　保持不动。保持双臂一位，头看 1 点方向。

（十六）Pas échappé 小跳练习

1. 练习目的与教学内容

学习在中间站 En face 从五位脚开始的 Pas échappé 动作。Pas échappé 在小跳性质的音乐速度练习中，主要是锻炼双腿变换脚下舞步位置的快速敏捷的支配能力。而在中跳训练节奏中，则主要是练习大腿肌群在起跳时的强推爆发能力，及跳落地时的缓降支撑能力。安排在初级阶段 1 的 Pas échappé 都属于小跳性质。目的是着重练习学生在双起双落的跳跃样式中，开始逐步掌握双腿交替脚位互换的舞动能力与意识。而爆发性的用力跳高，则是以后在中跳节奏中才去着重要求的。

Pas échappé

原意为"逃开、逃脱"，译为"等距分腿"跳。它是由两个双起双落跳组合而成。有从五位脚打开到二位和四位脚的两种换位做法，也有原地做和在第二跳时往前或往后移动位置的做法。并都可以带 En tournant 转动身体来做。本组合学习双腿从五位脚到二位脚交替换位的原地小跳，身体保持在 En face，双臂保持一位。

2. 主要动作的节拍进度与练习要求

Pas échappé［帕·埃夏佩］：双腿打开等距的分腿跳跃

节拍：八拍一次（分解的）：右腿前五位 En face 站立，双臂一位准备。

da1-2　右腿前五位 Demi plié 下蹲。

da-　双腿推地跳起，空中右腿前五位。

3-　在下落同时，双腿快速打开落二位 Demi plié 下蹲。

da-　双腿推地跳起，空中双腿二位脚。

4-　在下落同时，双腿快速向后收回，落左腿前的五位 Demi plié 下蹲。

da5-6　双腿推直五位站立。

da7-8　保持不动

要求：在 Pas échappé 从五位开始的第一次跳跃中，在空中要快速成五位脚的 Pas sauté 姿态，双腿有力地伸直、收紧、转开。落下的二位脚距离不要打开得过大、过宽。这里是小跳性质的跳跃，双腿快速灵敏地屈伸和推绷是练习的主要目标。同时，对身体重心在姿态变换中的支配，也要积极、快速，不能拖沓、松懈。注意身体在 En face 上双肩、双胯的平衡与正直。要保持跳跃中的垂直起落，不能前后或左右移动位置。

3. 组合的动作节拍与做法详解

节拍：$\frac{2}{4}$ 拍，中速

准备姿态：双腿一位 En face 站立，双臂一位，头看 1 点方向准备。

（前奏）da5-8 保持一位脚 En face 站立不动（图 1-16-1）。

① da1-2　开始做八拍一次的 Pas échappé。右腿前五位 Demi plié 下蹲，保持双臂一位，头看 1 点方向（图 1-16-2）。

da-3　双腿推地跳起，空中右腿前五位（图 1-16-3）。下落同时，双腿快速打开落二位 Demi plié 下蹲（图 1-16-4）。

da-4　双腿推地跳起，空中双腿二位脚（图 1-16-5）。下落同时，双腿快速向后收回，落左腿前的五位 Demi plié 下蹲（图 1-16-6）。

da5-6　双腿推直五位站立。

da7-8　保持不动。

图 1-16-1   图 1-16-2   图 1-16-3   图 1-16-4   图 1-16-5   图 1-16-6

② da1-2   左腿前五位 Demi plié 下蹲，保持双臂一位，头看 1 点方向。

da-3   双腿推地跳起，空中左腿前五位。落二位 Demi plié 下蹲。

da-4   双腿推地跳起，空中双腿二位脚。落右腿前的五位 Demi plié 下蹲。

da5-6   双腿推直五位站立。

da7-8   保持不动

③ da1-2   右腿前五位 Demi plié 下蹲，保持双臂一位，头看 1 点方向（图 1-16-7）。

da-3   双腿推地跳起，空中右腿前五位，双臂到二位，头看右臂方向（图 1-16-8）。

再落二位 Demi plié 下蹲，双臂同时打开七位，头看右臂方向（图 1-16-9）。

图 1-16-7   图 1-16-8   图 1-16-9

da-4   双腿推地跳起，空中双腿二位脚，双臂七位 Allongé，头看 3 点方向（图 1-16-10）。再落左腿前的五位 Demi plié 下蹲，双臂到一位，头看 1 点方向（图 1-16-11）。

da5-6   双腿推直五位站立。

da7-8   保持不动

图 1-16-10   图 1-16-11

④ da1-2　左腿前五位 Demi plié 下蹲，保持双臂一位，头看 1 点方向。

da-3　双腿推地跳起，空中左腿前五位，双臂到二位，头看左臂方向。再落二位 Demi plié 下蹲，双臂同时打开七位，头看左臂方向。

da-4　双腿推地跳起，空中双腿二位脚，双臂七位 Allongé，头看 7 点方向。再落右腿前的五位 Demi plié 下蹲，双臂到一位，头看 1 点方向。

da5-6　双腿推直五位站立。

da7-8　保持不动。

（十七）Pas assemblé 小跳练习

1. 练习目的与教学内容

学习在中间 En face 开始的 Pas assemblé 和 Pas glissade 往旁做。在古典芭蕾跳跃动作的起跳方式中，不仅有双腿原地推地跳起的方式，还有很多是经过动作腿擦地起跳的方式。这些往行进方向擦地起跳的动作，在小跳、中跳、大跳里都比较常见。因此，从小跳 Pas assemblé 的学习开始，逐步练习并掌握动作腿擦地与支撑腿推地相配合的跳跃方式，将为以后更多的跳跃动作打好基础。同时学习往旁的 Pas glissade，它既是经擦地起跳的，也是经擦地结束的跳跃方式，为以后 Sissonne fermée 类的跳跃结束方式做好准备。

（1）Pas assemble

Assemblé 原意为"聚集、收到一起"。它是从五位到五位的双起双落跳。锻炼跳跃能力，脚的灵活性、敏捷。它常作为其他跳跃动作间的连接动作或跳跃的结束动作。Pas assemblé 有往旁、往前、往后的做法，往旁的又分为从后五位擦地跳起落前五位的，以及从前五位跳起落后五位的两种。Pas assemblé 也有原地跳跃和带移动跳跃的，并都可以带 En tournant 来做。本组合学习在中间 En face 站立，Pas assemblé 原地跳跃往旁做，从后五位擦地跳起落前五位的分解练习。

（2）Pas glissade

Glissade 原意为"滑、滑动"，是一种带有"滑行"性质的舞步。是指一条腿滑向指定方向，另一条腿往同一方向收拢的滑行动作。它是一个双起双落跳，即是一个独立的动作，也常作为连接动作衔接其他动作。它可以往前、往后、往旁的在移动中做，也有五位脚和四位脚的不同做法。往旁的又分为换脚和不换脚的两种做法。本组合学习五位脚向旁移动的、不换脚的分解做法。

2. 主要动作的节拍进度与练习要求

（1）Pas assemblé［帕·阿桑布莱］：双腿在空中聚集的跳跃

节拍：四拍一次

左腿前五位 En face 站立，双臂一位准备。

da1-2　双腿五位 Demi plié 下蹲。

da-　右腿向旁擦地，同时左腿推地跳起，空中右腿收回前五位。

3-　落右腿前五位 Demi plié。

da-4　双腿起直站立。

要求：在五位 Demi plié 起跳时，动作腿向外的擦地与支撑腿推地要几乎同时起动，双腿都要承担起跳动力的一部分。右腿要从后五位向旁擦出踢向空中 25°，不能踢得过高。左腿快速推地绷脚原地跳起，在空中右腿快速向左腿位置收回至前五位夹紧，成空中一条腿在前的姿态。再双腿同时落地成五位 Demi plié，不可两腿依次落地。所有动作要做得连贯、协调和流畅，并注意在跳跃中，双肩、双胯保持正直与平衡。

（2）Pas glissade［帕·格利沙德］：向外滑行的小跳

节拍：四拍一次

左腿前五位 En face 站立，双臂一位准备。

da1-2　双腿五位 Demi plié 下蹲。

da-　右腿向旁擦地同时，左腿推地向右旁跳移，空中双腿成小二位。

3-　落左腿前五位 Demi plié。

da-4　双腿起直站立。

要求：不要跳得太高，动作重点是双胯有力上提，做出稍带抛物线的向旁移动跳跃。Pas glissade 跳至空中时，要有双腿用力伸直、脚尖绷紧同时离开地面的时间。第一条向旁 Battement tendu 擦地踢出 25° 的腿，不要向上得过高。另一条腿在结束时，也一定要经过 Battement tendu 全脚擦地的过程收回到五位。这样才有"滑行、滑动"跳跃的动作性质。动作要做得干净、利落，重心移动要准确、迅速。

3. 组合的动作节拍与做法详解

节拍：$\frac{2}{4}$ 拍，中速

准备姿态：左腿前五位 En face 站立，双臂一位，头看 1 点方向准备。

（前奏）da5-8　保持五位脚站立不动。

① da1-2　开始做四拍一次原地的 Pas assemblé。双腿五位 Demi plié 下蹲，双臂一位，头看 1 点方向（图 1-17-1）。

da-　右腿向旁 Battement tendu 擦地（图 1-17-2）。同时左腿快速推地跳起，空中右腿收回前五位（图 1-17-3）。

3-　落右腿前五位 Demi plié（图 1-17-4）。

图 1-17-1　　　　图 1-17-2　　　　图 1-17-3　　　　图 1-17-4

da-4　双腿推直五位站立。

da5-6　双腿五位 Demi plié 下蹲，双臂一位，头看 1 点方向。

da-7　左腿向旁的 Pas assemblé 原地跳起。再落左腿前五位 Demi plié。

da-8　双腿推直五位站立。

② da1-4　同①da1-4 的动作，再做一遍。落右腿前五位。

da5-6　开始做四拍一次往旁移动的 Pas glissade。双腿五位 Demi plié 下蹲（图 1-17-5）。

da-　左腿向旁 Battement tendu 擦地（图 1-17-6），同时右腿推地向左旁跳移，

空中双腿成小二位（图1-17-7）。

7-　　落右腿经 Battement tendu 收前五位 Demi plié（图1-17-8）。

da-8　　双腿起直五位站立。

图 1-17-5　　　　　　　图 1-17-6　　　　　　　图 1-17-7　　　　　　　图 1-17-8

③ da1-4　　同①da5-8 的动作，左腿往旁打开的 Pas assemblé 再做一遍。

da5-8　　同①da1-4 的动作，右腿往旁打开的 Pas assemblé 再做一遍。

④ da1-4　　同①da5-8 的动作，左腿往旁打开的 Pas assemblé 再做一遍。

da5-6　　开始做右腿往旁移动的 Pas glissade。双腿五位 Demi plié 下蹲。

da-7　　右腿向旁 Battement tendu 跳起空中二位。再落左腿经 Battement tendu 收前五位 Demi plié。

da-8　　双腿起直五位站立，保持双臂一位，头看1点方向。

（十八）Pas jeté 小跳练习

1. 练习目的与教学内容

学习在中间的 Pas jeté 原地起跳的分解做法，以及 Sissonne simple 的分解做法。古典芭蕾的跳跃动作按支撑腿推地跳起和落地的方式主要分为：双起双落、双起单落、单起双落、单起单落。本组合学习的 Pas jeté 和 Sissonne simple 都是双起单落的方式，在以后原地的、移动的、带转身的、空中旋转的小跳、中跳、大跳里都有很多这种类型的起跳和落地动作。并且，这两个动作也各有侧重，Pas jeté 的起跳方式为其中一条腿经向外擦地踢起的跳跃，而 Sissonne simple 则是双腿直接推离地面的跳跃。两者安排在一起练习，既是双起单落同类跳跃的组合训练，又是两种不同双起推地的对比学习。

（1）Pas jeté

Pas 原意为"舞步"。Jeté 原意为"扔出"。Pas jeté 即为踢腿跳跃的舞步。主要是双起单落的换脚跳跃动作，有原地起落的、向外移动的，及带 En tournant 的做法。并有踢跳 45° 小的、踢跳 90° 大的两种分别。它是从向外打开的动作腿，经地面全脚擦地起跳，在空中转换身体重心，再落下到动作腿单腿 Plié 支撑成舞姿的跳跃动作。在小跳组合中，它主要练习腿部的灵活性，以及身体重心在不断的双腿支撑转换中的稳定性。本组合学习 Pas jeté 原地跳起的、往旁 45° 打开的小跳做法。

（2）Sissonne simple

Sissonne 是一个舞步创造者的姓氏，他创造了一系列由他姓氏命名的双腿起单脚落的跳跃动作。Simple 原意为"简单的、普通的"。Sissonne simple 是 Sissonne 系列跳跃中最简单的一种双腿起跳、单腿落地的跳跃动作。本组合学习在 En face 方向的原地跳跃，落 Sur le cou-de-pied 前和后的做法。

2. 主要动作的节拍进度与练习要求

（1）Pas jeté［帕·热泰］：动作腿踢腿跳起，空中转换重心的跳跃

节拍：四拍一次

左腿前五位 En face 站立，双臂一位准备。

da1-2　双腿五位 Demi plié 下蹲。

da-　右腿向旁擦地，同时左腿推地跳起，空中双腿成二位。

3-　落右腿 Demi plié，左腿收后 Sur le cou-de-pied。

da-4　左腿踩落后五位，同时双腿起直站立。

要求：第一条动作腿，从后五位擦地踢腿跳起同 Pas assemblé 的要求。原地跳起的第二条腿，要强调脚推地的力量。双腿在空中要用力伸直，在空中形成双胯、双肩平衡的二位脚姿态。落地的双腿，都要保持充分的外开，双胯放正，后背保持垂直收紧。收落 Sur le cou-de-pied 的位置要准确，双腿踝关节最细的地方做交叉，不能过开的分离。

（2）Sissonne simple［西松·森普尔］：简单的双起单落的跳跃

节拍：四拍一次

右腿前五位 En face 站立，双臂一位准备。

da1-2　双腿五位 Demi plié 下蹲。

da–　双腿推地原地跳起，空中双腿成右腿前五位。

3–　落左腿 Demi plié，右腿到 Sur le cou-de-pied 前。

da–4　右腿踩落前五位，同时双腿起直站立。

Sissonne simple 双腿从五位 Plié 跳起至空中的要求，同 Pas sauté 五位的所有要求。起跳前的五位 Plié 要强调重心放在两只脚上。双腿在空中的五位要并拢夹紧，并保持最大限度的外开和伸直。落单腿 Demi plié 时要柔和、稳定，另一腿要准确清楚地放在 Sur le cou-de-pied 的位置。所有过程中都要保持双肩、双胯的平正，身体重心要稳，体态要保持垂直、挺拔。

3. 组合的动作节拍与做法详解

节拍：$\frac{2}{4}$ 拍，中速

准备姿态：左腿前五位 En face 站立，双臂一位，头看 1 点方向准备。

（前奏）da5–8　保持五位脚站立不动。

① da1–2　开始做四拍一次原地的 Pas jeté。双腿五位 Demi plié 下蹲，双臂一位，头看 1 点方向（图 1-18-1）。

da–　右腿向旁 Battement tendu 擦地（图 1-18-2）。同时左腿快速推地跳起，空中双腿成小二位（图 1-18-3）。

3–　落右腿 Demi plié，左腿收后 Sur le cou-de-pied（图 1-18-4）。

图 1-18-1　　　　　图 1-18-2　　　　　图 1-18-3　　　　　图 1-18-4

da–4　左腿踩落后五位，同时双腿起直站立。

da5–6　双腿五位 Demi plié 下蹲，双臂一位，头看 1 点方向。

da–7　左腿向旁的 Pas jeté 原地跳起。再落左腿 Demi plié，右腿收后 Sur le cou-de-pied。

da-8　双腿推直五位站立。

② da1-4　同①da1-4 的 Pas jeté 动作，再做一遍。最后站右腿前五位。

da5-6　开始做四拍一次的 Sissonne simple。双腿五位 Demi plié 下蹲双臂保持一位，头看 1 点方向（图 1-18-5）。

da-　双腿推地原地跳起，空中双腿成右腿前五位（图 1-18-6）。

7-　落左腿 Demi plié，右腿收到前 Sur le cou-de-pied 位置（图 1-18-7）。

图 1-18-5　　　　　图 1-18-6　　　　　图 1-18-7

da-8　右腿踩落前五位，同时双腿起直站立。

③ da1-4　同①da5-8 的动作，左腿往旁打开的 Pas jeté 做一遍。

da5-8　同①da1-4 的动作，右腿往旁打开的 Pas jeté 做一遍。

④ da1-4　同①da5-8 的动作，左腿往旁打开的 Pas jeté 做一遍。

da5-6　开始做四拍一次的 Sissonne simple。双腿五位 Demi plié 下蹲双臂保持一位，头看 1 点方向。

da-　双腿推地原地跳起，空中双腿成左腿前五位。

7-　落左腿 Demi plié，右腿收到后 Sur le cou-de-pied 位置。

da-8　右腿踩落后五位，同时双腿起直站立。

（十九）Sissonne fermée 中跳练习

1. 练习目的与教学内容

在中间学习单一的 Sissonne fermée 动作。这是跳跃高度大于前面小跳幅度的开始，为中等高度的跳跃幅度。双腿推地起跳的力量需要加强并更有力，双腿在空中向外打开和踢出的幅度也逐步增大。在中跳练习中，对双腿膝关节的支撑力要求大于小跳动作，尤其在要求平稳落地的支撑力量的锻炼上，能够发挥很好的功能作用。

Sissonne fermée

Sissonne 是一个舞步创造者的姓氏，他创造了一系列由他的姓氏命名的跳跃动作。Fermée 原意是"闭合"。Sissonne fermée 即为 Sissonne 类闭合式的跳跃动作，双腿从五位直接踢腿起跳，再依次落地。为往外移动位置的跳跃，可以是往前、往旁、往后和带 En tournant 的。本组合学习往前和往旁移动的、八拍一次的基础做法，并在 Épaulement 的斜线上带舞姿完成。

2. 主要动作的节拍进度与练习要求

Sissonne fermée［西松·弗尔梅］：双腿闭合式的跳跃

节拍：八拍一次（分解的）

身体面对 2 点方向，右腿前五位 Épaulement effacé 站立，双臂打开右臂在前的第 Ⅰ Arabesque 准备。

da1-2　双腿五位 Demi plié 下蹲。

da-　双腿推地跳起，空中右腿踢前 45°，左腿向踢后 90°，同时身体重心向前移动跳跃。

3-4　落右腿前五位 Demi plié 下蹲。

da5-6　双腿推直五位站立。

da7-8　保持不动。

要求：在 Sissonne fermée 推地起跳时，双腿直接快速地推离地面，并快速地直接踢向空中，不要有擦地起跳的过程。在空中打开的双腿，应该保持最大限度的舞姿停顿，使空中的姿态清晰可见。在落地的过程中，向移动方向踢起的第一条腿直接落地 Demi plié。而另一条腿，则一定要经过全脚擦地之后，再逐渐向第一条落地的腿部收拢成五位 Demi plié，过程要连贯。并要注意身体在所有起落和空中姿态上的稳定与平衡，始终保持双肩、双胯的平衡与正直。向外跳跃移动的位置不要过大、过远，要有向上跳起和落下的向外运动的抛物线，不能只是移动跳远或原地跳高。

3. 组合的动作节拍与做法详解

节拍：$\frac{6}{8}$ 拍，中速

准备姿态：身体面对 2 点方向，右腿前五位 Épaulement effacé 站立。双臂一位，头看 2 点方向准备。

（前奏）da5-6　双臂到二位，头看右臂。

da7-8　双臂打开成右臂在前的第 I Arabesque 准备。头看 2 点方向（图 1-19-1）。

① da1-2　双腿五位 Demi plié 下蹲，保持双臂 I Arabesque，头看 2 点方向（图 1-19-2）。

图 1-19-1　　　　　　　　　　　图 1-19-2

da-　双腿推地跳起，空中右腿踢前 45°，左腿向踢后 90°，同时身体重心向前移动跳跃（图 1-19-3）。

3-4　落右腿 Demi plié 下蹲，同时左腿连贯的经后 Tendu 收回到后五位（图 1-19-4）。

图 1-19-3　　　　　　　　　　　图 1-19-4

da5-6　双腿推直五位站立。

da7-8　保持不动。

② da1-8　同① da1-8 的动作，向 2 点方向往前移动的 Sissonne fermée 再做一遍。

③ da1-4　同① da1-4 的动作，向 2 点方向往前移动的 Sissonne fermée 再做一遍。落右腿前五位 Demi plié 下蹲。

da5-6　双腿推直五位站立。同时右臂向旁打开至七位，头随手动。

da7-8　双腿保持五位，转头看向 8 点方向（图 1-19-5）。

④ da1-2　双腿五位 Demi plié 下蹲，保持双臂七位，头看 8 点方向（图 1-19-6）。

图 1-19-5　　　　　　　　　　　图 1-19-6

da- 双腿推地跳起，空中右腿踢旁 45°，左腿踢旁 90°，同时身体重心向 4 点方向的 Écarté 后移动（图 1-19-7）。

3-4　落右腿 Demi plié 下蹲，同时左腿连贯的经旁 Tendu 收回到前五位（图 1-19-8）。

图 1-19-7　　　　　　　　　　　图 1-19-8

da5-6　双腿推直五位站立。

da7-8　双臂经七位 Allongé 收回到一位，头随手动，再抬起看 8 点方向。

四、END 尾声

（二十）Révérence 行礼练习

1. 练习目的与教学内容

在中间的 Révérence 组合中，学习单一的 Pas balancé 和 Pas balancé en tournant 动作。在每一节完整的芭蕾课堂的最后，都有与课堂起始时同样的学生向教师或观众行礼的环节。这既是学生礼仪的培养与规范，也是课堂终结归拢的必要环节。可以是柔和舒展的舞步舞蹈，可以是各种舞姿的连接和伸展，也可以是带小跳的缓冲整理等。再加上必不可少的 Révérence，养成师生共同在优雅的氛围中，礼貌地结束所有的课堂练习。

（1）Pas balancé

Pas 的原意为"舞步"。balancé 原意是"摇摆"。Pas balancé 即为摇摆步，指双腿轮流交换重心，从身体一边向另一边左右摇摆的舞步。通常都是向旁交换重心的步伐，可以原地左右交替做，也可以原地带 En tournant1/4、1/2 圈转身做。还可以沿着横线、斜线做往前或往后移动位置的流动舞步。本组合学习原地左右摆动，以及原地 En tournant1/4 圈转身的做法。

（2）Révérence

本组合学习男生常用的单臂展开和双臂展开，都面对 En face 的行礼做法。

2. 主要动作的节拍进度与练习要求

（1）Pas balancé［帕·巴朗塞］：交换双腿重心的左右摇摆步

节拍：一小节一次

身体面对 2 点方向，右腿 Épaulement criosé 点地站立，双臂小七位 Allongé 准备。音乐为 $\frac{3}{4}$ 拍。

da— 　右腿经 Battement tendu jete 打开二位旁 25°。

1— 　向右旁移动重心，右腿落 Demi plié 下蹲，左腿同时收后 Sur le cou-de-pied。

da— 　左腿原地踩落后五位 Relevé 立起，右腿绷脚起直稍离开地面。

da— 　再落右腿踩落前五位 Relevé 立起，同时左腿 Jete 二位旁 25°。

2— 　向左旁移动重心，左腿落二位 Demi plié 下蹲，开始做另一边的 Pas balancé。

要求：在右腿向旁落 Demi plié 下蹲的同时，左腿要推离地面，快速地收到后 Sur

le cou-de-pied 的位置。并要绷紧脚背，双胯上提。上身要向右稍下旁腰，与双臂的 Port de bras 和头部在音乐的韵律中协调配合。双腿在 Relevé 的原地交替重心要平稳，两条腿要依次离开地面。要保持舞步的平稳、轻盈、流畅。

（2）Révérence［勒韦朗斯］：舞者的行礼

节拍：四拍一次

身体面对 En face，双腿自然位站立，双臂身体两侧自然下垂。

da-1　右腿向旁迈一步站立，左腿旁点地。右臂经二位掌心向上至旁七位。

da-2　左腿收回自然位。

da-3　上身前倾，低头行礼。右臂收回身体旁侧。

da-4　上身起直，抬头站立。

要求：男生在行礼动作过程中动作流畅，节拍准确，神态端庄，富有亲和力。迈出的右腿要坚定，成为单腿重心的有力支撑，不能晃动。收回并拢的双腿，也要在低头行礼时保持伸直膝关节。前倾的上身角度不要过大，动作要优雅。

3. 组合的动作节拍与做法详解

节拍：$\frac{3}{4}$ 拍，稍快

准备姿态：身体面对 2 点方向，右腿 Épaulement criosé 后点地站立，双臂小七位 Allongé 准备（图 1-20-1）。

（前奏）da5-6　保持站立不动。

da7-8　双臂打开小七位 Allongé，再收回到一位。头随左臂动作。

① da-1　打开右腿 Jete 向旁25°，做向右旁的 Pas balancé。落右腿落 Demi plié 下蹲，左腿同时收后 Sur le cou-de-pied。双臂成右六位，左臂掌心向下，右臂掌心向上，身体稍向右下旁腰，头右臂方向（图 1-20-2）。再立起五位 Relevé，双腿交换重心。

da-2　打开左腿旁，做向左旁的 Pas balancé 一次。左腿落 Demi plié 下蹲，右腿同时收后 Sur le cou-de-pied。双臂成左六位，右臂掌心向下，右臂掌心向上，身体稍向左下旁腰，头左臂方向（图 1-20-3）。再立起五位 Relevé，双腿交换重心。

da-3　同做 da-1 的动作，打开右腿往旁的 Pas balancé 一次。

da-4　同做 da-2 的动作，打开左腿往旁的 Pas balancé 一次。

图 1-20-1   图 1-20-2   图 1-20-3

da-5   开始做打开右旁，单臂打开的 Révérence。右腿向旁迈一步站立，左腿旁点地。右臂经二位掌心向上至旁七位，头看 1 点方向（图 1-20-4）。

da-6   左腿收回自然位站立。保持右臂七位。

da-7   上身前倾，低头行礼。右臂收回身体旁侧（图 1-20-5）。

da-8   上身起直，抬头站立（图 1-20-6）。

图 1-20-4   图 1-20-5   图 1-20-6

② da-1   打开左腿往旁的 Pas balancé 一次。

da-2   打开右腿往旁的 Pas balancé 一次。

da-3   同②da-1 的动作，打开左腿往旁的 Pas balancé 一次。

da-4   同②da-2 的动作，打开右腿往旁的 Pas balancé 一次。

da-5   开始做打开左旁的 Révérence。左腿向旁迈一步站立，右腿旁点地。左臂经二位掌心向上至旁七位，头看 1 点方向。

da-6   右腿收回自然位站立。保持左臂七位。

da-7   上身前倾，低头行礼。左臂收回身体旁侧。

da-8   上身起直，抬头站立。

③ da-1   开始做 Pas balancé en tournant1/4 圈转身的。身体向左转 1/4 圈面对 3 点方向，打开右腿往旁的 Pas balancé 一次（图 1-20-7）。

da-2   身体转向面对 5 点方向，打开左腿往旁的 Pas balancé 一次（图 1-20-8）。

da-3   身体转向面对 7 点方向，打开右腿往旁的 Pas balancé 一次（图 1-20-9）。

da-4   身体转向面对 1 点方向，打开左腿往旁的 Pas balancé 一次（图 1-20-10）。

图 1-20-7   图 1-20-8   图 1-20-9   图 1-20-10

da-5   开始做打开右旁，双臂打开的 Révérence。右腿向旁迈一步站立，左腿旁点地。右臂经二位掌心向上至旁七位，头看 2 点方向（图 1-20-11）。

da-6   左腿收回自然位站立。左臂经二位掌心向上至旁七位，右臂保持七位。头看 1 点方向（图 1-20-12）。

da-7   上身前倾，低头行礼。双臂收回身体旁侧（图 1-20-13）。

da-8   上身起直，抬头站立（图 1-20-14）。

图 1-20-11   图 1-20-12   图 1-20-13   图 1-20-14

④ da-1   同③da1-4 的动作，开始做 Pas balancé en tournant 1/4 圈转身的。身体向左转 1/4 圈面对 7 点方向，打开左腿往旁的 Pas balancé 一次。

da-2　身体转向面对 5 点方向，打开右腿往旁的 Pas balancé 一次。

da-3　身体转向面对 3 点方向，打开左腿往旁的 Pas balancé 一次。

da-4　身体转向面对 1 点方向，打开右腿往旁的 Pas balancé 一次。

da-5　同③da5-8 的动作，开始做打开左旁，双臂打开的 Révérence。左腿向旁迈一步站立，右腿旁点地。左臂经二位掌心向上至旁七位，头看 8 点方向。

da-6　右腿收回自然位站立。右臂经二位掌心向上至旁七位，左臂保持七位。头看 1 点方向。

da-7　上身前倾，低头行礼。双臂收回身体旁侧。

da-8　上身起直，抬头站立。

初级阶段 2：第二课例

本课例视频
汇总

📚 **练习总任务：**

　　本阶段课程是普及类学生发展程度的练习，是在初步掌握基础动作与方位认知上的难度递进。要开始用单手扶把和五位脚站立的方式，去完成第 1 阶段一位脚站立的所有基础动作与节拍要求，要加强对于肌肉和韧带的增幅练习，要提升对于身体形态变化和重心平衡支撑的拓展练习。

　　单手扶把练习部分，最终要进入到两拍与四拍一次分解体做法交替进行的学习程度。中间部分要开始在 Épaulement（侧身）姿态上去学习 Croisé（交叉）、Effacé（敞开）等更多舞姿的练习，增强对舞蹈方位认知和舞姿变化的更多掌握。跳跃部分的练习，所有动作也进入到一拍和两拍一次的程度练习，并开始学习简单形式的两次连续跳跃，为后续连续多次的丰富跳跃打好必要的基础。同时，学习 Pas de bourrée 和 Pas de basque 等舞步动作，也逐步为动作与动作之间的连接和辅助做好准备。

　　注意按照教学和学习的必要步骤，每一个动作都需要在完成各自的单一和多次练习之后，才彼此组合在一起做综合练习。

一、BARRE 扶把部分

（一）Warm up 热身练习

1. 练习目的与教学内容

本组合学习动作腿在开位上的勾绷与压脚移重心练习，以增强脚踝关节与脚趾关节的韧性和知觉。同时，开始学习身体躯干向体旁两侧的弯腰伸展，以扩大上肢躯干的拉伸幅度与空间表现力。

2. 主要动作的节拍进度与练习要求

（1）Révérence：舞者的行礼

节拍：四拍一次：da-1 右腿向旁迈一步。da-2 左腿收回。da-3 低头行礼。da-4 抬头站立。

要求：在每天训练课堂的起始与结束，师生之间在乐曲中面对面的行礼是必要的环节，这也是芭蕾舞蹈文化中礼仪与修养的传承。

（2）Battement tendu pour le pied［巴特芒·唐究·普·勒·皮耶］：动作腿的勾绷与压脚移重心，两种形式的练习

① 节拍：勾绷的四拍一次

da-1 右腿出旁绷脚点地。da-2 勾脚。da-3 绷脚点地。da-4 收回一位脚站立。

要求：在脚勾过程中，先勾起脚趾关节，再勾脚踝关节。绷脚时先伸展脚踝绷起脚背，再过渡到绷脚趾点地。在所有的过程中，保持动作腿的外开和高度。

② 节拍：压脚移重心的四拍一次

da-1 右腿出旁绷脚点地。da-2 压脚移重心落二位脚。da-3 绷脚点地。da-4 收回一位脚站立。

要求：在完成移动重心往外和收回的全过程中，双胯都要保持有力的上提和外开。动作脚在踩落时，经过高半脚到全脚平放的过程。在绷脚时，必须遵循先绷高半脚再过渡到脚趾抓绷点地的顺序。

（3）Battement tendu［巴特芒·唐究］：动作腿的擦地延伸与收回

节拍：二拍一次

da-1 右腿出旁点地。da-2 收回一位。

要求：伸出与收回都要有绷高半脚的联动过程。动作腿要在外做完最大限度地有力伸展之后，才能收回。

（4）Port de bras［波·德·勃拉］：手臂的动作或上体的仰俯

节拍：八拍一次

da1-2 打开右臂七位至三位。da3-4 上体向左旁展胸腰。da5-6 上体起直站立。da7-8 右臂三位至七位，再扶把。

要求：向旁展胸腰过程中，身体随着音乐做连贯不间断的动律，双肩打开，三位手一侧的胸腔尽力伸展拉长，带动身体向旁、向远的大幅度拉伸。

3. 组合的动作节拍与做法详解

节拍：$\frac{4}{4}$，中速

准备姿态：学生面对教室前区 1 点位置收腹挺胸站立，双腿成"八字"开位，双臂于身体两侧自然下垂，抬头平视前方。

（前奏）da-1 右腿向身体右旁迈出一步，左腿推地紧绷于身体左旁点地。同时右臂经二位打开旁七位，掌心向上，手臂与肩同高。左臂保持自然下垂。头部保持平视前方。

da-2 左腿向右腿收回成八字步，双腿重心站立。右臂保持七位不变。

da-3 右臂收落回身体右旁自然下垂。同时上身稍向前俯对 1 点方向低头行礼，看向地面正下方。

da-4 抬起头部目视前方，身体起直站立。

da5-8 迈左腿向左侧后转身，走向扶把双臂搭扶，双腿一位站立。抬头挺胸收腹，目视 1 点方向。在 8-da 的节拍中移动身体重心到左腿支撑。

① da1-4 右腿 Battement tendu pour le pied 向旁一次。da-1 右腿向旁擦地伸出（图 2-1-1）。da-2 右腿紧勾脚踝关节，保持外开的力量继续延伸（图 2-1-2）。da-3 右腿伸展脚踝关节，向旁点地（图 2-1-3）。da-4 经擦地收回保持双腿一位，身体重心也依然保持在左腿一边。

da5-6 右腿 Battement tendu 向旁一次，头保持 1 点方向。da-5 擦地出旁点地。da-6 擦地收回一位脚。

da7-8 同做右腿 Battement tendu 向旁一次。

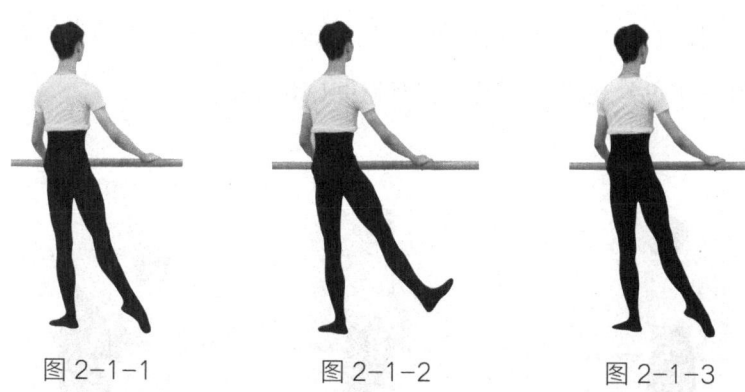

图 2-1-1　　　　　　　图 2-1-2　　　　　　　图 2-1-3

② da1-2　右腿 Battement tendu 向前一次。da-1 右腿向前擦地伸出，同时头转向右旁 90°，平视 3 点方向。da-2 右腿收回一位。

da3-4　同做右腿 Battement tendu 向前一次。

da5-6　右腿 Battement tendu 向后一次。da-5 右腿向后擦地伸出，同时头转向左旁 90°，平视 7 点方向。da-6 右腿收回一位。

da7-8　同做右腿 Battement tendu 向后一次。

③ da1-2　右腿 Battement tendu 向旁一次。头看向 1 点方向。

da3-4　同做右腿 Battement tendu 向旁一次。

da5-8　右腿 Battement tendu pour le pied 向旁一次。da-5 右腿向旁擦地伸出（图 2-1-4）。da-6 身体向右提跨移动重心，右腿踩落二位。头保持看向 1 点方向（图 2-1-5）。da-7 右腿绷脚向旁点地，身体移重心回左腿支撑（图 2-1-6）。da-8 右腿经擦地收回，同时身体移动重心至双腿一位站立。

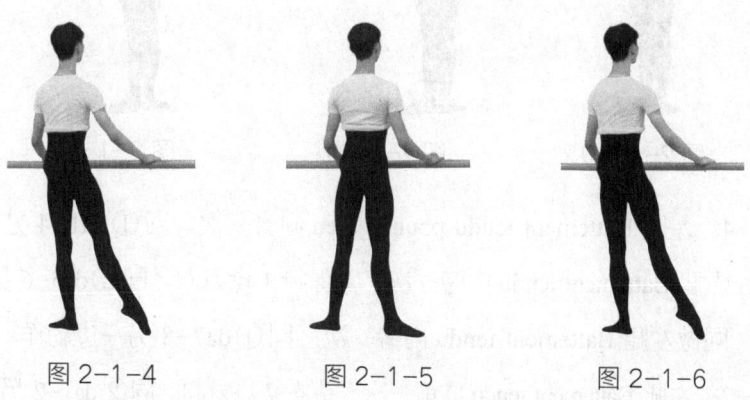

图 2-1-4　　　　　　　图 2-1-5　　　　　　　图 2-1-6

④ da1-2　右臂离开扶把打开七位，头转向右旁（图 2-1-7）。再抬右臂至三位，头同时向上抬起。左臂保持单手扶把，身体保持正直（图 2-1-8）。

da3-4　上体做 Port de bras 向旁展胸腰。头转向 7 点方向，随身体联动时看向左侧斜下方（图 2-1-9）。过程中保持一位双腿重心挺直站立。

图 2-1-7　　　　　　　图 2-1-8　　　　　　　图 2-1-9

da5-6　上体起直，回到双肩正直。同时抬头向上，看向右臂保持的三位手（图 2-1-10）。

da7-8　右臂打开经七位到扶把，头回到 1 点方向（图 2-1-11）。8-da 身体移动重心至右腿支撑，准备左腿即将开始的一组动作（图 2-1-12）。

图 2-1-10　　　　　　　图 2-1-11　　　　　　　图 2-1-12

⑤ da1-4　左腿 Battement tendu pour le pied 向旁一次。同①da1-4 另一边动作。

da5-6　左腿 Battement tendu 向旁一次，头保持 1 点方向。同①da5-6 另一边动作。

da7-8　同做左腿 Battement tendu 向旁一次。同①da7-8 另一边动作。

⑥ da1-2　左腿 Battement tendu 向前一次，头看 7 点方向。同②da1-2 另一边动作。

da3-4　同做左腿 Battement tendu 向前一次。同②da3-4 另一边动作。

da5-6　左腿 Battement tendu 向后一次，头看 3 点方向。同②da5-6 另一边动作。

da7-8　同做左腿 Battement tendu 向后一次。同②da7-8 另一边动作。

⑦ da1-2　左腿 Battement tendu 向旁一次，头看向 1 点方向。同③da1-2 另一边动作。

da3-4　同做左腿 Battement tendu 向旁一次。同③da3-4 另一边动作。

da5-8　左腿 Battement tendu pour le pied 向旁一次。同③da5-8 另一边动作。

⑧ da1-8　做 Port de bras 向右旁展胸腰，同④da1-8 另一边动作。头转回 1 点方向，双腿重心一位站立。

（二）Plié 蹲起练习

1. 练习目的与教学内容

学习单手扶把的 Grand plié 动作，并且同时带入手的 Port de bras 联动。Grand plié 因为是最大的蹲深和推起动作，所以它对大腿肌肉群的力量要求很高，对跟腱、脚踝关节、膝关节的韧性和弹性要求也很高。这也正是我们要去时常练习它的原因。在多次的练习中，人体下肢的各关节与肌肉群都可以在拉伸与收紧中得到充分的锻炼。同时，手臂 Port de bras 的一起联动练习，也很好地练习了舞者支配身体的协调能力。

Grand plié：Plié 原意为屈膝蹲起。Grand 为"大的"，指最大的姿态或最大的幅度。Grand 就是双膝最大化地弯曲下蹲，双腿脚跟要离开地面的蹲起动作。本组合学习在做 Grand plié 的同时，配合手臂的 Port de bras 一起联动，这也是 Plié 动作的常用方式。

2. 主要动作的节拍进度与练习要求

（1）Grand plié［格朗·普利埃］：全蹲、大蹲

节拍：四拍一次（带手臂的 Port de bras）

da1-2　下蹲。

da3-4　起直。

要求：Grand plié 在下蹲时，要经过很好的 Demi plié 位置，之后再继续收腹提胯下蹲。除二位脚之外的所有脚位，下蹲至最低位置时，双腿在跟腱的拉伸中脚跟被迫性地离开地板。脚跟不要主动推高，更不能坐在脚跟上。下蹲在最低点时，不要有停顿。从 Grand plié 推直站起的过程，双腿要主动下踩脚跟至全脚 Demi plié 位置，使跟腱韧带获得更大力量的拉伸训练。之后再推直膝关节起身站直。

（2）Port de bras［波·德·勃拉］：手臂的动作

节拍：一拍一次

da-1 从一位手抬至二位手。

da-2 从二位手打开到七位手。

要求：手臂在运动中随着音乐做连贯不间断的动律，每个手位的位置要准确清晰。双肩要保持平正，不能耸肩或抠肩。随着音乐连贯不间断的动律，头部和视线也都要配合手臂一起协调地运动。整个动作平稳流畅，节拍连贯准确。

3. 组合的动作节拍与做法详解

节拍：$\frac{3}{4}$拍，中速

准备姿态：左臂单手扶把，右臂一位，双腿一位，头转向3点方向，抬头挺胸收腹，平视前方。

（前奏）da-5 右臂打开旁小七位 Allongé，稍低头看向右侧手指延伸方向（图2-2-1）。

da-6 右臂再收回到一位手。

da-7 右臂抬至二位手，头部稍向左侧头看向右臂位置。

da-8 右臂打开至七位，转头看向3点方向。身体和手臂保持姿态不变。

① da1-2 一位脚的 Demi plié 一次。右臂保持七位，头保持看向3点方向。da-1 下蹲（图2-2-2）。da-2 起直站立。

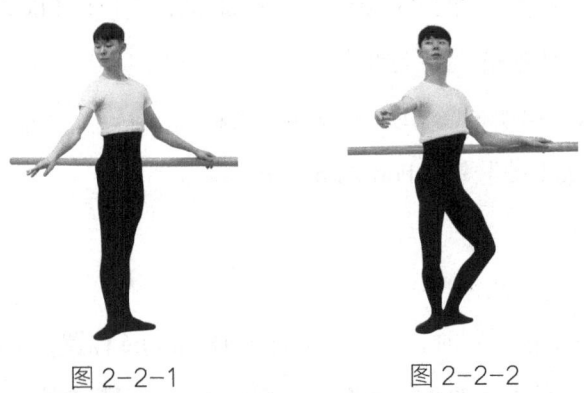

图 2-2-1　　　　　图 2-2-2

da3-4 再一位脚的 Demi plié 一次。同做 da1-2 的动作。

da5-6 双腿保持站立一位，右臂做 Port de bras。右臂经七位 Allogé 伸展之后，落下至一位至二位手。头部跟随手动。

da7-8 右臂打开七位手，头部稍向左侧头，稍低头视线看向右臂。

② da1-2　一位脚的 Grand plié 下蹲，双腿跟稍离开地面。手经七位 Allongé 至一位手，头随手动（图 2-2-3）。

da3-4　一位踩全脚 Grand plié 起直。在双腿踩落至全脚 Demi plié 时，右臂到二位手（图 2-2-4）。在推直膝关节站起直立时，右臂打开七位手，头看 3 点方向（图 2-2-5）。最后的 4-da 节拍中，身体提胯移重心到左腿支撑。

da5-6　右腿 Battement tendu 向旁伸出绷脚点地。同时头转向 1 点方向。

图 2-2-3　　　　　　图 2-2-4　　　　　　图 2-2-5

da7-8　提胯向右移动身体重心，踩落二位脚站立，同时头转向 3 点方向。

③ da1-2　二位脚的 Demi plié 一次。右臂保持七位，头保持看向 3 点方向。同做① da1-2 的动作。

da3-4　再二位脚的 Demi plié 一次。同做 da3-4 的动作。

da5-6　右臂做 Port de bras。经七位 Allogé 至一位，再抬起到二位手。同做①da5-6 的动作。

da7-8　右臂打开七位手。同做① da7-8 的动作。

④ da1-2　二位脚的 Grand plié 下蹲，双腿平放在地面，脚跟不抬起。手经七位 Allongé 至一位手，头随手动（图 2-2-6）。同做②da1-2 的动作。

da3-4　二位脚的 Grand plié 起直。右臂经二位（图 2-2-7）打开七位手，头看 3 点方向。最后的 4-da 节拍中，身体提胯移重心到左腿支撑。

da5-6　推绷右腿旁点地，同时身体移动重心至左腿支撑站立。同时头转到 1 点方向，右臂保持七位手。

da7-8　右腿经 Battement tendu 收回右腿前五位，双腿重心站立（图 2-2-8）。同时头转到 3 点方向，右臂保持七位手。

图 2-2-6   图 2-2-7   图 2-2-8

⑤ da1-2　五位脚的 Demi plié 一次。右臂保持七位，头保持看向 3 点方向。同做①da1-2 的动作。

da3-4　再五位脚的 Demi plié 一次。同做 da3-4 的动作。

da5-6　右臂做 Port de bras。经七位 Alloge 向上抬起至三位手，头部稍向右侧抬起，看向右臂手腕关节的远方（图 2-2-9）。

da7-8　右臂从三位垂直向下放至二位手，再打开至七位手。转头看向 3 点方向。

⑥ da1-2　五位脚的 Grand plié 下蹲，双腿跟稍离开地面。手经七位 Allongé 至一位手，头随手动（图 2-2-10）。同做②da1-2 的动作。

da3-4　五位踩全脚 Grand plié 起直。右臂经二位打开七位手，头看 3 点方向。同做②da3-4 的动作。

da5-6　右腿 Battement tendu 往前点地，左腿支撑站立。头保持 3 点方向，右臂保持七位手。

da7-8　右腿 Battement tendu 向前伸出绷脚点地。再向前移动身体踩落四位脚，双腿重心站立（图 2-2-11）。头保持 3 点方向，右臂保持七位手。

图 2-2-9   图 2-2-10   图 2-2-11

⑦ da1-2　四位脚的 Demi plié 一次。右臂保持七位，头保持看向 3 点方向。同做①da1-2 的动作。

da3-4　再四位脚的 Demi plié 一次。同做 da3-4 的动作。

da5-6　右臂做 Port de bras。经七位 Alloge 向上抬起至三位手。同做⑤da5-6 的动作。

da7-8　右臂从三位垂直向下放至二位手，再打开至七位手。转头看向 3 点方向。同做⑤da7-8 的动作。

⑧ da1-2　四位脚的 Grand plié 下蹲，双腿跟稍离开地面。手经七位 Allongé 至一位手，头随手动（图 2-2-12）。同做②da1-2 的动作。

da3-4　四位踩全脚 Grand plié 起直。右臂经二位打开七位手，头看 3 点方向（图 2-2-13）。同做②da3-4 的动作。

da5-6　推绷右腿前的点地，同时移重心左腿支撑站立。头保持 3 点方向，右臂保持七位手。

da7-8　右臂经七位 Alloge 伸展之后（图 2-2-14），收落到一位手。同时右腿经 Battement tendu 收回一位双腿重心站立。头部跟随手动，最后抬头看向 3 点方向。

图 2-2-12　　　　　图 2-2-13　　　　　图 2-2-14

（三）Battement tendu 擦地练习

1. 练习目的与教学内容

学习单手扶把从五位脚开始的 Battement tendu 往旁、往前、往后的练习。四拍一次分解的做法与两拍一次完成体的做法相结合，要在继续巩固脚下对擦地方位和过程准确的同时，努力地去掌握 Battement tendu 完成体连贯的做法，为后续的其他 Battement 类动作打好基础。同时开始 Battement double tendu 的学习。

Battement double tendu

练习脚腕、脚背、脚趾尖能力的练习。其目的是强化脚腕、脚背、脚趾尖的力量，锻炼脚部关节和肌肉，增强脚的灵活性和韧性，使脚部更具表现力，为以后学习的小跳类快速多次绷脚动作做好准备。

2. 主要动作的节拍进度与练习要求

（1）Battement tendu［巴特芒·唐究］：动作腿的擦地延伸与收回

① 节拍：四拍一次

da-1 出前点地。da-2 不动。da3 收回一位脚。da-4 站立不动。

② 节拍：二拍一次

da-1 出前点地。da-2 收回一位脚。

要求：在学习五位 Battement tendu 向前、向后做时，双膝保持收紧、转开。动作腿向外点地的位置，与支撑腿的脚心在一条直线上，以保证双腿的交叉收紧，避免动作腿松散歪斜。

在五位 Battement tendu 向旁做时，要强调从五位经过一位脚的位置擦出去，收回来时也要先经过一位脚的位置收回来。强调动作腿贴着支撑腿回来，以防止向旁擦地时出现划圈的现象。

（2）Battement double tendu［巴特芒·杜勃尔·唐究］：带压脚的擦地

节拍：一拍一次

da-1 出旁点地。da-2 快速压脚再绷脚点地。

要求：动作腿在快速压脚的过程中，落地的脚心不能悬空，出现"空脚心"的状态。压脚动作要有弹性和力量，压落之后就快速绷起。压脚时，脚尖不能离开地面，也不能在地面上滑动，脚落在地面上都要保持外开。并注意支撑腿的髋关节要用力收紧上提，要强调身体重心保持在支撑腿一边，重心不能移动，动作腿的髋关节不能因为动作脚的落地和绷脚而跟着晃动。

3. 组合的动作节拍与做法详解

节拍：$\frac{4}{4}$拍，中速

准备姿态：站右腿前五位，左臂单手扶把，右臂一位，头转向 3 点方向，抬头挺胸收腹，平视前方（图 2-3-1）。

（前奏拍）da5-6　右臂打开旁小七位 Allongé，再到一位手，头随手动。

da7-8   右臂到二位手，再打开至七位手。头看 3 点方向。

① da-1   右腿 Battement tendu 向前伸出绷脚点地，右臂保持七位，头看 3 点方向（图 2-3-2）。

da-2   右腿停在前点地不动，保持外开的力量继续延伸。

da-3   右腿 Battement tendu 收前五位脚。

da-4   保持右腿前五位不动。

da5-6   右腿 Battement tendu 向前一次。da-5 出前。da-6 收回。

da7-8   再右腿 Battement tendu 向前一次。

② da-1   右腿 Battement tendu 向旁伸出点地，右臂保持七位，同时转头看 1 点方向（图 2-3-3）。

da-2   右腿停在旁点地不动。

da-3   右腿 Battement tendu 收后五位脚。

da-4   保持右腿后五位不动。

da5-6   右腿 Battement tendu 向旁一次，收右腿前五位。

da7-8   再右腿 Battement tendu 向前一次，收右腿后五位。

图 2-3-1   图 2-3-2   图 2-3-3

③ da-1   右腿 Battement tendu 向后伸出点地，右臂保持七位，头看 3 点方向（图 2-3-4）。

da-2   右腿停在后点地不动。

da-3   右腿 Battement tendu 收后五位脚。

da-4   保持右腿后五位不动。

da5-6   右腿 Battement tendu 向后一次。

da7-8   再右腿 Battement tendu 向后一次。

④ da1-2   右腿 Battement tendu 向旁伸出点地，右臂保持七位，同时转头看 1 点方向。再收回一位脚。

da3-4   再右腿 Battement tendu 向旁一次，收回一位脚。

da-5   做 Battement double tendu。右腿 Battement tendu 旁点地。

da-6   右腿快速压下二位脚，再快速绷脚点地（图 2-3-5）。

da-7   再一次右腿快速压脚再绷脚点地，同时右臂七位 Allongé，转头看 3 点方向（图 2-3-6）。

da-8   右腿 Battement tendu 收回前五位。同时右臂到一位，头部跟随手动，最后抬头看 3 点方向。

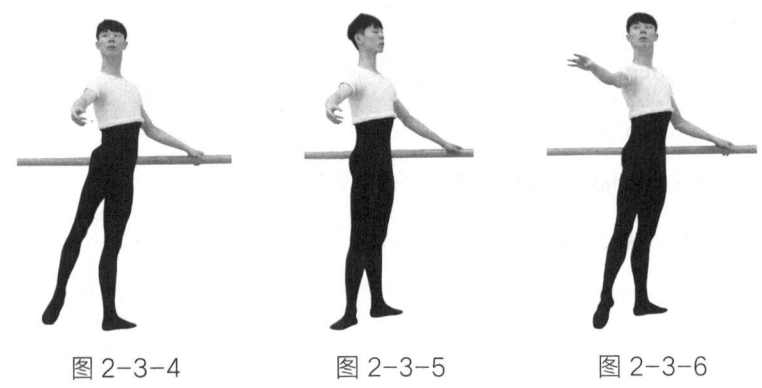

图 2-3-4   图 2-3-5   图 2-3-6

（四）Battement tendu jeté 小踢腿练习

1. 练习目的与教学内容

学习五位脚单手扶把的 Battement tendu jeté 往前、往旁、往后的练习，同时加入 Battement tendu jeté pointé 和 Battement tendu jeté balancé 的学习。

Battement tendu jeté balance

Balancé 原意为"摇摆"。此动作是在 Battement tendu passé par terre 基础上的发展，是用 Jeté 往前和往后连贯动作衔接的前后摆动踢腿动作。它进一步练习腿、脚的灵活性和重心的稳定，以及腿脚的力量，也为以后跳跃类动作的往前往后擦地踢腿起跳动作打下基础。

2. 主要动作的节拍进度与练习要求

（1）Battement tendu jeté［巴特芒·唐究·热泰］：小的踢腿动作

节拍：四拍一次（分解体）

da-1 右腿经擦地踢出前。

da-2 不动。

da-3 落前点地。

da-4 收回五位脚站立。

要求：从擦地到踢起的过程顺畅、连贯，用一拍的时间快速踢到空中 35° 的准确高度上。快速、有力的踢腿是这个动作的性质。收回时脚尖一定要经过前点地最远端的位置再回到五位脚。动作腿踢出去时，要特别注意支撑腿和躯干的稳定，不要摇晃，躯干要保持正直。

（2）Battement tendu jeté pointé［巴特芒·唐究·热泰·普安泰］：带点地的小踢腿

节拍：二拍一次（分解体）

da-1 右腿出前 35°。

da-2 不动。

da-3 右腿快速点地再踢起前 35°。

da-4 不动。

要求：动作腿经点地踢起时，始终保持整条腿的收紧和绷直转开，用力伸直膝盖、绷紧脚踝和脚趾，点地时也不能松懈，整体动作要快速敏捷。

（3）Battement tendu jeté balancé［巴特芒·唐究·热泰·巴朗塞］：前后摆动的小踢腿

节拍：八拍一次（分解体）

da-1 右腿经擦地踢出前。

da-2 不动。

da-3 落前点地。

da-4 经一位脚继续向后擦地。

da-5 右腿经擦地踢出后。

da-6 不动。

da-7 落后点地。

da-8 收回一位脚站立。

　　要求：在经过一位脚时，整个脚要全部平放在地面，脚要放松，不要因脚的紧张而出现"空脚心"。动作腿踢出前和后的方向要准确，尤其在快速向远踢出的时候。腿前后摆动时，上身和胯要控制不晃动，支撑腿和躯干要收紧上提，重心始终保持在支撑腿上，不能随动作腿的前后摆动而移动，影响整个躯干的稳定。初学时在动作分解体的做法中，经过一位时稍有停顿，以后经一位时为连贯擦地不停顿。这是为了强调动作腿在 Balancé 的摆动中，每次都要有完全转开的一位脚过程。

　　3. 组合的动作节拍与做法详解

　　节拍：$\frac{2}{4}$ 拍，稍快

　　准备姿态：站右腿前五位，左臂单手扶把，右臂一位，头转向 3 点方向，抬头挺胸收腹，平视前方。

　　（前奏拍）da5-6　右臂打开旁小七位 Allongé，再到一位手，头随手动。

　　da7-8　右臂到二位手，再打开至七位手。头看 3 点方向。

　　① da1-4　右腿 Battement tendu jeté 往前的一次。da-1 右腿经擦地踢前 35°（图 2-4-1）。da-2 不动。da-3 右腿绷脚落前点地（图 2-4-2）。da-4 右腿收回前五位脚。保持右臂七位，头看 3 点方向。

　　da5-8　再右腿 Battement tendu jeté 往前的一次。同 da1-4 动作。

图 2-4-1　　　　　　　　图 2-4-2

　　② da1-2　右腿经擦地踢前 35°。再停顿一拍不动。

　　da3-4　右腿前的 Battement tendu jeté pointé 一次。da-3 右腿快速前点地再抬起。da-4 不动。保持右臂七位，头看 3 点方向。

　　da5-6　再右腿前的 Battement tendu jeté pointé 一次。

　　da7-8　右腿收回前五位站立。da-7 右腿前点地。da-8 收回右前五位。

③ da1-4　右腿 Battement tendu jeté 往旁的一次。da-1 右腿经擦地踢旁 35°，同时头转到 1 点方向（图 2-4-3）。da-2 不动。da-3 右腿绷脚落旁点地（图 2-4-4）。da-4 右腿收回后五位脚。保持右臂七位，头看 1 点方向。

da5-8　再右腿 Battement tendu jeté 往旁的一次，收前五位脚。同 da1-4 动作。

④ da1-2　右腿经擦地踢旁 35°。再停顿一拍不动。

da3-4　右腿旁的 Battement tendu jeté pointé 一次。da-3 右腿快速旁点地再抬起。da-4 不动。保持右臂七位，头看 1 点方向。

da5-6　再右腿旁的 Battement tendu jeté pointé 一次。

da7-8　右腿收回后五位站立。da-7 右腿旁点地。da-8 收回右后五位。

⑤ da1-4　右腿 Battement tendu jeté 往后的一次。da-1 右腿经擦地踢后 35°，同时头转到 3 点方向（图 2-4-5）。da-2 不动。da-3 右腿绷脚落后点地（图 2-4-6）。da-4 右腿收回后五位脚。

da5-8　再右腿 Battement tendu jeté 往前的一次。保持右臂七位，头看 3 点方向。同 da1-4 动作。

图 2-4-3　　　　　图 2-4-4　　　　　图 2-4-5　　　　　图 2-4-6

⑥ da1-2　右腿经擦地踢后 35°。再停顿一拍不动。

da3-4　右腿后的 Battement tendu jeté pointé 一次。da-3 右腿快速后点地再抬起。da-4 不动。保持右臂七位，头看 3 点方向。

da5-6　再右腿后的 Battement tendu jeté pointé 一次。

da7-8　右腿收回一位脚站立。da-7 右腿前点地。da-8 收回一位脚。

⑦ da1-4　开始做 Battement tendu jeté balancé。da-1 右腿经擦地踢前 35°（图 2-4-7）。da-2 不动。da-3 右腿绷脚落前点地。da-4 经一位脚继续向后擦地（图 2-4-8）。保持

右臂七位，头看 3 点方向。

da5-8　右腿 da-5 经擦地踢后 35°（图 2-4-9）。da-6 不动。da-7 右腿绷脚落后点地。da-8 经一位脚继续向前擦地。保持右臂七位，头看 3 点方向。

图 2-4-7　　　　　　　　图 2-4-8　　　　　　　　图 2-4-9

⑧ da1-4　右腿 Battement tendu jeté balancé 往前的一次。同做⑦ da1-4 的动作。

da5-8　右腿 Battement tendu jeté balancé 往后的一次。da-5 右腿经擦地踢后 35°。da-6 不动。da-7 右腿绷脚落后点地，同时右臂七位 Allongé。da-8 右腿收回一位脚，同时右臂到一位，头部跟随手动，最后抬头看 3 点方向。

（五）Rond de jambe 划圈练习

1. 练习目的与教学内容

学习五位脚单手扶把 Rond de jambe par terre 的分解与连贯的两种做法。并初步开始 Rond de jambe par terre demi plié 练习。同时第三 Port de bras 往前往后下腰的节奏有所加快，也加入了往旁下腰的练习。这一阶段仍然是练习在地面的划圈，目的是让学生更扎实地掌握动作腿在环动中前旁后位置的准确性，以及培养腿部有力外开的肌肉能力，为后续抬腿的划圈动作打好基础。

（1）Rond de jambe par terre demi plié

支撑腿做 Demi plié 的同时，动作腿划 Rond de jambe par terre，以进一步训练支撑腿的稳定性及动作腿的灵活性，加大髋关节的活动幅度。

（2）第三 Port de bras

带往前、往后下腰的手臂练习。身体向前大的屈体下腰，以及身体向后大的屈体下腰。同时配合手臂和头部视线的联动训练。

2. 主要动作的节拍进度与练习要求

（1）Rond de jambe par terre［隆·德·让·巴·泰尔］：地面的划圈环动

节拍：两小节一次

1-da-da　右腿 Tendu 出前点地。

2-da-da　右腿划到后点地。

要求：在动作腿从前点地划圈后点地的过程中，双腿保持充分的外开，动作腿在经过旁点地的位置时，要有连贯延伸的环动过程，不要有停顿。En dehors 与 En dedans 的要求都一样，圈要划得连贯平稳。

（2）Rond de jambe par terre demi plié［隆·德·让·巴·泰尔·德米·普利埃］：在支撑腿蹲的同时动作腿划圈

节拍：四小节一次

1-da-da　双腿一位 Demi plié 下蹲。

2-da-da　右腿 Tendu 出前点地，左腿保持 Demi plié 下蹲。

3-da-da　右腿划到旁点地，同时左腿起直站立。

4-da-da　右腿收回一位。

要求：动作中注意支撑腿蹲到最深处时要保持平稳和外开，动作腿保持绷直。动作过程中始终保持双腿的外开，并注意双腿在完成不同动作时的协调配合。

（3）第三 Port de bras［波·德·勃拉］：带往前往后下腰的手臂练习

节拍：八拍一次（或 $\frac{3}{4}$ 拍，八小节一次）

da1-2　上身向前下腰 90°，手从七位至二位。

da-3　上身起直站立，手到二位。

da-4　手到三位。

da5-6　上身向后下腰 90°，手保持三位。

da-7　上身起直站立，手打开至七位。

da-8　手落回到一位。

要求：往前下腰时，腿要用力伸直转开，保持垂直，在下腰的过程中，重心不要往后扯。往后下腰时，双肩要摆正，双腿伸直，保持重心的垂直，胯收紧向上提起，收紧腹肌、臀肌，不要向前腆胯，保持准确的手臂形态。向前弯腰时注意不要驼背，向后弯腰时不要出现耸肩缩脖的形态。

3. 组合的动作节拍与做法详解

节拍：$\frac{6}{8}$拍，稍慢

准备姿态：右腿前五位站立，左臂单手扶把，右臂一位，头转向 3 点方向，抬头挺胸收腹，平视前方。

（前奏拍）5-6-da-da　右臂抬至二位手，头部稍向左侧，头看向右臂位置。

7-8-da-da　右臂抬二位再打开至七位，转头看向 3 点方向。

① 1-4-da-da　右腿四小节一次的 Rond de jambe par terre en dehors 往外。1-da-da 右腿 Tendu 向前点地，手七位，头看 3 点方向（图 2-5-1）。2-da-da 右腿划到旁点地，同时转头看 1 点方向（图 2-5-2）。3-da-da 右腿划到后点地，同时转头看 3 点方向（图 2-5-3）。4-da-da 右腿收回一位脚，保持右臂七位，头看 3 点方向。

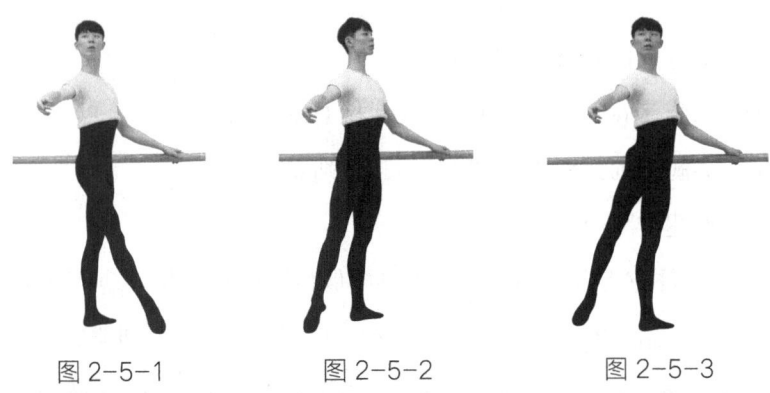

图 2-5-1　　　　　　图 2-5-2　　　　　　图 2-5-3

5-6-da-da　右腿两小节一次的 Rond de jambe par terre en dehors 往外。1-da-da 右腿 Tendu 向前点地，手七位，头看 3 点方向。2-da-da 脚经旁连贯地划到后点地，保持右臂七位，头看 3 点方向。

7-8-da-da　右腿两小节一次的 Rond de jambe par terre en dehors 往外。1-da-da 右腿从后点地位置，经一位脚 Battement tendu passé par terre 连贯地到前点地。2-da-da 右腿经旁连贯地划到后点地，保持右臂七位，头看 3 点方向。

② 1-2-da-da　同①7-8-da-da 动作，再做一遍。

3-4-da-da　同①7-8-da-da 动作，再做一遍。

5-8-da-da　右腿四小节一次的 Rond de jambe par terre demi plié 往外 En dehors。1-da-da 右腿 Tendu 收回一位脚的同时，双腿 Demi plié 下蹲，右臂保持七位，头看 3 点方向（图 2-5-4）。2-da-da 左腿 Plié 加深蹲的同时，右腿 Tendu 出前点地，上身稍

向后展胸腰（图 2-5-5）。3-da-da 左腿推地起直站立，右腿划到旁点地，上身起直站立同时转头看 1 点方向（图 2-5-6）。4-da-da 右腿收回一位脚，保持右臂七位，头看 1 点方向。

图 2-5-4   图 2-5-5   图 2-5-6

③ 1-4-da-da　右腿四小节一次的 Rond de jambe par terre en dedans 往里。1-da-da 右腿 Tendu 向后点地，手七位，头看 3 点方向。2-da-da 右腿划到旁点地，同时转头看 1 点方向。3-da-da 右腿划到前点地，同时转头看 3 点方向。4-da-da 右腿收回一位脚，保持右臂七位，头看 3 点方向。

5-6-da-da　右腿两小节一次的 Rond de jambe par terre en dedans 往里。1-da-da 右腿 Tendu 向后点地。2-da-da 右腿经旁连贯地划到前点地，保持右臂七位，头看 3 点方向。

7-8-da-da　右腿两小节一次的 Rond de jambe par terre en dedans 往里。1-da-da 右腿从前点地位置，经一位脚 Battement tendu passé par terre 连贯地到后点地。2-da-da 右腿经旁连贯地划到前点地，保持右臂七位，头看 3 点方向。

④ 1-2-da-da　同③7-8-da-da 动作，再做一遍。

3-4-da-da　同③7-8-da-da 动作，再做一遍。

5-8-da-da　右腿四小节一次的 Rond de jambe par terre demi plié 往里 En dedans。1-da-da 右腿 Tendu 收回一位脚的同时，双腿 Demi plié 下蹲，右臂保持七位，头看 3 点方向（图 2-5-7）。2-da-da 左腿 Plié 加深蹲的同时，右腿 Tendu 出后点地，上身稍向前倾（图 2-5-8）。3-da-da 左腿推地起直站立，右腿划到旁点地，上身起直站立同时转头看 1 点方向（图 2-5-9）。4-da-da 右腿收回前五位脚，保持右臂七位，头看 1 点方向。

图 2-5-7   图 2-5-8   图 2-5-9

⑤ 1-2-da-da　开始在五位脚上做第三 Port de bras。上身向前下腰 90°，右臂经七位 Allongé 至二位，头看向右臂一侧（图 2-5-10）。

3-da-da　上身起直站立，手到二位，头看向右臂（图 2-5-11）。

4-da-da　上身不动，手到三位，抬头看右臂斜上方（图 2-5-12）。

图 2-5-10   图 2-5-11   图 2-5-12

5-6-da-da　上身向后下腰 90°，手保持三位，头保持看向右臂的斜上方（图 2-5-13）。

7-da-da　上身起直站立，手打开至七位，头看 3 点方向（图 2-5-14）。

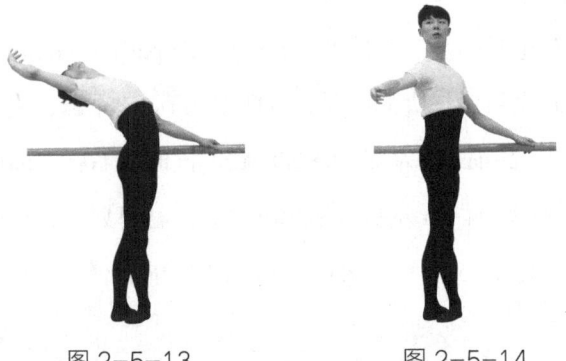

图 2-5-13   图 2-5-14

8-da-da 保持站立不动。

⑥ 1-2-da-da 右臂经七位 Allongé 到三位手，抬头跟随手动，身体向左旁下胸腰，转头看 7 点斜下方向（图 2-5-15）。

3-4-da-da 上身起直站立，右臂打开至七位，转头看 3 点方向。

5-da-da 右腿向前经全脚 Chassé 至四位脚 Demi plié。右臂七位 Allongé 经一位到二位手，头跟随手动（图 2-5-16）。

6-da-da 右腿重心推地全脚站起，左腿后点地。同时右臂至三位，抬头看向右臂斜上方（图 2-5-17）。

图 2-5-15　　　　图 2-5-16　　　　图 2-5-17

7-da-da 右臂打开七位，头看向 3 点方向。

8-da-da 右腿收后五位，右臂经七位 Allongé 到一位手，头跟随手动，最后抬头看 3 点方向。

（六）Battement fondu 单腿蹲练习

1. 练习目的与教学内容

在初级阶段 2 的教学内容中，学习五位脚单手扶把 45° 的 Battement fondu。配合 Battement relevé lent45° 的抬腿练习，加强了动作腿的控制与延伸能力。同时学习 Rond de jambe en l'air en dehors 分解动作，以逐步练习动作腿膝关节的灵活性。

（1）Battement fondu45°

动作中伸出的腿可以是点地的、45° 的、90° 的，逐步放大舞姿的张力与占有空间。这个阶段学习 45° 往前、旁、后的。

（2）Rond de jambe en l'air

原义是"腿在空中划圈"，也是指动作腿的小腿在空中快速的划圈动作。它除了锻炼腿的外开和控制能力外，主要锻炼膝关节的灵活性和小腿运动的自如性。它有 En dehors 往外和 En dedans 往里划圈两种方向，也有单次和多次划圈的方式。这个阶段学习单一的 En dehors 做法。

2. 主要动作的节拍进度与练习要求

（1）Battement fondu ［巴特芒·丰究］：做腿打开在抬腿 45° 姿态上，两腿同时屈伸的单一做法

节拍：两拍一次（或 $\frac{3}{4}$ 拍，两小节一次）

da-1　右腿抬前 Sur le cou-de-pied，同时左腿 Demi plié 下蹲。

da-2　右腿伸出前 45°，同时左腿推地全脚站起。

要求：动作腿从 Sur le cou-de-pied 打开到 45° 的过程，都是沿着一条直线伸出和收回，控制膝关节的高度，不要过多地抬起。同时身体重心始终保持在支撑腿上，Demi plié 时支撑腿要保持外开，防止膝关节往前跪和倒脚。躯干保持平整，双胯有力上提。

（2）Rond de jambe en l'air en dehors ［隆·德·让·昂·莱尔·昂·德奥］：动作腿的小腿在空中往外的划圈环动

节拍：两拍一次（分解体）（或 3/4 音乐两小节一次）：

右腿旁 45° 准备

da-1　右腿绷脚屈膝直线收回到支撑腿小腿高度的一位脚 Battement retiré。

da-2　右腿跟向前顶在主力腿稍前旁一些的位置，再顺脚尖从里往外地划半个椭圆形，打开至旁 45° 直腿。

要求：在划圈时，动作腿经过的每个位置过程都要做清楚。大腿要保持腿的高度不变，膝关节要松弛，用脚尖带动划圈。伸出时脚尖要绷紧，并向远伸长整条腿，在外伸直停留的时间尽量长一些。

3. 组合的动作节拍与做法详解

节拍：$\frac{3}{4}$ 拍，中速

准备姿态：站右腿前五位，左臂单手扶把，右臂一位，头转向 3 点方向，抬头挺胸收腹，平视前方。

（前奏拍）da5-6　右臂打开旁小七位 Allongé，再到一位手，头随手动。

da7-8　右臂到二位手，再打开至七位手。头看 3 点方向。

① da1-2　两拍一次 Battement fondu 往前。da-1 右腿抬起前 Sur le cou-de-pied，同时左腿 Demi plié 下蹲（图 2-6-1）。da-2 右腿往前伸出 45°，同时左腿推地站起（图 2-6-2）。保持右臂七位，头看 3 点方向。

图 2-6-1　　　　　　　　　图 2-6-2

da3-4　同 da1-2 的动作，再做一遍。

da5-6　右腿直腿到前点地。再 Battement relevé lent 抬起前 45°，保持右臂七位，头看 3 点方向。

da7-8　右腿直腿到前点地。再经 Battement tendu passé par terre 到后点地。保持右臂七位，头看 3 点方向。

② da1-2　两拍一次 Battement fondu 往后。da-1 右腿收后 Sur le cou-de-pied，同时左腿 Demi plié 下蹲（图 2-6-3）。da-2 右腿往后伸出 45°，同时左腿推地站起（图 2-6-4）。保持右臂七位，头看 3 点方向。

图 2-6-3　　　　　　　　　图 2-6-4

da3-4　同 da1-2 的动作，再做一遍。

da5-6　右腿直腿到后点地。再 Battement relevé lent 抬起后 45°，保持右臂七位，头看 3 点方向。

da7-8　右腿直腿到后点地。再经 Battement tendu passé par terre 到前点地。保持右臂七位，头看 3 点方向。

③ da1-2　两拍一次 Battement fondu 往旁。da-1 右腿收前 Sur le cou-de-pied，同时左腿 Demi plié 下蹲，头保持看 3 点方向（图 2-6-5）。da-2 右腿往旁伸出 45°，左腿推地站起，同时头转向 1 点方向，保持右臂七位（图 2-6-6）。

da3-4　再 Battement fondu 往旁一次。da-1 右腿收后 Sur le cou-de-pied，同时左腿 Demi plié 下蹲，头保持看 1 点方向（图 2-6-7）。da-2 右腿往旁伸出 45°，左腿推地站起。保持右臂七位，头看 1 点方向。

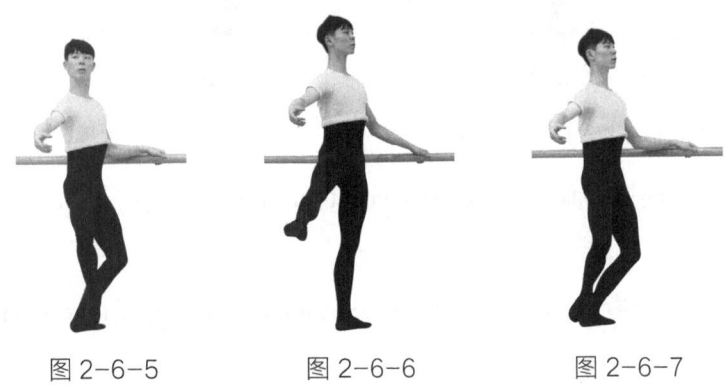

图 2-6-5　　　　　　图 2-6-6　　　　　　图 2-6-7

da5-6 右腿直腿到旁点地。再 Battement relevé lent 抬起旁 45°，保持右臂七位，头看 1 点方向。

da7-8 右腿直腿到旁点地。再经 Battement tendu 收到前五位脚。保持右臂七位，头看 1 点方向。

④ da1-2　右腿 Tendu 往旁点地。再 Battement relevé lent 抬起旁 45°，保持右臂七位，头看 1 点方向。

da3-4　两拍一次分解体的 Rond de jambe en l'air en dehors。da-1 右腿绷脚屈膝直线收回到支撑腿小腿高度的一位脚 Battement retiré（图 2-6-8）。da-2 右腿往前 En dehors 划出至旁 45° 直腿（图 2-6-9）。保持右臂七位，头看 1 点方向。

da5-6　同 da3-4 的动作，再做一遍。

da7-8　右腿直腿到旁点地。再右臂经七位 Allongé 到一位手，同时右腿 Tendu 收回一位。头随手动，最后抬头看 3 点方向。

图 2-6-8   图 2-6-9

（七）Battement frappé 小弹腿练习

1. 训练目的与教学内容

学习在五位脚单手扶把 Battement frappé 25° 往旁、往前、往后的练习，节奏进入到两拍一次。同时 Petit battement sur le cou-de-pied 击打动作的节拍也同步进入两拍一次的学习阶段。加强对动作腿灵活性的训练，更多地培养了膝关节在完成快速类击打动作的运动习惯和支配能力。

（1）Battement frappé：本组合练习动作腿向外打开到 25° 的练习，这也是 Frappé 动作基本的抬腿高度。

（2）Petit battement sur le cou-de-pied：本组合学习两拍一次的练习，这也还是动作分解体的节奏做法，为以后一拍一次的完成体节奏打好基础。

2. 主要动作的节拍进度与练习要求

（1）Battement frappé［巴特芒·弗拉佩］：动作腿快速屈伸的弹腿动作

节拍：两拍一次

双腿五位。从右腿抬起包脚前的 Sur le cou-de-pied 位置准备。

da-1   右腿出前 Battement frappé 25°。

da-2   右腿收回到包脚前的 Sur le cou-de-pied 位置。

要求：动作腿快速向外打开的 25° 的高度要准确，不能过高或过低，紧绷的脚趾要在支撑腿踝关节的水平延长线上。并且要直线打开和收回，不能在打开的过程中抬高动作腿的大腿和膝关节。往旁、往前、往后的伸出和收回时，也都要保持双腿最大限度的外开。

（2）Petit battement sur le cou-de-pied［珀蒂·巴特芒·絮·拉·库德皮耶］：动

作腿在支撑腿踝位置做小而快的连续击打

节拍：两拍一次（分解的）

da-1　右腿收前 Sur le cou-de-pied（包脚的）。

da-2　右腿向旁打开至小腿与地面垂直位置，再收到后 Sur le cou-de-pied。

要求：动作腿在往前、往后的 Sur le cou-de-pied 交替过程中，每次都要打开到动作腿绷脚小腿与地面垂直的位置，不能在加快节奏的动作中就过度地缩小了动作的幅度。同时要保持连续多次 Petit battement 动作的节拍分配，重拍为每次向里收回到 Sur le cou-de-pied 的位置。

3. 组合的动作节拍与做法详解

节拍：$\frac{2}{4}$ 拍，稍快

准备姿态：左臂单手扶把，右臂一位，双腿一位，头转向 3 点方向，抬头挺胸收腹，平视前方。

（前奏拍）da5-6　右臂打开旁小七位 Allongé，再到一位手，头随手动。

da-7　右臂到二位，侧头看向二位手。

da-8　右腿抬起到包脚前的 Sur le cou-de-pied。同时右臂打开到七位手，头看 3 点方向。

① da1-2　往前的 Battement frappé。da-1 右腿伸出前 25°（图 2-7-1）。da-2 右腿收前 Sur le cou-de-pied（图 2-7-2）。保持右臂七位，头看 3 点方向。

da3-4　同 da1-2 动作，再做一遍。

da5-6　右腿伸出前 25°，再停顿一拍不动。

da7-8　右腿一次 25° 的 Pointé。再一拍收回前 Sur le cou-de-pied。保持右臂位，头看 3 点方向。

② da1-2　往旁的 Battement frappé。da-1 右腿伸出旁 25°，同时转头看向 1 点方向（图 2-7-3）。da-2 右腿收后 Sur le cou-de-pied，保持右臂七位，头看 1 点方向（图 2-7-4）。

da3-4　同 da1-2 动作，再做一遍。收前 Sur le cou-de-pied。

da5-6　右腿伸出旁 25°，再停顿一拍不动。

da7-8　右腿一次 Pointé。再收回后 Sur le cou-de-pied。保持右臂位，头看 1 点方向。

图 2-7-1   图 2-7-2   图 2-7-3   图 2-7-4

③ da1-2　往后的 Battement frappé。da-1 右腿伸出后 25°，同时转头看 3 点方向（图 2-7-5）。da-2 右腿收后 Sur le cou-de-pied，保持右臂七位，头看 3 点方向（图 2-7-6）。

da3-4　同 da1-2 动作，再做一遍。

da5-6　右腿伸出后 25°，再停顿一拍不动。

da7-8　右腿一次 25° 的 Pointé。再一拍收回后 Sur le cou-de-pied。保持右臂位，头看 3 点方向。

④ da1-2　开始做连续的 Petit battement sur le cou-de-pied。da-1 右腿到前 Sur le cou-de-pied，同时头转到 1 点方向（图 2-7-7）。da-2 到后 Sur le cou-de-pied（图 2-7-8）。

da3-4　同④ da1-2 动作，再做一遍。保持右臂七位，头看 1 点方向。

da5-6　同④ da1-2 动作，再做一遍。

da-7　右腿伸出旁 25°，保持右臂七位，头看 1 点方向。

da-8　右腿落旁点地，同时右臂七位 Allongé，头转到 3 点方向。再右腿 Battement

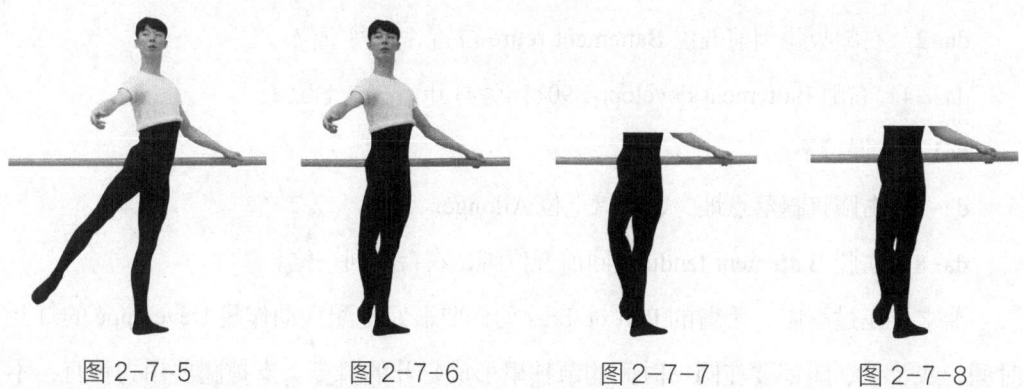

图 2-7-5   图 2-7-6   图 2-7-7   图 2-7-8

tendu 收回前五位脚，同时右臂到一位，头部跟随手动，最后抬头看 3 点方向。

（八）Adagio 控制练习

1. 练习目的与教学内容

学习 Battement développé 90° 在单手扶把上往前、往后做，同时加入手臂和头一起联动的练习。并开始练习在扶把上带身体的侧方向的，在 Effacé 和 Croisé 舞姿上往前、往后的 Attitude 动作。这些练习都是在丰富 Adagio 动作内容的同时，更好地练习动作腿的柔韧性与支撑腿的稳定性。

（1）Battement développé

本组合学习单手扶把往前、往后打开 90° 腿的，并在动作过程中，同时带手臂的 Port de bras 一起联动。

（2）Attitude

原意是"姿势"，它是古典芭蕾基本舞姿之一，为一条腿支撑重心站立，另一腿往前或往后弯曲抬起，并与双臂形成协调和谐的舞姿。它与 Arabesque 舞姿一样，变化丰富，支撑腿既可以在全脚上做，也可以在半脚尖、脚尖或 Plié 上做，动作腿可以在 25°、45°、90° 或 90° 以上舞姿做。本阶段学习单手扶把在全脚上做 Attitude effacé 往前、Attitude croisé 往后抬起 90° 腿的。

2. 主要动作的节拍进度与练习要求

（1）Battement développé［巴特芒·代弗洛佩］：动作腿由屈腿延伸到直腿打开的动作

节拍：八拍一次（分解的）带手臂 Port de bras 的：右腿前五位站立，左臂扶把，右臂一位准备。

da-1　右腿抬起前 Sur le cou-de-pied 位置，右臂一位。

da-2　右腿吸腿到前五位 Battement retiré 位置，右臂二位。

da3-4　右腿 Battement développé 90° 向旁打开，右臂七位。

da5-6　保持不动。

da-7　右腿直腿落点地旁，右臂七位 Allongé。

da-8　右腿 Battement tendu 收回前五位脚，右臂收回一位。

要求：在过程中，手臂的 Port de bras 动作要很好地配合动作腿 Développé 的打开时间，头、手、腿都要在同一时间的节拍里形成打开的舞姿。支撑腿要用力伸直，不要因为动力腿的运动而晃动。整个动作要做得连贯而有延伸感。

（2）Attitude［阿蒂迪德］：动作腿弯曲状态上的抬腿舞姿

节拍：八拍一次（分解的）带手臂 Port de bras 的：左腿前五位 Effacé 站立，左臂扶把，右臂一位准备。

da1-2　左腿抬起前 Sur le cou-de-pied 位置，右臂二位。

da3-4　左腿屈腿抬起 Attitude 90° 前，右臂三位。

da5-6　左腿 Allongé 往前伸直到 90°，右臂七位。

da-7　左腿直腿落点地旁，右臂七位 Allongé。

da-8　左腿 Battement tendu 收回前五位脚，右臂收回一位。

要求：在做 Attitude effacé 和 Attitude croisé 时，动作腿从 Sur le cou-de-pied 位置要保持整条腿外开地抬起。形成的 90° 舞姿，要动作腿打开到身体正前方向或正后方向，动作腿的膝关节尽量对准动作腿一侧的肩膀，最大限度地向外转开抬起。双肩、双胯保持平正，腰腹收紧，头和手臂舞姿配合协调。

3. 组合的动作节拍与做法详解

节拍：$\frac{6}{8}$ 拍，缓慢的

准备姿态：右腿前五位站立，左臂单手扶把，右臂一位，头看 3 点方向。

（前奏）da5-6　不动

da7-8　右臂打开小七位 Allongé，再回到一位。头随手动，再抬头看向 3 点方向。

① da-1　右腿抬起前 Sur le cou-de-pied 位置，右臂一位，头看 1 点方向（图2-8-1）。再停顿一拍。

da-2　右腿吸腿到前五位 Battement retiré 位置，右臂到二位，头看右臂方向（图2-8-2）。

da3-4　右腿 Battement développé 往前打开 90°，右臂打开七位，头看 3 点方向（图2-8-3）。

da5-6　保持不动。

da-7　右腿直腿落前点地，右臂七位 Allongé，保持头看 3 点方向（图2-8-4）。

da-8　右腿 Battement tendu 收回前五位脚，同时右臂到一位，头部跟随手动。

② da-1　右腿抬起前 Sur le cou-de-pied 位置，右臂一位，头看 1 点方向。再停顿一拍。

图 2-8-1　　　　　图 2-8-2　　　　　图 2-8-3　　　　　图 2-8-4

da-2　右腿吸腿到前五位 Battement retiré 位置，右臂到二位，头看右臂方向。

da3-4　右腿 Battement développé 往旁打开 90°，右臂打开七位，头看 1 点方向（图 2-8-5）。

da5-6　保持不动。

da-7　右腿直腿落旁点地，右臂七位 Allongé，同时转头看 3 点方向（图 2-8-6）。

da-8　右腿 Battement tendu 收回后五位脚，同时右臂到一位，头部跟随手动。

③ da-1　右腿抬起后 Sur le cou-de-pied 位置，右臂一位，头看 1 点方向。再停顿一拍。

da-2　右腿吸腿到后五位 Battement retiré 位置，右臂到二位，头看右臂方向。

da3-4　右腿 Battement développé 往后打开 90°，右臂打开七位，转头看 3 点方向（图 2-8-7）。

da5-6　保持不动。

da-7　右腿直腿落后点地，右臂七位 Allongé，保持头看 3 点方向（图 2-8-8）。

da-8　右腿 Battement tendu 收回后五位脚，同时右臂到一位，头部跟随手动。

图 2-8-5　　　　　图 2-8-6　　　　　图 2-8-7　　　　　图 2-8-8

④ da1-2　左腿抬起前 Sur le cou-de-pied 位置的同时，右腿前脚掌为轴向右 En dedans 转身 1/8 圈，成身体正对 2 点方向全脚站立。右臂到二位，头看右臂（图 2-8-9）。

da3-4　左腿屈腿抬起 Attitude effacé 前 90°，右臂三位，头看右臂斜上方（图 2-8-10）。

da5-6　左腿 Allongé 往前伸直到 90°，右臂打开到七位，转头看 4 点方向（图 2-8-11）。

da-7　左腿直腿落点地旁，右臂七位 Allongé，头看 4 点方向（图 2-8-12）。

da-8　左腿 Battement tendu 收回前五位脚，同时右腿前脚掌为轴向左 En dehors 转身 1/8 圈，身体回到正对 1 点方向全脚站立。右臂收回一位。

图 2-8-9　　　　　图 2-8-10　　　　　图 2-8-11　　　　　图 2-8-12

⑤ da1-8　同③da1-8 所有动作，再做一遍。右腿 Battement développé 往后 90° 打开的，收右腿后五位。

⑥ da1-8　同②da1-8 所有动作，再做一遍。右腿 Battement développé 往旁 90° 打开的，收右腿前五位。

⑦ da1-8　同①da1-8 所有动作，再做一遍。右腿 Battement développé 往前 90° 打开的，收右腿前五位。

⑧ da1-2　左腿抬起后 Sur le cou-de-pied 位置的同时，右腿前脚掌为轴向左 En dehors 转身 1/8 圈，成身体正对 8 点方向全脚站立。右臂到二位，头看右臂（图 2-8-13）。

da3-4　左腿屈腿抬起 Attitude croisé 后 90°，右臂三位，头看右臂斜上方（图 2-8-14）。

da5-6　左腿 Allongé 往后伸直到 90°，右臂打开到七位，转头看 2 点方向

（图 2-8-15）。

da-7　左腿直腿落点地旁，右臂七位 Allongé，头看 2 点方向（图 2-8-16）。

da-8　左腿 Battement tendu 收回后五位脚，同时右腿前脚掌为轴向右 En dedans 转身 1/8 圈，身体回到正对 1 点方向全脚站立。右臂收回一位，头部跟随手动，最后抬头看 3 点方向。

图 2-8-13　　　　　　　图 2-8-14　　　　　　　图 2-8-15　　　　　　　图 2-8-16

（九）Grand battement jeté 大踢腿练习

1. 练习目的与教学内容

学习从五位脚开始的 Grand battement jeté 连贯起动踢腿的做法，虽然它也是分解体做法，但从 Battement tendu 到 Jeté 的过程更为顺畅，也为以后完成体的做法打好基础。同时学习 Grand battement jeté pointé 动作，在多次点地踢起的反复运动中，加大腿部肌肉的能力练习。

（1）Grand battement jeté

本组合学习单手扶把五位脚开始的分解体做法，往前、往旁、往后做。

（2）Grand battement jeté pointé

Pointé 原意为"绷脚点地"，也称 Grand battement jeté piqué。我们称此动作为"带点地的大踢腿"。它能增强动作腿髋关节和腿部的力量，为 Cabriolé 等各种打击类跳跃动作做好准备。本组合学习单手扶把往旁连续经 Pointé 踢起的分解体做法。

2. 主要动作的节拍进度与练习要求

（1）Grand battement jeté［格朗·巴特芒·热泰］：动作腿大的向外踢腿动作

节拍：四拍一次

右腿前五位脚站立，左臂扶把，右臂七位准备。

da-1　右腿经 Battement tendu 往前踢起 90° 以上。

da-2　落前点地。

da-3　右腿 Battement tendu 收回前五位脚。

da-4　保持五位站立。

要求：动作腿向外快速踢起的过程中，要从 Battement tendu 在地面上完全绷直脚尖之后，才能快速地 Jeté 踢起到空中。两个动作的连接要连贯顺畅，膝关节最大限度地伸直转开。

（2）Grand battement jeté pointé［格朗·巴特芒·热泰·普安泰］：带点地的连续大踢腿动作

节拍：两拍一次

右腿前五位脚站立，左臂扶把，右臂七位准备。

da-1　右腿经 Battement tendu 往旁踢起 90° 以上。

da-2　落旁点地。

da-3　右腿再一次往旁踢起 90° 以上。

da-4　落旁点地。

要求：动作腿 Pointé 点地的位置要尽可能地往旁拉长往远，不能往回缩。膝关节始终保持最大限度的伸直和转开。支撑腿要在连续的踢腿中保持稳定，不能左右摇摆。双胯有力上提，收腹、挺胸、抬头。

3. 组合的动作节拍与做法详解

节拍：$\frac{4}{4}$ 拍，稍快

准备姿态：站右腿前五位，左臂单手扶把，右臂一位，头看 3 点方向。

（前奏）da5-6　右臂小七位 Allougé 至一位手，头看向右臂位置。

da7-8　右臂经二位打开至七位，转头看向 3 点方向。

① da-1　做右腿四拍一次 Grand battement jeté 往前的。右腿经 Battement tendu 往前踢起 90° 以上（图 2-9-1）。

da-2　右腿直腿落前点地。保持右臂七位，头看 3 点方向（图 2-9-2）。

da-3　右腿 Battement tendu 收回前五位脚。

da-4　保持五位站立不动。

图 2-9-1　　　　　　　　　　　　图 2-9-2

da5-8　同①da1-4 的动作，再做一遍。

②da-1　做右腿 Grand battement jeté 往旁的。右腿经 Battement tendu 往旁踢起 90° 以上，同时转头看 1 点方向，右臂保持七位（图 2-9-3）。

da-2　右腿直腿落旁点地（图 2-9-4）。

da-3　右腿 Battement tendu 收回前五位脚。

da-4　保持五位站立不动。

da5-8　同②da1-4 的动作，再做一遍。右腿收回后五位脚。

③da-1　做右腿 Grand battement jeté 往后的。右腿经 Battement tendu 往后踢起 90° 以上，同时转头看 3 点方向，右臂保持七位（图 2-9-5）。

da-2　右腿直腿落后点地（图 2-9-6）。

da-3　右腿 Battement tendu 收回后五位脚。

da-4　保持五位站立不动。

da5-8　同 da1-4 的动作，再做一遍。

图 2-9-3　　　　图 2-9-4　　　　图 2-9-5　　　　图 2-9-6

④ da-1　做右腿往旁的 Grand battement jeté pointé。右腿经 Battement tendu 往旁踢起 90° 以上，同时转头看 1 点方向，右臂保持七位（图 2-9-7）。

da-2　右腿直腿落旁点地（图 2-9-8）。

da-3　右腿从旁点地位置再直接踢起旁 90° 以上（图 2-9-9）。

da-4　右腿直腿落旁点地。

da-5　右腿再从旁点地位置踢起旁 90° 以上。

da-6　右腿直腿落旁点地。

da-7　右腿 Battement tendu plié 收前五位脚。右臂经七位 Allongé 到一位，头随手动。

da-8　双腿推起五位全脚站立，右臂一位，抬头看 3 点方向。

图 2-9-7　　　　　　图 2-9-8　　　　　　图 2-9-9

（十）Pas de bourrée 舞步练习

1. 练习目的与教学内容

此组合为双臂扶把练习，主要学习 Pas de bourrée 的两种基础做法。Pas de bourrée 是一个舞步种类，它有很多的发展形式，可以分为换脚做的和不换脚做的、原地做的和移动位置的、原地带转身的和移动位置带转身的、En dehors 往外做的和 En dedans 往里做的、带 Sur le cou-de-pied 做的和直腿做的等。因为 Pas de bourrée 有多次单脚 Relevé 支撑的动作，所以双臂扶把是最基础的、最稳定的练习方式，有利于训练动作中姿态位置的准确和身体重心的平稳。

Pas de bourrée

原本是法国古老民间舞蹈中的一种舞步，后经过舞台化加工发展，成为了古典芭蕾的动作之一。它作为变换和转移方向的辅助性连接动作，也很好地训练了双腿的灵巧与敏捷。本组合在双臂扶把上学习 Pas de bourrée 的两种基础做法：原地不换脚的，换脚移动位置 En dehors 的。

2. 主要动作的节拍进度与练习要求

Pas de bourrée［帕·德·布雷］：双腿交替重心换位的一种舞步

① 节拍：四拍一次（原地不换脚的）

双臂扶把，右腿前五位站立准备。

da-1　右腿 Plié，左腿抬后 Sur le cou-de-pied。

da-2　左腿踩落后五位 Relevé，右腿抬前 Sur le cou-de-pied。

da-3　右腿踩落前五位 Relevé，左腿抬后 Sur le cou-de-pied。

da-4　左腿落后五位 Plié，右腿抬前 Sur le cou-de-pied。

要求：双腿重心的转换要平稳并迅速，两只脚不断交替转换身体重心，即只一脚踩下去，另一只脚马上抬起到 Sur le cou-de-pied 的位置上。Sur le cou-de-pied 的位置在支撑腿小腿的高度，比普通不包脚的 Sur le cou-de-pied 位置要抬高一些，但不能抬到膝关节的高度。

② 节拍：四拍一次（换脚移动位置的）

双臂扶把，右腿前五位站立准备。

da-1　右腿 Plié，左腿抬后 Sur le cou-de-pied。

da-2　左腿踩落后五位 Relevé，右腿抬前 Sur le cou-de-pied。

da-3　右腿向右旁小二位踩落 Relevé，左腿收前 Sur le cou-de-pied。

da-4　左腿落前五位 Plié，右腿抬后 Sur le cou-de-pied。

要求：同单一不换脚 Sur le cou-de-pied 的做法。在移动位置做法中，更要注意向旁打开的小二位 Relevé 脚位，距离不要太大、太远，要与肩同宽，便于灵巧地移动两腿的重心，平稳转换。

3. 组合的动作节拍与做法详解

节拍：$\frac{4}{4}$ 拍，中速

准备姿态：身体面对扶把，右腿前五位站立，双臂扶把，头看正前 1 点方向。

（前奏）da5-7　双腿五位站立不动。

da-8　右腿 Plié，左腿抬后 Sur le cou-de-pied。转头看 3 点方向，身体稍向右旁展胸腰（图 2-10-1）。

① da1-4　右腿开始的原地不换脚的四拍一次的 Pas de bourrée 做一次。节拍分配为：

da-1　左腿踩落后五位 Relevé，右腿抬前 Sur le cou-de-pied，转头看 1 点方向（图 2-10-2）。

da-2　右腿踩落前五位 Relevé，左腿抬后 Sur le cou-de-pied，头看 1 点方向（图 2-10-3）。

da3-4　左腿落后五位 Plié，右腿抬前 Sur le cou-de-pied，转头看 7 点方向，身体稍向左旁展胸腰（图 2-10-4）。

图 2-10-1　　　　　图 2-10-2　　　　　图 2-10-3　　　　　图 2-10-4

da5-8　左腿开始的原地不换脚的 Pas de bourrée 做一次。节拍分配为：

da-1　右腿踩落前五位 Relevé，左腿抬后 Sur le cou-de-pied，转头看 1 点方向（图 2-10-5）。

da-2　左腿踩落后五位 Relevé，右腿抬前 Sur le cou-de-pied，头看 1 点方向（图 2-10-6）。

da3-4　右腿落前五位 Plié，左腿抬后 Sur le cou-de-pied，转头看 3 点方向，身体稍向右旁展胸腰（图 2-10-7）。

图 2-10-5　　　　　图 2-10-6　　　　　图 2-10-7

② da1-4　右腿开始做换脚移动位置的四拍一次 Pas de bourrée 做一次。节拍分配为：

da-1　左腿踩落后五位 Relevé，右腿抬前 Sur le cou-de-pied，转头看 1 点方向（图 2-10-8）。

da-2　右腿向右旁小二位打开踩落 Relevé，同时左腿推地，身体向右旁移动重心，左腿快速收前 Sur le cou-de-pied，头看 1 点方向（图 2-10-9）。

da3-4　左腿落前五位 Plié 下蹲，右腿抬后 Sur le cou-de-pied，转头看 7 点方向，身体稍向左旁展胸腰（图 2-10-10）。

da5-6　左腿站起全脚，右腿向旁打开点地，转头看 1 点方向（图 2-10-11）。

da7-8　左腿五位 Plié 下蹲，右腿抬后 Sur le cou-de-pied，转头看 7 点方向，身体稍向左旁展胸腰（图 2-10-12）。

图 2-10-8　　　图 2-10-9　　　图 2-10-10　　　图 2-10-11　　　图 2-10-12

③ da1-4　同①da1-4的做法，左腿开始的原地不换脚的四拍一次的 Pas de bourrée 做一次。

da5-8　同①da5-8的做法，右腿开始的原地不换脚的 Pas de bourrée 做一次。

④ da1-4　同②da1-4的做法，左腿开始做换脚移动位置的四拍一次 Pas de bourrée 做一次。

da5-6　右腿站起全脚，左腿向旁打开点地，转头看 1 点方向。

da7-8　左腿 Battement tendu 收前五位。

二、CENTRE 中间部分

（十一）Port de bras 头手练习

1. 训练目的与教学内容

此阶段在中间学习从 Épaulement［埃普尔芒特］侧身 Croisé 五位脚站立开始的练习。在稳定身体重心的情况下，使学生逐步掌握身体在不同方向中的舞姿变化。我们从第二种 Port de bras，以及简单样式的 Temps lié 开始练习。同样要通过对运动中手臂基本位置、运动路线、运动速度、身体方向的逐步控制与掌握，使上肢更富有表现力。

（1）Port de bras

本组合学习第二种 Port de bras 的做法。

（2）Temps lié par terre

Temps 原意为"时间"，Lié 原意为"连续的"，Par terre 原意为"沿着地面的舞步"。Temps lié 是一个系列动作的统称。有由往前做的（动作向前接做向旁的）、往后做的（动作向后接做向旁的）两种运动方向的连接式组合形式，并在此基础上发展出不同动作难度的一整套程式化样式。它是古典芭蕾训练中一个重要练习部分，主要训练躯干、腿、手臂、头和视线的协调配合，以及重心的不断转换，培养学生身体重心的稳定和动作的流畅、优美的舞蹈感和表现力。Temps lié 具有由简至难的动作内容，从地面形式的 Temps lié par terre 的练习开始，逐渐加入 Port de bras、90° 舞姿、Priouetté、大舞姿 Tour lent，加入跳、带 en Tournant 的跳等不同的练习元素，逐步使整套动作变为更加复杂而实用的练习组合。本组合练习基础的、绷脚沿地面动作的 Temps lié par terre 做法，也可以称作 Temps lié simple。

2. 主要动作的节拍进度与练习要求

（1）Port de bras［波·德·勃拉］：手臂的动作或上体的仰俯

节拍：八拍一次的第二种 Port de bras

右腿前五位 Épaulement croisé 站立，双臂右五位准备。

da1-2　右臂从七位到三位，同时左臂从三位经七位到一位。

da3-4　保持舞姿不动。

da5-6　双臂到二位手。

da7-8　打开右五位手。

要求：整个动作要做得流畅、平稳、连贯，注意手臂位置的准确，包括手臂、手的形态，手臂的运动路线。头、眼睛始终跟随手臂的运动而运动。双臂形成舞姿的时间要准确、统一。

（2）Temps lié par terre［唐·利埃·巴·泰尔］：沿地面运动的连接舞步

节拍：八拍一次

右腿前五位 Épaulement croisé 站立，双臂一位准备。

da1-2   双腿五位 Demi plié 下蹲。

da3-4   右腿 Battement tendu 出 Croisé 前点地。

da5-6   右腿向 8 点方向直腿迈步站立，左腿 Croisé 后点地。

da7-8   左腿 Battement tendu 收回后五位脚站立。

要求：在右腿 Battement tendu 向外点地时，身体的重心要很好地保持在下蹲的左腿之上，身体不能向后躺。向前迈步交换双腿重心站立时，要有力地向上提胯、直膝盖，动作过程平稳、顺畅。移动重心站立与打开手臂要同步完成，并与头部和视线快速构成规定舞姿。

3. 组合的动作节拍与做法详解

节拍：$\frac{6}{8}$ 拍，缓慢的

准备姿态：右腿前五位 Épaulement croisé 站立，双臂一位准备（图 2-11-1）。

（前奏）da5-6   保持一位手不动，头看 2 点方向。

da7-8   双臂七位 Allongé，再收回到一位。

① da1-2   开始做第二种 Port de bras。双臂抬起到二位手。头部稍向左侧，看向右臂手心方向（图 2-11-2）。

da3-4   双臂打开到右五位。转头看 2 方向（图 2-11-3）。

da5-6   右臂到三位，同时左臂向旁打开经七位到一位。头随左臂移动，当跟随左臂移动看到左斜下方之后，再转头抬起看向右臂的斜上方（图 2-11-4）。

da7-8   保持舞姿不动。

② da1-2   双臂到二位，头看右臂（图 2-11-5）。

da3-4   双臂打开到右五位。转头看 2 方向（图 2-11-6）。

da5-6   左臂向旁打开七位。同时头随手动，经左斜上方与打开的左臂同步，看向 6 点方向（图 2-11-7）。

图 2-11-1　　　　图 2-11-2　　　　图 2-11-3　　　　图 2-11-4

图 2-11-5　　　　图 2-11-6　　　　图 2-11-7

da-7　双臂七位 Allongé。同时转头看向 2 点方向（图 2-11-8）。

da-8　双臂向下收回到一位手。头随手动，最后看向 2 点方向。保持五位脚站立不动（图 2-11-9）。

图 2-11-8　　　　图 2-11-9

③ **da1-2**　开始做往前的 Temps lié par terre。双腿五位 Demi plié 下蹲，保持双臂一位，头看 2 点方向（图 2-11-10）。

da3-4　右腿对 8 点方向 Battement tendu 出 Croisé 前点地。双臂到二位，头看右臂方向（图 2-11-11）。

da5-6　右腿向 8 点方向直腿迈步站立，左腿 Croisé 后点地。同时双臂打开右五位，转头看向 2 点方向（图 2-11-12）。

da7-8　左腿 Battement tendu 收回后五位脚站立。保持双臂右五位舞姿（图 2-11-13）。

图 2-11-10　　　　　图 2-11-11　　　　　图 2-11-12　　　　　图 2-11-13

④ **da1-2**　双腿五位 Demi plié 下蹲，同时身体转到面对 En face 方向。左臂到二位，右臂保持七位，形成双臂的右六位。头看左臂手心方向（图 2-11-14）。

da3-4　右腿 Battement tendu 出旁点地。双臂打开到七位，转头看 7 点方向（图 2-11-15）。

图 2-11-14　　　　　图 2-11-15

da5-6　身体向右移动重心，右腿向旁直腿迈步站立，左腿推绷至旁点地。双臂保持七位，转头看向 1 点方向（图 2-11-16）。

da-7　双臂七位 Allongé，转头看向 7 点方向（图 2-11-17）。

da-8　左腿 Battement tendu 收回前五位脚站立，同时身体转到面对 2 点方向。双臂到一位，头随左臂动，最后抬头看向 8 点方向（图 2-11-18）。

图 2-11-16　　　　　　　　图 2-11-17　　　　　　　　图 2-11-18

⑤ da1-2　从左腿前五位 Épaulement croisé 站立，开始另一边做第二种 Port de bras。双臂抬起到二位手，头看向左臂手心方向。

da3-4　双臂打开到左五位。转头看 8 方向。

da5-6　左臂到三位，同时右臂向旁打开经七位到一位。头随右臂移动，看到右斜下方之后，再转头抬起看向左臂的斜上方。

da7-8　保持舞姿不动。

⑥ da1-2　双臂到二位，头看左臂。

da3-4　双臂打开到左五位。转头看 8 方向。

da5-6　右臂向旁打开七位。同时头随手动，经右斜上方与打开的右臂同步，看向 4 点方向。

da-7　双臂七位 Allongé。同时转头看向 8 点方向。

da-8　双臂向下收回到一位手。头随手动，最后看向 8 点方向。保持五位脚站立不动。

⑦ da1-2　开始做左腿往前的 Temps lié par terre。双腿五位 Demi plié 下蹲，保持双臂一位，头看 8 点方向。

da3-4　左腿对 2 点方向 Battement tendu 出 Croisé 前点地。双臂到二位，头看左臂方向。

da5-6　左腿向 2 点方向直腿迈步站立，右腿 Croisé 后点地。同时双臂打开左五位，转头看向 8 点方向。

da7-8　右腿 Battement tendu 收回后五位脚站立。保持双臂左五位舞姿。

⑧ da1-2　双腿五位 Demi plié 下蹲，同时身体转到面对 En face 方向。右臂到二位，左臂保持七位，形成双臂的左六位。头看右臂手心方向。

da3-4　左腿 Battement tendu 出旁点地。双臂打开到位，转头看 3 点方向。

da5-6　身体向左移动重心，左腿向旁直腿迈步站立，右腿推绷至旁点地。双臂保持七位，转头看向 1 点方向。

da-7　双臂七位 Allongé，转头看向 3 点方向。

da-8　右腿 Battement tendu 收回前五位脚 Épaulement croisé 站立，同时身体转到面对 8 点方向。双臂到一位，头随右臂动，最后抬头看向 2 点方向。

（十二）Battement tendu 擦地练习

1. 练习目的与教学内容

学习在中间 Épaulement croisé 五位脚开始 Battement tendu 往旁、往前、往后的做法，丰富身体在不同方向上去展开动作的同时，也练习了支配腿、手臂、头部在交错姿态上协调运动的能力。并练习五位和二位 Battement tendu demi plié 的动作，以及原地交换脚的 Pas de bourrée 动作。

（1）Battement tendu

本组合练习五位脚往前、往旁、往后两拍一次的做法，在 Épaulement croisé 往前、往后的舞姿上练习。并练习在收回五位脚和打开旁二位脚的同时，做 Battement tendu demi plié 的动作。

（2）Pas de bourrée

本组合学习 Pas de bourrée 原地换脚 Sur le cou-de-pied 的做法。

2. 主要动作的节拍进度与练习要求

（1）Battement tendu［巴特芒·唐究］：动作腿的擦地延伸与收回

节拍：两拍一次

身体对 8 点方向，右腿前五位 Épaulement croisé 站立，双臂右六位准备。

da-1　右腿 Croisé 往前 Battement tendu 点地。

da-2　右腿 Battement tendu 收回前五位脚站立。

要求：在五位脚的擦地过程中，动作腿伸出点地的位置，要保持在支撑腿脚心往前、往后的延长线上，不能向内交叉过度或向外松散。身体重心平稳，收腹提胯，双肩、双胯要正直、平正。Épaulement croisé 姿态上的头部，要向旁侧转 90°，视线要看向 2 点或 8 点的方向。不能侧转 45° 看向 1 点方向。

（2）Pas de bourrée［帕·德·布雷］：双腿交替重心换位的一种舞步

节拍：两拍一次（原地交换脚的）

身体对 8 点方向，右腿 Croisé 前五位 Plié 下蹲，左腿 sur le cou-de-pied 后五位，双臂左六位准备。

1-　左腿踩后五位立起半脚尖 Revelé，同时身体转到 En face，右腿抬到前 sur le cou-de-pied 位置。左臂收成双臂二位，头看 1 点方向。

da-　右腿向旁一位迈步 Revelé，左腿收 Sur le cou-de-pied 前。

2-　左腿落前五位，双腿 Demi plié，身体转到对 2 点方向。双臂打开七位，头看 8 点方向。

要求：双腿重心的转换要平稳并迅速，两只脚一直是不断交替转换身体重心，即一脚踩下去，另一只脚马上抬起到 Sur le cou-de-pied 的位置上。Sur le cou-de-pied 的位置在支撑腿小腿的高度，比普通不包脚的 Sur le cou-de-pied 位置要抬高一些，但不能抬到膝关节的高度。Revelé 打开的一位脚不要幅度过大，重心转换要顺畅，双胯保持有力的上提。

3. 组合的动作节拍与做法详解

节拍：$\frac{2}{4}$ 拍，中速

准备姿态：右腿前五位 Épaulement croisé 站立，双臂一位，头看 2 点方向准备（图 2-12-1）。

（前奏）da5-6　双臂小七位 Allongé，再收回到一位。

da7-8　双臂到二位手，头部看向右臂。再打开成右六位，头看 2 点方向（图 2-12-2）。

① da1-2　右腿两拍一次的 Battement tendu 往 Croisé 前一次。da-1 右腿向前擦地伸出，双臂右六位，头看 2 点方向（图 2-12-3）。da-2 右腿 Battement tendu 收回前五位脚。

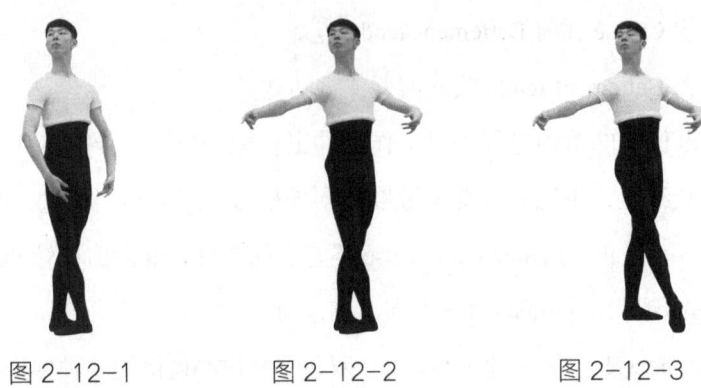

图 2-12-1   图 2-12-2   图 2-12-3

da3-4　右腿同 da1-2 动作，再做一遍。

da5-8　右腿往前的 Battement tendu demi plié 一次。da-1 右腿 Battement tendu 出前点地。da-2 右腿收回前五位。da-3 双腿五位 Demi plié 下蹲，右臂收回二位，头看右臂方向（图 2-12-4）。da-4 双腿推直膝关节全脚站立，同时双臂打开左臂在前的 Arabesque，头看 8 点方向（图 2-12-5）。

图 2-12-4   图 2-12-5

② da1-2　左腿两拍一次 Battement tendu 往 Croisé 后的一次。da-1 左腿向后擦地伸出，双臂保持 Arabesque，头看 8 点方向（图 2-12-6）。da-2 左腿 Battement tendu 收回后五位脚。

da3-4　左腿同①da1-2 动作，再做一遍。

da5-8　左腿往后的 Battement tendu demi plié 一次。da-1 左腿 Battement tendu 出后点地。da-2 左腿收回后五位。da-3 双腿五位 Demi plié 下蹲，右臂经一位到二位手，左臂直接收回到二位手，头看右臂方向（图 2-12-7）。da-4 双腿推直全脚站立，同时身体转到 En face，双臂打开七位，头看 1 点方向（图 2-12-8）。

图 2-12-6　　　　　　　　图 2-12-7　　　　　　　　图 2-12-8

③ da1-2　右腿两拍一次 Battement tendu 往旁的一次。da-1 右腿向旁擦地伸出，双臂保持七位，转头看 7 点方向（图 2-12-9）。da-2 右腿 Battement tendu 收回后五位脚，头保持看 7 点。

da3-4　右腿 Battement tendu 往旁的一次。da-1 右腿向旁擦地伸出，双臂保持七位，转头看 3 点方向（图 2-12-10）。da-2 右腿 Battement tendu 收回前五位脚，头保持看 3 点。

图 2-12-9　　　　　　　　　　图 2-12-10

da5-8　右腿往旁的 Battement tendu demi plié 一次。da-1　右腿 Battement tendu 出旁点地，转头看 1 点方向。da-2　右腿向旁落二位 Demi plié 下蹲（图 2-12-11）。da-3　右腿推直全脚站立，左腿推绷旁点地（图 2-12-12）。da-4　左腿 Battement tendu 收回前五位，双臂保持七位，头看 1 点方向。

图 2-12-11   图 2-12-12

④ da1-2　左腿往旁的 Battement tendu 一次。da-1 左腿向旁擦地伸出，双臂保持
七位，转头看 3 点方向（图 2-12-13）。da-2 左腿 Battement tendu 收回后五位脚，头
保持看 3 点。

da3-4　左腿 Battement tendu 往旁的一次。da-1 左腿向旁擦地伸出，双臂保持七
位，转头看 7 点方向（图 2-12-14）。da-2 左腿 Battement tendu 收回前五位脚，头保
持看 7 点。

图 2-12-13   图 2-12-14

da5-6　左腿向旁擦地伸出，双臂保持七位，转头看 1 点方向。再右腿 Plié 下蹲，
左腿收后 Sur le cou-de-pied，右臂收回到左六位，头看 1 点方向（图 2-12-15）。

da7-8　原地做两拍一次的 Pas de bourrée。1-　左腿踩后五位立起半脚尖 Revelé，
同时身体转到 En face，右腿抬到前 sur le cou-de-pied 位置。左臂收成双臂二位，头
看 1 点方向（图 2-12-16）。da-　右腿向旁一位迈步 Revelé，左腿收 Sur le cou-de-
pied 前（图 2-12-17）。2-　左腿落前五位，双腿 Demi plié，身体转到对 2 点方向。
双臂打开七位，头看 8 点方向（图 2-12-18）。da-　双腿推起五位全脚站立。双臂到

一位，头部跟随左臂动，最后抬头看 8 点方向。

图 2-12-15   图 2-12-16   图 2-12-17   图 2-12-18

（十三）Adagio 控制练习

1. 练习目的与教学内容

学习在中间站 Épaulement 五位脚开始的 Battement développé 90° Croisé 往前、往后，以及 À la seconde 往旁的练习。逐步训练身体在不同方向上去最大限度地展开各种舞姿，提高和加强腿部在空中的伸展与滞空能力。并在 Adagio 的慢速运动中，做好身体、头、手、腿、视线、重心等各个环节的配合，为以后大幅度快速动作或空中跳跃动作所需要的快速配合打好基础。

（1）Battement développé

本组合在中间学习 Croisé 往前、往后和 À la seconde 往旁打开腿到 90° 的练习，同时带手臂的 Port de bras 一起联动展开到各个舞姿。

（2）Pas de basque

巴斯克舞步，是在法国巴斯克民族舞蹈特有动作的基础上，经过舞台化加工而成的左右摇摆动作的舞步。基本上是从一条腿跳到另一条腿的舞步。它有往前 En dehors 和往后 En dedans 的做法，有转身 1/4 圈 1/2 圈和一整圈的区别，也有地面小的环动和高空中大跳的不同做法。本组合学习的是在地面上转身 1/4 圈的做法，这是最基础的形式，也被作为常用的舞步。

2. 主要动作的节拍进度与练习要求

（1）Battement développé［巴特芒·代弗洛佩］动作腿由屈腿延伸到直腿打开的动作

节拍：八拍一次带手臂 Port de bras（分解的）：身体对 8 点方向，右腿前五位 Épaulement croisé 站立，双臂右一位准备。

da1–4　右腿抬起经 Sur le cou-de-pied 到前五位 Battement retiré 位置，双右臂二位。

da5–6　右腿 Battement développé 往前 90° 伸出。双臂打开右五位。

da–7　右腿直腿落前点地，左臂打开七位。

da–8　右腿 Battement tendu 收回前五位脚。双臂经七位 Allongé 到一位。

要求在过程中，手臂的 Port de bras 动作要很好地配合动作腿 Développé 的打开时间，头、手、腿都要在同一时间的节拍里形成打开的舞姿。支撑腿要用力伸直，不要因为动力腿的运动而晃动。整个动作要做得连贯而有延伸感，即使动作腿在空中控制的停留时间，也要继续保持在舞姿上的最大延伸和外开。

（2）Pas de basque［帕·德·巴斯克］：从一条腿跳到另一条腿的舞步

节拍：八拍一次（分解的）：身体对 8 点方向，右腿前五位 Épaulement croisé 站立，双臂右一位准备。

da–1　双腿五位 Demi plié 蹲下。双臂一位。

da–2　右腿 Battement tendu 到 Croisé 前点地。双臂二位。

da–3　右腿 Rond de jambe par terre en dehors 到旁，同时左腿推地跳起向右旁移动，双臂七位 Allongé。落双腿一位 Demi plié，双臂到一位。

da–4　左腿对 2 点方向经全脚 Chassé 到四位 Demi plié。双臂到二位。

da–5　左腿推起全脚站立，右腿推绷 Croisé 后点地。双臂打开左五位。

da–6　保持不动。

da–7　右臂打开七位。

da–8　右腿 Battement tendu 收后五位站立。双臂到一位。

要求：在 Pas de basque 的跳跃过程中，双腿空中的二位脚要完全伸绷，但不要跳得太高，这不是做大的 Grand pas de basque 跳跃。这是一个在地面上的滑动舞步，身体从 8 点方向转换到 2 点方向的 1/4 圈摆动。

3. 组合的动作节拍与做法详解

节拍：$\frac{3}{4}$ 拍，稍慢

准备姿态：身体对 8 点方向，右腿前五位 Épaulement croisé 站立，双臂右一位准备。

（前奏）da5-6　保持双臂一位不动。

da7-8　双臂打开小七位 Allongé，再回到一位。头随右臂动。

① da1-4　右腿抬起经 Sur le cou-de-pied 到前五位 Battement retiré 位置。双右臂二位，头看右臂方向（图 2-13-1）。

da5-6　右腿 Battement développé 往前 90° 伸出。双臂打开右五位，转头看 2 点方向（图 2-13-2）。

da-7　右腿直腿落 Croisé 前点地。左臂打开七位，头看左臂方向。

da-8　右腿 Battement tendu 收回前五位脚。双臂经七位 Allongé 到一位，转头随右臂动。

② da1-4　保持身体对 8 点方向。左腿抬起经 Sur le cou-de-pied 到后五位 Battement retiré 位置。双右臂二位，头看右臂方向（图 2-13-3）。

da5-6　左腿 Battement développé 往后 90° 伸出。双臂左臂在前的打开第 Ⅲ Arabesque，头看 8 点方向（图 2-13-4）。

图 2-13-1　　　　图 2-13-2　　　　图 2-13-3　　　　图 2-13-4

da-7　左腿直腿落 Croisé 后点地。双臂打开七位，头看左臂方向。

da-8　左腿 Battement tendu 收回后五位脚。双臂经七位 Allongé 到一位，转头随右臂动。

③ da-1　开始做八拍一次从 8 点方向到 2 点方向转动 1/4 圈的 Pas de basque 舞步。双腿五位 Demi plié 下蹲。双臂一位，头看 2 点方向（图 2-13-5）。

da-2　右腿 Battement tendu 到 Croisé 前点地，左腿保持 Plié。双臂到二位，头看

右臂方向（图 2-13-6）。

da-3　右腿 Rond de jambe par terre en dehors 到旁，同时左腿推地跳起向右旁移动，空中双腿成稍离地面的二位脚，双臂七位 Allongé，头看 1 点方向。再落双腿一位 Demi plié，身体对 2 点方向，双臂到一位，头看左臂方向（图 2-13-7）。

da-4　左腿对 2 点方向经全脚 Chassé 到四位 Demi plié。双臂到二位，头看左臂方向（图 2-13-8）。

da-5　左腿推起全脚站立，右腿推绷 Croisé 后点地。双臂打开左五位，头看 8 点方向（图 2-13-9）。

da-6　右臂打开七位，头看 4 点方向。

da-7　七位手 Allongé，转头看 8 点方向。

da-8　右腿 Battement tendu 收后五位站立，同时身体转到 En face 方向。双臂经七位 Allongé 到一位，头随左臂动，最后抬头看 1 点方向。

图 2-13-5　　　　图 2-13-6　　　　图 2-13-7　　　　图 2-13-8　　　　图 2-13-9

④ da1-4　右腿抬起经 Sur le cou-de-pied 到前五位 Battement retiré 位置。双右臂二位，头看右臂方向（图 2-13-10）。

da5-6　右腿 Battement développé 往 À la seconde 旁 90° 伸出。双臂打开七位，头看 1 点方向（图 2-13-11）。

da-7　右腿直腿落旁点地。双臂七位 Allongé，转头看 3 点方向（图 2-13-12）。

da-8　右腿 Battement tendu 收回后五位，同时身体转到面对 8 点方向。双臂到一位，头随右臂动，最后抬头看 2 点方向。

图 2-13-10　　　　　　　图 2-13-11　　　　　　　图 2-13-12

（十四）Grand battement jeté 大踢腿练习

1. 练习目的与教学内容

学习在中间站 Épaulement 五位脚开始的 Grand battement jeté 往前、往后和往旁的踢腿练习。带手臂展开的大舞姿侧身踢腿方式，在以后的舞动环节中使用比较频繁，是构成大舞姿旋转和空中舞姿跳跃的基础动作。同时，加入 Battement tendu plié 换位移动身体的动作，将身体重心的移动与舞姿的连接逐步展开。Pas de basque 舞步的加入，也增强了组合节奏感与舞蹈感的练习。

（1）Grand battement jeté

本组合学习在中间 Épaulement 五位脚站立，Croisé 往前、往后和 À la seconde 往旁的做法。

（2）Pas de basque

本组合学习的是在地面上转身 1/4 圈四拍一次的做法，其动律比八拍一次的更为连贯。

2. 主要动作的节拍进度与练习要求

（1）Grand battement jeté［格朗·巴特芒·热泰］：动作腿大的向外踢腿动作

节拍：四拍一次

身体对 8 点方向，右腿前五位 Épaulement croisé 站立，双臂右一位准备。

da-1　右腿 Battement tendu 前点地。

da-2　踢起 Croisé 前 90° 以上。

da-3　落前点地。

da-4　右腿 Battement tendu 收回前五脚站立。

　　要求：在中间 Épaulement 练习 Grand battement jeté 时，要注意身体展开在侧面状态上的各个舞姿的正直与平稳。Croise 往前和 Croise 往后的大舞姿，身体的双肩、双胯都要严格地放平、放正，要与在 En face 做时一样不可斜肩、耸肩或缩胯、送胯。展开的双臂姿态也要在踢腿的震动中保持稳定，不能摇晃或松懈。支撑腿膝关节要有力地伸直，并保持脚跟主动向前的外开姿态。

　　（2）Pas de basque［帕·德·巴斯克］：从一条腿跳到另一条腿的

　　节拍：四拍一次（分解的）

　　身体对 8 点方向，右腿前五位 Épaulement croisé 站立，双臂右一位准备。

　　da-1　双腿五位 Demi plié 蹲下。

　　da-2　右腿 Battement tendu 到 Croisé 前点地。

　　da-3　右腿 Rond de jambe par terre en dehors 到旁，同时左腿推地跳起向右旁移动，落双腿一位 Demi plié。再左腿对 2 点方向经全脚 Chassé 到四位 Demi plié。

　　da-4　左腿推起全脚站立，右腿推绷 Croisé 后点地。

　　要求：在 Pas de basque 的跳跃过程中，双腿空中的二位脚要完全伸绷，但不要跳得太高，这不是做大的 Grand pas de basque 跳跃。这是一个在地面上的滑动舞步，身体从 8 点方向转换到 2 点方向的 1/4 圈摆动。并注意在四拍一次的练习中，双腿落一位 Demi plié 与右腿往前 Chassé 动作之间的连贯性，两个动作不能做得过于分解。要经过一位脚之后带动身体重心顺畅地全脚滑向四位 Demi plié 位置。

　　3. 组合的动作节拍与做法详解

　　节拍：$\frac{4}{4}$ 拍，稍快

　　准备姿态：身体对 8 点方向，右腿前五位 Épaulement croisé 站立，双臂一位准备。

　　da5-6　双臂小七位 Allongé，再收一位手。

　　（前奏）da-7　右臂抬至二位手，头部稍向左侧头看向右臂位置。

　　da-8　双臂打开右五位，头看向 2 点方向。

　　① da-1　开始做四拍一次 Grand battement jeté 往前。右腿 Battement tendu 往前 Croisé 点地（图 2-14-1）。

　　da-2　右腿往前踢起 90° 以上。保持双臂右五位，头看 8 点方向（图 2-14-2）。

　　da-3　右腿落前点地。

　　da-4　右腿 Battement tendu 收回一位脚。保持双臂右五位，头看 8 点方向。

图 2-14-1　　　　　　　　图 2-14-2

da5-8　同 da1-4 的动作，右腿往前踢腿的再做一遍。

② da1-4　同①da1-4 的动作，右腿往前踢腿的再做一遍。

da-5　开始往前做四拍一次移动重心的 Battement tendu plié。右腿 Battement tendu 往前 Croisé 点地，保持双臂右五位，头看 8 点方向。

da-6　右腿落前四位 Demi plié，左臂到二位，成双臂右六位，头看左臂方向（图 2-14-3）。

da-7　右腿推地全脚站立，左腿推绷 Croisé 后点地。左臂向前打开第Ⅲ Arabesque 舞姿，头看 8 点方向（图 2-14-4）。

da-8　左腿 Battement tendu 收回后五位。

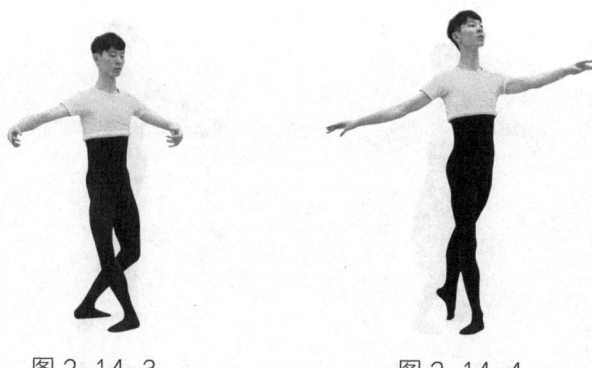

图 2-14-3　　　　　　　　图 2-14-4

③ da-1　开始做四拍一次 Grand battement jeté 往后。左腿 Battement tendu 往后 Croisé 点地。保持双臂第Ⅲ Arabesque 舞姿，头看 8 点方向（图 2-14-5）。

da-2　左腿往后踢起 90° 以上（图 2-14-6）。

da-3　左腿落后点地。

图 2-14-5　　　　　　　　　图 2-14-6

da-4　左腿 Battement tendu 收回后五位脚。

da5-8　同 da1-4 的动作，左腿往后踢腿的再做一遍。

④ da1-4　同③ da1-4 的动作，左腿往后踢腿的再做一遍。

da-5 开始往后做四拍一次移动重心的 Battement tendu plié。左腿 Battement tendu 往后 Croisé 点地，保持双臂第Ⅲ Arabesque 舞姿，头看 8 点方向。

da-6　左腿落后四位 Demi plié，左臂到二位，成双臂右六位，头看左臂方向（图 2-14-7）。

da-7　左腿推地全脚站立，右腿推绷 Croisé 前点地。保持双臂右六位，头看左臂方向（图 2-14-8）。

da-8　右腿 Battement tendu 收回前五位。

图 2-14-7　　　　　　　　　图 2-14-8

⑤ da-1　开始做四拍一次 Grand battement jeté 往旁。右腿 Battement tendu 往旁点地，同时身体转到 En face 方向。打开左臂成双臂七位，转头看 1 点方向（图 2-14-9）。

da-2　右腿往旁踢起 90° 以上（图 2-14-10）。

da-3　右腿落旁点地。

图 2-14-9   图 2-14-10

da-4　右腿 Battement tendu 收回后五位脚。保持双臂七位，头看 1 点方向。

da5-8　同 da1-4 的动作，右腿往旁踢腿的再做一遍，收右腿前五位。

⑥ da-1　开始往旁做四拍一次的 Grand battement jeté plié。左腿 Battement tendu 往旁点地，保持双臂七位，头看 1 点方向。

da-2　左腿往旁踢起 90° 以上。

da-3　左腿落旁点地。

da-4　左腿 Battement tendu 收回后五位脚，同时双腿 Demi plié，身体转到 2 点方向。双臂经七位 Allongé 收到一位，头看 8 点方向（图 2-14-11）。

da-5　开始做四拍一次从 2 点方向到 8 点方向转动 1/4 圈的 Pas de basque 舞步。左腿 Battement tendu 到 Croisé 前点地，右腿保持 Plié。双臂到二位，头看右臂方向（图 2-14-12）。

da-6　左腿 Rond de jambe par terre en dehors 到旁，同时右腿推地跳起向左旁移动，空中双腿成稍离地面的二位脚，双臂七位 Allongé，头看 1 点方向（图 2-14-13）。再落双腿一位 Demi plié，双臂经一位到二位，头看右臂方向（图 2-14-14）。

da-7　身体对 8 点方向，右腿全脚向 Croisé 前 Chassé 至四位 Demi plié，双臂到二位，头看右臂方向（图 2-14-15）。

da-8　右腿推地全脚站立，左腿推绷 Croisé 后点地。双臂打开左五位，头看 2 点斜上方（图 2-14-16）。

（结束拍）da-7　右臂打开七位，头看 2 点方向。

da-8　左腿 Battement tendu 收回后五位。同时双臂经七位 Allongé 到一位，头随右臂动，最后抬头看 2 点方向。

图 2-14-11　　　　　　图 2-14-12　　　　　　图 2-14-13

图 2-14-14　　　　　　图 2-14-15　　　　　　图 2-14-16

三、JUMPS 跳跃部分

（十五）Pas sauté 小跳练习

1. 练习目的与教学内容

学习在 En face 开始的连续两次的 Pas sauté 连跳动作。这是在掌握每个脚位上发起的单次跳跃的基础上去练习的联动多次跳跃形式。多次连续跳跃，是以后常见的舞蹈形式，需要在练习中学会并掌握。第一次跳跃从落下的 Demi plié，不仅仅是缓冲的下蹲，也同样是下一次起跳的开始。要在双腿膝关节、踝关节、脚趾关节的屈伸中，找到流畅、正确的联动关系。同时也学习在两次连跳中做原地的 Changement de pied 动作，为以后更多次的连续跳跃动作打好基础。

（1）Pas sauté

本组合学习在中间 En face 站立，做原地两拍一次的连续两次的一、二、五位脚的练习。

（2）Changement de pied

本组合学习两拍一次的连续跳跃的做法。

2. 主要动作的节拍进度与练习要求

（1）Pas sauté［帕·索泰］：简单的空中跳跃

节拍：两拍一次（两次连跳）

双腿一位 En face 站立，双臂一位准备。

da-1　双腿 Demi plié 下蹲。

da-2　双腿推地跳起，落一位 Demi plié。

da-3　再双腿推地跳起，落一位 Demi plié。

da-4　双腿推直一位脚站立。

要求：起跳之前的 Demi plié 要主动弯曲膝关节下蹲，要在音乐的节拍速度中快速完成。起跳的方式与单一的跳跃做法一样，要求双腿快速用力地依次蹬伸膝关节、踝关节、脚趾关节，并伸直绷紧双腿跳至空中。落地时的次序则相反，由脚趾关节逐步过渡到膝关节弯曲落地。要在下落到全脚的 Demi plié 之后，又再一次快速推腿发起下一次的跳跃。保持双腿髋关节在所有环节的向外转开，也是必不可少的要求。

（2）Changement de pied［尚日芒·德·皮耶］：空中两脚交换位置的跳跃

节拍：两拍一次

右腿前五位 En face 站立，双臂一位准备。

da-1　右腿前五位 Demi plié 下蹲。

da-2　双腿跳起空中换左腿至前五位，再落左腿前五位 Demi plié。

da3-4　双腿起直五位站立。

要求：同两拍一次的 Pas sauté 的所有起跳和落地的过程与方式。并在空中在跳起的同时，快速换成另一脚在前五位，双腿在空中前后夹紧成一腿在前的位置。落地五位 Demi plié 保持上身的垂直，背肌、腰肌、腹肌的收紧，头要保持正直。

3. 组合的动作节拍与做法详解

节拍：$\frac{2}{4}$ 拍，稍快

准备姿态：双腿一位 En face 站立，双臂一位，头看 1 点方向准备。

（前奏）da5-8　保持一位脚 En face 站立不动。

① da1-2　做两拍一次的一位 Demi plié。da-1 双腿一位下蹲，双臂一位，头看 1 点方向（图 2-15-1）。da-2 双腿推起一位脚站立（图 2-15-2）。

da3-4　同①da1-2 的动作，一位脚 Demi plié 再做一遍。

da-5　双腿一位 Demi plié 下蹲。

da-6　双腿一位脚 Pas sauté 跳起（图 2-15-3），落一位脚 Demi plié 下蹲。

da-7　连续跳起第二次 Pas sauté（图 2-15-4）。落下时打开双腿至二位脚 Demi plié 下蹲（图 2-15-5）。

图 2-15-1　　　　图 2-15-2　　　　图 2-15-3　　　　图 2-15-4　　　　图 2-15-5

da-8　双腿推直二位脚站立。

② da1-2　做两拍一次的二位 Demi plié。da-1 双腿二位下蹲，双臂一位，头看 1 点方向。da-2 双腿推起二位脚站立。

da3-4　同②da1-2 的动作，二位脚 Demi plié 再做一遍。

da-5　双腿二位 Demi plié 下蹲。

da-6　双腿二位脚 Pas sauté 跳起（图 2-15-6），落二位脚 Demi plié 下蹲。

da-7　连续跳起第二次 Pas sauté，落右腿前的五位 Demi plié 下蹲（图 2-15-7）。

da-8　双腿推直五位脚站立。

③ da1-2　做两拍一次的五位 Demi plié。da-1 双腿五位下蹲，双臂一位，头看 1 点方向。da-2 双腿推起右腿前的五位脚站立。

da3-4　同 da1-2 的动作，五位脚 Demi plié 再做一遍。

da-5　双腿五位 Demi plié 下蹲。

da-6　双腿五位 Pas sauté 跳起（图 2-15-8），落五位 Demi plié 下蹲。

da-7　连续跳起 Changement de pied，空中换左腿至前五位（图 2-15-9）。再落

左腿前五位 Demi plié 下蹲（图 2-15-10）。

da-8　双腿推直左腿前的五位脚站立。

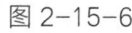

图 2-15-6　　　　图 2-15-7　　　　图 2-15-8　　　　图 2-15-9　　　　图 2-15-10

④ da1-2　同③ da1-2 的动作，左腿前五位 Demi plié 再做一遍。

da3-4　同③ da1-2 的动作，左腿前五位 Demi plié 再做一遍。

da-5　双腿五位 Demi plié 下蹲。

da-6　双腿五位 Pas sauté 跳起，落五位 Demi plié 下蹲。

da-7　连续跳起 Changement de pied，空中换右腿至前五位。再落右腿前五位 Demi plié 下蹲。

da-8　双腿推直右腿前的五位脚站立。

（十六）Pas assemblé 小跳练习

1. 练习目的与教学内容

在中间学习节拍连贯的 Pas assemblé 做法。在学习往旁的 Pas assemblé 动作腿从后五位往旁擦地踢跳，落前五位的基础上，同时学习从前五位擦地踢跳，落后五位的往回的做法。在古典芭蕾的动作体系里，有很多动作乃至练习组合，都有从前往后的"正序"连接做法和方式（往前做），也有从后往前的"倒序"连接做法和方式（往回做）。这既是丰富舞蹈本体动作的增量方式，也是练习舞者灵活的运动思维以及提高舞蹈语言逻辑能力的有效途径。

Pas assemblé

本组合学习在中间 En face 站立，Pas assemblé 原地跳跃往旁、往前、往后的做法，用连贯的完成体节奏来练习。

2. 主要动作的节拍进度与练习要求

Pas assemblé［帕·阿桑布莱］：双腿在空中聚集的跳跃。

节拍：四拍一次的：左腿前五位 En face 站立，双臂一位准备。

da-1　双腿五位 Demi plié 下蹲。

da-　右腿向旁擦地，同时左腿推地跳起，空中右腿收回前五位。

2-　落右腿前五位 Demi plié。

da-3　双腿起直站立。

da-4　保持站立不动。

要求：起跳前的五位 Demi plié 要双腿主动快速屈膝下蹲，在保持双腿脚跟不离地的同时，双腿有弹性地完成后面的擦地与推跳动作。在做往前、往后的 Pas assemblé 时，同样需要在踢跳到最高点时，完成双腿向内的集中、集合，收拢并紧成一条腿在前的五位脚形态。并且在往前、往后的跳跃中，同样也要保持对身体重心的控制，完成好原地的双起双落，不能跟随打开踢出的腿而移动落地的位置。

3. 组合的动作节拍与做法详解

节拍：$\frac{2}{4}$ 拍，中速

准备姿态：左腿前五位 En face 站立，双臂一位，头看 1 点方向准备。

（前奏）da5-8　保持五位脚站立不动。

① da-1　开始做四拍一次原地的 Pas assemblé。双腿五位 Demi plié 下蹲，双臂一位，头看 1 点方向（图 2-16-1）。

da-　右腿向旁 Battement tendu 擦地跳起（图 2-16-2），空中右腿收回前五位（图 2-16-3）。

2-　落右腿前五位 Demi plié（图 2-16-4）。

图 2-16-1　　　　图 2-16-2　　　　图 2-16-3　　　　图 2-16-4

da-3　双腿推直五位站立。

da-4　保持站立不动。

da-5　双腿五位 Demi plié 下蹲，双臂一位，头看 1 点方向。

da-6　左腿向旁的 Pas assemblé 原地跳起，再落左腿前五位 Demi plié。

da-7　双腿推直五位站立。

da-8　保持不动。

② da1-4　同①da1-4 的动作，再做一遍。落右腿前五位。

da-5　开始做四拍一次往前的 Pas assemblé。双腿五位 Demi plié 下蹲。

da-　右腿向前 Battement tendu 擦地跳起（图 2-16-5），空中右腿收回前五位（图 2-16-6）。

6-　落右腿前五位 Demi plié。

da7-8　双腿起直五位站立。

③ da-1　开始往回做四拍一次原地的 Pas assemblé。双腿五位 Demi plié 下蹲，双臂一位，头看 1 点方向。

da-　右腿向旁 Battement tendu 擦地跳起（图 2-16-7），空中左腿收回前五位（图 2-16-8）。

图 2-16-5　　　　　图 2-16-6　　　　　图 2-16-7　　　　　图 2-16-8

2-　落左腿前五位 Demi plié。

da-3　双腿推直五位站立。

da-4　保持站立不动。

da-5　双腿五位 Demi plié 下蹲，双臂一位，头看 1 点方向。

da-6　左腿向旁的 Pas assemblé 原地跳起，再落右腿前五位 Demi plié。

da-7　双腿推直五位站立。

da-8　保持不动。

④ da1-4　同③da1-4的动作，再做一遍。落左腿前五位。

da-5　开始做四拍一次往后的 Pas assemblé。双腿五位 Demi plié 下蹲。

da-　右腿向后 Battement tendu 擦地跳起（图2-16-9），空中右腿收回后五位（图2-16-10）。

6-　落左腿前五位 Demi plié。

da7-8　双腿起直五位站立，保持双臂一位，头看1点方向。

图2-16-9　　图2-16-10

（十七）Pas jeté 小跳练习

1. 练习目的与教学内容

学习在中间 Pas jeté 往旁原地起跳的连贯做法。Pas glissade 也开始学习四拍一次的连贯做法。对双腿主动下蹲并快速发起跳跃的动作要求逐步提高，这是跳跃动作完成体的练习方式。并在 Pas jeté 单腿落地之后，加入原地双腿单起双落用空中 Pas assemblé 结束的双跳练习，这也是增强小跳中双腿空中交换重心的基础能力培养。

（1）Pas jeté

本组合学习二拍一次的 Pas jeté 原地跳起往旁45°打开的做法，并连接原地的 Pas assemblé 做结束到双腿 Plié 的练习。

（2）Pas glissade

本组合学习五位脚向旁移动的、不换脚的四拍一次的做法。

2. 主要动作的节拍进度与练习要求

（1）Pas jeté［帕·热泰］：动作腿踢腿跳起，空中转换重心的跳跃

节拍：两拍一次

左腿前五位 En face 站立，双臂一位准备。

da-1　双腿五位 Demi plié 下蹲。

da-　右腿向旁擦地，同时左腿推地跳起，空中双腿成二位。

2-　落右腿 Demi plié，左腿收后 Sur le cou-de-pied。

da-3　原地 Pas assemblé 跳起再结束，或换脚做另一边。

要求：在双腿一拍下蹲的起跳时间里，双腿膝关节有力外开地主动快速向旁打开，身体重心稍移向左腿，以使右腿能够顺畅地完成擦地向旁的踢起，左腿并快速地主动推地跳起，双腿空中二位姿态。跳落地的要求同前阶段四拍一次的所有要求。动作平衡、稳定、敏捷、有弹性。

（2）Pas glissade［帕·格利沙德］：向外滑行的小跳

节拍：四拍一次

左腿前五位 En face 站立，双臂一位准备。

da-1　双腿五位 Demi plié 下蹲。

da-　右腿向旁擦地同时，左腿推地向右旁跳移，空中双腿成小二位。

2-　落左腿前五位 Demi plié。

da3-4　双腿起直站立。

要求：同前阶段八拍一次所有的动作姿态和规范。在四拍完成体的做法中，起跳的方式要更为连贯、主动。身体向旁移出的重心要快速跟随，空中双胯有力上提，但同样不要跳得太高，保持 Pas glissade "滑行、滑动"跳跃的动作性质。

3. 组合的动作节拍与做法详解

节拍：$\frac{2}{4}$拍，稍快

准备姿态：左腿前五位 En face 站立，双臂一位，头看 1 点方向准备。

（前奏）da5-8　保持五位脚站立不动。

① da-1　开始做原地的 Pas jeté 一次。双腿五位 Demi plié 下蹲，双臂一位，头看 1 点方向（图 2-17-1）。

da-　右腿向旁 Battement tendu 擦地，左腿快速推地跳起，空中双腿成小二位（图 2-17-2）。

2-　落右腿 Demi plié，左腿收后 Sur le cou-de-pied（图 2-17-3）。

da-　右腿原地推起，空中伸直双腿成右腿前五位（图 2-17-4）。

3-　双腿落五位 Demi plié 下蹲，保持双臂一位，头看 1 点方向（图 2-17-5）。

da-4　双腿起直五位站立。

图 2-17-1　　　图 2-17-2　　　图 2-17-3　　　图 2-17-4　　　图 2-17-5

da5-6　左腿向旁的 Pas jeté 原地跳起。落左腿 Demi plié，右腿收后 Sur le cou-de-pied。

da-7　原地连续跳起 Pas assemblé，再落左腿前五位 Demi plié 下蹲。

da-8　双腿推直五位站立。

② da1-4　同① da1-4 的动作，再做一遍。最后站右腿前五位。

da-5　开始做四拍一次的 Pas glissade。双腿五位 Demi plié 下蹲，保持双臂一位，头看 1 点方向（图 2-17-6）。

da-　左腿向旁擦地同时，右腿推地向左旁跳移，空中双腿成小二位（图 2-17-7）。

6-　落右腿前五位 Demi plié（图 2-17-8）。

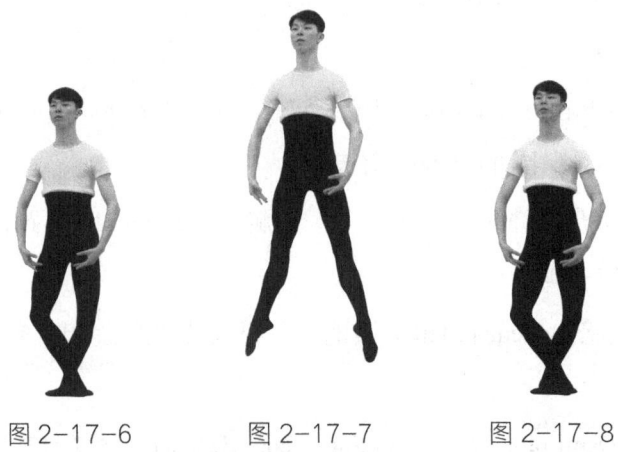

图 2-17-6　　　图 2-17-7　　　图 2-17-8

da7-8　双腿起直站立。

③ da-1　开始往回做原地的 Pas jeté 一次。双腿五位 Demi plié 下蹲，双臂一位，头看 1 点方向。

da-　右腿向旁 Battement tendu 擦地，左腿快速推地跳起，空中双腿成小二位。

2-　落右腿 Demi plié，左腿收前 Sur le cou-de-pied。

da-　右腿原地推起，空中伸直双腿成左腿前五位。

3-　双腿落五位 Demi plié 下蹲，保持双臂一位，头看 1 点方向。

da-4　双腿起直五位站立。

da5-6　左腿向旁的 Pas jeté 原地跳起。落左腿 Demi plié，右腿收前 Sur le cou-de-pied。

da-7　原地连续跳起 Pas assemblé，再落右腿前五位 Demi plié 下蹲。

da-8　双腿推直五位站立。

④ da1-4　同③ da1-4 的动作，再做一遍。最后站左腿前五位。

da-5　开始往回做四拍一次的 Pas glissade。双腿五位 Demi plié 下蹲，保持双臂一位，头看 1 点方向。

da-　左腿向旁擦地同时，右腿推地向左旁跳移，空中双腿成小二位。

6-　落右腿后五位 Demi plié。

da7-8　双腿起直站立。

（十八）Sissonne fermée 中跳练习

1. 练习目的与教学内容

学习在中间练习双起双落的中跳动作，将连贯的 Pas échappé 和 Sissonne fermée 安排在一个组合内学习。加强双腿有力推地跳起的能力练习同时，也在连贯的起跳和落地之间带上更多的姿态。在身体 Épaulement 运动方向上的变化中，逐步学会 Sissonne fermée 在中间往前、往旁、往后的完成体做法，为以后连贯、连续的多次跳跃打好基础。

（1）Pas échappé

本组合学习双腿从五位脚到二位脚交替换位的原地中跳形式，并带身体的 Épaulement 方向。

（2）Sissonne fermée

本组合学习往前、往旁、往后的两拍一次的完成体做法，并在 Épaulement 的斜线上带舞姿跳跃。

2. 主要动作的节拍进度与练习要求

（1）Pas échappé［帕·埃夏佩］：双腿打开等距的分腿跳跃

节拍：四拍一次

身体对 8 点方向，右腿前五位 Épaulement croisé 站立，双臂一位准备。

da-1　双腿五位 Demi plié 下蹲。

da-　双腿推地跳起，空中右腿前五位。双臂到二位。

2-　落身体 En face 二位 Demi plié 下蹲。双臂打开七位。

da-　双腿推地跳起，空中双腿二位脚。双臂七位 Allongé。

3-　落身体对 2 点方向，左腿前五位 Demi plié 下蹲。双臂到一位。

da-4　双腿推直五位站立。

要求：在中跳的 Pas échappé 做法中，双腿所有起跳和落地时的 Demi plié 过程，都比小跳中的做法要更有韧性，膝关节的弯曲幅度也更大。推地起跳时则更有爆发力，将身体快速地垂直向上送起。空中的五位双腿要向内收拢、绷紧，做到姿态清晰。落地的二位脚距离不要打开得过大、过宽。要有韧性地做好平稳的五位 Demi plié，并成为第二次连续跳起的起跳部分。过程中保持上身的垂直与双胯的有力上提，是起落转换的有效方式。双臂协调的 Port de bras 联动，也是连续跳跃中的有力配合。

（2）Sissonne fermée［西松·弗尔梅］：双腿闭合式的跳跃

① 节拍：四拍一次

身体面对 2 点方向，右腿前五位 Épaulement effacé 站立，双臂打开右臂在前的第 I Arabesque 准备。

da-1　双腿五位 Demi plié 下蹲。

da-　双腿推地跳起，空中右腿踢前 45°，左腿向踢后 90°，同时身体重心向 2 点方向往前移动跳跃。

2-　落右腿前五位 Demi plié 下蹲。

da-3　双腿推直五位站立。

da-4　保持不动。

② 节拍：两拍一次

身体面对 2 点方向，右腿前五位 Épaulement effacé 站立，双臂打开右臂在前的第

Ⅰ Arabesque 准备。

da-1　双腿五位 Demi plié 下蹲。

da-　双腿推地跳起，空中右腿踢前 45°，左腿向踢后 90°，同时身体重心向 2 点方向往前移动跳跃。

2-　落右腿前五位 Demi plié 下蹲。

da-　双腿推直五位站立。

要求：在起跳前的 Demi plié 中，双腿要在一小节的时间里主动屈膝较深下蹲，再快速有力推跳到空中，双腿向外踢出舞姿。双胯保持上提，双腿保持最大限度的外开。落地时也要较深 Demi plié 过程，使跳跃在缓冲中平稳结束。并在连接两次往前或往后的跳跃中，双膝快速伸直五位站立，为下一次的 Demi plié 获得时间。让连接的第二次起跳的 Demi plié 更充分、更有力。

3. 组合的动作节拍与做法详解

节拍：$\frac{6}{8}$ 拍，中速

准备姿态：身体面对 8 点方向，右腿前五位 Épaulement croisé 站立。双臂一位，头看 2 点方向准备。

（前奏）da5-6　保持不动。

da7-8　双臂打开小七位 Allongé，再收回到一位手。头随手动。

① da-1　开始做原地带 Épaulement 方向的 Pas échappé。双腿五位 Demi plié 下蹲，双臂保持一位，头看 2 点方向（图 2-18-1）。

da-　双腿推地跳起，空中右腿前五位。双臂到二位，头看右臂方向（图 2-18-2）。

2-　落身体 En face 二位 Demi plié 下蹲。双臂打开七位，头看右臂方向（图 2-18-3）。

图 2-18-1　　　图 2-18-2　　　图 2-18-3

da-　　双腿推地跳起，空中身体到 En face，双腿二位脚。双臂七位 Allongé，转头看左臂方向（图 2-18-4）。

3-　　落身体对 2 点方向，左腿前五位 Demi plié 下蹲。双臂到一位，头看 8 点方向（图 2-18-5）。

da-4 双腿推直五位站立。

图 2-18-4　　　　　　　　　　　　　图 2-18-5

da5-8　　同①da1-4 的动作，做另一边 Pas échappé 一遍。结束在身体对 8 点方向，右腿前五位 Épaulement croisé 站立，双臂一位，头看 2 点方向。

② da-1　　开始做向 2 点方向往前移动的 Sissonne fermée。双腿五位 Demi plié 下蹲，保持双臂一位，头看 2 点方向。

da-　　双腿推地跳起，空中身体面对 2 点方向，右腿踢前 45°，左腿向踢后 90°，同时身体重心向前移动跳跃。双臂抬起右臂在前的第 I Arabesque 舞姿，头看 2 点方向（图 2-18-6）。

2-　　落右腿 Demi plié 下蹲，同时左腿连贯地经后 Tendu 收回到后五位。保持第 I Arabesque 舞姿（图 2-18-7）。

图 2-18-6　　　　　　　　　　　　　图 2-18-7

da-　双腿起直五位站立，保持舞姿不变。

3-　双腿五位 Demi plié 下蹲。

da-　双腿推地跳起第二次往前的 Sissonne fermée。

4-　同样落身体对 2 点方向，右腿前五位 Demi plié 下蹲。

da-　双腿推直五位站立。同时右臂直接下落至一位，头保持看 2 点方向。

da-5　双腿五位 Demi plié 下蹲，保持双臂一位，转头看 8 点方向。

da-　双腿推地跳起，空中右腿踢旁 45°，左腿踢旁 90°，同时身体重心向 4 点方向的 Écarté 后移动。双臂同时打开小七位 Allongé，头看 8 点方向（图 2-18-8）。

6-　落右腿 Demi plié 下蹲，同时左腿连贯地经旁 Tendu 收回到前五位。双臂收回一位，头看 8 点方向（图 2-18-9）。

图 2-18-8　　　　　　　图 2-18-9

da-7　双腿推直五位站立。

da-8　保持不动。

③ da1-4　同①da1-4 的动作，做左腿前五位开始的 Pas échappé 一遍，结束在身体对 8 点方向。右腿前五位 Épaulement croisé 站立，双臂一位，头看 2 点方向。

da5-8　同①da1-4 的动作，做右腿前五位开始的 Pas échappé 一遍，结束在身体对 2 点方向。左腿前五位 Épaulement croisé 站立，双臂一位，头看 8 点方向。

④ da-1　开始做向 4 点方向往后移动的 Sissonne fermée。双腿五位 Demi plié 下蹲，保持双臂一位，头看 8 点方向。

da-　双腿推地跳起，空中身体面对 8 点方向，右腿踢后 45°，左腿向踢前 90°，同时身体重心向后移动跳跃。双臂抬起右臂二位，左臂七位，成左六位舞姿，头看 2 点方向（图 2-18-10）。

2— 落右腿 Demi plié 下蹲，同时左腿连贯的经前 Tendu 收回到前五位。保持左六位舞姿，头看 2 点方向（图 2-18-11）。

da— 双腿起直五位站立，保持舞姿不变。

3— 双腿五位 Demi plié 下蹲。

da— 双腿推地跳起第二次往后的 Sissonne fermée。

4— 同样落身体对 8 点方向，左腿前五位 Demi plié 下蹲。

da— 双腿推直五位站立。同时双臂下落至一位，头保持看 2 点方向。

da-5 双腿五位 Demi plié 下蹲，保持双臂一位。

da— 双腿推地跳起，空中身体保持面对 8 点方向，左腿踢旁 45°，右腿踢旁 90°，同时身体重心向 6 点方向的 Écarté 后移动。双臂同时打开小七位 Allongé，头看 2 点方向（图 2-18-12）。

6— 落左腿 Demi plié 下蹲，同时右腿连贯的经旁 Tendu 收回到前五位。双臂收回一位，头看 2 点方向（图 2-18-13）。

da-7 双腿推直五位站立。

da-8 保持不动。

图 2-18-10　　　　图 2-18-11　　　　图 2-18-12　　　　图 2-18-13

（十九）Sissonne fondu 中跳练习

1. 练习目的与教学内容

在中间学习 Sissonne fondu 和 Sissonne ouverte 两个中跳动作。练习双腿在跳跃中完成不同动作的协调运动能力，Sissonne fondu 为双腿推跳并依次落地，Sissonne ouverte 为双腿推跳单腿落地。同时练习双腿与手臂动作的协调配合能力。并在舞姿、舞步丰富变化的过程中，逐步加强、加大对弹跳能力的练习，为后期的大跳练习做好准备。

（1）Sissonne fondu

Sissonne 是一个舞步创造者的姓氏，他创造了一系列由他姓氏命名的跳跃动作。Fondu 原义是"融化的、逐渐的"，译为"动作腿渐落的西松跳跃动作"，指原地双腿起跳，动作腿在经 Sur le cou-de-pied 或 Passé 位置成空中舞姿，再落五位之后，往前、往旁、往后打开。它是两次连续跳跃的组合方式。有原地、移动的和带 En tournant 转动身体做的。本组合学习原地起跳的，打开动作腿往旁至 45° 打开的基础做法，同时带身体的 Épaulement 方向。

（2）Sissonne ouverte

Ouverte 原意是"敞开"。译为敞开式的西松跳跃动作。双腿从五位直接踢腿起跳，单腿落地成舞姿。它的形式有原地起落的，也有往外移动位置的跳跃，可以是往前、往旁、往后和带 En tournant 的丰富的做法。动作腿在空中向外打开的方式，有直腿的，也有经过 Développé 伸出的，并有打开至 45° 和 90° 以上的大小舞姿做法。本组合学习向外移动的，直腿打开成 45° 舞姿的往前、往旁的做法。

2. 主要动作的节拍进度与练习要求

（1）Sissonne fondu［西松·丰究］：动作腿渐落的西松跳跃

节拍：四拍一次

身体对 8 点方向，右腿前五位 Épaulement croisé 站立，双臂一位准备。

da-1　双腿五位 Demi plié 下蹲。

da-　双腿推地跳起，空中右腿快速吸腿至前 Passé 位置。双臂到二位。

2-　身体 En face，双腿依次落五位 Demi plié 下蹲，同时右腿向旁擦地。双臂打开七位。

da-　双腿原地推地跳起，空中右腿经旁 45° 打开，并收回至后五位。双臂七位 Allongé。

3-　落身体对 2 点方向，左腿前五位 Demi plié 下蹲。双臂到一位。

da-4　双腿推直五位站立。

要求：这是一个由两次原地跳跃动作组成的一组动作，要求在第一次跳跃时，双腿原地最大限度地推地跳起，动作腿的右腿要快速有力地吸起至前 Passé 位置，左腿保持空中垂直紧绷。落下时，左腿先触地 Demi plié，右腿在稍晚于左腿下落的前五位，并向旁经全脚擦地跳起第二次跳跃。第二次的跳跃也就是一次向旁打开的原地 Pas assemblé，双腿要在最高点收拢成空中五位。所有跳跃中保持上身的垂直与双胯上提，双臂 Port de bras 要协调配合联动。

（2）Sissonne ouverte［西松·乌韦尔］：双腿敞开式的西松跳跃

节拍：四拍一次

身体面对 8 点方向，右腿前五位 Épaulement croisé 站立，双臂一位准备。

da-1　双腿五位 Demi plié 下蹲。

da-　双腿推地跳起，空中右腿直腿踢前 45°，左腿向后踢 Attitude 90°，同时身体重心向 8 点方向往前移动跳跃。双臂经二位到七位。

2-　落右腿 Demi plié 下蹲，左腿保持 Attitude 后 90°。双臂保持七位。

da3-4　右腿原地推跳 Pas assemblé 落五位。

要求：双腿同时快速踢向空中，与打开的双臂形成敞开的舞姿。向行进方向踢起的腿要单腿有力地支撑落地 Plié 下蹲，而打开的动作腿则要继续很好地保持踢起的高度，落地同样也要形成敞开的舞姿。向外移动的推跳要提胯向上，形成身体跳跃的抛物线，而不仅仅是跳远。

3. 组合的动作节拍与做法详解

节拍：$\frac{6}{8}$ 拍，中速

准备姿态：身体面对 8 点方向，右腿前五位 Épaulement croisé 站立。双臂一位，头看 2 点方向准备。

（前奏）da5-6　保持不动。

da7-8　双臂打开小七位 Allongé，再收回到一位手，头随手动。

① da-1　开始做原地带 Épaulement 方向的 Sissonne fondu。双腿五位 Demi plié 下蹲。双臂保持一位，头看 2 点方向（图 2-19-1）。

da-　双腿推地跳起，空中右腿快速吸腿至前 Passé 位置。双臂到二位，头看 1 点方向（图 2-19-2）。

2-　身体 En face，双腿依次落五位 Demi plié 下蹲，同时右腿向旁擦地。双臂打开七位。

da-　双腿原地推地跳起，空中右腿经旁 45° 打开（图 2-19-3）。并收回至后五位。双臂七位 Allongé。

3— 落身体对 2 点方向，左腿前五位 Demi plié 下蹲。双臂到一位，头看 8 点方向（图 2-19-4）。

图 2-19-1   图 2-19-2   图 2-19-3   图 2-19-4

da—4　双腿推直五位站立

da5—8　同 da1—4 的动作，做另一边左腿吸起前 Passé 位置的 Sissonne fondu 一遍。

② da1—4　同①da1—4 的动作，做右腿吸起前 Passé 位置的 Sissonne fondu 一遍。

da—5　开始做向左旁移动的 Sissonne ouverte。身体对 2 点方向，左腿前五位，双腿 Demi plié 下蹲（图 2-19-5）。

da—　双腿推地跳起，身体 En face，重心向 7 点方向往旁移动跳跃，空中左腿直腿踢旁 45°，右腿直腿踢旁 90°。双臂经二位到七位，头看 1 点方向（图 2-19-6）。

6—　落左腿 Demi plié 下蹲，右腿保持旁 90°。双臂保持七位（图 2-19-7）。

图 2-19-5   图 2-19-6   图 2-19-7

da—7　左腿原地推跳 Pas assemblé，右腿收落前五位，身体对 8 点方向。双臂经七位 Allongé 到一位，头看 2 点方向。

da—8　双腿起直站立。

③ da1–4　同①da1–4 的动作，做右腿吸起前 Passé 位置的 Sissonne fondu 一遍。

da5–8　同①da5–8 的动作，做左腿吸起前 Passé 位置的 Sissonne fondu 一遍。

④ da1–4　同①da1–4 的动作，做右腿吸起前 Passé 位置的 Sissonne fondu 一遍。

da–5　开始做向前移动的 Sissonne ouverte。身体对 2 点方向，左腿前五位，双腿 Demi plié 下蹲（图 2–19–8）。

da–　双腿推地跳起，身体重心向 2 点方向往前移动跳跃，空中左腿直腿踢前 45°，右腿向后踢 Attitude 90°。双臂经二位到七位，头看 1 点方向（图 2–19–9）。

6–　落左腿 Demi plié 下蹲，右腿保持 Attitude 后 90°。双臂保持七位（图 2–19–10）。

图 2–19–8　　　　　　　　图 2–19–9　　　　　　　　图 2–19–10

da–7　左腿原地推跳 Pas assemblé，右腿收落前五位，身体对 2 点方向。双臂经七位 Allongé 到一位，头看 8 点方向。

da–8　双腿起直站立。

四、END 尾声

（二十）Révérence 行礼练习

1. 训练目的与教学内容

在中间的 Révérence 组合里，开始学习原地与斜线移动相结合的舞步练习。丰富舞步的连接方式，将不同的舞步结合在一起，让学生逐步掌握对身体重心的调动，以及练习向教室不同方位运动的舞台化调度方式。为之后舞步与其他技术动作的顺畅连接与辅助打好基础。

（1）Piqué

原意为"刺扎"，指动作腿直腿往行进方向上步、迈步，另一腿成舞姿的动作。可以往前、往后、往旁的各方向上做。直腿迈步触地的动作腿，可以是经绷脚落成全脚踩地、半脚掌 Relevé、足尖趾立，同时另一腿成向外点地、45°、90° 舞姿等。本组合学习往前落全脚的迈步，并带行进方向上变化的 En tournant1/4 圈做法。

（2）Pas de basque

本组合学习在教室的对角斜线上往前移动的做法。

2. 主要动作的节拍进度与练习要求

（1）Piqué［皮凯］：动作腿直腿迈向行进方向的上步

节拍：一拍一次：身体面对 En face，右腿后点地站立，双臂一位准备。

da－　右腿小的 Développé 向前伸出到直腿稍离地，左腿小的 Plié。

1－　右腿往前落全脚站立，左腿推绷成后点地。

da－2　左腿向前迈出下一次 Piqué 上步。

要求：在迈全脚上步的 Piqué 做法中，要双胯上提，保持身体的平稳。支撑腿的 Plié 不要下蹲太深，稍屈膝，为之后的推绷移动重心做好过渡。动作腿绷脚小的 Développé 过程，不要抬腿过高，紧绷的脚尖稍离地地经过一位向前伸出到直腿，过程要流畅。最后的 Piqué 上步要有半脚掌到全脚支撑的过程，踩落时的膝关节一定始终保持伸直收紧，这是 Piqué 动作的关键。并强调在所有迈步过程中双腿最大限度地外开，这也是芭蕾行进迈步走法的特点。

（2）Pas de basque［帕·德·巴斯克］：从一条腿跳到另一条腿的舞步

节拍：一小节一次

身体对 8 点方向，右腿前五位 Épaulement croisé 站立，双臂小七位 Allongé 准备。音乐 $\frac{3}{4}$ 拍。

da－　左腿 Plié，右腿小的 Développé rond de jambe 向前伸出到直腿稍离地，身体转到面对 2 点方向。

1－　落右腿 Effacé 四位 Plié，左腿经一位 Tendu 向前伸出到直腿稍离地。

da－　左腿往前 Piqué 落半脚掌 Relevé 站立，右腿推蹦离地，伸直后腿逐渐向左腿后五位收拢。

da－　右腿收后五位半脚掌 Relevé 站立，同时左腿直腿划小的 Rond de jambe 向前伸出，身体保持面对 2 点方向。

2- 落左腿 Criosé 四位 Plié，右腿经一位 Tendu 向前伸出，开始做另一边往前移动的 Pas de basque 舞步。

要求：在向前行进的 Pas de basque 移动过程中，双腿要依次轮换支撑身体重心平稳地走动，不要有向上、向远的跳跃。这是顺畅流动的舞步，要走得优雅连贯。同时注意在双腿 Plié 与 Relevé 的交替中，身体呈现的上下起伏状态要平稳有控制，不能颠簸。

3. 组合的动作节拍与做法详解

节拍：$\frac{3}{4}$ 拍，稍快

准备姿态：站教室 6 点位置，身体面对 2 点方向，右腿 Épaulement criosé 后点地站立，双臂一位准备（图 2-20-1）。

（前奏）da5-6 保持站立不动。

da7-8 双臂打开小七位 Allongé，再收回到一位。头随左臂动作。

① da-1 右腿向 1 点方向往前 Piqué 迈步，左腿后点地。身体转到 En face，双臂到二位，掌心稍向上，头看 1 点方向（图 2-20-2）。

da-2 左腿再向 1 点方向往前 Piqué 迈步，右腿后点地。双臂打开七位，掌心稍向上，头看 1 点方向（图 2-20-3）。

图 2-20-1   图 2-20-2   图 2-20-3

da-3 开始做 Piqué en tournant 带方向往右转身的迈步。右腿向 3 点方向往前 Piqué 迈步，左腿后点地。身体转到面对 3 点方向，双臂保持七位，头看 3 点方向（图 2-20-4）。

da-4 左腿向 5 点方向往前 Piqué 迈步，右腿后点地。身体转到面对 5 点方向，

双臂保持七位，头看 5 点方向（图 2-20-5）。

　da-5　右腿向 7 点方向往前 Piqué 迈步，左腿后点地。身体转到面对 7 点方向，双臂保持七位，头看 7 点方向（图 2-20-6）。

图 2-20-4　　　　　　　图 2-20-5　　　　　　　图 2-20-6

　da-6　左腿向 1 点方向往前 Piqué 迈步，右腿后点地。身体转到面对 1 点方向，双臂经七位 Allongé 到一位，头看 1 点方向（图 2-20-7）。

　da-7　开始做打开右旁，单臂打开的 Révérence。右腿向旁迈一步站立，左腿旁点地。右臂经二位掌心向上至旁七位，头看 1 点方向（图 2-20-8）。

　da-8　左腿收回自然位站立，右臂收回身体旁侧，上身前倾，低头行礼（图 2-20-9）。再上身起直，抬头站立，头看 1 点方向。

图 2-20-7　　　　　　　图 2-20-8　　　　　　　图 2-20-9

　② da-1　左腿往旁的 Pas balancé 一次。双臂成左六位，左臂掌心向上，右臂掌心向下，身体稍向左下旁腰，头左臂方向（图 2-20-10）。

　da-2　右腿往旁的 Pas balancé 一次。双臂成右六位，右臂掌心向上，左臂掌心向下，身体稍向右下旁腰，头右臂方向（图 2-20-11）。

da-3　打开左腿往旁 Piqué，身体面对 8 点方向，收右腿 Croisé 前五位 Relevé。左臂打开七位，右臂经一位、二位到三位，形成双臂的左五位，头看 2 点斜上方（图 2-20-12）。

图 2-20-10　　　　　　　　图 2-20-11　　　　　　　　图 2-20-12

da-4　保持 Relevé 上的舞姿不动。

da-5　打开右腿小的 Développé rond de jambe 向 Effacé 前四位 Plié，身体转到面对 2 点方向，做左腿伸出 Croisé 往前的 Pas de basque 一次。双臂打开左五位 Allongé，稍向左下旁腰，头看左臂方向（图 2-20-13）。

da-6　打开左腿往前，向 Croisé 前四位 Plié，身体保持对 2 点方向，做右腿伸出 Effacé 往前的 Pas de basque 一次。双臂打开右五位 Allongé，稍向右下旁腰，头看右臂方向（图 2-20-14）。

图 2-20-13　　　　　　　　图 2-20-14

da-7　同做 ①da7-8 的动作，做右臂打开的 Révérence。右腿向旁迈一步站立，左腿旁点地。右臂经二位掌心向上至旁七位，左臂自然放于体侧，头看 1 点方向（图 2-20-15）。

da-8　左腿收回自然位站立，右臂收回身体旁侧，上身前倾，低头行礼（图 2-20-16）。再上身起直，抬头站立，头看 1 点方向（图 2-20-17）。

图 2-20-15　　　　　　　图 2-20-16　　　　　　　图 2-20-17

③ da-1　同①da-1 的动作，开始做另一边。左腿向 1 点方向往前 Piqué 迈步，右腿后点地。身体转到 En face，双臂到二位，掌心稍向上，头看 1 点方向。

da-2　右腿再向 1 点方向往前 Piqué 迈步，左腿后点地。双臂打开七位，掌心稍向上，头看 1 点方向。

da-3　做 Piqué en tournant 带方向往左转身的迈步。左腿向 7 点方向往前 Piqué 迈步，右腿后点地。身体转到面对 7 点方向，双臂保持七位，头看 7 点方向。

da-4　右腿向 5 点方向往前 Piqué 迈步，左腿后点地。身体转到面对 5 点方向，双臂保持七位，头看 5 点方向。

da-5　左腿向 3 点方向往前 Piqué 迈步，右腿后点地。身体转到面对 3 点方向，双臂保持七位，头看 3 点方向。

da-6　右腿向 1 点方向往前 Piqué 迈步，左腿后点地。身体转到面对 1 点方向，双臂经七位 Allongé 到一位，头看 1 点方向。

da-7　开始做打开左旁，单臂打开的 Révérence。左腿向旁迈一步站立，右腿旁点地。左臂经二位掌心向上至旁七位，头看 1 点方向。

da-8　右腿收回自然位站立，左臂收回身体旁侧，上身前倾，低头行礼。再上身起直，抬头站立，头看 1 点方向。

④ da-1　右腿往旁的 Pas balancé 一次。双臂成右六位，右臂掌心向上，左臂掌心向下，身体稍向右下旁腰，头右臂方向。

da-2　左腿往旁的 Pas balancé 一次。双臂成左六位，左臂掌心向上，右臂掌心向下，身体稍向左下旁腰，头左臂方向。

da-3　打开右腿往旁 Piqué，身体面对 2 点方向，收左腿 Croisé 前五位 Relevé。右臂打开七位，左臂经一位、二位到三位，形成双臂的右五位，头看 8 点斜上方。

da-4　保持 Relevé 上的舞姿不动。

da-5　打开左腿小的 Développé rond de jambe 向 Effacé 前四位 Plié，身体转到面对 8 点方向，做右腿伸出 Croisé 往前的 Pas de basque 一次。双臂打开右五位 Allongé，稍向右下旁腰，头右臂方向。

da-6　打开右腿往前，向 Croisé 前四位 Plié，身体保持对 8 点方向，做左腿伸出 Effacé 往前的 Pas de basque 一次。双臂打开左五位 Allongé，稍向左下旁腰，头看左臂方向。

da-7　做打开左臂的 Révérence。左腿向旁迈一步站立，右腿旁点地。左臂经二位掌心向上至旁七位，右臂自然放于体侧，头看 1 点方向。

da-8　右腿收回自然位站立，左臂收回身体旁侧，上身前倾，低头行礼。再上身起直，抬头站立，头看 1 点方向。

中级阶段 1: 第三课例

本课例视频
汇总

🗇 练习总任务：

　　本阶段课程的练习程度，是普及类学生的提升级别，也可以是准专业舞蹈学生规范动作的起始练习阶段。要在动作完成体节拍的基础程度上，逐渐展开与手臂同时运动的协调舞动，要在身体的方位舞姿上做多次的连续动作，并开始进入部分 Relevé（半脚掌）支撑动作的学习，将重心平衡的要求与能力进一步提升。

　　扶把部分从 Plié 开始的腿部练习，都同时加入手臂的 Port de bras 联动，从手脚分开练习逐步过渡到手脚配合的协调度练习。同时双腿在各个脚位上立起高半脚，为后期更多的单腿 Relevé 难度动作打好基础。原地旋转 Pirouetté 的技术技巧动作，开始在扶把和中间部分展开初步的学习，完成正确的旋转姿态与起落方式，是此阶段的关键。跳跃部分在各个脚位上的弹跳数量增多，为训练脚踝等下肢关节的敏捷度与支撑力加大强度。同时开始 Grand assemblé 中大跳类型动作的学习，在空中姿态与起落方式的掌握上，都为后期更多中大型跳跃技术动作的学习做好准备。

　　注意按照教学和学习的必要步骤，每一个动作都需要在完成各自的单一和多次练习之后，才彼此组合在一起做综合练习。

一、BARRE 扶把部分

（一）Warm up 热身练习

1. 练习目的与教学内容

本组合主要学习双臂脱离扶把站一位脚 Relevé 动作，既是活动脚掌脚趾有力的拉伸动作，也是控制重心对身体平衡能力的训练，更为后面单手扶把的 Relevé 练习做好准备。

2. 主要动作的节拍进度与练习要求

（1）Demi plié［德米·普利埃］：半蹲

节拍：二拍一次

da-1 下蹲。da-2 起直。

练习要求同初级阶段 2。

（2）Battement tendu［巴特芒·唐究］：动作腿的擦地延伸与收回

节拍：二拍一次

da-1 右腿擦出旁点地。da-2 擦地收回一位脚。

练习要求同初级阶段 2。

（3）Relevé［雷勒韦］：立半脚尖

节拍：八拍一次

da1-2 双腿立起高半脚。da3-4 双臂二位。da5-6 双臂七位。da7-8 收落一位脚，双臂扶把。

要求双腿的脚后跟有力地推离地面，尽可能地将重心踩立在最高的半脚尖上。注意所有起落的过程连贯轻盈，双膝完全保持伸直紧绷，双胯有力上提。双臂脱离扶把打开七位时，要很好地收腹挺胸控制重心的平稳，脚踝关节有力伸绷减少晃动。从 Relevé 放落一位全脚的过程，需要有控制地缓慢放下，双胯始终保持上提。

3. 组合的动作节拍与做法详解

节拍：$\frac{2}{4}$ 拍，缓慢的

准备姿态：学生面对教室前区 1 点位置收腹挺胸站立，双腿成自然位，双臂于身体两侧自然下垂，抬头平视前方。

（前奏）da1-2　右腿向身体右旁迈出一步，左腿推地紧绷于身体左旁点地。同时右臂经二位打开旁七位，掌心向上。再左腿向右腿收回成自然位双腿重心站立。右臂保持七位不变。

da3-4　右臂收落回身体右旁自然下垂。同时上身稍向前俯对 1 点方向低头行礼，视线看向地面正下方。再抬起头部目视前方，身体起直站立。

da5-8　迈左腿向左侧后转身，走向扶把双臂搭扶，双腿一位站立。抬头挺胸收腹，目视 1 点方向。双腿重心垂直站立（图 3-1-1）。

① da1-2　双腿一位 Demi plié 一次。da-1 屈膝向下半蹲（图 3-1-2）。da-2 伸直膝盖站立起直。双腿平放地面，蹲起过程平稳柔和，双胯保持有力上提。

da3-4　同做一位 Demi plié 一次，头保持 1 点方向。最后 4-da 节拍中，移动身体重心至左腿支撑。

da5-6　右腿 Battement tendu 向旁一次。da-5 擦出点地。da-6 收回一位。

da7-8　右腿 Battement tendu 向旁伸出点地，再踩落二位脚站立（图 3-1-3）。

② da1-2　双腿二位 Demi plié 一次。da-1 屈膝向下半蹲（图 3-1-4）。da-2 伸直膝盖站立起直。

da3-4　同做二位脚 Demi plié 一次。

da5-6　推绷右腿向旁点地，身体移重心回左腿支撑。再右腿经擦地收回一位脚。

da7-8　右腿 Battement tendu 向旁一次。

图 3-1-1　　　　　　图 3-1-2　　　　　　图 3-1-3　　　　　　图 3-1-4

③ da1-2　右腿 Battement tendu 向前一次。da-1 右腿向前擦地伸出，同时头转向右旁 90° 平视 3 点方向。da-2 右腿收回一位。

da3-4　右腿 Battement tendu 向旁一次。头转至 1 点方向。

da5-6　右腿 Battement tendu 向后一次。头转至 7 点方向。

da7-8　右腿 Battement tendu 向旁一次。头转至 1 点方向。最后的 8-da 节拍里，移动重心至双腿支撑站立。

④ da1-2　双腿推脚跟立起高半脚 Relevé。双膝伸直紧绷，双胯有力上提，保持双臂扶把，身体正直（图 3-1-5）。

da3-4　保持一位脚 Relevé，同时双臂离开扶把环抱至二位手（图 3-1-6）。

da5-6　保持一位脚 Relevé，同时双臂打开至七位手（图 3-1-7）。头始终保持看向 1 点方向。

da7-8　双腿有控制地轻盈踩落一位脚。双臂自然地搭扶把杆（图 3-1-8）。保持双腿重心站立。

⑤ da1-2　双腿一位 Demi plié 一次。同① da1-2 动作。

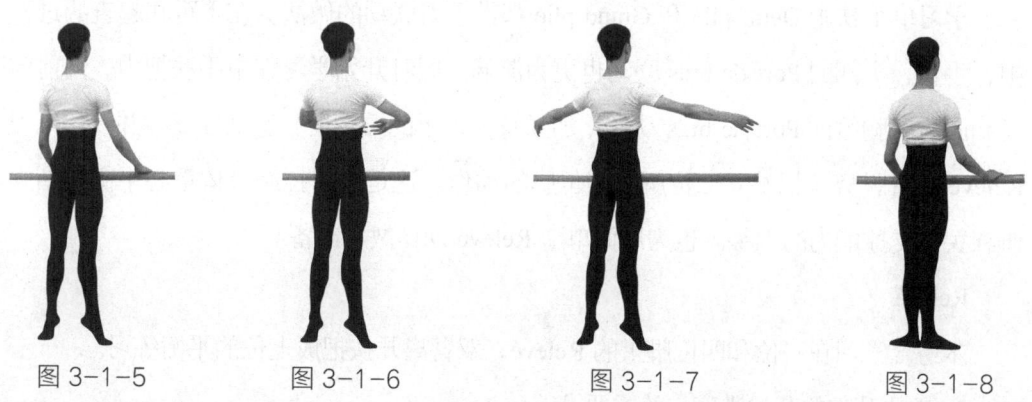

图 3-1-5　　　　　图 3-1-6　　　　　图 3-1-7　　　　　图 3-1-8

da3-4　同做一位 Demi plié 一次。同① da3-4 动作。

da5-6　左腿 Battement tendu 向旁一次。同① da5-6 另一边动作。

da7-8　左腿 Battement tendu 向旁伸出点地，再踩落二位脚站立。同① da7-8 另一边动作。

⑥ da1-2　双腿二位 Demi plié 一次。同② da1-2 动作。

da3-4 同做二位脚 Demi plié 一次。同② da3-4 动作。

da5-6 推绷左腿向旁点地，再经擦地收回一位脚。同② da3-4 另一边动作。

da7-8　左腿 Battement tendu 向旁一次。同②da7-8 另一边动作。

⑦ da1-2　左腿 Battement tendu 向前一次。头转至 7 点方向。同③da1-2 另一边动作。

da3-4　左腿 Battement tendu 向旁一次。头转至 1 点方向。同③da3-4 另一边动作。

da5-6　左腿 Battement tendu 向后一次。头转至 3 点方向。同③da5-6 另一边动作。

da7-8　左腿 Battement tendu 向旁一次。头转至 1 点方向。最后的 8-da 节拍里，移动重心至双腿支撑站立。同③da7-8 另一边动作。

⑧ da1-2　双腿推脚跟立起高半脚 Relevé。同④da1-2 动作。

da3-4　保持一位脚 Relevé，同时双臂离开扶把环抱至二位手。同④da3-4 动作。

da5-6　保持一位脚 Relevé，同时双臂打开至七位手。同④da5-6 动作。

da7-8　双腿踩落一位脚，双腿重心站立。同④da7-8 动作。

（二）Plié 蹲起练习

1. 练习目的与教学内容

学习单手扶把 Demi plié 和 Grand plié 都带手臂联动的做法。在下蹲和起直的过程中，手臂、头部的 Port de bras 联动也更为流畅。同时开始学习在单手扶把中，向前俯身和向后展胸腰的 Port de bras 动作，加强身体躯干的柔韧性和运动幅度。并开始练习 Relevé 双臂脱离扶把站立二位脚、四位脚的动作。这是学习控制身体重心平衡和增强脚踝关节支撑能力的训练。也为后面单腿 Relevé 动作做好准备。

Relevé

本组合学习在一位和四位脚上的 Relevé，双臂离开扶把成七位的平衡练习。

2. 主要动作的节拍进度与练习要求

（1）Relevé［雷勒韦］：立半脚尖

节拍：八拍一次

da-1　双腿立起二位高半脚。

da-2　站立不动。

da-3　双臂七位脱离扶把。

da4-5　站立不动。

da-6　落下全脚，左臂扶把。

a7-8 绷脚右移重心收回一位。

要求：双腿的脚后跟有力地推离地面，尽可能地将重心踩立在最高的半脚尖上。左臂脱离扶把抬起七位时，要很好地收腹挺胸控制重心的平稳，脚踝关节有力伸绷减少晃动。从 Relevé 放落的过程，双腿要有控制地主动转开下踩至全脚支撑，双胯始终保持上提。

（2）Port de bras［波·德·勃拉］：手臂的动作或上体的仰俯

节拍：四拍一次

da1-2 上体向前俯身，或向后展胸腰。

da3-4 上体抬起垂直站立。

上体向前俯身时，要求身体保持重心向前，膝关节收紧伸直，身体展开胸腰向前俯身。同时右臂从七位到二位手，手指轻触地板。起身直立时，上体要主动挺胸上抬，右臂要稍慢于身体的上抬，并保持在二位手。

上体向后展胸腰时，要求三位手先带动往后运动，头部上抬并侧转跟随。双肩打开，拉长颈椎，向后大幅度地展开胸腰。起身直立时，要先留头主动挑胸腰起直。并且在身体上起的过程中，逐渐将三位手打开至七位手。

3. 组合的动作节拍与做法详解

节拍：$\frac{6}{8}$ 拍，中速

准备姿态：左臂单手扶把，右臂一位，双腿一位，头转向 3 点方向，抬头挺胸收腹，平视前方。

（前奏）da-7 右腿 Battement tendu 向旁伸出绷脚点地。同时右臂打开旁小七位 Allongé，稍低头看向右侧手指延伸方向（图 3-2-1）。

da-8 提胯向右移动身体重心，踩落二位脚站立。同时右臂至一位手，并抬头看向 3 点方向（图 3-2-2）。

① da1-2 二位脚的 Demi plié 一次。da-1 双腿转开下蹲，右臂至二位手，头稍低看向右臂。da-2 起直站立，右臂保持二位手不动。

da3-4 再二位脚的 Demi plié 一次。da-1 双腿转开下蹲，右臂打开七位手，头看 3 点方向。da-2 起直站立，右臂保持七位手不动。

da5-6 二位脚的 Grand plié 下蹲，双腿平放在地面，脚跟不抬起。同时右臂经七位 Allongé 至一位手，头随手动。

da7-8   二位踩全脚 Grand plié 起直。在双腿踩落至全脚 Demi plié 时，右臂到二位手。在推直膝关节站起直立时，右臂打开七位手，头看 3 点方向。

② da1-2   二位脚的 Relevé。da-1 双腿立起二位高半脚。da-2 站立不动。右臂保持七位手，头保持 3 点方向（图 3-2-3）。

da-3   左臂脱离扶把至七位，成双臂七位 Relevé 站立。同时头转到 1 点方向（图 3-2-4）。

图 3-2-1   图 3-2-2   图 3-2-3   图 3-2-4

da4-5   保持 Relevé 站立不动。

da-6   双腿主动踩落二位全脚站立，同时左臂扶把。

da-7   推绷右腿旁点地，身体移动重心至左腿支撑站立。同时右臂七位 Allongé，头转到 3 点方向。

da-8   右腿经 Battement tendu 收回一位脚，双腿重心站立。同时右臂到一位，并抬头看向 3 点方向。

③ da1-2   一位脚的 Demi plié 一次。同做①da1-2 的动作。

da3-4   再一位脚的 Demi plié 一次。同做①da3-4 的动作。

da5-6   一位脚的 Grand plié 下蹲。同做①da5-6 的动作。

da7-8   一位脚的 Grand plié 起直。同做①da7-8 的动作。

④ da1-2   上体向前俯身的 Port de bras。同时右臂从七位到一位手，手指轻触地板。头部稍向左侧头并看向右臂（图 3-2-5）。

da3-4   上体抬起垂直站立。右臂至二位手，头稍低看向右臂（图 3-2-6）。

da5-6   右臂做 Port de bras 抬至三位手。头部稍向右侧抬起，看向右臂手腕关节的远方。

da-7　右腿 Battement tendu 向前伸出绷脚点地。同时右臂打开七位，头看向 3 点方向。

da-8　身体向前移动踩落四位脚，双腿重心站立。同时右臂经七位 Allongé 到一位手，头随手动。再抬头看向 3 点方向。

⑤ da1-2　四位脚的 Demi plié 一次。同做①da1-2 的动作。

da3-4　再四位脚的 Demi plié 一次。同做①da3-4 的动作。

da5-6　四位脚的 Grand plié 下蹲。同做①da5-6 的动作。

da7-8　四位脚的 Grand plié 起直。同做①da7-8 的动作。

⑥ da1-2　四位脚的 Relevé。双腿立起四位高半脚，右臂保持七位手，头保持 3 点方向（图 3-2-7）。

da-3　左臂脱离扶把至七位，成双臂七位 Relevé 站立。同时头转到 1 点方向（图 3-2-8）。

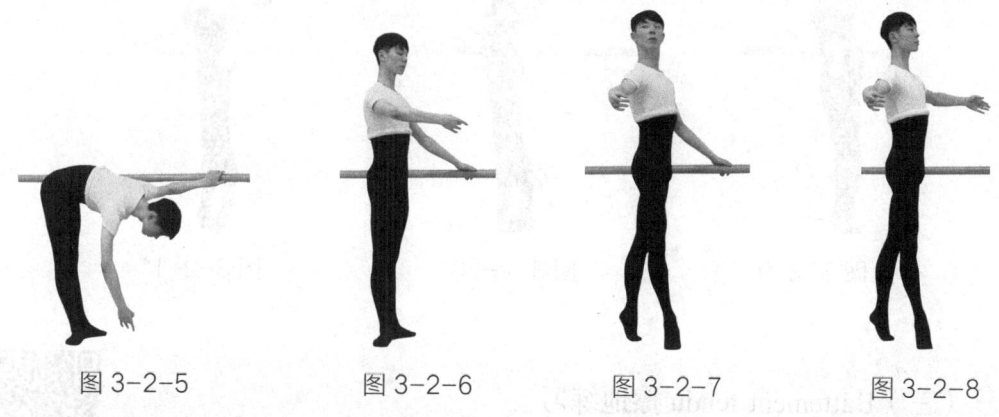

图 3-2-5　　　　　　图 3-2-6　　　　　　图 3-2-7　　　　　　图 3-2-8

da4-5　保持 Relevé 站立不动。

da-6　双腿主动踩落四位全脚站立，同时左臂扶把。

da-7　推绷右腿前点地，身体移动重心至左腿支撑站立。同时右臂七位 Allongé，头转到 3 点方向。

da-8　经 Battement tendu 收右腿前五位，双腿重心站立。同时右臂到一位，并抬头看向 3 点方向。

⑦ da1-2　五位脚的 Demi plié 一次。同做①da1-2 的动作。

da3-4　再五位脚的 Demi plié 一次。同做①da3-4 的动作。

da5-6 五位脚的 Grand plié 下蹲。同做①da5-6 的动作。

da7-8　五位脚的 Grand plié 起直。同做①da7-8 的动作。

⑧ da1-4　站立五位不动，做右臂的 Port de bras，头随手动。da-1 右臂七位 Allongé 至一位手。da-2 右臂到二位。da-3 右臂到三位。4-da 右臂带动小的头和胸腰的呼吸动作，视线稍低一下再抬起头看向三位手（图 3-2-9）。

da5-6　上体向后展胸腰的 Port de bras。抬头保持三位手，双肩打开，拉长颈椎，向后大幅度地展开胸腰（图 3-2-10）。

da-7　上体抬起垂直站立。过程中逐渐将三位手打开至七位手，头看 3 点方向（图 3-2-11）。

da-8　右臂经七位 Allongé 至一位手，头部跟随手动，最后抬头看 3 点方向。

图 3-2-9　　　　　　　图 3-2-10　　　　　　　图 3-2-11

（三）Battement tendu 擦地练习

1. 练习目的与教学内容

学习单手扶把从五位脚开始的 Battement tendu，节拍开始加快，练习一拍一次的往旁、往前、往后做。擦地伸出与收回的动作更为连贯，腿部依靠肌肉主动参与运动的意识要求也越强烈。同时与小的 Battement développé 和 Battement tendu demi plié 组合在一起练习，可以更好地锻炼动作腿的延伸知觉，以及与支撑腿的配合协调。

（1）Battement développé

本组合学习动作腿经 Sur le cou-de-pied 伸出点地的小的 Développé，主要练习动作腿的外开和向远、向长的延展性。

（2）Battement tendu demi plié

是 Battement tendu 和 Demi plié 两个动作的合成，我们称此动作为"带蹲的擦地"。它是将两个动作元素连接起来的动作，进一步练习身体的协调和动作的连贯性，锻炼了腿部肌肉的柔韧性，练习身体重心的稳定与转换。

2. 主要动作的节拍进度与练习要求

（1）Battement tendu［巴特芒·唐究］：动作腿的擦地延伸与收回

节拍：一拍一次

da- 出前点地。1- 收回一位脚。

要求：在学习五位 Battement tendu 向前、向后做时，双膝保持收紧、转开。动作腿向外点地的位置，与支撑腿的脚心在一条直线上。以保证双腿的交叉收紧，避免动作腿松散歪斜。

在五位 Battement tendu 向旁做时，要强调从五位经过一位脚的位置擦出去，收回来时也要先经过一位脚的位置收回来。强调动作腿贴着支撑腿回来，以防止向旁擦地时出现划圈的现象。

（2）Battement développé［巴特芒·代弗洛佩］：经屈膝向远伸直打开腿

节拍：四拍一次

da-1 右腿前 Sur le cou-de-pied。da-2 伸出前点地。da-3 收回右前五位脚。da-4 不动。

要求：动作腿从五位推地抬起 Sur le cou-de-pied 时要保持很好的外开，再向外伸出时脚跟有力向前顶，带动伸出去，膝关节转开不要向上抬高，小腿向外往远打开伸直点地。整个伸展过程顺畅、连贯、有力。

（3）Battement tendu demi plié［巴特芒·唐究·德米·普利埃］：带蹲的擦地

节拍：四拍一次

da-1 右腿出旁点地。da-2 双腿二位 Demi plié 下蹲。da-3 左腿站起，右腿旁点地。da-4 右腿收回五位。

要求：学习 Battement tendu 擦出后，移动身体重心在二位做 Demi plié 练习。要求动作之间要做得连贯，身体要有力地提胯移动重心，参加 Demi plié 的下蹲和推起点地动作。双腿保持协调配合，很好地完成同时屈膝蹲下和伸展站立的过程。

3. 组合的动作节拍与做法详解

节拍：$\frac{4}{4}$ 拍，中速

准备姿态：站右腿前，左臂单手扶把，右臂一位，头转向 3 点方向，抬头挺胸收腹，平视前方。

（前奏拍）da5–6　右臂打开旁小七位 Allongé，再到一位手，头随手动。

da7–8　右臂到二位手，再打开至七位手。头看 3 点方向。

① da1–2　右腿二拍一次的 Battement tendu 往前做，右臂保持七位，头看 3 点方向。da–1 右腿向前伸出绷脚点地。da–2 右腿收前五位脚。

da–3　右腿一拍一次的 Battement tendu 往前一次。da– 出前。1– 收回。

da–4　再右腿 Battement tendu 往前一次。

da5–6　右腿小的 Battement développé 往前一次。da–5 右腿前 Sur le cou-de-pied（图 3–3–1）。da–6 伸出前点地（图 3–3–2）。右臂保持七位，头看 3 点方向。

da–7　右腿 Rond de jambe par terre en dehors 到右旁点地。同时转头到 1 点方向（图 3–3–3）。

da–8　右腿 Battement tendu 收回右后五位脚。右臂保持七位，头看 1 点方向。

图 3–3–1　　　　　　图 3–3–2　　　　　　图 3–3–3

② da1–2　右腿二拍一次的 Battement tendu 往旁做，右臂保持七位，头看 1 点方向。da–1 右腿向旁伸出绷脚点地。da–2 右腿收前五位脚。

da–3　右腿一拍一次的 Battement tendu 往旁一次。da– 出旁。1– 收后五位。

da–4　再右腿 Battement tend 往旁一次，收前五位脚。

da5–6　右腿四拍一次的 Battement tendu demi plié 往旁做。da–5 右腿出旁点地。da–6 身体向右旁移动重心双腿二位 Demi plié 下蹲，同时右臂经 Allongé 至二位手心向

下，稍侧头看向右臂（图 3-3-4）。

da-7　身体向左旁移动重心左腿站起，右腿旁点地。同时右臂打开七位，转头到 3 点方向（图 3-3-5）。

da-8　右腿经 Battement tendu 收回右后五位脚。

图 3-3-4　　　　　　　　图 3-3-5

③ da1-2　右腿二拍一次的 Battement tendu 往后做，右臂保持七位，头看 3 点方向。同的①da1-2 的动作。

da-3　右腿一拍一次的 Battement tendu 往后一次。同①da-3 的动作。

da-4　再右腿 Battement tend 往后一次。同①da-4 的动作。

da5-6　右腿小的 Battement développé 往后一次。da-5 右腿后 Sur le cou-de-pied（图 3-3-6）。da-2 伸出后点地（图 3-3-7）。右臂保持七位，头看 3 点方向。

da-7　右腿 Rond de jambe par terre en dedans 到右旁点地。同时转头到 1 点方向（图 3-3-8）。

图 3-3-6　　　　　　图 3-3-7　　　　　　图 3-3-8

da-8　右腿 Battement tendu 收回右前五位脚。右臂保持七位，头看 1 点方向。

④ da1-2　右腿二拍一次的 Battement tendu 往旁做，收后五位脚。右臂保持七位，

头看 1 点方向。同②da1-2 的动作。

da-3　右腿一拍一次的 Battement tendu 往旁一次，收前五位。同②da-3 的动作。

da-4　再右腿 Battement tendu 往旁一次，收后五位脚。同②da-4 的动作。

da5-6　右腿四拍一次的 Battement tendu demi plié 往旁做。da-5 右腿出旁点地。da-6 身体向右旁移动重心双腿二位 Demi plié 下蹲，右臂保持七位手，转头看向右臂（图 3-3-9）。

da-7　身体向左旁移动重心左腿站起，右腿旁点地。同时抬右臂打至三位 Allongé，抬头看向右臂 3 点斜上方（图 3-3-10）。

图 3-3-9　　　　　　　　　图 3-3-10

da-8　右腿经 Battement tendu 收回右后五位脚，同时右臂经七位收回一位手，头随手动，最后抬头看向 3 点方向。

（四）Battement tendu jeté 小踢腿练习

1. 练习目的与教学内容

学习二拍一次完成体的 Battement tendu jeté 往前、往旁、往后的。在加快动作节奏的同时，还增加了交换支撑腿重心去完成的难度练习，同时加入五位脚 Battement tendu jeté demi plié 的学习。

2. 主要动作的节拍进度与练习要求

（1）Battement tendu jeté［巴特芒·唐究·热泰］：小的踢腿动作

节拍：二拍一次

da-1 右腿经擦地踢出前。da-2 收回五位脚站立。

要求：从擦地到踢起的过程顺畅、连贯，用一拍的时间快速踢到空中 35°的准确高度上。快速、有力的踢腿是这个动作的性质。收回时脚尖一定要经过前点地最远端的位置再回到五位脚。动作腿踢出去时，要特别注意支撑腿和躯干的稳定，不要摇晃，躯干要保持正直。

（2）Battement tendu jeté demi plié［巴特芒·唐究·热泰·德米·普里耶］：带蹲的小踢腿

节拍：二拍一次

da-1 右腿 Jeté 出旁点地。da-2 收回五位脚。da-3 Plié 下蹲。da-4 起直站立。

要求：双腿完全收好并紧直腿的五位脚之后，再双腿一起屈膝做 Demi plié。注意动作过程中身体重心的转换，要非常有力地控制整个身体，保持身体的稳定。Battement tendu jeté 要做得有力度，Demi plié 要做得富有韧性，从而进一步锻炼腿部肌肉和跟腱的弹性。

3. 组合的动作节拍与做法详解

节拍：$\frac{2}{4}$拍，稍快

准备姿态：站右腿前五位，左臂单手扶把，右臂一位，头转向 3 点方向，抬头挺胸收腹，平视前方。

（前奏拍）da5-6　右臂打开旁小七位 Allongé，再到一位手，头随手动。

da7-8　右臂到二位手，再打开至七位手。头看 3 点方向。

① da1-4　右腿四拍一次往前的 Battement tendu jeté 一次。da-1 右腿经擦地踢前 35°（图 3-4-1）。da-2 不动。da-3 右腿收回前五位脚。da-4 不动。保持右臂七位，头看 3 点方向。

da5-6　右腿二拍一次往前的 Battement tendu jeté 一次。da-5 右腿经擦地踢前 35°。da-6 右腿收回前五位脚。

da7-8　右腿 Battement tendu jeté 往前的一次。同做 da5-6 的动作。保持右臂七位，头看 3 点方向。

② da1-4　右腿 Battement tendu jeté 往旁的一次。da-1 右腿经擦地踢旁 35°（图 3-4-2），保持右臂七位，同时转头看 1 点方向。da-2 不动。da-3 右腿收回后五位脚。da-4 不动。

da5-6　右腿二拍一次往旁的 Battement tendu jeté 一次，收回前五位脚。

da7-8　右腿 Battement tendu jeté 往旁的一次，收回后五位脚。同做②da5-6的动作。保持右臂七位，头看1点方向。

③ da1-4　左腿 Battement tendu jeté 往前的一次。da-1 左腿经擦地踢前35°，保持右臂七位，同时转头看3点方向（图3-4-3）。da-2 不动。da-3 左腿收回前五位脚。da-4 不动。

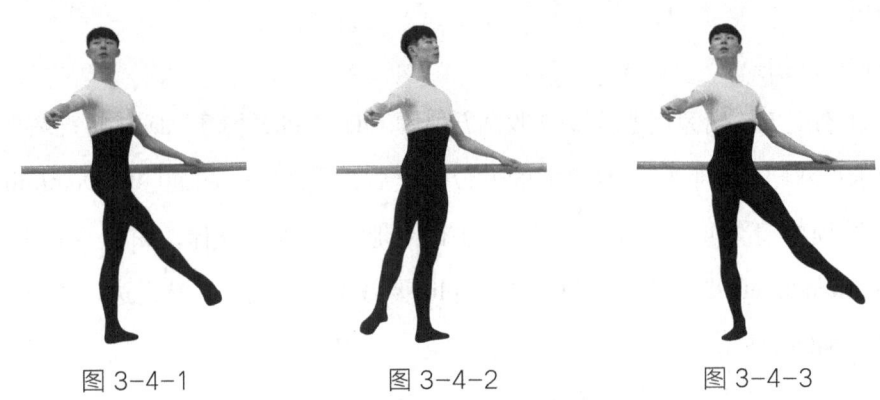

图 3-4-1　　　　　　图 3-4-2　　　　　　图 3-4-3

da5-6　再左腿二拍一次往前的 Battement tendu jeté 一次，收回前五位脚。

da7-8　再左腿 Battement tendu jeté 往前的一次，收回前五位脚。同做③da5-6的动作。保持右臂七位，头看3点方向。

④ da1-2　右腿二拍一次往旁的 Battement tendu jeté 一次，收回一位脚。保持右臂七位，头看1点方向（图3-4-4）。

da3-4　右腿旁的 Battement tendu jeté 一次，收回一位脚。

da5-8　右腿 Battement tendu jeté demi plié 一次。da-5 右腿旁的 Battement tendu jeté 踢出。da-2 收回右腿后五位脚。da-3 双腿 Plié 下蹲，右臂经一位到二位手（图3-4-5）。da-4 起直站立，右臂打开七位，头看3点方向。

⑤ da1-4　右腿 Battement tendu jeté 往后的一次。da-1 右腿经擦地踢后35°，保持右臂七位，同时转头看3点方向（图3-4-6）。da-2 不动。da-3 右腿收回后五位脚。da-4 不动。

da5-6　右腿二拍一次往后的 Battement tendu jeté 一次，收回后五位脚。

da7-8　右腿 Battement tendu jeté 往后的一次，收回后五位脚。同做⑤da5-6的动作。保持右臂七位，头看3点方向。

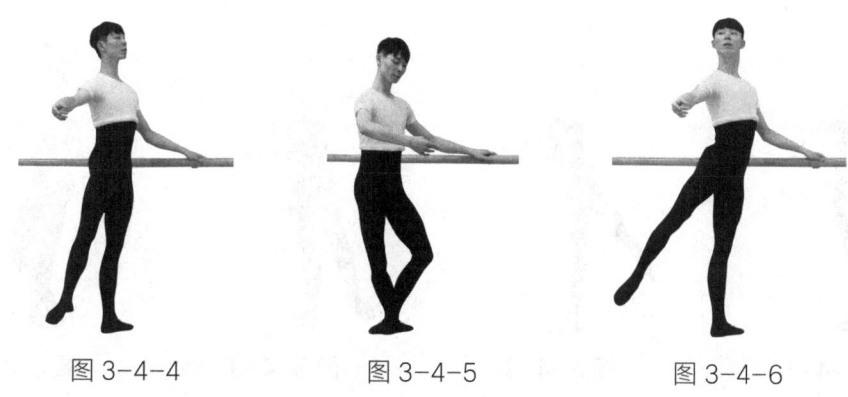

图 3-4-4　　　　　　　　图 3-4-5　　　　　　　　图 3-4-6

⑥ da1-4　右腿 Battement tendu jeté 往旁的一次。da-1 右腿经擦地踢旁 35°（图 3-4-7），保持右臂七位，同时转头看 1 点方向。da-2 不动。da-3 右腿收回前五位脚。da-4 不动。

da5-6　右腿二拍一次往旁的 Battement tendu jeté 一次，收回后五位脚。

da7-8　右腿 Battement tendu jeté 往旁的一次，收回前五位脚。同做⑥da5-6 的动作。保持右臂七位，头看 1 点方向。

⑦ da1-4　左腿 Battement tendu jeté 往后的一次。da-1 左腿经擦地踢后 35°，保持右臂七位，同时转头看 3 点方向（图 3-4-8）。da-2 不动。da-3 左腿收回后五位脚。da-4 不动。

da5-6　左腿二拍一次往后的 Battement tendu jeté 一次，收回后五位脚。

da7-8　左腿 Battement tendu jeté 往后的一次，收回后五位脚。同做⑤da5-6 的动作。保持右臂七位，头看 3 点方向。

⑧ da1-2　右腿二拍一次往旁的 Battement tendu jeté 一次，收回一位脚。同时转头看 1 点方向，右臂保持七位（图 3-4-9）。

da3-4　右腿旁的 Battement tendu jeté 一次，收回一位脚。

da5-8　右腿 Battement tendu jeté demi plié 一次。da-5 右腿旁的 Battement tendu jeté 踢出。da-2 收回右腿前五位脚。da-3 双腿 Plié 下蹲，右臂经七位 Allongé 到一位手（图 3-4-10）。da-4 起直站立，右臂保持一位，抬头看 3 点方向。

图 3-4-7　　　　　图 3-4-8　　　　　图 3-4-9　　　　　图 3-4-10

（五）Rond de jambe 划圈练习

1. 练习目的与教学内容

学习五位脚单手扶把 Rond de jambe 在空中 90° 划圈的练习。并在组合的起始部分有了 Rond de jambe par terre prèparation 的练习。同时在 Port de bras 中学习圆的下腰练习。本组合开始了空中划圈的动作，动作腿高抬时对肌肉的控制能力，以及支撑腿对身体重心的有力控制等，都在柔韧和力量方面得到了更多、更强的练习。

（1）Rond de jambe par terre prèparation

这是 Rond de jambe 组合起始的准备动作。在组合音乐的准备拍中，从双腿柔和的 Plié 开始，并将动作腿由前环动到后点地的位置，为之后的 En dehors 划整圈的动作做好准备。

（2）Rond de jambe 90°

动作由 Battement relevé lent 和 Rond de jambe 两部分组成。加强髋关节的力量和活动自如的能力，锻炼支撑腿的稳定和动作腿的灵活。要求动作腿抬高到 90° 或 90° 以上进行髋关节的转动与环动练习。

（3）Port de bras 带圆的下腰

将往前、往旁、往后下腰的位置连接在一起，形成圆环状的连贯下腰动作，以加强手臂与上身的柔韧性与表现力。

2. 主要动作的节拍进度与练习要求

（1）Rond de jambe par terre prèparation［隆·德·让·巴·泰尔·普雷帕拉雄］：划圈练习的准备动作

节拍：四小节一次（用 $\frac{3}{4}$ 拍音乐标识）

1-da-da 　右腿前五位单手扶把站立。右臂小七位 Allongé 打开。

2-da-da 　双腿 Demi plié 下蹲，右臂一位。

3-da-da 　右腿 Tendu 出前点地，右臂二位。

4-da 　右腿划到旁点地，左腿站起直立，右臂七位。

da- 　右腿划到后点地。

要求：动作在从前向旁划圈时，要加深支撑腿的 Plié，要注意保持躯干的正直，重心始终保持在支撑腿上，两胯摆正固定不动，后背不能因为 Plié 的加深而放松，要始终收紧提住。要注意头、手、眼和脚的协调配合。

（2）Rond de jambe 90°［隆·德·让］：动作腿抬起到空中 90° 的划圈

节拍：四小节一次

1-da-da 　右腿从前点地姿态 Battement relevé lent 抬起到前 90°。

2-da-da 　右腿划到旁 90°。

3-da-da 　右腿划到后 90°。

4-da-da 　右腿落后点地姿态。

要求：动作开始时，支撑腿要很有力地向上拉直转开，后背收紧挺直，动作腿在空中要保持在同一个平行高度上运动。上身要配合身体重心的需要稍有调整，腿在前 90° 时身体稍向后展胸腰，划到旁时身体摆正，划到后时身体稍向前倾。

（3）Port de bras 带圆的下腰［波·德·勃拉］：带连贯往前、往旁、往后下腰的手臂练习

节拍：八拍一次（或 $\frac{3}{4}$ 拍音乐，八小节一次）：

da1-2 　上身向前下腰 90°，手从七位至二位。da3-4 上身转向左旁下腰，手到三位。

da5-6 　上身转到向后下腰，手保持三位。

da7-8 　上身起直站立，手打开七位再收回一位。

要求：向前弯腰时身体重心不能往后扯动。划向旁下腰时，胯以下要完全保持垂直。往后下腰时，两肩摆正，胯收紧向上提起，不要向前腆胯。要把前、旁、后三个方向圆的路线做清楚，手臂随上身的转动在圆的轨道上做运行路线。整个动作过程流畅、连贯。

3. 组合的动作节拍与做法详解

节拍：$\frac{3}{4}$ 拍，中速

准备姿态：右腿前五位站立，左臂单手扶把，右臂一位，头转向3点方向，抬头挺胸收腹，平视前方。

（前奏拍）5-da-da 做 Rond de jambe par terre prèparation。右臂小七位 Allongé 打开，头随手动。

6-da-da 双腿 Demi plié 下蹲，右臂一位。

7-da-da 右腿 Tendu 出前点地，右臂二位，头看右臂（图3-5-1）。

8-da 右腿划到旁点地，左腿站起直立，右臂七位，头看3点方向。

da- 在最后一拍再右腿划到后点地（图3-5-2）。

① 1-2-da-da 右腿两小节一次的 Rond de jambe par terre en dehors 往外。1-da-da 右腿从后点地位置经一位脚 Battement tendu passé par terre 到前点地。2-da-da 右腿往外划到后点地。保持右臂七位，头看3点方向。

3-4-da-da 同 1-2-da-da 动作，再做一遍。

5-6-da-da 同 1-2-da-da 动作，再做一遍。

7-da-da 右腿向前经全脚 Chassé 至四位脚 Demi plié，右臂七位 Allongé 经一位到二位手，头跟随手动（图3-5-3）。

图 3-5-1　　　　　图 3-5-2　　　　　图 3-5-3

8-da-da 右腿重心推地全脚站起，左腿后点地。同时右臂至三位，抬头看向右臂斜上方（图3-5-4）。

② 1-da-da 身体重心后移，落双腿四位 Demi plié 下蹲。右臂到七位，头看3点方向（图3-5-5）。

2-da-da 左腿推地站起，右腿前点地。右臂到七位，头看3点方向（图3-5-6）。

图 3-5-4   图 3-5-5   图 3-5-6

3-4-da-da　开始做 Grand rond de jambe en dehors 90°。右腿 Battement relevé lent 抬起到前 90°（图 3-5-7）。再划到旁 90°，头转向 1 点方向（图 3-5-8）。

5-6-da-da　右腿划到后 90°，头转向 3 点方向（图 3-5-9）。再右腿落后点地，手保持七位（图 3-5-10）。

7-8-da-da　右腿经一位 Tendu 向前 Grand battement jeté（图 3-5-11）。再落前点地。手保持七位，头看 3 点方向（图 3-5-12）。

图 3-5-7   图 3-5-8   图 3-5-9

图 3-5-10   图 3-5-11   图 3-5-12

③ 1-2-da-da　右腿两小节一次的 Rond de jambe par terre en dedans 往里。1-da-da 右腿从前点地位置 Battement tendu passé par terre 到后点地。2-da-da 右腿往外划到前点地。保持右臂七位，头看 3 点方向。

3-4-da-da　同 1-2-da-da 动作，再做一遍。

5-6-da-da　同 1-2-da-da 动作，再做一遍。

7-da-da　右腿向后经全脚 Chassé 至四位脚 Demi plié，右臂经七位 Allongé 手心向下到二位手，头跟随手动（图 3-5-13）。

8-da-da　右腿重心推地全脚站起，左腿前点地。同时右臂往前二位 Allongé，转头看 3 点方向（图 3-5-14）。

图 3-5-13　　　　　　　　图 3-5-14

④ 1-da-da　身体重心前移，落双腿四位 Demi plié 下蹲。右臂打开到七位，头看 3 点方向。

2-da-da　左腿推地站起，右腿后点地。保持右臂到七位，头看 3 点方向。

3-4-da-da　开始做 Grand rond de jambe en dedans 90°。右腿 Battement relevé lent 抬起到后 90°。再划到旁 90°，头转向 1 点方向。

5-6-da-da　右腿划到前 90°，头转向 3 点方向。再右腿落前点地，手保持七位

7-8-da-　右腿经一位 Tendu 向后 Grand battement jeté（图 3-5-15）。落右腿后点地（图 3-5-16），手保持七位，头看 3 点方向。

da-　右腿在最后一拍经一位脚 Battement tendu passé par terre 到前点地。手七位 Allongé，头看 3 点方向（图 3-5-17）。

图 3-5-15   图 3-5-16   图 3-5-17

⑤ 1-2-da-da 开始做单腿点地往前、往后下腰的 Port de bras。右腿保持前点地，上身向前下腰 90°，右臂经七位 Allongé 至二位，头看向右臂一侧（图 3-5-18）。

3-da-da 上身起直站立，保持右腿前点地，手到二位，头看向右臂。

4-da-da 右腿经一位脚 Battement tendu passé par terre 到后点地。手到三位，抬头看右臂斜上方（图 3-5-19）。

5-6-da-da 保持右腿后点地，上身向后下腰 90°，手保持三位，头保持看向右臂的斜上方（图 3-5-20）。

7-da-da 上身起直站立，右腿保持后点地。手打开至七位，头看 3 点方向。

8-da-da 右腿收回一位脚。

图 3-5-18   图 3-5-19   图 3-5-20

⑥ 1-2-da-da 开始做圆周下腰的 Port de bras。上身向前下腰 90°，右臂经七位 Allongé 到二位手，头跟随手动（图 3-5-21）。

3-4-da-da 上身从往前的最低点位置开始转向左旁下腰。手到三位，头看 7 点斜下方向（图 3-5-22）。

5-6-da-da　上身从往旁的最低点位置开始转向往后下腰，手保持三位，转头看右臂斜上方（图3-5-23）。

7-8-da-da　上身起直站立，手打开七位，头看3点方向。再右臂经七位 Allongé 到一位手，头跟随手动，最后抬头看3点方向。

图 3-5-21　　　　　　　图 3-5-22　　　　　　　图 3-5-23

（六）Battement fondu 单腿蹲练习

1. 练习目的与教学内容

学习五位脚单手扶把 Battement fondu 带 Relevé 立半脚尖的练习，以及 Battement double fondu 45° 的基本做法。加强支撑腿在单腿上蹲起能力的练习，为以后更多样式的 Battement double fondu 做好准备。同时学习 Rond de jambe en l'air en dedans 分解动作，完成往前和往回的所有分解练习，为今后学习连贯的、快速的 Rond de jambe en l'air 打好基础。

（1）Battement fondu45° 带 Relevé 的

在动作腿向外打开 45° 的同时，支撑腿从下蹲的位置推地立起到直腿的半脚尖。双腿在节拍中同时弯曲、同时伸直，在练习两条腿柔韧、力量和弹性的同时，对支撑腿的重心感和能力的表现也有了更高的要求。

（2）Battement double fondu

在支撑腿两次蹲起 Plié 的基础上，完成动作腿两次不同姿态变化的一组动作。其做法在保留 Battement fondu 双腿同时屈伸动作的同时，也在一组动作中加入了动作腿的丰富变化。本阶段先学习动作腿带 Sur le cou-de-pied 的。

（3）Rond de jambe en l'air

本组合学习单一的 En dedans 往里环动的做法。

2. 主要动作的节拍进度与练习要求

（1）Battement double fondu［巴特芒·杜勃尔·丰究］：用两次单一 Fondu 组合在一起的变化动作

节拍：四拍一次（或 $\frac{3}{4}$ 拍音乐，四小节一次）

da-1 右腿到前 Sur le cou-de-pied，同时左腿 Demi plié 下蹲。

da-2 右腿保持前 Sur le cou-de-pied，同时左腿推地全脚站直。

da-3 右腿保持前 Sur le cou-de-pied，同时左腿再一次 Demi plié 下蹲。

da-4 右腿伸出前 45°，同时左腿推地全脚（或 Relevé）站起。

要求：动作腿在 Sur le cou-de-pied 和打开到 45° 前的两个姿态，所有位置都要准确，并始终保持转开和延伸。支撑腿的两次 Demi plié 蹲起过程要更加连贯顺畅，并保持很好的外开，防止膝关节往前跪和倒脚。躯干保持平整，双胯有力上提。

（2）Rond de jambe en l'air en dedans［隆·德·让·昂·莱尔·昂·德当］：动作腿的小腿在空中往里的划圈环动

节拍：两拍一次（分解体）（或 $\frac{3}{4}$ 拍音乐，两小节一次）

右腿旁 45° 准备。

da-1 右腿跟向前顶在主力腿稍前面一些的位置，再顺脚尖从外往里的划半个椭圆形，收回到支撑腿小腿高度的一位脚 Battement retiré。

da-2 右腿绷脚直线伸出至旁 45° 直腿。

要求：在划圈时，动作腿经过的每个位置过程都要做清楚。大腿要保持腿的高度不变，膝关节要松弛，用脚尖带动划圈。伸出时脚尖要绷紧，并向远伸长整条腿，在外伸直停留的时间尽量长一些。

3. 组合的动作节拍与做法详解

节拍：$\frac{3}{4}$ 拍，中速

准备姿态：站右腿前五位，左臂单手扶把，右臂一位，头转向 3 点方向，抬头挺胸收腹，平视前方。

（前奏拍）da5-6 右臂打开旁小七位 Allongé，再到一位手，头随手动。

da7-8 右臂到二位手。再打开至七位手，同时右腿 Tendu 往旁点地，头看 3 点方向。

① da1-4 四拍一次 Battement double fondu 往前。

da-1 右腿收前 Sur le cou-de-pied 位置，同时左腿 Demi plié 下蹲。保持右臂七

位，同看 3 点方向（图 3-6-1）。

da-2　右腿保持前 Sur le cou-de-pied 位置，同时左腿推地全脚站立（图 3-6-2）。

da-3　右腿保持前 Sur le cou-de-pied 位置，同时左腿 Demi plié 下蹲（图 3-6-3）。

da-4　右腿往前伸出 45°，同时左腿推地半脚尖 Relevé 站立。保持右臂七位，头看 3 点方向（图 3-6-4）。

图 3-6-1　　　　　图 3-6-2　　　　　图 3-6-3　　　　　图 3-6-4

da5-6　两拍一次 Battement fondu45° 带 Relevé 的往前。da-1 右腿收前 Sur le cou-de-pied，同时左腿 Demi plié 下蹲。da-2 右腿往前伸出 45°，同时左腿推地半脚尖 Relevé 站起。保持右臂七位，头看 3 点方向。

da7-8　右腿直腿到前点地，同时左腿落全脚直腿站立。再右腿经 Battement tendu passé par terre 到后点地。保持右臂七位，头看 3 点方向。

② da1-4　四拍一次 Battement double fondu 往后。

da-1　右腿收后 Sur le cou-de-pied 位置，同时左腿 Demi plié 下蹲。保持右臂七位，同看 3 点方向（图 3-6-5）。

da-2　右腿保持后 Sur le cou-de-pied 位置，同时左腿推地全脚站立（图 3-6-6）。

da-3　右腿保持后 Sur le cou-de-pied 位置，同时左腿 Demi plié 下蹲（图 3-6-7）。

da-4　右腿往后伸出 45°，同时左腿推地半脚尖 Relevé 站立。保持右臂七位，头看 3 点方向（图 3-6-8）。

da5-6　两拍一次 Battement fondu45° 带 Relevé 的往后。da-1 右腿收后 Sur le cou-de-pied，同时左腿 Demi plié 下蹲。da-2 右腿往后伸出 45°，同时左腿推地半脚尖 Relevé 站起。保持右臂七位，头看 3 点方向。

da7-8　右腿直腿到后点地，同时左腿落全脚直腿站立。再右腿经 Battement tendu

图 3-6-5　　　　　　图 3-6-6　　　　　　图 3-6-7　　　　　　图 3-6-8

passé par terre 到前点地。保持右臂七位，头看 3 点方向。

③ da1-4　四拍一次 Battement double fondu 往旁。

da-1　右腿收前 Sur le cou-de-pied 位置，同时左腿 Demi plié 下蹲。

da-2　右腿保持前 Sur le cou-de-pied 位置，同时左腿推地全脚站立。

da-3　右腿保持前 Sur le cou-de-pied 位置，同时左腿 Demi plié 下蹲。

da-4　右腿往旁伸出 45°，同时左腿推地全脚站立。保持右臂七位，头看 1 点方向。

da5-6　两拍一次分解体的 Rond de jambe en l'air en dehors。da-1 右腿绷脚屈膝直线收回到支撑腿小腿高度的一位脚 Battement retiré（图 3-6-9）。da-2 右腿从里向外往前划出 En dehors 至旁 45° 直腿（图 3-6-10）。保持右臂七位，头看 1 点方向。

图 3-6-9　　　　　　图 3-6-10

da7-8　同 da5-6 的动作，再做一遍。

④ da1-4　四拍一次 Battement double fondu 往旁。

da-1　右腿收后 Sur le cou-de-pied 位置，同时左腿 Demi plié 下蹲。

da-2　右腿保持后 Sur le cou-de-pied 位置，同时左腿推地全脚站立。

da-3　右腿保持后 Sur le cou-de-pied 位置，同时左腿 Demi plié 下蹲。

da-4　右腿往旁伸出 45°，同时左腿推地全脚站立。保持右臂七位，头看 1 点方向。

da5-6　两拍一次分解体的 Rond de jambe en l'air en dedans。da-1 右腿从外往里划 dedans 的半个椭圆形，收回到支撑腿小腿高度的一位脚 Battement retiré。da-2 右腿直线伸出旁 45° 直腿。保持右臂七位，头看 1 点方向。

da7-8　同④da5-6 的动作，再做一遍。最后右腿停在旁 45° 保持延伸。

（结束拍）da7-8　右腿直腿到旁点地，同时右臂七位 Allongé，转头看 3 点方向。再右腿 Tendu 收回一位，同时手到一位，手头随手动，最后抬头看 3 点方向。

（七）Battement frappé 小弹腿练习

1. 练习目的与教学内容

学习在五位脚单手扶把 Battement double frappé 往前、往旁、往后的练习，同时 Petit battement sur le cou-de-pied 开始练习带附点的做法。在逐步提升动作和节奏的难度的训练中，更多地加强对动作腿灵活性的训练。并练习单手扶把 Pirouette en dehors 1/2 的做法，为原地旋转类动作的起动方法和中间练习打好基础。

（1）Battement double frappé

Double 原意为"双的"。是由动作腿完成两次 Sur le cou-de-pied 交替换位击打支撑腿之后，再向外快速踢出 Frappé 的一组动作。在加强单一 Battement frappé 复杂程度的基础上，进一步练习腿的快速屈伸，锻炼膝关节和踝关节的弹性、灵活性，和小腿、脚背的力量，以及脚尖的锐利。

（2）Petit battement sur le cou-de-pied

Petit 原义是"小的"。在 Sur le cou-de-pied 位置上动作腿做小的"击打"，练习膝关节和踝关节的灵活性。本组合学习两拍一次"带附点的"做法，也就是非平均速率的打击过程，它是强调打击第二次 Sur le cou-de-pied 为重拍的做法，是此类动作的一种节奏变化形式，改变同一种动作的节奏频率，也就在视觉上产生了轻重缓急的变化。

（3）Pirouette

Pirouetté 原意"原地旋转"，旋转类动作是古典芭蕾技术动作的重要组成部分。指以支撑腿以半脚尖或脚尖为支点所做的原地旋转。并从旋转姿态上，分为动作腿打开成小舞姿的 Pirouetté 和打开成大舞姿的 Grand pirouetté 两种类型。Pirouetté 往外做为（从支撑腿向外）En dehors，往里做为（朝向支撑腿）En dedans。本组合学习从双腿五位 Demi plié 开始的 Pirouetté 转 En dehors 1/2 圈的做法。主要练习 Pirouetté 双腿起动旋转的方式，以及强调身体持续重心平衡感的培养。

2. 主要动作的节拍进度与练习要求

（1）Battement double frappé［巴特芒·杜勃尔·弗拉佩］：动作腿完成两次击打的小弹腿动作

节拍：四拍一次

双腿五位，右腿打开旁 25° 准备。

da-1　右腿收包脚前的 Sur le cou-de-pied。

da-2　右腿收后的 Sur le cou-de-pied 位置。

da-3　右腿往旁踢出 25°。

da-4　保持不动。

要求：要按照单一 Battement frappé 和 Petit Sur le cou-de-pied 的全部要求规范来做。Petit battement 的两次击打动作要做得清晰，往前、往后的两次 Sur le cou-de-pied 位置交替，都要将小腿向旁打之后再换位的过程按要求做准确。

（2）Petit battement sur le cou-de-pied［珀蒂·巴特芒·絮·拉·库德皮耶］动作腿在支撑腿踝位置做小而快的连续击打

节拍：两拍一次（带附点的）：双腿五位，右腿打开旁 25° 准备。

da-　右腿收包脚前的 Sur le cou-de-pied。

1-　右腿收后的 Sur le cou-de-pied。

da-2　保持不动。

要求：强调打击第二次 Sur le cou-de-pied 为重拍的做法，动作腿在往前、往后的 Sur le cou-de-pied 交替过程中，每次都要打开到小腿与地面垂直的位置，不能在加快节奏的动作中就过度地缩小了动作的幅度。

（3）Pirouette［皮鲁埃特］：单腿支撑的原地旋转动作

节拍：八拍一次（1/2 圈）：站右腿前五位，左臂扶把准备。

da1-2　双腿五位 Demi plié。

da3-4　向左转身 Pirouette en dehors 1/2 圈。右腿推地 Relevé，左腿收前五位 Retiré。右臂扶把，左臂二位。

da5-6　保持 Retiré 不动。

da7-8　落左腿前五位 Relevé。再落双腿五位。

要求：支撑腿推起半脚尖时，身体要提起来，后背收紧，支撑腿要伸直、有力，保持外开。动作腿要贴着支撑腿小腿快速、有力、直接地吸腿到 Retiré 位置，过程中保持整条腿最大限度的外开。头、手和转要配合协调。

3. 组合的动作节拍与做法详解

节拍：$\frac{2}{4}$ 拍，稍快

准备姿态：左臂单手扶把，右臂一位，双腿一位，头转向 3 点方向，抬头挺胸收腹，平视前方。

（前奏拍）da5-6　右臂打开旁小七位 Allongé，再到一位手，头随手动。

da-7　右臂到二位，侧头看向二位手。

da-8　右腿抬起包脚前 Sur le cou-de-pied（图 3-7-1），同时右臂打开到七位手，头看 3 点方向。

① da1-2　往前的 Battement frappé。da-1 右腿伸出前 25°（图 3-7-2）。da-2 右腿收包脚前 Sur le cou-de-pied。保持右臂七位，头看 3 点方向。

da3-4　同 da1-2 动作，再做一遍。

da5-6　往旁的 Battement frappé。da-1 右腿伸出旁 25°，同时转头看 1 点方向，保持右臂七位（图 3-7-3）。da-2 右腿收后 Sur le cou-de-pied。

da7-8　同 da5-6 动作，再做一遍。右腿收包脚前 Sur le cou-de-pied。（图 3-7-4）

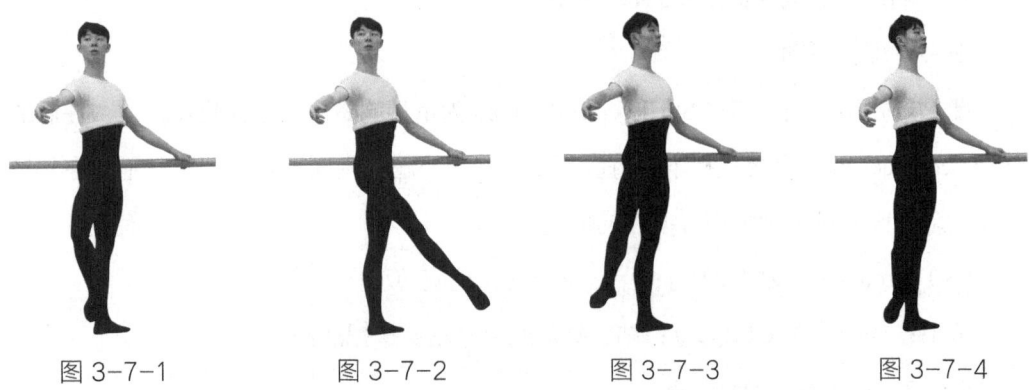

图 3-7-1　　　　　　图 3-7-2　　　　　　图 3-7-3　　　　　　图 3-7-4

② da1-4　往前的 Battement double frappé。da-1 右腿收后 Sur le cou-de-pied（图 3-7-5）。da-2 右腿收前 Sur le cou-de-pied（图 3-7-6）。da-3 右腿伸出前 25°，同时转头看向 3 点方向（图 3-7-7）。da-4 停顿不动。

图 3-7-5   图 3-7-6   图 3-7-7

da5-8 往旁的 Battement double frappé。da-1 右腿收前 Sur le cou-de-pied，保持右臂七位，头看 3 点方向。da-2 右腿收后 Sur le cou-de-pied。da-3 右腿伸出旁 25°，同时转头看向 1 点方向。da-4 右腿收后 Sur le cou-de-pied。

③ da1-2 往后的 Battement frappé。da-1 右腿伸出后 25°，同时转头看向 3 点方向，保持右臂七位。da-2 右腿收后 Sur le cou-de-pied。

da3-4 同 da1-2 动作，再做一遍。

da5-6 往旁的 Battement frappé。da-1 右腿伸出旁 25°，同时转头看向 1 点方向，保持右臂七位。da-2 右腿收前 Sur le cou-de-pied。

da7-8 同 da5-6 动作，再做一遍。右腿收后 Sur le cou-de-pied。

④ da1-4 往后的 Battement double frappé。da-1 右腿收前 Sur le cou-de-pied，保持右臂七位，头看 1 点方向（图 3-7-8）。da-2 右腿收后 Sur le cou-de-pied（图 3-7-9）。da-3 右腿伸出后 25°，同时转头看向 3 点方向（图 3-7-10）。da-4 停顿不动。

图 3-7-8   图 3-7-9   图 3-7-10

da5-8　往旁的 Battement double frappé。da-1 右腿收后 Sur le cou-de-pied，保持右臂七位，头看 3 点方向。da-2 右腿收前 Sur le cou-de-pied。da-3 右腿伸出旁 25°，同时转头看向 1 点方向。da-4 停顿不动。

⑤ da1-2　开始连续做 Petit battement sur le cou-de-pied 带附点的。da- 右腿到包脚前 Sur le cou-de-pied（图 3-7-11），保持右臂七位，头看 1 点方向。1- 右腿到后 Sur le cou-de-pied（图 3-7-12）。da-2 停顿不动。

da3-4　同 da1-2 动作，再做一遍。

da5-6　同 da1-2 动作，再做一遍。

da-7　右腿伸出旁点地。同时右臂七位 Allongé，头转到 3 点方向（图 3-7-13）。

da-8　右腿 Tendu 收前五位，右臂到一位（图 3-7-14）。

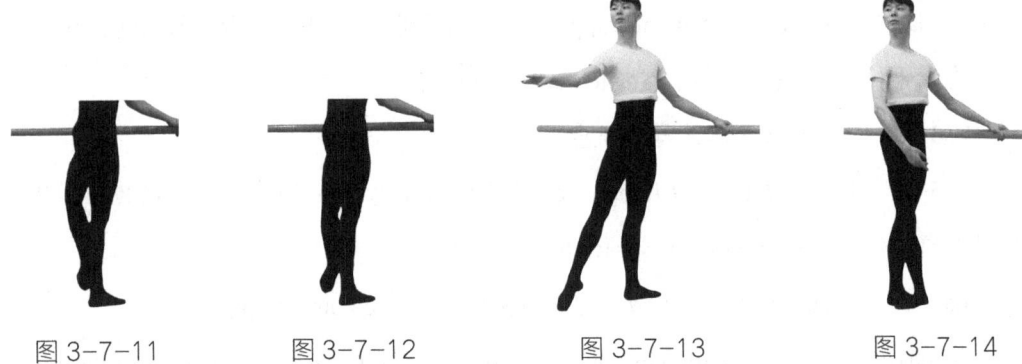

图 3-7-11　　　　　图 3-7-12　　　　　图 3-7-13　　　　　图 3-7-14

⑥ da1-2　同时双腿 Demi plié，右臂到二位，头看 1 点方向（图 3-7-15）。

da-3　向左转 Pirouette en dehors 1/2 圈。右腿推地 Relevé，左腿收前五位 Retiré。同时经双臂二位，换右臂扶把，左臂二位。身体和头对 5 点方向（图 3-7-16）。

da4-6　保持高半脚 Relevé 上 Retiré 姿态的平衡稳定。

da7-8　左腿落前五位 Relevé，同时左臂打开七位，转头看 3 点方向（图 3-7-17）。

图 3-7-15　　　　　　图 3-7-16　　　　　　图 3-7-17

（结束拍）da-7　左臂七位 Allongé，转头看 3 点方向。

da-8　落双腿五位 Demi plié，再起直站立。保持身体对 5 点方向，左臂到一位，头看 7 点方向。

（八）Adagio 控制练习

1. 练习目的与教学内容

学习 Développé 的发展动作 Battement développé passé。学会动作腿如何将多个打开 90° 的舞姿通过 Passé 来连续完成。并学习在双腿大四位 Plié 上做圆的 Port de bras，为中间 Adagio 动作的丰富和准确打好基础。

（1）Battement développé passé

Passé 原意是"经过的"，作为连接动作，它起到了从一个方向过渡到另一个方向、从一个舞姿过渡到另一个舞姿的连接作用。Battement développé passé 就是用 Passé 的方式将动作腿往前、往旁、往后的 Développé 伸展舞姿连接在一起的动作。

（2）Port de bras

本组合学习双腿在大四位 Plié 姿态，上身将往前、往旁、往后连接在一起的圆的 Port de bras 下腰做法。

2. 主要动作的节拍进度与练习要求

（1）Battement développé passé［巴特芒·代弗洛佩·帕塞］：一个舞姿经吸腿过渡到另一个舞姿的连续动作

节拍：八拍一次（分解的）带手臂 Port de bras 的：右腿前五位站立，左臂扶把，右臂一位准备。

da1-2　右腿经前 Sur le cou-de-pied 吸腿到前五位 Battement retiré 位置，右臂从一位到二位。

da3-4　右腿 Battement développé 90° 往前，右臂到三位。

da5-6　右腿吸腿到一位 Passé 位置，右臂到二位。

da7-8　右腿 Battement développé 90° 往旁，右臂到七位。

要求：从前 90° 第一个舞姿上收回 Passé 时，大腿保持高度不变，向外打开的膝关节带动绷紧的脚尖收到支撑腿的膝关节高度，脚尖轻轻贴在支撑腿内侧外缘边的一位位置，之后再向第二个舞姿打开。同时支撑腿要保持充分的外开，身体向上提起，尤其是从前或后空中舞姿收回时，要把倾斜的身体向上提起拉直。

（2）圆的 Port de bras［波·德·勃拉］：手臂带动身体环动下腰的动作

节拍：八拍一次（分解的）的：双腿大四位 Plié，（右腿前屈腿，左腿后直腿），左臂扶把，右臂七位准备。

da1-2　上身往前下胸腰，右臂到二位，头随手动。

da3-4　上身向左环动到旁腰，右臂到三位，头看7点斜下方。

da5-6　上身从旁环动到往后的胸腰，右臂保持三位，同时转头看右臂斜上方。

da7-8　上身起直站立，同时右臂打开到七位，头看3点方向。

要求：把往前、往旁、往后三个方向圆的路线做清楚，手臂随上身的转动在圆的轨道上做伸展的运行路线。圆的 Port de bras 很容易出现摇胯和晃腰的现象，在腰的环动时，双腿全脚踩住地面，身体重心向前，前屈的大腿不能往后扯动。整个动作过程要流畅、平稳、连贯。头和视线要始终跟随手臂的运动而调整。

3. 组合的动作节拍与做法详解

节拍：$\frac{4}{4}$拍，中速

准备姿态：右腿前五位站立，左臂单手扶把，右臂一位，头看3点方向。

（前奏）da5-6　不动

da7-8　右臂打开小七位 Allongé，再回到一位。头随手动，再抬头看向3点方向。

① da1-2　右腿抬起前 Sur le cou-de-pied 位置，右臂一位，头看右臂方向（图3-8-1）。再右腿吸腿到前五位 Battement retiré 位置，右臂到二位，头看右臂方向（图3-8-2）。

da3-4　右腿 Battement développé 往前打开90°，右臂到三位，头看右臂斜上方（图3-8-3）。

图 3-8-1　　　　　　　图 3-8-2　　　　　　　图 3-8-3

da5-6　右腿吸腿到一位 Passé 位置，右臂到二位，头看右臂方向（图 3-8-4）。

da7-8　右腿 Battement développé 往旁打开 90°，右臂打开七位，头看 1 点方向（图 3-8-5）。

图 3-8-4　　　　　　　　　图 3-8-5

② da1-2　右腿再吸腿到一位 Passé 位置，右臂到二位，头看右臂方向（图 3-8-6）。

da3-4　右腿屈腿抬起 Attitude 后 90°，右臂三位，头看右臂斜上方（图 3-8-7）。

da5-6　右腿往后伸直到 90°，右臂打开三位 Allongé，头看右臂斜上方（图 3-8-8）。

图 3-8-6　　　　　　　图 3-8-7　　　　　　　图 3-8-8

da-7　右腿直腿落后点地，右臂保持三位 Allongé 姿态。

da-8　右腿 Battement tendu 收回后五位脚，同时右臂经七位到一位，头部跟随手动，最后抬头看 3 点方向。

③ da1-2　右腿抬起后 Sur le cou-de-pied 位置，右臂一位，头看右臂方向。再右腿吸腿到后五位 Battement retiré 位置，右臂到二位，头看右臂方向。

da3-4　右腿 Battement développé 往后打开 90°，右臂往二位前 Allongé，转头看 3 点方向。成第 Ⅱ Arabesque 舞姿（图 3-8-9）。

da5-6　右腿吸腿到一位 Passé 位置，右臂到二位，头看右臂方向。

da7-8　右腿 Battement développé 往旁打开 90°，右臂打开七位，头看 1 点方向（图 3-8-10）。

图 3-8-9   图 3-8-10

④ da1-2　右腿再吸腿到一位 Passé 位置，右臂到二位，头看右臂方向。

da3-4　右腿屈腿抬起 Attitude 前 90°，右臂三位，头看右臂斜上方（图 3-8-11）。

da5-6　右腿往前伸直到 90°，右臂打开三位 Allongé，头看右臂斜上方（图 3-8-12）。

图 3-8-11   图 3-8-12

da-7　右腿直腿落前点地，右臂保持三位 Allongé 姿态。

da-8　右腿 Battement tendu 收回前五位脚，同时右臂经七位到一位，头部跟随手动。

⑤ da1-2　双腿五位 Demi plié，右臂到二位，头看右臂方向（图 3-8-13）。

da3-4　双腿快速一拍立起半脚尖 Relevé，同时右臂到七位，转头看 3 点方向（图 3-8-14）。

da5-6　往前的 Plié soutenu。右腿直腿经 Tendu 往前点地，左腿 Demi plié 下蹲，

右臂到三位，上身挺胸前倾，转头看右臂斜上方（图 3-8-15）。

图 3-8-13   图 3-8-14   图 3-8-15

da-7   身体向前移动重心，右腿往前 Piqué 迈步全脚直腿站立，左腿推绷后点地。同时右臂打开到七位，头看 3 点方向（图 3-8-16）。

da-8   落全脚右腿前大四位 Plié，右臂七位 Allongé，头看 3 点方向（图 3-8-17）。

图 3-8-16   图 3-8-17

⑥ da1-2   保持双腿大四位 Plié 做 Port de bras 圆的腰。上身往前下胸腰，右臂到二位，头随手动（图 3-8-18）。

da3-4   上身从最低点向左环动到往旁的胸腰，右臂到三位，头看 7 点斜下方（图 3-8-19）。

da5-6   上身从旁环动到往后的胸腰，右臂保持三位，同时转头看右臂斜上方（图 3-8-20）。

da-7   身体向前移动重心，上身起直的同时，右腿原地推起直腿站立，左腿推绷到后点地。右臂打开到七位，头看 3 点方向（图 3-8-21）。

da-8　　左腿 Battement tendu 收回前五位脚，同时右臂经七位到一位，头部跟随手动，最后抬头看 3 点方向。

图 3-8-18　　　　　　图 3-8-19　　　　　　图 3-8-20　　　　　　图 3-8-21

（九）Grand battement jeté 大踢腿练习

1. 练习目的与教学内容

学习 Grand battement jeté 两拍一次的分解体做法。以及 Grand battement jeté 的发展动作，带 Plié 和 Balancé 的两种做法。

（1）Grand battement jeté plié

本组合练习它最简单形式的、四拍一次的分解体做法。

（2）Grand battement jeté balance

它是 Battement tendu jeté balancé 加大动作腿踢腿幅度的发展动作。在往前、往后连续的大幅度摆动踢腿运动中，进一步练习髋关节的柔韧度与爆发式力量。同时支撑腿的稳定性也在身体重心的连续交替摆动中得到很好的训练。本组合学习单手扶把带停顿的分解体做法。

2. 主要动作的节拍进度与训练要求

（1）Grand battement jeté plié［格朗·巴特芒·热泰·普利埃］：动作腿大的向外踢腿，在收回时带双腿蹲起的动作

节拍：四拍一次

右腿前五位脚站立，左臂扶把，右臂七位准备。

da-1　　右腿经 Battement tendu 往前踢起 90° 以上。再落前点地。

da-2　　右腿 Battement tendu 收回前五位脚。

da3-4　　双腿五位的 Demi plié 蹲起。

要求：注意踢起和蹲起两个动作衔接时，身体重心要连贯地过渡转换，并非常有力地控制整个身体保持稳定不摇晃。Grand battement jeté 要做得快速有力度，Demi plié 要做得富有弹性，从而进一步锻炼衔接动作的连贯性与腿部肌肉的弹性。

（2）Grand battement jeté balancé［格朗·巴特芒·热泰·巴朗塞］：动作腿往前往后摆动的连续大踢腿动作

节拍：四拍一次

右腿前五位脚站立，左臂扶把，右臂七位准备。

da-1　右腿 Grand battement jeté 往前踢起 90° 以上。再落右腿前点地。

da-2　右腿 Battement tendu passé par terre 经一位脚向后擦地。

da-3　右腿 Grand battement jeté 往后踢起 90° 以上。再落右腿后点地。

da-4　右腿 Battement tendu passé par terre 经一位脚向前擦地点地。

要求：同 Battement tendu jeté balancé 的全部要求。强调动作腿在 Battement tendu passé par terre 经过一位时，整个脚底都要全部贴服在地面擦地，并自始至终保持外开和绷直。支撑腿和躯干收紧上提控制重心，身体要在摆动中适度地配合踢起动作展开胸腰。往前踢腿时，身体稍向后展胸腰，往后踢腿时，身体要挺胸向前提起重心。

3. 组合的动作节拍与做法详解

节拍：$\frac{4}{4}$拍，稍快

准备姿态：站右腿前五位，左臂单手扶把，右臂一位，头看 3 点方向。

（前奏）da5-6　右臂小七位 Allongé，再到一位，头随手动。

da7-8　右臂到二位再打开到七位，头看 3 点方向。

① da1-2　做右腿两拍一次 Grand battement jeté 往前的。da- 右腿经 Battement tendu 往前踢起 90° 以上（图 3-9-1）。1- 右腿直腿落前点地，保持右臂七位，头看 3 点方向（图 3-9-2）。da-2 右腿 Battement tendu 收回前五位脚。保持右臂七位，头看 3 点方向。

da3-4　同 da1-2 的动作，再做一遍。

da5-8　做四拍一次的 Grand battement jeté plié 往前的。da1-2 的做法① da1-2 再做一遍。da3-4 双腿五位 Demi plié 一次，右臂在腿部下蹲时到手心向下的二位（图 3-9-3），在双腿起直时，右臂同时打开到七位。头随手动，最后看向 3 点方向。

图 3-9-1　　　　　　　　　图 3-9-2　　　　　　　　　图 3-9-3

②　da1-2　做右腿 Grand battement jeté 往旁的。da- 右腿经 Battement tendu 往旁踢起 90° 以上，同时转头看 1 点方向，保持右臂七位（图 3-9-4）。1- 右腿直腿落旁点地。da-2 右腿 Battement tendu 收回后五位脚。保持右臂七位，头看 1 点方向。

da3-4　同 da1-2 的动作，再做一遍。右腿收回到前五位脚。

da5-8　做四拍一次的 Grand battement jeté plié 往旁的。da1-2 同 da5-6 的做法再做一遍，右腿收回到后五位脚。da7-8 双腿五位 Demi plié 一次，右臂在腿部下蹲时到手心向下的二位（图 3-9-5），在双腿起直时，右臂同时打开到七位。头随手动，最后看向 3 点方向。

图 3-9-4　　　　　　　　　图 3-9-5

③　da1-2　做右腿 Grand battement jeté 往后的。da- 右腿经 Battement tendu 往后踢起 90° 以上，同时转头看 3 点方向，保持右臂七位（图 3-9-6）。1- 右腿直腿落后点地。da-2 右腿 Battement tendu 收回后五位脚。保持右臂七位，头看 3 点方向。

da3-4　同 da1-2 的动作，再做一遍。

da5-8　做四拍一次的 Grand battement jeté plié 往后的。da5-6 同 da1-2 的做法再做一遍。da7-8 双腿五位 Demi plié 一次，右臂在腿部下蹲时到手心向下的二位

（图 3-9-7），在双腿起直时，右臂同时打开到七位。头随手动，最后看向 3 点方向。

图 3-9-6　　　　　　　　　　　　图 3-9-7

④ da-1　开始做四拍一次的 Grand battement jeté balancé。右腿经 Battement tendu 往后踢起 90° 以上，保持右臂七位，头看 3 点方向（图 3-9-8）。再右腿直腿落后点地。

da-2　右腿 Battement tendu passé par terre 经一位脚向前擦地。

da-3　右腿经往前踢起 90° 以上，保持右臂七位，头看 3 点方向（图 3-9-9）。再右腿直腿落前点地。

图 3-9-8　　　　　　　　　　　　图 3-9-9

da-4　右腿 Battement tendu passé par terre 经一位脚向后擦地。

da-5　同④da-1 的动作，再做一遍。

da-6　同④da-2 的动作，再做一遍。

da-7　同④da-3 的动作，再做一遍。

da-8　右腿从前点地位置 Battement tendu 收前五位站立。右臂经七位 Allongé 到一位，头随手动，最后抬头看 3 点方向。

二、CENTRE 中间部分

（十）Port de bras 头手练习

1. 练习目的与教学内容

学习在基础的 Temps lié 动作中加入上身展腰的练习，并开始在中间练习站五位脚做第三种 Port de bras 的动作。逐步加入往前、往旁、往后的下腰动作，是为了更好地加强对上肢能动性的开发与练习，以获得更为舒展、流畅的大幅度舞姿。同时也在动作中更好地练习对身体重心的把握和支配能力。

（1）Temps lié

本组合学习 Temps lié 带 Port de bras 上身向后、向旁下腰的做法。

（2）Port de bras

本组合学习第三种 Port de bras 的做法。

2. 主要动作的节拍进度与练习要求

（1）Temps lié［唐·利埃］：一系列的连接舞步

节拍：八拍一次

右腿前五位 Épaulement croisé 站立，双臂一位准备。

da-1　双腿五位 Demi plié 下蹲。双臂保持一位，头看 2 点方向。

da-2　右腿 Battement tendu 出 Croisé 前点地。双臂二位，头看右臂。

da-3　落右腿 Croisé 前四位，双腿 Demi plié 下蹲。保持双臂二位，头看右臂。

da-4　右腿推地全脚站立，左腿推绷 Croisé 后点地。双臂打开右五位，头看 2 点方向。

da5-6　向后 Port de bras 下胸腰。保持右五位手。

da-7　上身起直站立。保持右五位手。

da-8　左腿 Battement tendu 收回后五位脚，Épaulement croisé 站立。保持双臂右五位，头看 2 点方向。

要求：向后和向旁做 Port de bras 展胸腰时，身体重心要始终在全脚踩地的支撑腿上，而打开在外点地的动作腿，只能去保持伸直与绷脚，不能去支撑身体重心。并注意头部要始终保持在侧转向旁的方向，要伸展颈椎和外展肩胛骨，不能含胸、耸肩。上身起直过程中，要向后留头、留胸腰，逐步起直。手臂也要充分舒展。整个动作要求做得平稳、顺畅。

（2）Port de bras［波·德·勃拉］：手臂的动作或上体的仰俯

节拍：八拍一次的第三种 Port de bras

左腿前五位 Épaulement croisé 站立，双臂七位准备。

da1-2　上身向前下腰，双臂到二位。

da3-4　上身起直站立，双臂到三位。

da5-6　上身向后下腰，双臂保持三位。

da7-8　上身起直，双臂打开七位。

要求：往前下腰时，五位脚站立的双腿要用力伸直转开，保持垂直，不能缩胯向后拉扯重心，并注意不要驼背。向后弯腰时，不要出现耸肩缩脖的形态，双肩要摆正，双腿伸直，保持重心的垂直，胯收紧向上提起，收紧腹肌、臀肌，不要向前腆胯。动作要做得流畅、平稳、连贯，注意保持准确的手臂形态，头和视线始终跟随手臂的运动而动作。

3. 组合的动作节拍与做法详解

节拍：$\frac{3}{4}$ 拍，中速

准备姿态：右腿前五位 Épaulement croisé 站立，双臂一位准备。

（前奏）da5-6　保持一位手不动，头看 2 点方向。

da7-8　双臂七位 Allongé，再收回到一位。

① da-1　开始做 Temps lié。双腿五位 Demi plié 下蹲，保持双臂一位，头看 2 点方向（图 3-10-1）。

da-2　右腿对 8 点方向 Battement tendu 出 Croisé 前点地。双臂到二位，头看右臂方向（图 3-10-2）。

da-3　落右腿 Croisé 前四位，双腿 Demi plié 下蹲。保持双臂二位，头看右臂（图 3-10-3）。

da-4　右腿推地全脚站立，左腿推绷 Croisé 后点地。双臂打开右五位，头看 2 点方向（图 3-10-4）。

da5-6　上身向后 Port de bras 下胸腰。保持右五位手（图 3-10-5）。

da7-8　上身起直站立。保持左腿后点地，双臂右五位，头看 2 点方向（图 3-10-6）。

图 3-10-1　　　　　　　图 3-10-2　　　　　　　图 3-10-3

图 3-10-4　　　　　　　图 3-10-5　　　　　　　图 3-10-6

② da-1　右腿 Battement tendu 收回后五位的同时，双腿五位 Demi plié 下蹲，身体转到面对 En face 方向。左臂到二位，右臂保持七位，形成双臂的右六位。头看左臂手心方向（图 3-10-7）。

da-2　右腿 Battement tendu 出旁点地。双臂打开到七位，转头看 7 点方向（图 3-10-8）。

da-3　落右腿旁二位，双腿 Demi plié 下蹲。保持双臂七位，转头看 1 点方向（图 3-10-9）。

da-4　身体向右移动重心，右腿推起全脚站立，左腿推绷至旁点地。双臂保持七位，头看 1 点方向（图 3-10-10）。

da5-6　上身 Port de bras 向右旁下胸腰。右臂到二位，左臂到三位，双臂成右四位舞姿。头部先随左臂抬起三位时向上看，再转头看向 3 点的斜下方（图 3-10-11）。

图 3-10-7   图 3-10-8   图 3-10-9

图 3-10-10   图 3-10-11

da-7　上身起直站立。保持左腿旁点地。双臂打开七位，头看 1 点方向（图 3-10-12）。

da-8　左腿 Battement tendu 收回前五位脚站立，同时身体转到面对 2 点方向。双臂七位 Allongé，头看 8 点方向（图 3-10-13）。

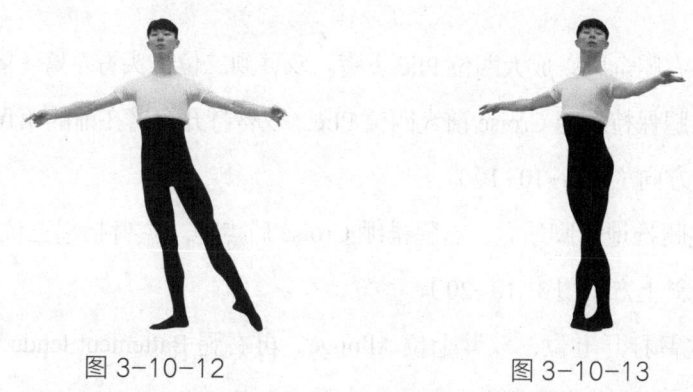

图 3-10-12   图 3-10-13

③ da1-2　开始做第三种 Port de bras。上身向前下腰 90°，双臂到二位，头看向左臂一侧（图 3-10-14）。

da-3　上身起直站立，双臂到二位，头看向左臂（图3-10-15）。

da-4　上身保持不动，双臂到三位，抬头看8点斜上方（图3-10-16）。

da5-6　上身向后下腰90°，双臂保持三位，头保持看向左臂的斜上方（图3-10-17）。

图3-10-14　　　　图3-10-15　　　　图3-10-16　　　　图3-10-17

da7-8　上身起直站立，双臂打开至七位，头看8点方向。

④ da-1　做另一边的Temps lié往前。左腿前五位Demi plié下蹲，保持双臂一位，头看8点方向。

da-2　右腿对2点方向Battement tendu出Croisé前点地。双臂到二位，头看左臂方向。

da-3　落左腿Croisé前四位，双腿Demi plié下蹲。保持双臂二位，头看左臂。

da-4　左腿推地全脚站立，右腿推绷Croisé后点地。双臂打开左五位，头看8点方向。

da-5　落右腿全脚，成大四位Plié下蹲。双臂到二位，头看左臂（图3-10-18）。

da-6　双腿保持左腿Croisé前大四位Plié。双臂打开左臂在前的第Ⅳ Arabesque舞姿，头看2点方向（图3-10-19）。

da-7　左腿推地全脚站立，右腿推绷Croisé后点地。左臂抬起三位，双臂成右五位，头看8点斜上方（图3-10-20）。

da-8　左臂打开七位，双臂七位Allongé。再右腿Battement tendu收回后五位同时，双臂收回一位。头随左臂动，最后抬头看向8点方向。

图 3-10-18　　　　　　　　图 3-10-19　　　　　　　　图 3-10-20

（十一）Battement tendu 擦地练习

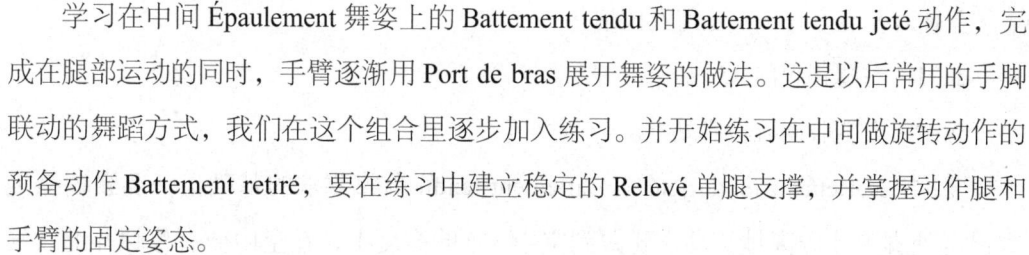

1. 练习目的与教学内容

学习在中间 Épaulement 舞姿上的 Battement tendu 和 Battement tendu jeté 动作，完成在腿部运动的同时，手臂逐渐用 Port de bras 展开舞姿的做法。这是以后常用的手脚联动的舞蹈方式，我们在这个组合里逐步加入练习。并开始练习在中间做旋转动作的预备动作 Battement retiré，要在练习中建立稳定的 Relevé 单腿支撑，并掌握动作腿和手臂的固定姿态。

（1）Battement tendu

本组合练习五位脚往前、往旁、往后一拍一次的做法，并带上手臂在过程中与腿部动作配合的联动做法。并完成在 Épaulement 上 Croisé、Écarté、Arabesque 舞姿上学习。

（2）Battement tendu jeté

本组合学习在中间两拍一次的做法，并配合 Battement tendu 的组合形式，在同样的 Épaulement 舞姿上去做练习。

（3）Battement retiré

Retiré 原意是"收回"，我们称此动作为"吸腿"。它既是一个独立的动作，也是一个连接的动作。作为连接动作时称作"Passé"，也是从一个舞姿"经过吸腿"位置再到另一个舞姿的意思。它既是舞姿的连接动作，也是很多旋转类技术技巧的基础姿态。本组合练习在中间从五位脚 Dime plié 开始到五位脚 Dime plié 结束的 Battement retiré，为以后学习的五位 Pirouette 旋转动作打好基础。

2. 主要动作的节拍进度与练习要求

（1）Battement tendu［巴特芒·唐究］：动作腿的擦地延伸与收回

节拍：一拍一次

身体对 8 点方向，右腿前五位站立，双臂右六位准备。

da-   右腿往前 Battement tendu 点地。

1-   右腿 Battement tendu 收回前五位脚站立。

要求：在快速擦地和收回的过程中，动作腿的运动速度要配合音乐节拍的快慢，做到果断、迅速、准确。并保持在向外不离地的点地位置，做最大限度的延伸和拉长。支撑腿要注意有力地推地，保持身体重心的平稳。

（2）Battement tendu jeté［巴特芒·唐究·热泰］：小的踢腿动作

节拍：两拍一次（分解体）

身体对 8 点方向，右腿前五位站立。

da-1   右腿踢起前 35°。

da-2   右腿收回五位脚站立。

要求：Battement tendu jeté 在 Battement tendu 全部要求的基础上，要强调擦地到最远处脚尖才能离地。动作腿踢到空中 35° 的高度上，在空中要有停顿并继续延伸。收回时，脚尖还要经过前点地最远端的位置，然后经过擦地的全过程收回到五位脚。动作腿踢出去时，要特别注意支撑腿和躯干的稳定，不要摇晃，躯干要保持正直。

（3）Battement retiré［巴特芒·勒蒂雷］：绷脚吸腿的姿态

节拍：两拍一次

身体对 En face 站右腿前五位，双腿五位 Dime plié 准备。

da-1   右腿绷脚吸腿至左腿膝关节前侧，左腿立起高半脚尖 Relevé。

da-2   右腿收落后五位脚，双腿 Dime plié。

要求：动作腿要快速地绷脚抬大腿、收小腿至主力腿膝关节前侧的位置停顿。两腿保持外开，骨盆保持平整，动作腿的脚趾始终轻轻贴在支撑腿上，沿着一条直线向上抬起和落下。动作过程中，支撑腿要和身体保持稳定，后背有力地收紧，保持骨盆的平正。最后结束的五位 Dime plié，不能依次落下双腿，要双腿同时落地并加深 Plié，以使从 Relevé 高处落下的身体获得最大的平稳。

3. 组合的动作节拍与做法详解

节拍：$\frac{4}{4}$ 拍，稍快

准备姿态：身体面对 8 点方向，右腿前五位 Épaulement croisé 站立，双臂一位，头看 2 点方向准备。

（前奏）da5-6　保持双臂一位。

da7-8　双臂小七位 Allongé，再收回到一位。

① da1-2　右腿两拍一次的 Battement tendu 往 Croisé 前一次。da-1 右腿向前擦地伸出，双臂到二位，头看右臂方向（图 3-11-1）。da-2 右腿 Battement tendu 收回前五位脚，双臂保持二位。

da-3　右腿一拍一次的 Battement tendu 往前一次。da- 右腿向前擦地伸出，双臂打开右五位，头看 2 点方向（图 3-11-2）。1- 右腿 Battement tendu 收回前五位脚。

da-4　右腿一拍一次的 Battement tendu 往前一次。

da5-6　右腿两拍一次的 Battement tendu jeté 往 Croisé 前一次。da-1 右腿踢起前 35°，双臂保持右五位，头看 2 点方向（图 3-11-3）。da-2 右腿收回前五位脚。

da7-8　右腿再 Battement tendu jeté 往前一次。

图 3-11-1　　　　　图 3-11-2　　　　　图 3-11-3

② da1-2　右腿两拍一次的 Battement tendu 往 Écarté 前一次。da-1 右腿向旁擦地伸出，右臂经一位到二位，左臂向旁打开七位，成双臂左六位，头看右臂方向（图 3-11-4）。da-2 右腿 Battement tendu 收回后五位脚，双臂保持左六位。

da-3　右腿一拍一次的 Battement tendu 往旁一次。da- 右腿向旁擦地伸出，右臂到三位，成双臂左五位，头看 2 点斜上方（图 3-11-5）。1- 右腿 Battement tendu 收回前五位脚。

da-4　右腿一拍一次的 Battement tendu 往旁一次，收后五位脚。

da5-6　右腿两拍一次的 Battement tendu jeté 往 Écarté 前一次。da-1 右腿踢起旁 35°，双臂保持左五位，头看 2 点斜上方（图 3-11-6）。da-2 右腿收回前五位脚。

图 3-11-4　　　　　　　　　图 3-11-5　　　　　　　　　图 3-11-6

da7-8　右腿再 Battement tendu jeté 往旁一次，收回后五位脚。

③ da1-2　右腿两拍一次的 Battement tendu 往 Effacé 后一次。da-1 右腿向后擦地伸出，右臂向旁打开到七位，左臂经一位到二位，成双臂右六位舞姿，头看左臂方向（图 3-11-7）。da-2 右腿 Battement tendu 收回后五位脚，双臂保持二位。

da-3　右腿一拍一次的 Battement tendu 往后一次。da- 右腿向后擦地伸出，双臂打开第 I Arabesque 舞姿，头看 8 点方向（图 3-11-8）。1- 右腿 Battement tendu 收回后五位脚。

da-4　右腿一拍一次的 Battement tendu 往后一次。

da5-6　右腿两拍一次的 Battement tendu jeté 往 Effacé 后一次。da-1 右腿踢起后 35°，双臂保持第 I Arabesque 舞姿，头看 8 点方向（图 3-11-9）。da-2 右腿收回后五位脚。

图 3-11-7　　　　　　　　　图 3-11-8　　　　　　　　　图 3-11-9

da7-8　右腿再 Battement tendu jeté 往后一次。

④ da1-2　左腿两拍一次的 Battement tendu 往 Écarté 后一次。da-1 左腿向旁擦地伸出，右臂到七位，左臂抬起到三位，成双臂右五位舞姿，头看 2 点斜下方（图 3-11-10）。da-2 左腿 Battement tendu 收回后五位脚，双臂保持右五位。

da-3　左腿一拍一次的 Battement tendu 往旁一次，收前五位脚。

da-4　左腿一拍一次的 Battement tendu 往旁一次，收后五位脚。保持双臂右五位舞姿。

da5-6　右腿两拍一次的 Battement tendu plié 往旁一次。da-1 右腿向旁 Battement tendu en tournant 1/8 圈，身体面对 En face 方向，双臂打开七位，头看 1 点方向（图 3-11-11）。da-2 右腿收回前五位脚同时，双腿五位 Demi plié，右臂收回到左六位（图 3-11-12）。

图 3-11-10　　　　　　　图 3-11-11　　　　　　　图 3-11-12

da7-8　右腿两拍一次的 Battement retiré。da-1 右腿绷脚吸腿至左腿膝关节前侧，左腿立起高半脚尖 Relevé，双臂二位，头看 1 点方向（图 3-11-13）。da-2 右腿收落后五位脚，双腿 Dime plié，同时身体转到面对 2 点方向。双臂打开七位，转头看 8 点方向（图 3-11-14）。

图 3-11-13　　　　　　　图 3-11-14

（十二）Adagio 控制练习

1. 练习目的与教学内容

在中间学习 Battement développé passé 在 90°大舞姿上的转换，以及在大四位上做圆的 Port de bras 动作。这两个动作都是本组合扶把部分 Adagio 中的练习内容，在中间的做法对身体重心的支撑和稳定有了更高的要求，对头部、手臂与身体的配合也有了更多协调性练习的价值。

（1）Battement développé passé

本组合学习在中间做在 90°大舞姿上，动作腿从 Croisé 前 Battement développé passé 出 Effacé 后，成第 Ⅰ Arabesque 舞姿的做法。

（2）大四位上圆的 Port de bras

本组合学习在中间双腿大四位 Plié 姿态上，双臂带动上身做圆的 Port de bras 环动下腰的练习。

2. 主要动作的节拍进度与练习要求

（1）Battement développé passé［巴特芒·代弗洛佩·帕塞］：一个舞姿经吸腿过渡到另一个舞姿的连续动作

节拍：四拍一次（分解的）带手臂 Port de bras 的

身体对 8 点方向，右腿 Croisé 前 90°伸出，双臂打开右五位，头看 2 点方向准备。

da1-2　右腿吸腿到一位 Passé 位置。双臂到二位，头看右臂方向。

da3-4　右腿 Battement développé 往 Effacé 后 90°伸出。双臂打开左臂在前的第Ⅰ Arabesque 舞姿，头看 8 点方向。

要求：从 Croisé 前 90°舞姿上收回 Passé 时，动作腿的大腿要保持高度不变，向外打开的膝关节带动绷紧的脚尖收到支撑腿的膝关节高度，脚尖轻轻贴在支撑腿内侧外缘边的一位位置，之后再向 Effacé 后舞姿打开。同时支撑腿要保持充分的外开，身体向上提起，要保持双胯、双肩的平正。

（2）圆的 Port de bras［波·德·勃拉］：手臂带动身体环动下腰的动作

节拍：四拍一次（分解的）

身体对 8 点方向，右腿 Croisé 前大四位 Plié（右腿前屈腿，左腿后直腿），双臂打开七位，头看 2 点方向准备。

da-5　上身往前下胸腰，双臂到二位。

da-6　上身向左环动到旁腰，双臂打开左五位。

da-7　上身从旁环动到往后的胸腰，双臂交换为右五位。

da-8　右腿推地全脚站立，左腿推绷 Croisé 后点地。同时上身起直，双臂保持右五位，头看 2 点方向。

要求：在大四位 Plié 的身体环动下腰过程中，注意要将身体重心适当地往前腿的位置调整，不能太多地向后腿方向拉扯重心，双腿有力全脚踩地。手臂带动上身的转圆腰的运动轨迹要清晰、平稳。头和视线始终跟随手臂的运动而运动。

3. 组合的动作节拍与做法详解

节拍：$\frac{6}{8}$ 拍，中速

准备姿态：身体对 8 点方向，右腿前五位 Épaulement croisé 站立，双臂右一位准备。

（前奏）da5-6　保持双臂一位不动。

da7-8　双臂打开小七位 Allongé，再回到一位。头随右臂动。

① da1-2　右腿抬起经 Sur le cou-de-pied 到前五位 Battement retiré 位置。双右臂二位，头看右臂方向（图 3-12-1）。

da3-4　右腿 Battement développé 往 Croisé 前 90° 伸出。双臂打开右五位，转头看 2 点方向（图 3-12-2）。

da5-6　保持不动。

da7-8　右腿吸腿到一位 Passé 位置，右臂到二位。头看右臂方向（图 3-12-3）。

② da1-2　右腿 Battement développé 往 Effacé 后 90° 伸出。双臂打开左臂在前的第 I Arabesque 舞姿，头看 8 点方向（图 3-12-4）。

图 3-12-1　　　图 3-12-2　　　图 3-12-3　　　图 3-12-4

da3-4　保持不动。

da-5　右腿直腿落 Effacé 后点地。

da-6　左臂打开七位，头看 6 点方向。

da-7　转头看 2 点方向，双臂七位 Allongé。

da-8　右腿 Battement tendu 收后五位，双臂到一位。

③ da1-2　保持身体对 8 点方向。左腿抬起经 Sur le cou-de-pied 到前五位 Battement retiré 位置。双右臂二位，头看右臂方向（图 3-12-5）。

da3-4　左腿 Battement développé 往旁 90° 伸出，双臂打开右五位，转头看 2 点斜下方，成右腿后 Écarté 舞姿（图 3-12-6）。

图 3-12-5　　　　　　　　　图 3-12-6

da5-6　保持不动。

da-7　左腿直腿落旁点地。左臂打开七位，转头看 6 点方向。

da-8　双臂七位 Allongé，转头看 2 点方向。再左腿 Battement tendu 收后五位，双臂到一位。

④ da-1　右腿向 Croisé 前全脚 Chassé 到四位 Demi plié。双臂到二位，头看右臂方向（图 3-12-7）。

da-2　右腿推地全脚站立，左腿推绷 Croisé 后点地。双臂打开右五位，头看 2 点方向（图 3-12-8）。

da-3　左臂打开七位，转头看 6 点方向。

da-4　左腿直腿落 Croisé 后全脚，成双腿大四位 Demi plié。双臂七位 Allongé，转头看 2 点方向（图 3-12-9）。

图 3-12-7   图 3-12-8   图 3-12-9

da-5   开始在大四位 Plie 上做第五种圆的 Port de bras 动作。上身往前下胸腰，双臂到二位，头随手动（图 3-12-10）。

da-6   上身向左环动到旁腰，双臂打开左五位，头看 6 点斜下方（图 3-12-11）。

da-7   上身从旁环动到往后的胸腰。双臂交换为右五位，同时转头看 2 点方向（图 3-12-12）。

da-8   右腿推地全脚站立，左腿推绷 Croisé 后点地。同时上身起直，双臂保持右五位，头看 2 点方向（图 3-12-13）。

图 3-12-10   图 3-12-11   图 3-12-12   图 3-12-13

（结束拍）da-7   左臂打开七位，头看 6 点方向。

da-8   双臂七位 Allongé，转头看 2 点方向。再左腿 Battement tendu 收后五位，双臂到一位，抬头看 2 点方向。

（十三）Grand battement jeté 大踢腿练习

1. 练习目的与教学内容

学习在中间站 Épaulement effacé 五位脚开始的 Grand battement jeté 往前、往后的踢腿。身体在 Effacé 的舞姿比初级阶段 2 练习的 Croisé 舞姿更不容易摆放准确，所以安排在本阶段来学习。双腿交替 À la seconde 往旁踢腿的做法，也加强了对重心支撑点及时转换的能力练习。并加入五位起落的小的 Pirouette 动作，让舞蹈中必不可少的旋转动作开始在中间逐步练习。

（1）Grand battement jeté

本组合学习在中间 Épaulement 五位脚站立 Effacé 往前、往后踢腿，以及双腿交替 À la seconde 往旁踢腿的练习。

（2）Pirouette

本组合学习身体对 En face，双腿从五位 Demi plié 开始和结束的 Pirouetté en dehors 转 1 整圈的做法。

2. 主要动作的节拍进度与练习要求

（1）Grand battement jeté［格朗·巴特芒·热泰］：动作腿大的向外踢腿动作

节拍：两拍一次

身体对 2 点方向，右腿前五位 Épaulement effacé 站立，双臂打开右五位准备。

da–　右腿踢起 Effacé 前 90° 以上。

1–　落前点地。

da–2　右腿 Battement tendu 收回前五脚站立。

要求：在两拍一次的做法中，快速连贯踢起的动作腿一定要有 Battement tendu 的完整过程。脚背、脚趾要在地面绷紧之后才可以离开地面踢起，并始终保持最大限度的伸直和外开。在 Épaulement effacé 展开双臂的大舞姿，要在踢腿的震动中保持稳定，不能摇晃或松懈。

（2）Pirouette［皮鲁埃特］：单腿支撑的原地旋转动作

节拍：四拍一次

站中间 En face 右腿前五位，双臂一位准备。

da–1　右腿 Battement tendu 旁点地，双臂经二位打开七位。

da–2　右腿收前五位，双腿 Demi plié 下蹲。右臂收回到左六位。

da-3　右腿推地 Relevé，左腿收前五位 Retiré，双臂二位，向右转 Pirouette en dehors 1 整圈。再落右腿后五位的双腿 Demi plié 下蹲，双臂打开七位。

da-4　双腿推直五位脚站立，双臂到一位。

要求：在旋转过程中，头部有留头摆头的配合过程。支撑腿推起半脚尖时，身体要提起来，后背收紧，支撑腿要伸直、有力、保持外开。动作腿要贴着支撑腿小腿快速、有力、直接地吸腿到 Retiré 位置，过程中保持整条腿最大限度的外开。

3. 组合的动作节拍与做法详解

节拍：$\frac{6}{8}$ 拍，稍快

准备姿态：身体对 8 点方向，右腿前五位 Épaulement croisé 站立，双臂右一位准备。

（前奏）da5-6　右臂抬至二位手，头部稍向左侧头看向右臂位置。

da7-8　双臂打开右五位，身体转向面对 2 点方向，头看 8 点斜上方。

① da-1　开始做两拍一次 Grand battement jeté 往前的。da- 右腿 Effacé 往前踢起 90° 以上（图 3-13-1）。1- 落右腿前点地（图 3-13-2）。

图 3-13-1　　　　　　　　图 3-13-2

da-2　右腿 Battement tendu 收回前五位站立。保持双臂右五位，头看 8 点斜上方。

da3-4　同 da1-2 的动作，右腿往前踢腿的再做一遍。

da5-6　同 da1-2 的动作，右腿往前踢腿的再做一遍。

da7-8　右腿前五位 Demi plié 下蹲，双臂到二位，头看左臂。再双腿推直站立，双臂打开右臂在前的第 I Arabesque，头看 2 点方向。

② da-1　开始做两拍一次 Grand battement jeté 往后的。da- 左腿 Effacé 往后踢起

90°以上（图3-13-3）。1- 落左腿后点地（图3-13-4）。

图 3-13-3   图 3-13-4

da-2　左腿 Battement tendu 收回后五位站立。保持双臂第 I Arabesque 舞姿，头看 2 方向。

da3-4　同 da1-2 的动作，左腿往后踢腿的再做一遍。

da5-6　同 da1-2 的动作，左腿往后踢腿的再做一遍。

da7-8　左腿后五位 Demi plié 下蹲，双臂到二位，头看左臂。再双腿推直站立，同时身体转到 En face，双臂打开七位，头看 1 点方向。

③ da-1　开始做两拍一次 Grand battement jeté 往旁的。da- 右腿 À la seconde 往旁踢起 90°以上，同时转头看 7 点方向（图3-13-5）。1- 落右腿旁点地。

da-2　右腿 Battement tendu 收回后五位站立。保持双臂七位，头看 7 方向。

da-3　交换左腿做 Grand battement jeté 往旁的。da- 左腿 À la seconde 往旁踢起 90°以上，同时转头看 3 点方向（图3-13-6）。1- 落左腿旁点地。

图 3-13-5   图 3-13-6

da-4　左腿 Battement tendu 收回后五位站立。保持双臂七位，头看 3 方向。

da5-6　同 da1-2 的动作，右腿往旁踢腿的再做一遍。

da7-8　同②da1-2 的动作，左腿往旁踢腿的再做一遍。双臂经七位 Allongé 收一位，头看 1 点方向。

④ da-1　右腿 Battement tendu 旁点地，双臂经二位打开七位（图 3-13-7）。

da-2　右腿收前五位，双腿 Demi plié 下蹲。右臂收回到左六位（图 3-13-8）。

da-3　右腿推地高半脚 Relevé 站立，左腿收前五位 Retiré，双臂二位，头看 1 点方向（图 3-13-9）。

图 3-13-7   图 3-13-8   图 3-13-9

da-4　落右腿前五位的双腿 Demi plié 下蹲，双臂打开七位。

da-5　左腿推直全脚站立，右腿 Battement tendu 旁点地。双臂保持七位。

da-6　右腿收前五位，双腿 Demi plié 下蹲。经双臂七位 Allongé，再右臂收回到左六位。

da-7　身体向右转 Pirouette en dehors 1 整圈，右腿推地高半脚 Relevé，左腿收前五位 Retiré，双臂二位，旋转中留头摆头（图 3-13-10）。

da-8　转到身体对 2 点方向，落右腿后五位的双腿 Demi plié 下蹲。双臂打开七位，头看 8 点方向（图 3-13-11）。

图 3-13-10   图 3-13-11

（结束拍）da-7   双腿推直五位脚站立，右臂打开七位 Allongé，头看 8 点方向。

da-8   双臂到一位，头随左臂动，最后抬头看 8 点方向。

三、JUMPS 跳跃部分

（十四）Pas sauté 小跳练习

1. 练习目的与教学内容

学习在 En face 上连续做多次的 Pas sauté 和 Changement de pied 跳跃。在快速多次重复的伸绷跳跃中，练习双腿各关节灵活的屈伸运动。这都是小的、敏捷的跳跃类动作，注意控制起跳的高度，不易跳得过高而拉慢音乐节奏，注意保持小跳的速度和性质。并学习往前、往后移动位置的五位 Pas sauté，这是对身体重心控制能力的练习。向外跳出一个四位脚的距离，不要跳得过远，不能影响身体的垂直体态。

（1）Pas sauté

本组合学习在中间 En face 站立，做原地一拍一次的连续五次的一、二位脚的练习。以及往前、往后移动的五位 Pas sauté 跳跃练习。

（2）Changement de pied

本组合学习一拍一次的 Changement de pied 连续换脚跳跃的做法。

2. 主要动作的节拍进度与练习要求

（1）Pas sauté［帕·索泰］：简单的空中跳跃

节拍：一拍一次（连续多次跳跃）

双腿一位 En face 站立，双臂一位准备。

da-8   双腿 Demi plié 下蹲。

da-1   双腿推地跳起，落一位 Demi plié。

da-2   双腿推地跳起，落一位 Demi plié。

da-3   双腿推地跳起，落一位 Demi plié。

da-4   双腿推直一位脚站立。

要求：在多次的连续跳跃中，双腿的脚踝关节、脚趾关节要始终保持很好的弹性屈伸状态，包括膝关节的弹性，都不能僵硬或拖沓。并要求每一次跳跃落地都要快速地完成全脚着地 Demi plié，不能脚后跟始终悬在空中不落地的蹲跳。还要注意对身体垂直重心的控制，要在原地完成多次跳跃，不能随意移动位置。

（2）Changement de pied［尚日芒·德·皮耶］：空中两脚交换位置的跳跃

节拍：一拍一次（连续多次跳跃）

右腿前五位 En face 站立，双臂一位准备。

da-8　右腿前五位 Demi plié 下蹲。

da-1　双腿跳起空中换左腿至前五位，再落左腿前五位 Demi plié。

da-2　双腿跳起空中换右腿至前五位，再落右腿前五位 Demi plié。

要求：同多次的 Pas sauté 跳跃一样，快速起跳、全脚落地、保持腿部各关节的弹性。并要求每次的空中换腿都要快速敏捷，要在起跳的最高点就已经完成好换位，双腿在空中前后夹紧成一腿在前的位置。保持身体垂直重心，及背肌、腰肌、腹肌的收紧，头要保持正直，在原地完成多次跳跃。

3. 组合的动作节拍与做法详解

节拍：$\frac{2}{4}$ 拍，稍快

准备姿态：双腿一位 En face 站立，双臂一位，头看 1 点方向准备。

（前奏）da5-7　保持一位脚 En face 站立不动。

da-8　双腿一位 Demi plié 下蹲（图 3-14-1）。

① da1-4　做一拍一次的连续跳跃四次。da- 双腿一位脚 Pas sauté 跳起，双臂一位，头看 1 点方向（图 3-14-2）。1- 双腿一位 Demi plié 下蹲。

da-5　再连续跳起一次一位 Pas sauté，落下时打开双腿至二位脚 Demi plié 下蹲（图 3-14-3）。

da-6　加深二位 Demi plié 下蹲。

da-7　双腿推直二位脚站立。

da-8　双腿二位脚 Demi plié 下蹲。

② da1-4　做一拍一次的连续跳跃四次。da- 双腿二位脚 Pas sauté 跳起，双臂一位，头看 1 点方向（图 3-14-4）。1- 双腿二位 Demi plié 下蹲。

da-5　再连续跳起一次二位 Pas sauté，落右腿前的五位脚 Demi plié 下蹲（图 3-14-5）。

da-6　加深五位 Demi plié 下蹲。

图 3-14-1   图 3-14-2   图 3-14-3   图 3-14-4   图 3-14-5

da-7   双腿推直五位脚站立。

da-8   双腿五位脚 Demi plié 下蹲。

③ da1-2   做一拍一次的 Changement de pied，连续跳跃两次，最后落右腿前五位 Demi plié 下蹲。da- 双腿 Changement de pied 跳起空中换脚五位，双臂一位，头看 1 点方向（图 3-14-6）。1- 落五位 Demi plié 下蹲。

da3-4   做两拍一次的 Pas échappé。da-3 从右腿前五位，跳落二位 Demi plié 下蹲，双臂经二位打开七位，头看右臂方向（图 3-14-7）。da-4 从二位跳落至左腿前五位 Demi plié，双臂经七位 Allongé 到一位，头看 1 点方向（图 3-14-8）。

图 3-14-6   图 3-14-7   图 3-14-8

da-5   从左腿前五位跳起向前移动的五位 Pas sauté，落左腿前五位 Demi plié 下蹲。

da-6   加深五位 Demi plié 下蹲。

da-7   双腿推直五位脚站立。

da-8   双腿五位脚 Demi plié 下蹲。

④ da1-2   同③da1-2动作，做另一边开始的 Changement de pied，连续跳跃两次。最后落左腿前五位 Demi plié 下蹲。

da3-4 做两拍一次的 Pas échappé。da-3 从左腿前五位，跳落二位 Demi plié 下蹲，双臂经二位打开七位，头看左臂方向。da-4 从二位跳落至右腿前五位 Demi plié，双臂经七位 Allongé 到一位，头看 1 点方向。

da-5 从右腿前五位跳起向后移动的五位 Pas sauté，落右腿前五位 Demi plié 下蹲。

da-6 加深五位 Demi plié 下蹲。

da-7 双腿推直五位脚站立。

da-8 保持右腿前五位站立不动。

（十五）Pas assemblé 小跳练习

1. 练习目的与教学内容

学习 Pas assemblé 与其他跳跃动作相连接的做法。Pas assemblé 与 Pas sauté 组成连跳，Pas glissade 与 Pas assemblé 组成连跳，Pas assemblé 往前的与往后做的组成连跳。并带上手臂的 Port de bras 与双腿形成协调运动，构成在 En face 和 Épaulement 上的不同舞姿。在简单的连续的跳跃关系中，掌握在空中不同方向上构成的舞姿，既是这个阶段训练的重点，也是将来学习更多丰富舞步的基础。

Pas assemblé

本组合学习 Pas assemblé 一拍一次的完成体节奏，在 En face 往旁做，在 Épaulement 往前、往后做。并与其他跳跃动作相连接，形成连续两次跳跃的"双跳"动律。

2. 主要动作的节拍进度与练习要求

Pas assemblé［帕·阿桑布莱］：双腿在空中聚集的跳跃。

一拍一次的：右腿前五位 Épaulement croisé 站立，双臂一位准备。

da-8 双腿五位 Demi plié 下蹲。

da- 右腿向前擦地原地跳起，空中右腿收回前五位。

1- 落右腿前五位 Demi plié。

da- 左腿向后擦地原地跳起，空中左腿收回后五位。

2- 落右腿前五位 Demi plié。

da-3 双腿起直站立。

da-4 保持站立不动。

要求：在连续的跳跃中，每一次的 Pas assemblé 落地，都要做好五位脚的 Demi

plié。要有严格、严谨的规则意识。一个转开双腿、重叠紧凑的标准五位 Demi plié 落地，才是完成好下一次双腿推跳的起始和保证。同时注意双腿膝关节、踝关节、脚趾关节在屈伸中的弹性关系，并强调空中形成姿态的紧凑与准确。

3. 组合的动作节拍与做法详解

节拍：$\frac{4}{4}$ 拍，稍快

准备姿态：站左腿前五位 Épaulement croisé，双臂一位，头看 8 点方向准备。

（前奏）da-5　保持五位脚站立不动。

da-8　双腿五位 Demi plié 下蹲。

① da-1　右腿向旁打开的 Pas assemblé 原地跳起，同时身体面对 En face，双臂打开七位 Allongé，头看 3 点方向（图 3-15-1）。再落右腿前五位 Demi plié，右臂到一位，左臂七位，保持头看 3 点方向（图 3-15-2）。

da-2　双腿五位 Pas sauté 原地跳起，双臂到左六位，头看 3 点方向（图 3-15-3）。再落右腿前五位 Demi plié（图 3-15-4）。

图 3-15-1　　　　　图 3-15-2　　　　　图 3-15-3　　　　　图 3-15-4

da-3　双腿推直五位站立，双臂到一位，头看 1 点方向。

da-4　双腿五位 Demi plié。

da-5　保持身体面对 En face，左腿向旁打开的 Pas assemblé 原地跳起，双臂打开七位 Allongé，头看 7 点方向。再落左腿前五位 Demi plié，左臂到一位，右臂七位，保持头看 7 点方向。

da-6　双腿五位 Pas sauté 原地跳起，双臂到右六位，头看 7 点方向。再落左腿前五位 Demi plié。

da-7　双腿推直五位站立，双臂到一位，头看 1 点方向。

da-8　双腿五位 Demi plié。

② da-1　保持身体面对 En face，右腿向旁移动的 Pas glissade 跳起，双臂经二位到七位，头看 1 点方向（图 3-15-5）。再落左腿前五位 Demi plié，双臂保持七位，头看 1 点方向（图 3-15-6）。

图 3-15-5　　　　　　　　　　图 3-15-6

da-2　右腿向旁打开的 Pas assemblé 原地跳起，双臂打开七位 Allongé，头看 3 点方向。再落身体面对 8 点方向，右腿 Épaulement croisé 前五位 Demi plié，双臂到一位，保持头看 1 点方向。

da-3　双腿推直五位站立。

da-4　双腿五位 Demi plié。

da-5　保持身体面对 8 点方向，右腿 Croisé 往前的 Pas assemblé 原地跳起，双臂到右六位，头看左臂方向（图 3-15-7）。再落右腿前五位 Demi plié，双臂到一位，头看 8 点方向（图 3-15-8）。

da-6　左腿 Croisé 往后的 Pas assemblé 原地跳起，双臂到左臂在前的第Ⅲ Arabesque 舞姿，头看 8 点方向（图 3-15-9）。再落右腿前五位 Demi plié，双臂到一位，头看 2 点方向（图 3-15-10）。

图 3-15-7　　　　　　图 3-15-8　　　　　　　　图 3-15-9　　　　　图 3-15-10

da-7　双腿推直五位站立。

da-8　双腿五位 Demi plié。

③ da-1　左腿向旁打开的 Pas assemblé 原地跳起，同时身体面对 En face，双臂打开七位 Allongé，头看 7 点方向。再落左腿前五位 Demi plié，左臂到一位，右臂七位，保持头看 7 点方向。

da-2　双腿五位 Pas sauté 原地跳起，双臂到右六位，头看 7 点方向。再落左腿前五位 Demi plié。

da-3　双腿推直五位站立，双臂到一位，头看 1 点方向。

da-4　双腿五位 Demi plié。

da-5　保持身体面对 En face，右腿向旁打开的 Pas assemblé 原地跳起，双臂打开七位 Allongé，头看 3 点方向。再落右腿前五位 Demi plié，右臂到一位，左臂七位，保持头看 3 点方向。

da-6　双腿五位 Pas sauté 原地跳起，双臂到左六位，头看 3 点方向。再落右腿前五位 Demi plié。

da-7　双腿推直五位站立，双臂到一位，头看 1 点方向。

da-8　双腿五位 Demi plié。

④ da-1　保持身体面对 En face，左腿向旁移动的 Pas glissade 跳起，双臂经二位到七位，头看 1 点方向。再落右腿前五位 Demi plié，双臂保持七位，头看 1 点方向。

da-2　左腿向旁打开的 Pas assemblé 原地跳起，双臂打开七位 Allongé，头看 7 点方向。再落身体面对 2 点方向，左腿 Épaulement croisé 前五位 Demi plié，双臂到一位，保持头看 1 点方向。

da-3　双腿推直五位站立。

da-4　双腿五位 Demi plié。

da-5　保持身体面对 2 点方向，左腿 Croisé 往前的 Pas assemblé 原地跳起，双臂到左六位，头看右臂方向。再落左腿前五位 Demi plié，双臂到一位，头看 2 点方向。

da-6　右腿 Croisé 往后的 Pas assemblé 原地跳起，双臂到右臂在前的第Ⅲ Arabesque 舞姿，头看 2 点方向。再落左腿前五位 Demi plié，双臂到一位，头看 1 点方向。

da-7　双腿推直五位站立。

da-8　双腿五位 Demi plié。

（十六）Pas jeté 小跳练习

1. 练习目的与教学内容

学习原地 Pas jeté 左右腿交替连续动作的练习，以及移动身体重心向外踢跳的做法。Pas glissade 也开始学习与 Pas jeté 连在一起做，使辅助其他动作起跳的功能和性质，开始得到练习。本阶段也主要练习 Pas jeté 在双起单落中，落地支撑的重心腿继续单腿推地跳起的转换能力。这样的单腿推跳样式，在以后移动的综合跳跃组合中有很多。它既是上一次跳跃的支撑落地，也是下一次跳跃的爆发推送。这些腿部的转换意识和知觉，都需要在小跳组合中逐步建立，之后再扩展到中、大跳里去更广泛地使用。

（1）Pas jeté

本组合学习一拍一次 Pas jeté 原地跳起的，以及向后 Effacé 往旁移动，Croisé 往前移动的做法。

（2）Pas glissade

本组合学习五位脚向旁移动不换脚的二拍一次的做法，并连接 Pas jeté 连续起跳的练习。

2. 主要动作的节拍进度与练习要求

（1）Pas jeté［帕·热泰］：动作腿踢腿跳起，空中转换重心的跳跃

节拍：一拍一次

左腿前五位 En face 站立，双臂一位准备。

da-8　双腿五位 Demi plié 下蹲。

da-　右腿向旁擦地，同时左腿原地推地跳起 Pas jeté。

1-　落右腿 Demi plié，左腿收后 Sur le cou-de-pied。

da-　左腿向旁擦地，同时右腿原地推地跳起 Pas jeté。

2-　落左腿 Demi plié，右腿收后 Sur le cou-de-pied。

要求：在一拍一次的快速跳跃中，双腿在空中同样要尽可能地构成二位脚的姿态。第二条腿的推地起跳，要先向旁绷脚打开，不能直接向第一条擦地踢跳的腿方向跟随。在双腿交替连续的 Pas jeté 中，第二跳起始的擦地腿，一定要经落地之后再向旁擦地踢跳，不能从后 Sur le cou-de-pied 位置上直接踢向空中跳起。同时注意身体在交换腿跳跃中的平衡和挺立。

（2）Pas glissade［帕·格利沙德］：向外滑行的小跳

节拍：二拍一次

左腿前五位 En face 站立，双臂一位准备。

da-8　双腿五位 Demi plié 下蹲。

da-　右腿向旁擦地同时，左腿推地向右旁跳移，空中双腿成小二位。

1-　落左腿前五位 Demi plié。

da-2　接做右腿向旁的 Pas jeté。

要求：在二拍完成体的做法中，起跳的方式要更为连贯、主动。身体向旁移出的重心要快速跟随，空中双胯有力上提，但同样不要跳得太高。并注意第二跳收回前五位的腿，一定要有擦地收回的过程，不能在快速节奏的跳跃中省略，以保持 Pas glissade "滑行、滑动" 跳跃的动作性质。

3. 组合的动作节拍与做法详解

节拍：$\frac{2}{4}$ 拍，稍快

准备姿态：身体对 2 点方向，左腿前五位 Épaulement croisé 站立，双臂一位，头看 8 点方向准备。

（前奏）da5-7　保持五位脚站立不动。

da-8　双腿五位 Demi plié 下蹲

① da-1　右腿踢起旁的原地 Pas jeté 一次。身体到面对 En face，空中双腿二位，双臂一位，转头看 3 点方向（图 3-16-1）。落右腿 Demi plié，左腿收后 Sur le cou-de-pied（图 3-16-2）。

da-2　左腿踢起旁的原地 Pas jeté 一次。身体保持 En face，空中双腿二位，双臂一位，转头看 7 点方向（图 3-16-3）。落左腿 Demi plié，右腿收后 Sur le cou-de-pied（图 3-16-4）。

da-3　左腿原地推起 Pas assemblé，空中伸直双腿成左腿前五位，双臂保持一位，头看 1 点方向（图 3-16-5）。再落左腿前五位 Demi plié 下蹲（图 3-16-6）。

da-4　双腿起直五位站立。再双腿五位 Demi plié 下蹲。

da-5　同 da-1 的动作，再做一遍。

da-6　同 da-2 的动作，再做一遍。

da-7　同 da-3 的动作，再做一遍。

图 3-16-1　　图 3-16-2　　图 3-16-3　　图 3-16-4　　图 3-16-5　　图 3-16-6

da-8　同 da-4 的动作，再做一遍。

② da-1　右腿往旁打开的 Pas glissade 一次。身体到面对 En face，空中双腿二位，双臂到二位打开到七位，头看 1 点方向（图 3-16-7）。落左腿前五位 Demi plié，双臂打开七位，头看 1 点方向（图 3-16-8）。

da-2　右腿踢起旁的原地 Pas jeté 一次。身体到面对 En face，空中双腿二位，双臂七位 Allongé，转头看 3 点方向（图 3-16-9）。落右腿 Demi plié，左腿收后 Sur le cou-de-pied，双臂左六位，头看 3 点方向（图 3-16-10）。

图 3-16-7　　　　　图 3-16-8　　　　　图 3-16-9　　　　　图 3-16-10

da-3　右腿原地推起 Pas assemblé，空中伸直双腿成右腿前五位。落身体面对 8 点方向，右腿前五位 Demi plié 下蹲，双臂到一位，头看 1 点方向。

da-4　双腿起直五位站立。再双腿五位 Demi plié 下蹲。

da-5　左腿经擦地向 Écarté 后踢起 45°，做往旁移动的 Pas jeté 一次。空中身体面对 8 点方向，双腿大二位，双臂打开七位 Allongé，转头看 6 点方向（图 3-16-11）。落左腿 Demi plié，右腿收前 Sur le cou-de-pied，双臂到一位，头看左臂方向（图 3-16-12）。

da-6　右腿不经擦地，直接向 Croisé 前踢起 45° 前腿，做往前移动的 Pas jeté 一次。空中身体保持面对 8 点方向，双腿大四位，双臂经二位到七位，头看 1 点方向（图 3-16-13）。落右腿 Demi plié，左腿 Attitude 后 45° 抬起（图 3-16-14）。

图 3-16-11　　　　　图 3-16-12　　　　　图 3-16-13　　　　　图 3-16-14

da-7　保持身体对 8 点方向，右腿原地推起 Pas assemblé，落右腿前五位 Demi plié 下蹲，双臂到一位，头看 1 点方向。

da-8　双腿起直五位站立。再双腿五位 Demi plié 下蹲。

③ da-1　左腿原地的 Pas jeté 一次。身体面对 En face 方向。

da-2　右腿原地的 Pas jeté 一次。

da-3　右腿原地 Pas assemblé，落右前五位 Demi plié 下蹲。

da-4　双腿起直五位站立。再双腿五位 Demi plié 下蹲。

da-5　同 da-1 的动作，再做一遍。

da-6　同 da-2 的动作，再做一遍。

da-7　同 da-3 的动作，再做一遍。

da-8　同 da-4 的动作，再做一遍。

④ da-1　左腿往旁打开的 Pas glissade 一次。身体到面对 En face，空中双腿二位，双臂到二位打开到七位，头看 1 点方向。落右腿前五位 Demi plié，双臂打开七位，头看 1 点方向。

da-2　左腿踢起旁的原地 Pas jeté 一次。身体到面对 En face，空中双腿二位，双臂七位 Allongé，转头看 7 点方向。落左腿 Demi plié，右腿收后 Sur le cou-de-pied，双臂右六位，头看 7 点方向。

da-3　左腿原地推起 Pas assemblé，空中伸直双腿成左腿前五位。落身体面对 2 点方向，左腿前五位 Demi plié 下蹲，双臂到一位，头看 1 点方向。

da-4　双腿起直五位站立。再双腿五位 Demi plié 下蹲。

da-5　右腿经擦地向 Écarté 后踢起 45°，做往旁移动的 Pas jeté 一次。空中身体面对 2 点方向，双腿大二位，双臂打开七位 Allongé，转头看 4 点方向。落右腿 Demi plié，左腿收前 Sur le cou-de-pied，双臂到一位，头看右臂方向。

da-7　左腿不经擦地，直接向 Croisé 前踢起 45° 前腿，做往前移动的 Pas jeté 一次。空中身体保持面对 2 点方向，双腿大四位，双臂经二位到七位，头看 1 点方向。落左腿 Demi plié，右腿 Attitude 后 45° 抬起。

da-7　保持身体对 2 点方向，左腿原地推起 Pas assemblé，落左腿前五位 Demi plié 下蹲，双臂到一位，头看 1 点方向。

da-8　双腿起直五位站立，保持左腿前五位 Épaulement croisé。

（十七）Pas échappé 中跳练习

1. 练习目的与教学内容

学习多次跳跃连接的中跳组合。在 Pas échappé 的连续跳跃中，更多地加强对下肢双腿运动能力的练习。并开始在 Grand fouetté sauté 学习里，学会从一个舞姿变换到另一个舞姿的练习，掌握更多的舞步和技术。

Grand fouetté sauté

Grand 原意为"大的、全的"，Fouetté 原意为"挥鞭、转身"，Sauté 原意为"带跳的"。由此译为"大的变身跳"。是以踢起的动作腿，在空中由前腿变换成后腿，或由后腿变换成前腿的动作。有 En dehors、En dedans 和带 En tournant 的多种做法。本组合学习从旁腿跳起，转换为后腿舞姿的基础做法。

2. 主要动作的节拍进度与练习要求

Grand fouetté sauté［格朗·弗韦泰·索泰］：大的变身跳

节拍：两拍一次

身体 En face，双腿二位站立，双臂七位准备。

da-8　双腿二位 Demi plié 下蹲。

da-　双腿二位推地跳起，空中身体转到面对 7 点方向，向前移动。左腿踢前 45°，右腿踢后 90°，双臂到左臂在前的第 I Arabesque 舞姿。

1— 落身体面对7点方向，左腿 Demi plié 下蹲，右腿保持后90°，双臂保持第Ⅰ Arabesque 舞姿。

要求：从二位 Demi plié 向上跳起的同时，身体要向7点方向往前移动重心。双腿在空中经二位旁腿转换为前后腿姿态，特别是左腿一定要有力地向行进方向踢起前腿。在空中跳跃的最高点，要形成第Ⅰ Arabesque 的舞姿。落地成舞姿时，上身要有力上挺，双胯上提。后腿要保持好90°的高度，减少因落地震动而产生的上下摆动，做好舞姿的平稳。

3. 组合的动作节拍与做法详解

节拍：$\frac{3}{4}$拍，中速

准备姿态：身体面对8点方向，右腿前五位 Épaulement croisé 站立。双臂一位，头看2点方向准备。

（前奏）da5—6 保持不动。

da—7 双臂打开小七位 Allongé，头随手动。

da—8 双腿五位 Demi plié 下蹲，双臂收回到一位手。

① da—1 开始做原地 En face 上的连续 Pas échappé。双腿推地跳起，空中右腿前五位，双臂到二位，头看1点方向（图3-17-1）。落身体 En face 二位 Demi plié 下蹲，双臂打开七位，头看右臂方向（图3-17-2）。

da—2 双腿推地跳起，空中双腿二位脚，双臂七位 Allongé（图3-17-3）。落左腿前的五位 Demi plié 下蹲，双臂到一位（图3-17-4）。

图 3-17-1   图 3-17-2   图 3-17-3   图 3-17-4

da3—4 同做①da1—2的动作，另一边的 Pas échappé 一遍。

da—5 双腿推地跳起，空中右腿前五位，双臂到二位。落身体 En face 二位 Demi

plié 下蹲。双臂打开七位，头看右臂方向。

　　da-6　双腿推地跳起，空中双腿二位脚。落身体 En face 二位 Demi plié 下蹲。双臂保持七位，头看 1 点方向。

　　da-7　双腿推地跳起，空中双腿二位脚，双臂七位 Allongé。落身体对 2 点方向，左腿 Épaulement croisé 前五位 Demi plié 下蹲，双臂到一位，头看 8 点方向。

　　da-8　双腿起直站立。再五位 Demi plié 下蹲。

　　② da-1　双腿推地跳起，空中左腿前五位，双臂到二位。落身体 En face 二位 Demi plié 下蹲。双臂打开七位，头看 1 点方向（图 3-17-5）。

　　da-　开始做向左边转身的 Grand fouetté sauté。双腿二位推地跳起，空中身体转到面对 7 点方向，向前移动。左腿踢前 45°，右腿踢后 90°，双臂到左臂在前的第 I Arabesque 舞姿，头看 7 点方向（图 3-17-6）。

图 3-17-5　　　　　　　　　　　图 3-17-6

　　2-　落身体面对 7 点方向，左腿 Demi plié 下蹲，右腿保持后 90°，双臂保持第 I Arabesque 舞姿（图 3-17-7）。

　　da-3　左腿再原地推地跳起 Pas assemblé，空中右腿收前五位，双臂七位 Allongé。落身体对 8 点方向，右腿前 Épaulement croisé 五位 Demi plié 下蹲，双臂到一位，头看 2 点方向（图 3-17-8）。

　　da-4　腿起直站立。再五位 Demi plié 下蹲。

　　da5-8　同做 da1-4 的动作，另一边的 Pas échappé 和 Grand fouetté sauté 做一遍。落身体对 2 点方向，左腿前 Épaulement croisé 五位站立，双臂到一位，头看 8 点方向。

图 3-17-7　　　　　　　　　　图 3-17-8

（十八）Sissonne fermée 中跳练习

1. 练习目的与教学内容

在中间学习 Sissonne fermée 连续多次跳跃的联动方式，以及 Sissonne ouverte 连接其他动作的连贯做法。要在加强双腿有力推地跳起的能力练习的同时，也在连贯的起跳和落地之间带上更多的姿态。在身体 Épaulement 运动方向上的变化中，逐步学会 Sissonne fermée 在中间往前、往旁、往后的所有连贯做法。并学习连续多次中跳动作的联动方式，完成好从起跳到落地，再转换成起跳的方法。为以后更多的连续中、大跳联动与衔接做好准备。

（1）Sissonne fermée

本组合学习在 Épaulement 的斜线上往前、往旁、往后带舞姿的跳跃。并学习连续两次和三次的跳跃，以及在连跳中改变方向和舞姿的联动方式。

（2）Sissonne ouverte

本组合学习往旁带 Écarté 舞姿的向外移动跳。以及往前移动的，带后腿 Attitude 90° 舞姿的做法，并连接往前 Pas assemblé 的连续跳跃练习。

2. 主要动作的节拍进度与练习要求

（1）Sissonne fermée［西松·弗尔梅］：双腿闭合式的跳跃

节拍：一拍一次

身体面对 8 点方向，右腿前五位 Épaulement croisé 站立，双一位准备。

da-8　双腿五位 Demi plié 下蹲。

da-　双腿推地跳起，空中身体转向面对 2 点方向。右腿踢前 45°，左腿向踢后 90°，做向 2 点方向往前移动跳跃。

1- 落右腿前五位 Demi plié 下蹲。

da- 双腿推地跳起第二次往前移动的 Sissonne fermée 跳跃。（一拍一次的）

2- 落右腿前五位 Demi plié 下蹲。

da-3 双腿推直五位站立。

4- 再 Demi plié 准备做下一次跳跃。

要求：连贯的 Sissonne fermée 做法中，要求从空中舞姿下落到五位 Demi plié 过程时，向移动方向踢起的第一条腿直接落地要平稳、有支撑。另一条腿，则同样需要经过全脚快速擦地，收回到双腿五位加深 Demi plié。双腿的配合在音乐中要按节拍连贯地完成，不要拖沓。因为在两次连续的跳跃动作中，第一次的落地收五位的下蹲，将是第二次连续跳跃的起始。要在落地的时间和过程中，都做好有韧性的、充分的 Demi plié。

（2）Sissonne ouverte［西松·乌韦尔］：敞开式的西松跳跃

节拍：两拍一次

身体面对 8 点方向，右腿前五位 Épaulement croisé 站立，双臂一位准备。

da-8 双腿五位 Demi plié 下蹲。

da- 双腿推地跳起，空中身体转向面对 2 点方向。右腿直腿踢旁 45°，左腿向旁踢 90°，身体重心向 4 点方向往旁移动跳跃。双臂经二位打开到右五位。

1- 落右腿 Demi plié 下蹲，左腿保持 Écarté 前 90°。双臂保持右五位。

da-2 左腿原地推跳 Pas assemblé 落五位。

要求：双腿同时快速踢向空中，与打开的双臂形成敞开的舞姿。向行进方向踢起的腿要单腿有力地支撑落地 Plié 下蹲，而打开的动作腿则要继续很好地保持踢起的高度，落地同样也要形成敞开的舞姿。向外移动的推跳要提胯向上，形成身体跳跃的抛物线，而不仅仅是跳远。

3. 组合的动作节拍与做法详解

节拍：$\frac{6}{8}$ 拍，中速

准备姿态：身体面对 8 点方向，右腿前五位 Épaulement croisé 站立。双臂一位，头看 2 点方向准备。

（前奏）da5-6 保持不动。

da-7 双臂打开小七位 Allongé，头随手动。

da-8　双腿五位 Demi plié 下蹲，双臂收回到一位手。

① da-　开始做带 Épaulement 方向，连续两次往前的 Sissonne fermée 跳跃。双腿推地跳起，空中身体转向面对 2 点方向。右腿踢前 45°，左腿向踢后 90°，做向 2 点方向往前移动跳跃。双臂同时打开成右臂在前的第 I Arabesque 舞姿，头看 2 点方向（图 3-18-1）。

1-　落右腿前五位 Demi plié 下蹲，保持第 I Arabesque 舞姿。

da-　双腿推地跳起第二次往前移动的 Sissonne fermée 跳跃。

2-　落右腿前五位 Demi plié 下蹲。

da-3　双腿推直五位站立，保持第 I Arabesque 舞姿。

4-　再双腿五位 Demi plié 下蹲。

da-5　开始做 Sissonne fermée 两次往前、一次往后的连续跳跃。同做 da-1 的动作，一次 Sissonne fermée 往前移动的跳跃，保持第 I Arabesque 舞姿。

da-6　同做 da-2 的动作，再一次连续往前移动的 Sissonne fermée 跳跃。落右腿前五位 Demi plié 下蹲，保持第 I Arabesque 舞姿，头看 2 点方向。

da-　双腿推地跳起，空中身体保持面对 2 点方向。左腿向踢后 45°，右腿踢前 90°，做身体重心向 6 点方向往后移动跳跃。双臂同时打开成左六位手舞姿，头看 8 点方向（图 3-18-2）。

图 3-18-1　　　　　　　　　　　　　　图 3-18-2

7-　落右腿前五位 Demi plié 下蹲，双臂保持左六位舞姿。

da-　双腿推直五位站立。

8-　再双腿五位 Demi plié 下蹲，双臂保持左六位舞姿。

② da- 开始做向旁移动的 Sissonne ouverte。双腿推地跳起，空中右腿踢旁 45°，左腿踢旁 90°，同时身体重心向 4 点方向的 Écarté 后移动。左臂抬起到三位，成双臂右五位舞姿，头看 8 点斜上方（图 3-18-3）。

1- 落右腿 Demi plié 下蹲，左腿保持 Écarté 前 90°。双臂保持右五位。

da-2 右腿原地推跳 Pas assemblé，落左腿前五位 Demi plié 下蹲。双臂经七位到一位手。

da- 双腿推地跳起，空中身体转到面对 8 点方向。左腿踢旁 45°，右腿踢旁 90°，同时身体重心向 6 点方向的 Écarté 后移动。双臂经二位打开到左右五位舞姿，头看 2 点斜上方（图 3-18-4）。

图 3-18-3　　　　　　　图 3-18-4

da-4 左腿原地推跳 Pas assemblé，落右腿前五位 Demi plié 下蹲。双臂经七位到一位手。

da- 开始连续做往前移动的 Sissonne ouverte。双腿推地跳起，身体重心向 8 点方向往前移动跳跃，空中右腿直腿踢前 45°，左腿向后踢 Attitude 90°。双臂经二位打开成右五位，头看 2 点方向（图 3-18-5）。

5- 落右腿 Demi plié 下蹲，左腿保持 Attitude 后 90°。双臂保持右五位。

da- 身体保持对 8 点方向，左腿 Effacé 往前四位 Pas coupé。左臂到二位，成双臂右六位，头看左臂方向（图 3-18-6）。再右腿经擦地快速往前踢起 45°，左腿推地跳起，身体向 8 点方向 Pas assemblé 往前移动，空中双腿成右腿前五位。双臂打开成左臂对 8 点斜下方向的 Arabesque 舞姿，右臂在身后稍高的抬起，头看左臂方向（图 3-18-7）。

图 3-18-5   图 3-18-6   图 3-18-7   图 3-18-8

6-　　落右腿前五位 Demi plié 下蹲，双臂到一位。

da-7　　原地五位 Relevé 立起，双臂经二位到三位，头看 2 点斜上方（图 3-18-8）。

da-8　　保持五位 Relevé 舞姿不动。

（结束拍）da-7　　保持身体对 8 点方向，落右腿前五位 Demi plié 下蹲。双臂打开七位到一位，头随右臂运动。

da-8　　双腿起直站立，头看 2 点方向。

（十九）Grand assemblé 中跳练习

1. 练习目的与教学内容

在中间学习 Grand assemblé 往旁移动的练习，这是在中大跳舞蹈动作中较为常见的跳跃动作。有别于原地起落的跳跃动作，主要训练身体在空中运用重心的转换，完成有控制的大幅度移动起落位置的跳跃能力。并配合 Pas failli 的辅助助跳动作，学会在连贯的前起预跳中，流畅地完成更多的跳跃舞步。在加强舞蹈调度流动性的同时，丰富舞蹈的动作表现能力。

（1）Grand assemblé

Grand 原意为"大的、全部的"。Assemblé 原意为"聚集、收到一起"。此动作即为大的空中双腿并腿移动跳跃。它是动作腿向旁或向前 90° 踢出，另一腿再同时推地跳起向动作腿并拢空中五位，同时身体向踢出方向移动的大幅度跳跃动作。它通常与其他辅助和连接动作组合在一起，在有助跳衔接的动式上去完成大的跳跃。它有往前、往旁移动的做法，也有带 En tournant 在移动中转身的做法。本组合学习往旁踢起的 Grand assemblé，并与其他跳跃动作相连接，形成连续的、在斜线上的移动跳跃。

（2）Pas failli

原意为"减弱的、错失的"。它是以双腿起跳，单腿落地，并带一腿滑动结束的跳跃。可以是单独的舞步，也可以成为其他中大跳动作的辅助前导动作。起跳高度不用过高、过大，流畅、轻盈地向外移动的跳出，具有优雅的美感。本组合学习在斜线上往前移动的做法，同时也衔接辅助 Grand assemblé 往前移动的练习。

2. 主要动作的节拍进度与训练要求

（1）Grand assemblé［格朗·阿桑布莱］：双腿在空中聚集的移动式跳跃

节拍：两拍一次的

身体对 2 点方向，左腿前 Épaulement croisé 点地站立，双臂小七位准备。

da-8　左腿 Croisé 往前迈步 Pas coupé，成大四位 Demi plié 下蹲。

da-　左腿推地，右腿经一位全脚擦地向前 90° 踢起 Grand assemblé。空中身体转向面对 8 点方向，双腿收拢成右腿前五位，向 2 点方向移动。

1-　落右腿前五位 Demi plié。

要求：在连续的跳跃中，在 Croisé 大四位 Demi plié 的左腿，要有力地配合右腿的擦地动作去完成起跳。右腿经全脚擦地以后，要向跳跃的移动方向快速有力地踢起 Grand battement jeté 旁腿 90°，并带动身体跃向空中，左腿再并拢到后五位，双腿夹紧、绷直，完成向 2 点方向的抛物线跳跃。

（2）Pas failli［帕·法伊］：带身体方向变化和滑动结束的跳跃

节拍：两拍一次

身体对 8 点方向，右腿前五位 Épaulement croisé 站立，双臂一位准备。

da-8　双腿五位 Demi plié 下蹲。

da-　双腿推地跳起 Pas failli。空中身体转向面对 2 点方向，右腿踢前 35°，左腿踢后 45° 以上，双臂打开小七位 Allongé。

1-　保持身体 2 点，落左腿 Croisé 前大四位 Demi plié 下蹲，双臂到二位。

da-2　连续接做 Grand assemblé。

这是向行进方向移动的跳跃动作，要求双腿向外踢出的同时，双胯有力上提，完成跳跃。身体从面对 8 点方向到空中转换成面对 2 点方向，双肩、双胯同样要平正，不要有向旁下腰的过程。落地的过程要流畅、稳定。右腿先落 Demi plié 有重心支撑后，左腿要从 Effacé 后经直腿点地快速地落全脚，再经一位滑向 Croisé 前大四位的位置。交替身体重心向前于左腿的 Plié 支撑，右腿则同时转换成 Croisé 后全脚直腿，为后面衔接其他跳跃做好准备。

3. 组合的动作节拍与做法详解

节拍：$\frac{6}{8}$ 拍，中速

准备姿态：身体面对 8 点方向，右腿前五位 Épaulement croisé 站立。双臂一位，头看 2 点方向准备。

（前奏）da5-6　保持不动。

da-7　双臂打开小七位 Allongé，再收回到一位手，头随手动。

da-8　双腿五位 Demi plié 下蹲，双臂保持一位。

① da-　开始做原地带 Épaulement 方向的 Sissonne fondu。双腿推地跳起，空中右腿快速吸腿至前 Passé 位置。双臂到二位，头看 1 点方向（图 3-19-1）。

1-　身体 En face，双腿依次落五位 Demi plié 下蹲，同时右腿向旁擦地。双臂打开七位。

da-　双腿原地推地跳起，空中右腿经旁 45° 打开（图 3-19-2）。并收回至后五位。双臂七位 Allongé。

图 3-19-1　　　　　　　　　　　　图 3-19-2

2-　落身体对 2 点方向，左腿前五位 Demi plié 下蹲。双臂到一位，头看 8 点方向。

da-3　双腿推直五位站立

da-4　再右腿前五位 Demi plié 下蹲。

da5-8　同做 da1-4 的动作，做另一边左腿吸起前 Passé 位置的 Sissonne fondu 一遍。最后一拍身体对 8 点方向，左腿前五位 Demi plié 下蹲。

② da-　双腿推地跳起 Pas failli。空中身体转向面对 2 点方向，右腿踢前 35°，左

腿踢后 45° 以上。双臂打开小七位 Allongé，头看 1 点方向（图 3-19-3）。

1-　保持身体 2 点，落左腿经擦地到 Croisé 前大四位 Demi plié 下蹲，双臂到二位，头看左臂方向。

da-　左腿推地，右腿经一位全脚擦地向前 90° 踢起 Grand assemblé。空中身体转向面对 8 点方向，双腿收拢成右腿前五位，向 2 点方向移动。双臂打开左五位 Allongé，头看 2 点斜上方（图 3-19-4）。

图 3-19-3　　　　　　　　图 3-19-4

2-　落右腿前的五位 Demi plié，保持双臂左五位 Allongé 姿态。

3-　双腿起直五位站立，双臂到一位，头保持看 2 点方向。

4-　双腿五位 Demi plié 下蹲。

da-5　同做 da-1 的动作，做第二次往前的 Pas failli，向 2 点方向往前移动。

da-6　同做 da-2 的动作，做第二次往旁的 Grand assemblé，向 2 点方向往前移动。落右腿前五位 Demi plié，保持双臂左五位 Allongé 姿态。

da-7　双腿起直五位站立，双臂到一位，保持头看 2 点方向。

da-8　保持站立不动。

四、END 尾声

（二十）Révérence 行礼练习

1. 练习目的与教学内容

在中间的 Révérence 组合里，学习舞姿衔接较为丰富的 Port de bras，以及包含

Révérence 行礼姿态为主的变化练习。并与前阶段学习的移动位置的 Pas de basque、Pas balancé 等动作相结合，增加带有表演性质的舞姿与舞步组合练习，为之后完成更为丰富和复杂的舞步动态做好准备。

Port de bras

本组合学习以 Révérence 行礼姿态为主的变化练习，每一拍节奏变化一个舞姿。

2. 主要动作的节拍进度与练习要求

Port de bras［波·德·勃拉］：手臂的动作或上体的仰俯

节拍：一拍一动的换位：教室中间身体面对 2 点方向，右腿 Épaulement croisé 后点地站立，双臂一位准备。

da-1 双臂从一位抬起到二位手。

da-2 双臂打开到右五位手。

要求：在动作中双臂的运动速度要配合音乐的速度，平稳地按照规定的运动路线交替变换手位。头部和视线应配合手位的变换，完成好规定姿态的构成。

3. 组合的动作节拍与做法详解

节拍：$\frac{3}{4}$ 拍，中速

准备姿态：站教室中后区 5 点位置，身体面对 2 点方向，右腿 Épaulement criosé 后点地站立，双臂一位准备。

（前奏）da5-6 保持站立不动。

da7-8 双臂打开小七位 Allongé，再收回到一位。头随左臂动作。

① da-1 右腿向 2 点方向 Effacé 往前全脚 Chassé，成四位 Demi plié 下蹲。双臂到二位，头看左臂方向。

da-2 右腿起直站立，左腿 Épaulement effacé 后点地。双臂打开右五位，头看 8 点斜上方（图 3-20-1）。

da-3 右腿 Demi plié 下蹲，左腿经一位 Passé par terre 到 Criosé 前点地。双臂交换成左五位，头看 8 点方向，身体稍向后展胸腰（图 3-20-2）。

da-4 右腿起直站立，保持左腿 Criosé 前点地，双臂左五位舞姿。

da-5 保持右腿全脚站立，左腿 Rond de jambe par terre en dehors 向外打开到 Effacé 后点地，双臂保持左五位舞姿（图 3-20-3）。

da-6 落左腿 Effacé 后四位 Demi plié 下蹲，右臂到二位，双臂成左六位，头看右

臂方向。

da-7 左腿起直站立，右腿 Épaulement effacé 前点地。双臂打开左五位 Allongé，头看 8 点方向，身体稍向后展胸腰（图 3-20-4）。

图 3-20-1　　　　图 3-20-2　　　　图 3-20-3　　　　图 3-20-4

da-8 保持舞姿不动。

② **da-1** 右腿经 Petit battement（右腿绷脚击打左腿的前、后 sur le cou-de-pied 位置）落右腿 Criosé 后四位 Demi plié 下蹲。右臂经七位到一位，左臂保持七位 Allongé，头看右臂方向。

da-2 右腿起直站立，左腿 Épaulement criosé 前点地。右臂掌心向上打开二位，左臂同时翻转掌心向上七位，头看 2 点方向（图 3-20-5）。

da-3 右腿 Demi plié 下蹲，左腿保持绷脚沿地面向 Criosé 前伸。同时上身前倾，翻转双臂掌心向下的左六位 Allongé，头看 2 点斜下方，成往前的屈膝行礼舞姿（图 3-20-6）。

图 3-20-5　　　　　　　图 3-20-6

da-4　右腿起直站立，左腿保持 Épaulement criosé 前点地。双臂保持左六位 Allongé，上身起直头看 2 点方向。

da-5　身体向左转动，左腿经 Petit battement（左腿绷脚击打右腿的前、后 sur le cou-de-pied 位置）落身体对 8 点方向，左腿 Criosé 后四位 Demi plié 下蹲。左臂到一位，右臂保持七位 Allongé，头看左臂方向。

da-6　左腿起直站立，右腿 Épaulement criosé 前点地。左臂掌心向上打开二位，右臂同时翻转掌心向上七位，头看 8 点方向。

da-7　左腿 Demi plié 下蹲，右腿保持绷脚沿地面向 Criosé 前伸。同时上身前倾，翻转双臂掌心向下的右六位 Allongé，头看 8 点斜下方，往前行礼。

da-8　左腿起直站立，右腿保持 Épaulement criosé 前点地。双臂保持右六位 Allongé，上身起直头看 8 点方向。

③ da-1　开始做向前移动的 Pas de basque 舞步。打开右腿小的 Rond de jambe 向 Effacé 前四位 Plié，身体转到面对 2 点方向，做左腿伸出 Croisé 往前的 Pas de basque 一次。双臂小七位 Allongé，稍向左下旁腰，头看 1 点方向。

da-2　再打开左腿小的 Rond de jambe 向 Effacé 前四位 Plié，身体转到面对 8 点方向，做右腿伸出 Croisé 往前的 Pas de basque 一次。双臂小七位 Allongé，稍向左下旁腰，头看 1 点方向。

da-3　同做 da-1 的动作一次，右腿迈出的 Pas de basque 一次向前行进。

da-4　同做 da-2 的动作一次，左腿迈出的 Pas de basque 一次向前行进。

da-5　右腿向旁迈一步站立，左腿旁点地。双臂保持小七位 Allongé，身体 En face，头看 1 点方向。

da-6　左腿 Rond de jambe 到 Croisé 后点地，身体对 8 点方向。左臂到三位，成双臂右五位舞姿，头看 2 点方向（图 3-20-7）。

da-7　落左腿 Criosé 后四位 Demi plié 下蹲。左臂到二位，成双臂右六位舞姿，头看左臂方向。

da-8　左腿起直站立，右腿 Épaulement criosé 前点地。双臂打开掌心向下的小七位 Allongé，头看 1 点方向（图 3-20-8）。

④ da-1　开始做向后移动的 Pas balancé 舞步。身体向前移动重心落右腿全脚，再打开左腿往旁的 Pas balancé 一次。双臂成左六位，左臂掌心向上，右臂掌心向下，身

体稍向左下旁腰，头左臂方向（图 3-20-9）。

图 3-20-7　　　　　　　　　图 3-20-8　　　　　　　　　图 3-20-9

da-2　　再打开右腿往旁的 Pas balancé 一次。双臂成右六位，右臂掌心向上，左臂掌心向下，身体稍向右下旁腰，头右臂方向（图 3-20-10）。

da-3　　同做 da-1 的动作一次，左腿迈出的 Pas balancé 一次向后移动。

da-4　　同做 da-2 的动作一次，右腿迈出的 Pas balancé 一次向后移动。

da-5　　开始做 Révérence 行礼。左腿向旁迈一步站立，右腿旁点地。左臂经二位掌心向上至旁七位，右臂自然放于体侧，身体 En face，头看 1 点方向（图 3-20-11）。

da-6　　右腿收回自然位站立，右臂经二位掌心向上至旁七位（图 3-20-12）。

da-7　　双臂收回身体旁侧，上身前倾，低头行礼。

da-8　　再上身起直，抬头站立，头看 1 点方向。

图 3-20-10　　　　　　　　图 3-20-11　　　　　　　　图 3-20-12

中级阶段 2: 第四课例

本课例视频
汇总

练习总任务:

本阶段逐渐加强了练习内容的综合性，每个训练组合包含的动作元素，都比以前有所增加，动作与动作之间的连接节拍也更为紧密。要求学生在多类型的动作转换和连接中，同样追求高质量的动作完成度，让获得准确的、优美的舞蹈能动性得以进一步提升。

扶把部分更多的学习双腿在五位脚上交换重心的运动方式，强化调动身体重心的支配能力。学习 Battement développé 更多发展性的动作与连接，以增强在大舞姿上腿部丰富的空间表现力。在中间部分的 Port de bras 和 Adagio 组合中，要求完成更为多样的姿态与舞姿，以达到从单一动作练习向舞台表演转化的层级进步。跳跃部分的练习更为紧密，小跳中连续多次的 Pas ballotté 和 Pas ballonné 开始学习，要求在变化身体重心与灵巧移动的基础上，去完成身体各种舞姿在空中的变换与衔接。对于 Grand jeté 大跳动作的初始练习，也将身体运用爆发力和控制力在高空对舞姿张力和姿态的位移，有了更高更强的技术要求和练习目标。

注意按照教学和学习的必要步骤，每一个动作都需要在完成各自的单一和多次练习之后，才彼此组合在一起做综合练习。

一、BARRE 扶把部分

（一）Warm up 热身练习

1. 练习目的与教学内容

学习从二位脚 Plié 上推起的 Relevé 动作，在加强脚踝关节的推绷能力的同时，膝关节和大腿肌群也得到了更大幅度的拉伸练习。

2. 主要动作的节拍进度与练习要求

（1）Battement tendu pour le pied［巴特芒·唐究·普·勒·皮耶］：动作腿的勾绷练习

节拍：勾绷的四拍一次

da-1 右腿出前绷脚点地。da-2 勾脚。da-3 绷脚点地。da-4 收回一位脚站立。

要求：在一位脚往前、往后的勾脚和绷脚过程中，都要注意动作腿不要过度交叉，保持在支撑腿脚跟向前或向后的延长线上完成。同时注意勾绷脚的关节联动次序，先勾起脚趾关节，再勾脚踝关节。绷脚时先伸展脚踝、绷起脚背，再过渡到绷脚趾点地。

（2）Plié relevé［雷勒韦］：立半脚尖

节拍：八拍一次

da1-2 二位脚 Demi plié 下蹲。da3-4 保持下蹲同时推起双腿 Relevé。da5-6 保持 Relevé 同时推直膝盖站立。da7-8 收落二位全脚站立。

要求：双腿在保持 Demi plié 下蹲高度的同时，有力地向上、向前推起双腿跟，形成外旋转开的高半脚尖。之后再提胯推绷膝关节站起。从 Relevé 放落二位的过程要保持双胯上提，有控制地缓慢放落至全脚站立。

（3）Port de bras［波·德·勃拉］：手臂的运动或上体的仰俯

节拍：四拍一次

da-1 打开右臂七位至三位。da-2 上体向左旁展胸腰。da-3 上体起直站立。da-4 右臂三位至七位，再扶把。

要求：这是在右腿旁点地，腿部打开舞姿的向旁展胸腰动作。在向旁展腰过程中，双胯保持有力上提，并一定将身体重心放在左腿上。

3. 组合的动作节拍与做法详解

节拍：$\frac{4}{4}$拍，中速

准备姿态：学生面对教室前区 1 点位置收腹挺胸站立，双腿成自然位，双臂于身体两侧自然下垂，抬头平视前方。

（前奏）da1-2　右腿向身体右旁迈出一步，左腿推地紧绷于身体左旁点地。同时右臂经二位打开旁七位，掌心向上。再左腿向右腿收回成自然位双腿重心站立。右臂保持七位不变。

da3-4　右臂收落回身体右旁自然下垂。同时上身稍向前俯对 1 点方向低头行礼，视线看向地面正下方。再抬起头部目视前方，身体起直站立。

da5-8　迈左腿向左侧后转身，走向扶把双臂搭扶，双腿一位站立。抬头挺胸收腹，目视 1 点方向。双腿重心垂直站立。

① da1-4　右腿 Battement tendu pour le pied 往前勾绷脚的一次。da-1 右腿擦出前绷脚点地，同时转头到 3 点方向。da-2 转开腿勾脚（图 4-1-1）。da-3 向前往长绷脚点地。da-4 擦地收回一位脚站立。

da-5　右腿 Battement tendu 向前擦出点地，头保持看 3 点方向。

da-6　右腿 Rond de jambe par terre en dehors 从前环动到旁点地，头同时转到 1 点方向。

da-7　右腿擦地收回一位脚同时，双腿 Demi plié 下蹲（图 4-1-2）。

da-8　双腿重心推绷膝盖起直一位脚。8-da 节拍中，提胯移动身体重心至左腿支撑。

图 4-1-1　　　图 4-1-2

② da1-4　右腿向后一次，转头到 7 点方向。同做①da1-4 往后的动作。

da-5　右腿 Battement tendu 向后擦出点地，头保持看 7 点方向。

da-6　右腿 Rond de jambe par terre en dedans 从后到环动旁点地，头同时转到 1 点方向。

da-7　右腿擦地收回一位脚同时，双腿 Demi plié 下蹲。

da-8　双腿重心推绷膝盖起直一位脚。8-da 节拍中，提胯移动身体重心至左腿支撑。

③ da1-2　右腿 Battement tendu 向旁一次。

da-3　右腿 Battement tendu 向旁伸出点地不动。

da-4　右臂离开扶把到七位，头转向右旁（图 4-1-3）。

da5-6　右臂至三位，头同时向上抬起。上体 Port de bras 向旁展胸腰，头转向 7 点方向，随身体联动时看向左侧斜下方（图 4-1-4）。过程中保持一位左腿站立，右腿旁点地姿态。

da7-8　上体起直，同时抬头向上，看向右臂保持的三位。再打开右臂经七位至双臂扶把的过程中，身体提胯向右移动重心至双腿二位站立。头回到 1 点方向。

④ da1-2　双腿二位 Demi plié 下蹲（图 4-1-5），身体保持正直。

da3-4　保持下蹲姿态的同时，用力推起双腿高半脚 Relevé（图 4-1-6）。

da5-6　保持双腿 Relevé 的同时，提胯推直膝盖起直站立（图 4-1-7）。

da-7　提胯双腿有控制的收落二位全脚站立（图 4-1-8）。

图 4-1-3　　　　　　　　图 4-1-4　　　　　　　　图 4-1-5

图 4-1-6　　　　　　　　图 4-1-7　　　　　　　　图 4-1-8

da-8　推绷左腿点地，再收左腿回一位。保持右腿支撑重心。

⑤ da1-4　左腿 Battement tendu pour le pied 往前勾绷脚的一次。同①da1-4另一边动作。

da-5　左腿 Battement tendu 向前擦出点地，头保持看 7 点方向。

da-6　左腿 Rond de jambe par terre en dehors 从前环动到旁点地，头同时转到 1 点方向。

da-7　左腿擦地收回一位脚同时，双腿 Demi plié 下蹲。

da-8　双腿重心推绷膝盖起直一位脚。8-da 节拍中，提胯移动身体重心至右腿支撑。

⑥ da1-4　左腿向后一次，转头到 3 点方向。同做⑤da1-4往后的动作。

da-5　左腿 Battement tendu 向后擦出点地，头保持看 3 点方向。

da-6　左腿 Rond de jambe par terre en dedans 从后到环动旁点地，头同时转到 1 点方向。

da-7　左腿擦地收回一位脚同时，双腿 Demi plié 下蹲。

da-8　双腿重心推绷膝盖起直一位脚。8-da 节拍中，提胯移动身体重心至右腿支撑。

⑦ da1-2　左腿 Battement tendu 向旁一次。

da-3　左腿 Battement tendu 向旁伸出点地不动。

da-4　左臂离开扶把到七位，头转向左旁。

da5-6　左臂至三位，头同时向上抬起。上体 Port de bras 向旁展胸腰。同做③da5-6另一边的动作。

da7-8　上体起直，同时抬头向上，看向左臂保持的三位。再打开左臂经七位至双臂扶把的过程中，身体提胯向左移动重心至双腿二位站立。头回到 1 点方向。

⑧ da1-2　双腿二位 Demi plié 下蹲，身体保持正直。

da3-4　保持下蹲姿态的同时，用力推起双腿高半脚 Relevé。

da5-6　保持双腿 Relevé 的同时，提胯推直膝盖起直站立。

da-7　提胯双腿有控制的收落二位全脚站立。

da-8　推绷右腿点地，再收右腿回一位。身体回到双腿支撑重心。

（二）Plié 蹲起练习

1. 练习目的与教学内容

学习 Plié 在各个脚位上更为丰富的手脚联动方式，以丰富身体在 Plié 慢速节律中的舞蹈韵律。同时身体的 Port de bras 也加入向旁左右展腰的动作，也开始在一位和五位脚上练习 Relevé 带手臂 Port de bras 联动的做法。

2. 主要动作的节拍进度与训练要求

Port de bras［波·德·勃拉］：手臂的动作或上体的仰俯

节拍：四拍一次向旁展胸腰

da1-2 上体向左旁或右旁俯身展胸腰。

da3-4 上体抬起垂直站立。

要求：身体向旁展胸腰时，要带上手臂的 Port de bras 动作，动律要平稳，姿态要伸展。向扶把外侧下右旁腰时，左臂先要撒开扶把，做七位 Allongé 的延伸，身体稍随左侧带动一点旁腰，这是身体的预动，幅度不能太大。手臂抬到三位，头部也要随手向上抬起，身体正直。然后转头看向右旁，手臂保持三位，身体大幅度的向旁、向远下旁腰。注意身体要保持左右肩在一个平面上的向旁、向远拉伸。上身起直时，手臂自然打开到左旁。另一侧向扶把里的下腰也同样的方法。过程中都要双胯上提，注意身体的平整。

3. 组合的动作节拍与做法详解

节拍：$\frac{3}{4}$ 拍，中速

准备姿态：左臂单手扶把，右臂一位，双腿一位，头转向 3 点方向，抬头挺胸收腹，平视前方。

（前奏）da-7 右臂打开旁小七位 Allongé，稍低头看向右侧手指延伸方向。

da-8 右臂至一位手，并抬头看向 3 点方向。

① da1-2 一位脚的 Demi plié 一次。da-1 双腿转开下蹲，右臂打开旁小七位 Allongé，稍低头看向右侧手指延伸方向（图 4-2-1）。da-2 起直站立，右臂至一位手，并抬头看向 3 点方向。

da3-4 一位脚的 Demi plié 一次。da-3 双腿转开下蹲，右臂至二位手，头部稍向左侧并看向右臂（图 4-2-2）。da-4 起直站立，右臂打开七位手，头看 3 点方向。

图 4-2-1

da5-6　一位脚的 Grand plié 下蹲，双腿跟稍离开地面。手经七位 Allongé 至一位手，头随手动。

da7-8　一位踩全脚 Grand plié 起直。在双腿踩落至全脚 Demi plié 时，右臂到二位手。在推直膝关节站起直立时，右臂打开七位手，头看 3 点方向。

② da1-2　保持一位脚站立，上体向前俯身的 Port de bras。同时右臂从七位到一位手，手指轻触地板。头部稍向左侧头并看向右臂（图 4-2-3）。

da3-4　上体抬起垂直站立。右臂经二位手至三位手，头部稍向右侧抬起看向右臂（图 4-2-4）。

图 4-2-2　　　　　　　图 4-2-3　　　　　　　图 4-2-4

da5-6　保持一位脚站立，上体向后展胸腰的 Port de bras。抬头保持三位手，双肩打开，拉长颈椎，向后大幅度地展开胸腰（图 4-2-5）。

da-7　上体抬起垂直站立。过程中逐渐将三位手打开至七位手，头看 3 点方向。

da-8　右腿 Battement tendu 向旁点地，右臂七位 Allongé（图 4-2-6）。再移动重心踩落二位全脚站立，右臂到一位，并抬头看向 3 点方向。

图 4-2-5　　　　　　　图 4-2-6

③ da1-2　二位脚的 Demi plié 一次。同做①da1-2 的动作。

da3-4　再二位脚的 Demi plié 一次。同做①da3-4 的动作。

da5-6　二位脚的 Grand plié 下蹲。同做①da5-6 的动作。

da7-8　二位脚的 Grand plié 起直。同做①da7-8 的动作。

④ da1-2　二位脚的 Relevé。da-1 双腿立起二位高半脚。da-2 站立不动。右臂保持经七位 Allongé 至一位手，再到二位手。

da3-4　保持二位脚 Relevé，右臂到三位，抬头看向右臂一侧（图 4-2-7）。

da-5　保持 Relevé 站立不动。

da-6　双腿主动踩落二位全脚站立，同时右臂打开至七位。

da-7　推绷右腿旁点地，身体移动重心至左腿支撑站立。右臂保持七位。

da-8　右腿经 Rond de jambe par terre en dedans 到前点地，再踩落四位双腿重心站立。同时右臂经七位 Allongé 到一位手，头转到 3 点方向（图 4-2-8）。

⑤ da1-2　四位脚的 Demi plié 一次。同做①da1-2 的动作。

da3-4　再四位脚的 Demi plié 一次。同做①da3-4 的动作。

da5-6　四位脚的 Grand plié 下蹲。同做①da5-6 的动作。

da7-8　四位脚的 Grand plié 起直。同做①da7-8 的动作。

⑥ da1-2　上体做 Port de bras 向左旁展胸腰。右臂经七位 Allongé 到三位，头随身体联动时看向左侧斜下方（图 4-2-9）。过程中保持四位双腿重心挺直站立。

图 4-2-7　　　　　　图 4-2-8　　　　　　图 4-2-9

da3-4　上体起直，回到双肩正直。同时右臂打开七位，头看 3 点方向。

da5-6　上体做 Port de bras 向右旁展胸腰。左臂离开扶把经七位 Allongé 到三位，右臂到一位，头随身体联动时看向右侧斜下方（图4-2-10）。

da7-8　上体起直，回到双肩正直。同时推绷右腿前点地，右臂打开七位至单手扶把，左臂七位 Allongé，头看3点方向。再右腿 Battement tendu 收前五位，右臂到一位，并抬头看向3点方向。

⑦ da1-2　五位脚的 Demi plié 一次。同做①da1-2 的动作。

da3-4　再五位脚的 Demi plié 一次。同做①da3-4 的动作。

da5-6　五位脚的 Grand plié 下蹲。同做①da5-6 的动作。

da7-8　五位脚的 Grand plié 起直。同做①da7-8 的动作。

⑧ da1-2　五位脚的 Relevé。da-1 双腿推起高半脚，左腿主动向右腿并拢成五位 Relevé。da-2 站立不动。右臂经七位 Allongé 至一位手，再到二位手（图4-2-11）。

da3-4　保持五位脚 Relevé，右臂到三位，抬头看向右臂一侧（图4-2-12）。

图 4-2-10　　　　　　　图 4-2-11　　　　　　　图 4-2-12

da5-6　保持三位手 Relevé 站立不动。

da-7　右臂打开七位，头看3点方向。五位 Relevé 保持。

da-8　双腿主动踩落五位 Demi plié 再站起立直。同时右臂经七位 Allongé 至一位手，头部跟随手动，最后抬头看3点方向。

（三）Battement tendu 擦地练习

1. 练习目的与教学内容

学习 Battement tendu 双腿在五位脚上的交换，交替完成支撑身体重心的基础练习。一拍一次的往旁做的，逐步练习在动作腿多次连续运动中，手臂与头部也同步参与动作的运动方式。Battement tendu 带手做的方式，这既是身体上下肢配合的必要练习，也是 Battement tendu 动作加大练习难度的教学步骤。

2. 主要动作的节拍进度与练习要求

（1）Battement tendu［巴特芒·唐究］：动作腿的擦地延伸与收回

节拍：一拍一次

da- 出旁点地。

1- 收回一位脚。

要求：在学习一位 Battement tendu 连续往旁带手的 Port de bras 时，手臂的动作要连贯，头部也要与手臂、动作腿在音乐中协调配合运动，不要僵硬或松散。

（2）Battement tendu pour le pied［巴特芒·唐究·普·勒·皮耶］：动作腿在空中勾绷的练习

节拍：四拍一次

da-1 右腿出前绷脚点地。

da-2 勾脚。

da-3 绷脚点地。

da-4 收回一位脚站立。

要求：动作腿在空中的勾脚过程中，先勾起脚趾关节，再勾脚踝关节。绷脚时先伸展脚踝、绷起脚背，再过渡到绷脚趾点地。在所有的过程中，保持动作腿的外开和高度。

3. 组合的动作节拍与做法详解

节拍：$\frac{2}{4}$ 拍，中速

准备姿态：右腿前五位，左臂单手扶把，右臂一位，头转向 3 点方向，抬头挺胸收腹，平视前方。

（前奏拍）da5-6 右臂打开旁小七位 Allongé，再到一位手，头随手动。

da7-8 右臂到二位手，再打开至七位手。头看 3 点方向。

① da1-2 右腿二拍一次的 Battement tendu 往前做，右臂保持七位，头看 3 点方向。da-1 右腿向前伸出绷脚点地。da-2 右腿收前五位脚。

da-3 右腿一拍一次的 Battement tendu 往前一次。da- 出前。1- 收回。

da-4 再右腿 Battement tend 往前一次，收右腿前五位。

da5-6　右腿往前 Battement tendu pour le pied 空中勾绷一次。da-5 右腿伸出前点地。da-2 右腿脚踝勾起（图4-3-1）。右臂保持七位，头看3点方向。

da-7　右腿绷脚前点地（图4-3-2）。

da-8　右腿 Battement tendu 收回右前五位脚。右臂保持七位，头看3点方向。

② da1-2　右腿二拍一次的 Battement tendu 往旁做，右臂保持七位，转头看1点方向。da-1 右腿向旁伸出绷脚点地。da-2 右腿收后五位脚。

da-3　右腿一拍一次的 Battement tendu 往旁一次。da- 出旁。1- 收前五位。

da-4　再右腿 Battement tend 往旁一次，收后五位脚。

da5-6　右腿往旁 Battement tendu pour le pied 空中勾绷一次。da-5 右腿伸出旁点地。da-2 右腿脚踝勾起（图4-3-3）。右臂保持七位，头看1点方向。

da-7　右腿绷脚旁点地（图4-3-4）。

da-8　右腿 Battement tendu 收回右前五位脚。右臂保持七位，头看1点方向。

图4-3-1　　　　　　图4-3-2　　　　　　图4-3-3　　　　　　图4-3-4

③ da1-2　左腿二拍一次的 Battement tendu 往后做，右臂保持七位，转头看3点方向。da-1 左腿向后伸出绷脚点地。da-2 左腿收后五位脚。

da-3　左腿一拍一次的 Battement tendu 往后一次。da- 出后。1- 收回。

da-4　再左腿 Battement tendu 往后一次，收左腿后五位。

da5-6　左腿往后 Battement tendu pour le pied 空中勾绷一次。da-5 左腿伸出后点地。da-2 左腿脚踝勾起（图4-3-5）。右臂保持七位，头看3点方向。

da-7　左腿绷脚后点地（图4-3-6）。

da-8　左腿 Battement tendu 收回后五位脚。右臂保持七位，头看3点方向。

④ da1-2　右腿在一位脚上连续七次 Battement tendu，右臂同时做 Port de bras 七

位、一位、二位、三位、七位、一位的连贯打开动作。具体节拍分配如下。

右腿一拍一次的 Battement tendu 往旁做两次，右臂经七位 Allongé 到一位，头随手动（图 4-3-7）。

da3-4　连续右腿 Battement tendu 往旁做两次，右臂经二位到三位，头随手动，抬头看向三位手（图 4-3-8）。

da5-6　再右腿连续右腿 Battement tendu 往旁做两次，右臂打开到七位，头看 3 点方向。

da7-8　右腿 Battement tendu demi plié 往旁做。da- 右腿出旁点地，同时右臂七位 Allongé（图 4-3-9）。7-8 右腿收回前五位同时双腿 Demi plié 一次，右臂收回一位，头随手动，最后抬头看向 3 点方向。

图 4-3-5　　　　图 4-3-6　　　　图 4-3-7　　　　图 4-3-8　　　　图 4-3-9

（四）Battement tendu jeté 小踢腿练习

1. 练习目的与教学内容

学习一拍一次完成体的 Battement tendu jeté 往前、往旁、往后的做法。在加快动作节奏的同时，还增加了交换支撑腿重心去完成的难度练习。同时加入一拍一次的 Battement tendu jeté pointé，以及 Battement tendu jeté balancé 的连贯做法练习。

2. 主要动作的节拍进度与练习要求

（1）Battement tendu jeté ［巴特芒·唐究·热泰］：小的踢腿动作

节拍：一拍一次

da-　右腿经擦地踢出前。

1-　收回五位脚站立。

要求：从擦地到踢起的过程顺畅、连贯，用半拍的时间快速踢到空中35°的准确高度上。快速、有力的踢腿是这个动作的关键。收回时脚尖一定要经过前点地最远端的位置再回到五位脚。动作腿踢出去时，要特别注意支撑腿和躯干的稳定，不要摇晃，躯干要保持正直。

（2）Battement tendu jeté pointé［巴特芒·唐究·热泰·普安泰］：带点地的小踢腿

节拍：一拍一次

da-　右腿绷脚快速点地。

1-　右腿快速踢起前35°。

要求：动作腿经点地踢起时，始终保持整条腿的收紧和绷直转开，用力伸直膝盖、绷紧脚踝和脚趾，点地时也不能松懈。整体动作要快速敏捷。

（3）Battement tendu jeté balancé［巴特芒·唐究·热泰·巴朗塞］：前后摆动的小踢腿

节拍：四拍一次（分解体）

da-1　右腿经擦地踢出前。

da-2　经擦地收回一位脚。

da-3　右腿经擦地踢出后。

da-4　经擦地收回一位脚站立。

节拍：两拍一次（分解体）

da-1　右腿经擦地踢出前。

da-2　经一位脚擦地踢出后。

要求：在经过一位脚时，整个脚要全部平放在地面脚要放松，不要因脚的紧张而出现"空脚心"。动作腿踢出前和后的方向要准确，尤其在快速向远踢出的时候。腿前后摆动时，上身和胯要控制不晃动，支撑腿和躯干要收紧上提，重心始终保持在支撑腿上，不能随动作腿的前后摆动而移动，影响整个躯干的稳定。

在两拍一次的分解体的做法中，就要做到动作腿前后摆动踢腿的流畅，减少在一位脚上的停顿，要经过连贯的擦地去完成。

3. 组合的动作节拍与做法详解

节拍：$\frac{4}{4}$拍，稍快

准备姿态：站右腿前五位，左臂单手扶把，右臂一位，头转向 3 点方向，抬头挺胸收腹，平视前方。

（前奏拍）da5-6　右臂打开旁小七位 Allongé，再到一位手，头随手动。

da7-8　右臂到二位手，再打开至七位手。头看 3 点方向。

① da1-2　右腿二拍一次往前的 Battement tendu jeté 一次。da-1 右腿经擦地踢前 35°。da-2 右腿收回前五位脚。保持右臂七位，头看 3 点方向。

da-3　右腿一拍一次往前的 Battement tendu jeté 一次。da- 右腿经擦地踢前 35°。3- 右腿收回前五位脚。

da-4　右腿一拍一次往前的 Battement tendu jeté 一次。同做 da-3 的动作。

da-5　右腿一拍一次小的 Battement développé 往前的一次。da- 右腿前 Sur le cou-de-pied（图 4-4-1）。5- 快速伸出前 35° 直腿（图 4-4-2）。

图 4-4-1　　　　　　　　　　图 4-4-2

da6-7　右腿一拍一次的 Battement tendu jeté pointé 往前的两次，在重拍上快速点地抬起腿。

da-8　右腿收回前五位脚。保持右臂七位，头看 3 点方向。

② da1-2　右腿二拍一次往旁的 Battement tendu jeté 一次。da-1 右腿经擦地踢旁 35°，同时转头看 1 点方向。da-2 右腿收回前五位脚，保持右臂七位。

da-3　右腿一拍一次往旁的 Battement tendu jeté 一次，右腿收后五位脚。

da-4　右腿一拍一次往旁的 Battement tendu jeté 一次，右腿收前五位脚。

da-5　右腿一拍一次小的 Battement développé 往旁的一次。da- 右腿前 Sur le cou-de-pied，保持七位手，头看 1 点方向（图 4-4-3）。5- 快速伸出前 35° 直腿（图 4-4-4）。

da6-7　右腿一拍一次的 Battement tendu jeté pointé 往旁的两次。

da-8　右腿收回后五位脚。保持右臂七位，头看1点方向。

③ da1-2　右腿二拍一次往后的 Battement tendu jeté 一次。da-1 右腿经擦地踢后35°，同时转头看3点方向。da-2 右腿收回后五位脚。保持右臂七位。

da-3　右腿一拍一次往后的 Battement tendu jeté 一次，收后五位脚。

da-4　右腿一拍一次往后的 Battement tendu jeté 一次，收后五位脚。

da-5　右腿一拍一次小的 Battement développé 往后的一次。da- 右腿后 Sur le cou-de-pied，保持七位手，头看3点方向（图4-4-5）。5- 快速伸出后35°直腿（图4-4-6）。

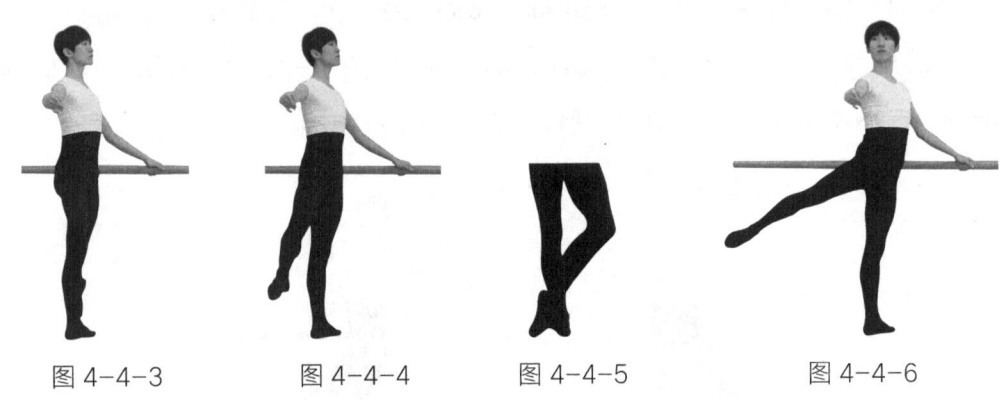

图 4-4-3　　　　　图 4-4-4　　　　　图 4-4-5　　　　　图 4-4-6

da6-7　右腿一拍一次的 Battement tendu jeté pointé 往后的两次。

da-8　右腿收回一位脚。保持右臂七位，头看3点方向。

④ da1-2　右腿四拍一次 Battement tendu jeté balancé 往前。da-1 踢出前。da-2 收回一位脚。

da3-4　右腿往后。da-3 踢出后。da-4 收回一位脚。保持右臂七位，头看3点方向。

da5-6　右腿二拍一次 Battement tendu jeté balancé 往前、往后。da-5 踢出前（图4-4-7）。da-6 踢出后（图4-4-8）。

da7-8　右腿二拍一次 Battement tendu jeté balancé 往前，再收回右腿前五位。da-7 踢出前，同时右臂七位 Allongé，头看3点方向。da-8 右腿收回前五位，右臂到一位手，头随手动，最后再抬头看向3点。

图 4-4-7

图 4-4-8

（五）Rond de jambe 划圈练习

1. 练习目的与教学内容

学习一小节一次的 Rond de jambe par terre，动作的节奏逐步加快。Rond de jambe par terre plié 也开始做 Grand 一整圈的做法。并加入了 Grand rond de jambe jeté 的学习，动作腿的划圈环动在弧度和力度上，都有了更多的提升和加强。

Grand rond de jambe jeté

带大的踢腿的划圈。将动作腿快速踢起，最大限度地在伸直腿的状态上做环动划圈。在加大动作腿表现空间的同时，也加强了爆发力和柔韧性的练习。动作分为 En dehors 往外、En dedans 往里做。

2. 主要动作的节拍进度与练习要求

（1）Rond de jambe par terre［隆·德·让·巴·泰尔］：动作腿的划圈环动

节拍：一小节一次

1— 右腿 Tendu 出前点地。

da-da 右腿经旁腿连贯地划到后点地。

要求：在动作腿从前点地划圈后点地的过程中，双腿保持充分的外开，动作腿在经过旁点地的位置时，要连贯延伸的环动过程，不要有停顿。En dehors 与 En dedans 的要求都一样，圈要划得连贯平稳。

（2）Grand rond de jambe jeté［格朗·隆·德·让·热泰］：动作腿在空中 90° 以上的踢腿划圈

节拍：两小节一次

1-da 右腿屈膝向前抬起 Attitude 25°。

da- 　右腿打开向旁踢起 Grand rond de jambe jeté en dehors。

2-da-da 　落右腿后点地舞姿。

要求：踢腿时，支撑腿要很有力地向上拉直转开，膝关节有力伸直，后背收紧挺立。注意动作腿从前或后的小 Attitude 25° 起始时，要在斜下方先快速伸直膝关节，再带动髋关节直腿踢起。并且动作腿在 En dehors 从前到后的快速划圈过程中，要求旁腿的位置最高。而做 En dedans 从后划到前时，则是前腿的位置最高。

（3）Plié retiré［普利埃·勒蒂雷］：从下蹲到单腿吸腿姿态

节拍：两拍一次

da-1 　右腿前五位 Demi plié 下蹲，右臂一位。

da-2 　右腿 Relevé 立起，同时左腿 Retiré 后姿态，右臂到三位。

要求：快速推起 Relevé 时，双胯要有力上提，后背收紧挺立。支撑腿高半脚尖有力下踩，膝关节伸直。动作腿要从转开的 Sur le cou-de-pied 位置开始，快速地贴着支撑腿高吸腿到支撑腿膝关节后侧的位置。双腿所有动作，都要在一拍的节奏里快速敏捷地协调完成。

3. 组合的动作节拍与做法详解

节拍：$\frac{3}{8}$ 拍，中速

准备姿态：右腿前五位站立，左臂单手扶把，右臂一位，头转向 3 点方向，抬头挺胸收腹，平视前方。

（前奏拍）5-6-da-da 　右臂小七位 Allongé 打开。再右臂到一位，头随手动。

7-8-da-da 　右臂到二位，头看右臂。再右臂打开七位，头看 3 点方向。

① 1-2-da-da 　右腿两小节一次的 Rond de jambe par terre en dehors 往外。1- 右腿从后点地位置经一位脚 Battement tendu passé par terre 到前点地。2- 往外划到后点地。保持右臂七位，头看 3 点方向。

3-da-da 　一小节一次的 Rond de jambe par terre en dehors。3- 右腿从后点地经一位脚 Battement tendu passé par terre 到前点地。da-da 右腿从前向外经旁划到后点地。

4-da-da 　同 3-da-da 动作，再做一遍。

5-8-da-da 　四小节一次的 Rond de jambe par terre demi plié en dehors。5- 双腿一位 Demi plié，右臂经七位 Allongé 到一位。6- 左腿保持 Plié，右腿 Tendu 前点地，右臂二位（图 4-5-1）。7- 左腿起直站立，右腿往外划到后点地，右臂向右后

斜上方打开三位 Allongé，头随手动，看向 4 点斜上方（图 4-5-2）。8- 保持在舞姿上的延伸。

图 4-5-1 图 4-5-2

② 1-2-da-da　做 Grand rond de jambe en dehors 90°。1- 右腿经 Passé par terre 到前点地，右臂到七位，头看 3 点方向。2- 右腿 Battement relevé lent 抬起到 90° 前。

3-4-da-da　右腿划到旁，再连贯地划到 90° 后。右臂保持七位，头看 3 点方向。

5-da-da　右腿落后点地。

6-da-da　做 Grand rond de jambe jeté en dehors。1-da 右腿经 Tendu 收一位脚，再屈膝向前抬起 Attitude 25°（图 4-5-3）。da- 右腿打开向旁踢起 Grand rond de jambe jeté en dehors（图 4-5-4）。右臂保持七位，头看 3 点方向。

7-8-da-da　右腿落后点地。再经 Passé par terre 到前点地，同时身体向后展胸腰（图 4-5-5）。右臂到七位，头看 3 点方向。

图 4-5-3 图 4-5-4 图 4-5-5

③ 1-2-da-da   Rond de jambe par terre en dedans。1- 右腿从前点地 Passé par terre 到后点地。2- 往外划到前点地。保持右臂七位，头看 3 点方向。

3-da-da   一小节一次的 Rond de jambe par terre en dehors。1- 右腿从前点地 Passé par terre 到后点地。da-da 右腿从后划到前点地。

4-da-da   同 3-da-da 动作，再做一遍。

5-8-da-da   Rond de jambe par terre demi plié en dedans。5- 双腿一位 Demi plié，右臂经七位 Allongé 到二位。6- 左腿保持 Plié，右腿 Tendu 后点地，右臂二位（图 4-5-6）。7- 左腿起直站立，右腿划到前点地，右臂经一位再向右后斜上方打开三位 Allongé，头随手动，看向 4 点斜上方（图 4-5-7）。8- 保持在舞姿上的延伸。

图 4-5-6   图 4-5-7

④ 1-2-da-da   做 Grand rond de jambe en dedans 90°。1- 右腿经 Passé par terre 到后点地，右臂到七位，头看 3 点方向。2- 右腿 Battement relevé lent 抬起到 90° 后。

3-4-da-da   右腿划到旁，再连贯地划到 90° 前。右臂保持七位，头看 3 点方向。

5-da-da   右腿落前点地。

6-da-da   做 Grand rond de jambe jeté en dedans。1-da 右腿经 Tendu 收一位脚，再屈膝向后抬起 Attitude 25°（图 4-5-8）。da- 右腿打开向旁踢起 Grand rond de jambe jeté en dedans（图 4-5-9）。右臂保持七位，头看 3 点方向。

7-8-da-da   右腿落前点地。最后两拍右臂七位 Allongé，同时身体向后展胸腰，头看 3 点方向（图 4-5-10）。

⑤ 1-2-da-da   开始做单腿点地往前、往后下腰的 Port de bras。右腿保持前点地，上身向前下腰 90°，右臂经七位 Allongé 至二位，头看向右臂一侧（图 4-5-11）。

3-4-da-da   落右腿前四位 Demi plié 向前移动重心，再站直右腿，左腿后点地。

手经二位到三位，头看向右臂斜上方（图 4-5-12）。

5-6-da-da　保持右腿后点地，上身向后下腰 90°，手保持三位，头保持看向右臂的斜上方（图 4-5-13）。

图 4-5-8　　　　　　　　　　图 4-5-9　　　　　　　　　　图 4-5-10

图 4-5-11　　　　　　　　　　图 4-5-12　　　　　　　　　　图 4-5-13

7-8-da-da　上身起直站立，右腿保持后点地。手打开至七位，头看 3 点方向。再右腿收回后五位。

⑥ 1-2-da-da　做往旁下腰的 Port de bras。上身向右侧转动，右腿 Tendu 旁成 Écarté 后点地。右臂经七位 Allongé 到三位，身体向左旁下腰。头随手动，转头看向左旁斜下方（图 4-5-14）。

3-4-da-da　上身起直站立，手打开七位，头随手动。

5-da-da　开始做 Plié retiré。右腿 Tendu 收前五位 Demi plié，同时以左腿掌为轴转向身体正对 8 点方向。右臂经七位 Allongé 到一位。

6-da-da　保持身体对 8 点方向，右腿快速立起 Relevé，左腿 Battement retiré 后吸腿姿态。右臂到二位，头看右臂（图 4-5-15）。

　　7-da-da　保持左腿 Battement retiré 后吸腿姿态，右臂抬起三位，头看右臂斜上方（图 4-5-16）。

图 4-5-14　　　　　　　　图 4-5-15　　　　　　　　图 4-5-16

8-da-da　保持舞姿上的延伸。

（结束拍）**7-8-da-da**　左腿落后五位 Relevé 同时身体转回正对 1 点方向，右臂打开七位。再五位 Demi plié，右臂到一位，头随手动，最后抬头看向 3 点方向。

（六）Battement fondu 单腿蹲练习

1. 练习目的与教学内容

学习 Battement double fondu 45° 带 Rond de jambe 的做法。在加强支撑腿单腿多次蹲起能力练习的同时，动作腿的舞姿变化也有了更为丰富的练习内容。Rond de jambe en l'air 的 En dehors 往外和 En dedans 往里，也进入到一拍一次连贯、快速地完成体练习阶段。

（1）Battement double fondu

本组合学习动作腿带 Rond de jambe en dehors 和 En dedans 的做法。

（2）Rond de jambe en l'air

本组合学习在 45° 上 En dehors 和 En dedans 的完成体做法。

2. 主要动作的节拍进度与练习要求

（1）Battement double fondu［巴特芒·杜勃尔·丰究］：用两次 Fondu 组合在一起的变化动作

节拍：四拍一次（或 $\frac{3}{4}$ 拍，音乐四小节一次）

da-1　右腿到前 Sur le cou-de-pied，同时左腿 Demi plié 下蹲。

da-2　右腿往前伸出 45°，左腿推地半脚尖 Relevé 站起。

da-3　右腿保持前 45° 抬腿，同时左腿 Demi plié 下蹲。

da-4　右腿 Rond de jambe 到旁 45°，左腿推地全脚站立。

要求：在支撑腿 Double 第二次 Plié 下蹲过程中，动作腿要在转开伸直的状态上，继续向上抬起稍高于 45° 的前腿，并在 Rond de jambe 打开到旁腿时，动作腿继续保持向上更多的抬起。这样可以使动作腿始终保持从一个舞姿转换到另一个舞姿不断向上升起和更多延展的积极动式，是依次升起，而不是逐步下降。

（2）Rond de jambe en l'air［隆·德·让·昂·莱尔］：动作腿小腿在空中的划圈环动

节拍：一拍一次（或 $\frac{3}{4}$ 拍，音乐一小节一次）

右腿旁 45° 准备。

da-　右腿绷脚直线收回到支撑腿小腿高度的一位脚 Battement retiré 位置。

1-　右腿从里往外划稍向前的半个椭圆形，En dehors 伸出至旁 45° 直腿。

要求：在 En dehors 和 En dedans 的划圈时，重拍都在向外伸直腿的时间，环动过程要连贯、敏捷、轻盈。动作腿经过的每个位置过程都要做清楚。大腿要保持腿的高度不变，膝关节要松弛，用脚尖带动划圈。伸出时脚尖要绷紧，并向远伸长整条腿，在外伸直停留的时间尽量长一些。

3. 组合的动作节拍与做法详解

节拍：$\frac{3}{4}$ 拍，中速

准备姿态：站右腿前五位，左臂单手扶把，右臂一位，头转向 3 点方向，抬头挺胸收腹，平视前方。

（前奏拍）da5-6　右臂打开旁小七位 Allongé，再到一位手，头随手动。

da7-8　右臂到二位手，再打开至七位手，头随手动，看向 3 点方向。

① da1-2　两拍一次 Battement fondu45° 带 Relevé 的往前，并带手臂 Port de bras 的。da-1 右腿收前 Sur le cou-de-pied，同时左腿 Demi plié 下蹲。右臂七位 Allongé 落一位，再到二位手。头随手动，看向二位手（图 4-6-1）。da-2 右腿往前伸出 45°，左腿推地半脚尖 Relevé 站起。同时右臂打开七位，头看 3 点方向（图 4-6-2）。

da3-6　四拍一次 Battement double fondu 45° 从前到旁的。da-1　右腿收前 Sur le cou-de-pied，同时左腿 Demi plié 下蹲。保持右臂七位，头看向三位手。da-2　右腿

往前伸出 45°，左腿推地半脚尖 Relevé 站起。da-3　右腿保持前 45° 抬腿，同时左腿 Demi plié 下蹲（图 4-6-3）。da-4　右腿 Rond de jambe 到旁 45°，左腿推地全脚站立。同时头转到 1 点方向，保持右臂七位（图 4-6-4）。

　　da7-8　右腿直腿落旁点地。再右腿 Battement relevé lent 抬起旁 45°。保持右臂七位，头看 1 点方向。

图 4-6-1　　　　　　　图 4-6-2　　　　　　　图 4-6-3　　　　　　　图 4-6-4

　　② da1-2　两拍一次 Battement fondu 45° 带 Relevé 的往后，并带手臂 Port de bras 的。da-1 右腿收后 Sur le cou-de-pied，同时左腿 Demi plié 下蹲。右臂七位 Allongé 落一位，再到二位手。头随手动，看向二位手（图 4-6-5）。da-2 右腿往后伸出 45°，左腿推地半脚尖 Relevé 站起。同时右臂打开七位，头看 3 点方向（图 4-6-6）。

　　da3-6　四拍一次 Battement double fondu 45° 从后到旁的。da-1　右腿收后 Sur le cou-de-pied，同时左腿 Demi plié 下蹲。保持右臂七位，头看向三位手。da-2　右腿往前伸出 45°，左腿推地半脚尖 Relevé 站起。da-3　右腿保持后 45° 抬腿，同时左腿 Demi plié 下蹲（图 4-6-7）。da-4　右腿 Rond de jambe 到旁 45°，左腿推地全脚站立。同时头转到 1 点方向，保持右臂七位（图 4-6-8）。

图 4-6-5　　　　　　　图 4-6-6　　　　　　　图 4-6-7　　　　　　　图 4-6-8

da7-8　右腿直腿落旁点地。再右腿 Battement relevé lent 抬起旁 45°。保持右臂七位，头看 1 点方向。

③ da1-2　两拍一次 Battement fondu 45° 往旁的，支撑腿在全脚上做，并带手臂的 Port de bras。da-1 左腿 Demi plié 下蹲，右腿收前 Sur le cou-de-pied，同时。右臂七位 Allongé 落一位，再到二位手。头随手动，看向二位手。da-2 右腿往旁伸出 45°，左腿推地全脚站起。同时右臂打开七位，头看 1 点方向。

da3-4　同 da1-2 的动作，再做一遍。左腿 Demi plié 下蹲时，右腿收后 Sur le cou-de-pied。

da-5　一拍一次的 Rond de jambe en l'air en dehors。da- 右腿绷脚屈膝直线收回到支撑腿小腿高度的一位脚 Battement retiré（图 4-6-9）。1- 右腿从里向外往前划出 En dehors 至旁 45° 直腿（图 4-6-10）。保持右臂七位，头看 1 点方向。

图 4-6-9　　　　　　图 4-6-10

da-6　同 da-5 的动作，再做一遍。

da7-8　右腿直腿落旁点地。再右腿 Battement relevé lent 抬起旁 45°。保持右臂七位，头看 1 点方向。

④ da1-2　两拍一次 Battement fondu 45° 往旁的，支撑腿在全脚上做，并带手臂的 Port de bras。da-1 左腿 Demi plié 下蹲，右腿收后 Sur le cou-de-pied，同时。右臂七位 Allongé 落一位，再到二位手。头随手动，看向二位手。da-2 右腿往旁伸出 45°，左腿推地全脚站起。同时右臂打开七位，头看 1 点方向。

da3-4　同 da1-2 的动作，再做一遍。左腿 Demi plié 下蹲时，右腿收前 Sur le cou-de-pied。

da-5　一拍一次的 Rond de jambe en l'air en dedans。da- 右腿从外向里往前划出

En dedans，收回到支撑腿小腿高度的一位脚 Battement retiré 位置。1- 右腿绷脚直线伸出旁 45° 直腿。保持右臂七位，头看 1 点方向。

da-6   同 da-5 的动作，再做一遍。

da7-8   右腿直腿到旁点地，同时右臂七位 Allongé，转头看 3 点方向。再右腿 Tendu 收回一位，同时手到一位，手头随手动，最后抬头看 3 点方向。

（七）Battement frappé 小弹腿练习

1. 练习目的与教学内容

学习 Battement frappé 一拍一次往前、往旁、往后的做法，同时 Battement double frappé 提高速度，学习两拍一次的做法。在逐步加强练习动作腿灵活性的同时，对支撑腿稳定性也有了更高的要求。并练习单手扶把 Pirouette en dehors 1/2 和 Pirouette en dedans 1/2 的做法，为原地旋转类动作的起动方法打好基础。

（1）Battement frappé

本组合练习的一拍一次节奏，也是 Battement frappé 最为常规的完成体做法。

（2）Battement double frappé

本组合练习两拍一次的完成体节奏。

（3）Pirouette

本组合学习从双腿五位 Demi plié 开始的 Pirouetté 转 En dedans 1/2 圈的做法。主要练习 Pirouetté 双腿起动旋转的方式，以及强调身体持续重心平衡感的培养。

2. 主要动作的节拍进度与练习要求

（1）Battement frappé［巴特芒·弗拉佩］：动作腿快速屈伸的弹腿动作

节拍：一拍一次

双腿五位，右腿打开旁 25° 准备。

da-   右腿收包脚前的 Sur le cou-de-pied 位置。

1-   右腿快速踢出旁 25°。

要求：动作腿在快速的打开和收回过程中，同样需要与分解体的要求一样，既要保持动作腿膝关节和大腿最大限度的外开，也要注意支撑腿的有力上提，减少晃动。

（2）Battement double frappé［巴特芒·杜勃尔·弗拉佩］：动作腿完成两次击打的小弹腿动作

节拍：两拍一次

双腿五位，右腿打开旁 25° 准备。

1- 右腿收包脚前的 Sur le cou-de-pied。

da- 右腿收后的 Sur le cou-de-pied 位置。

2- 右腿往旁踢出 25°。

要求：在动作腿快速运动的过程中，Petit battement 的两次击打同样需要位置准确、路线清晰，往前、往后的两次 Sur le cou-de-pied 位置交替，都要将小腿向旁打之后再换位的过程做清晰。

（3）Pirouette［皮鲁埃特］：单腿支撑的原地旋转动作

节拍：八拍一次（1/2 圈）

站左腿前五位，右臂扶把准备。

da1-2 双腿五位 Demi plié。

da3-4 向左转身 Pirouette en dedans 1/2 圈。左腿推地 Relevé，右腿收前五位 Retiré。左臂扶把，右臂二位。

da5-6 保持 Retiré 不动。

da7-8 落右腿前五位 Relevé。再落双腿五位。

要求：支撑腿推起半脚尖时，身体要提起来，后背收紧，支撑腿要伸直、有力，保持外开。动作腿要贴着支撑腿小腿快速、有力、直接地吸腿到 Retiré 位置，过程中保持整条腿最大限度的外开。头、手和转要配合协调。

3. 组合的动作节拍与做法详解

节拍：$\frac{2}{4}$ 拍，稍快

准备姿态：左臂单手扶把，右臂一位，双腿一位，头转向 3 点方向，抬头挺胸收腹，平视前方。

（前奏拍）da5-6 右臂打开旁小七位 Allongé，再到一位手，头随手动。

da-7 右臂到二位，侧头看向二位手。

da-8 右腿往旁 Battement tendu jeté 停在 25°，同时右臂打开到七位手，头看 3 点方向。

① da1-3 右腿一拍一次的 Battement frappé 25°，往前做三次。每次做法为：da- 右腿收包脚前 Sur le cou-de-pied。1- 右腿伸出前 25°（图 4-7-1）。保持右臂七位，

头看 3 点方向。

  da-4 右腿一次往前 25° 的 Pointé。保持右臂七位，头看 3 点方向。

  da5-7 往旁的 Battement frappé 做三次。第一次打开旁 25° 的同时，转头看 1 点方向（图 4-7-2）。收回的 Sur le cou-de-pied 位置为前、后、前，各一次。

  da-8 右腿一次往旁 25° 的 Pointé。保持右臂七位，头看 1 点方向。

  ② da1-3 往后的 Battement frappé 做三次。第一次打开后 25° 的同时，转头看 3 点方向，保持收七位（图 4-7-3）。每次收回后 Sur le cou-de-pied 位置。

图 4-7-1   图 4-7-2   图 4-7-3

  da-4 右腿一次往后 25° 的 Pointé。保持右臂七位，头看 3 点方向。

  da5-6 往前的两拍一次 Battement double frappé。1- 右腿收后的 Sur le cou-de-pied。da- 腿收包脚前的 Sur le cou-de-pied 位置。2- 右腿往前踢出 25°。保持右臂七位，头看 3 点方向。

  da7-8 往旁的两拍一次 Battement double frappé。1- 右腿收包脚前的 Sur le cou-de-pied。da- 右腿收后的 Sur le cou-de-pied 位置。2- 右腿往旁踢出 25°，同时转头看 3 点方向，保持右臂七位。

  ③ da1-3 右腿往后的 Battement frappé 做三次。第一次打开后 25° 的同时，转头看 3 点方向，保持收七位。每次收回后 Sur le cou-de-pied 位置。

  da-4 右腿一次往后 25° 的 Pointé。保持右臂七位，头看 3 点方向。

  da5-7 右腿往旁的 Battement frappé 做三次。第一次打开旁 25° 的同时，转头看 1 点方向。收回的 Sur le cou-de-pied 位置为后、前、后，各一次。

  da-8 右腿一次往旁 25° 的 Pointé。保持右臂七位，头看 1 点方向。

  ④ da1-3 右腿往前的 Battement frappé 做三次。第一次打开前 25° 的同时，转头

看 3 点方向，保持收七位。每次收回前 Sur le cou-de-pied 位置。

da-4　右腿一次往前 25° 的 Pointé。保持右臂七位，头看 3 点方向。

da5-6　往后的两拍一次 Battement double frappé。1- 右腿收包脚前的 Sur le cou-de-pied。da- 右腿收后的 Sur le cou-de-pied 位置。2- 右腿往后踢出 25°。保持右臂七位，头看 3 点方向。

da7-8　往旁的两拍一次 Battement double frappé。1- 右腿收后的 Sur le cou-de-pied。da- 右腿收包脚前的 Sur le cou-de-pied 位置。2- 右腿往旁踢出 25°，同时转头看 1 点方向，保持右臂七位。

⑤ da1-2　右腿落旁点地，同时右臂七位 Allongé，头转到 3 点方向（图 4-7-4）。再右腿 Tendu 收前五位，右臂到一位。

da3-4　同时双腿 Demi plié，右臂到二位，头看 1 点方向（图 4-7-5）。

da-5　向左转 Pirouette en dehors 1/2 圈。右腿推地 Relevé，左腿收前五位 Retiré。同时经双臂二位，换右臂扶把，左臂二位。身体和头对 5 点方向（图 4-7-6）。

da6-8　保持高半脚 Relevé 上 Retiré 姿态的平衡稳定。

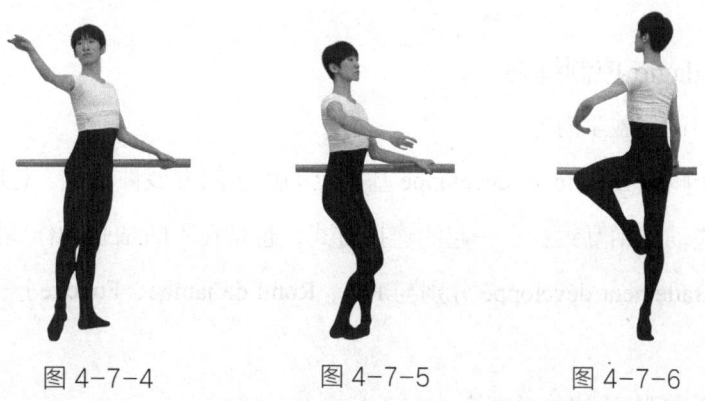

图 4-7-4　　　　图 4-7-5　　　　图 4-7-6

⑥ da1-2　左腿落前五位 Relevé，同时左臂打开七位至 Allongé，转头看 3 点方向。保持右臂扶把（图 4-7-7）。

da3-4　落左腿前五位 Demi plié，左臂经一位到二位，头看 5 点方向（图 4-7-8）。

da-5　向左转 Pirouette en dedans 1/2 圈。左腿推地 Relevé，右腿收前五位 Retiré。同时经双臂二位，换左臂扶把，右臂二位。身体和头对 1 点方向（图 4-7-9）。

da6-7　保持高半脚 Relevé 上 Retiré 姿态的平衡稳定。

da-8　右臂抬起到三位，同时头看 3 点斜上方。保持高半脚 Relevé 上 Retiré 舞姿不动（图 4-7-10）。

| 图 4-7-7 | 图 4-7-8 | 图 4-7-9 | 图 4-7-10 |

（结束拍）da-7　右腿落前五位 Relevé，同时右臂向旁打开七位 Allongé，转头看 3 点方向。

da-8　落右腿前五位 Demi plié 蹲下再全脚站直，同时右臂到一位，头随手动，最后抬头看 3 点方向。

（八）Adagio 控制练习

1. 练习目的与教学内容

学习动作腿在 Battement développé 基础上的更多的发展性动作。这既是学习一个动作与另一些动作相互组合在一起的连接方式，也是在不断增强动作腿的舞蹈表现能力。它们是 Battement développé 分别与 Plié、Rond de jambe、Fouetté 这三种动作的连接组合做法。

（1）Battement développé plié

Développé 原意为"伸展、发展"，是动作腿由屈腿吸起再向外伸出到直腿的动作。Plié 原意为"蹲、屈膝"。Battement développé plié 是动作腿由里向外伸展时带支撑腿蹲起的动作，它既锻炼双腿在同一节拍上，做相反运动样式的协调配合能力，也为以后学习 Battement développé ballotté 等动作打好基础。

（2）Battement développé rond de jambe

Rond de jambe 原意"腿的划圈"，这里是支撑腿保持原地直腿站立，动作腿由里向外 Développé 伸出打开之后，再继续做 Rond de jambe 划圈环动的动作。由 Développé

打开的前腿往外划圈到后腿位置的是 En dehors 做法，由后腿向前划圈到前腿姿态的是 En dedans 做法。

（3）Battement développé fouetté

Fouetté 的原意为"转身、变身转"。这里是动作腿由里向外 Développé 伸出之后，再继续做支撑腿带动身体 Fouetté 转身的动作。在转身过程中，打开的动作腿保持位置和高度不动，由前腿经旁腿转到后腿姿态的是 En dehors 往外的转身，由后腿经旁腿转到前腿姿态的是 En dedans 往里的转身。本组合学习 En dehors 的做法。

2. 主要动作的节拍进度与练习要求

（1）Battement développé plié［巴特芒·代弗洛佩·普利埃］：动作腿由里向外伸展时带支撑腿蹲起的动作

节拍：八拍一次

右腿前五位站立，左臂扶把，右臂七位准备。

da-1　抬起前 Sur le cou-de-pied 位置。

da-2　右腿吸腿到前五位 Battement retiré 位置。

da-3　右腿 Battement développé 打开往前 90°，同时左腿 Plié 下蹲。

da-4　保持 Plié 舞姿不动。

da-5　左腿推起全脚站立，右腿保持前 90°。

da-6　保持站立舞姿不动。

da-7　右腿落前点地。

da-8　右腿 Tendu 收回前五位。

要求：双腿在动作中要保持很好的协调配合。动作腿是由屈腿 Retiré 到伸直向外抬起，而支撑腿则是由直腿到屈腿 Plié 的下蹲。双腿都要在同一时间上的完成好各自相反的运动样式，并要在同一时间点上形成舞姿。

（2）Battement développé rond de jambe［巴特芒·代弗洛佩·隆·德·让］：动作腿由里向外伸出的带环动划圈的动作

节拍：八拍一次

右腿前五位站立，左臂扶把，右臂七位准备。

da1-2　右腿从前 Sur le cou-de-pied 吸腿到前五位 Battement retiré 位置。

da3-4　右腿 Battement développé 往前打开 90°。

da5-6   右腿 Grand rond de jambe 从前划圈到后 90°。

da7-8   右腿落后点地，再 Battement tendu 收回后五位脚。

要求：支撑腿保持外开和稳定的全脚站立。动作腿 Développé 往前伸出和划圈时也要保证最大限度的外开。并在 90° 的环动过程中注意身体重心的调节，动作腿在前时身体稍向后下胸腰，划到旁时身体摆正，划到后时身体稍前倾，上身要随动作腿的运动路线而调整变化，以获得正确的平衡支撑。

（3）Battement développé fouetté［巴特芒·代弗洛佩·弗韦泰］：动作腿由里向外伸展并继续做转身的动作

节拍：八拍一次 En dehors

右腿前五位站立，左臂扶把，右臂七位准备。

da1-2   右腿经前 Sur le cou-de-pied 吸腿到前五位 Battement retiré 位置。

da3-4   右腿 Battement développé 往前打开 90°。

da5-6   身体向左转身 1/2 圈。右腿从前腿转到旁腿，再到后腿，成第 IV Arabesque 舞姿。

da-7   保持延伸舞姿停顿不动。

da-8   右腿直腿落后点地，再 Tendu 收后五位脚。

要求：动作腿在做 Fouetté 过程中，要保持住抬起的高度不能下降，并始终将动作腿保留在一个相对固定的点位上做前、旁、后的换位。同时支撑腿全脚上的原地 Tour lent 转身动作要做得平稳有力，不能上下颠簸，脚跟在主动前顶的推移中保持最大限度的外开。

3. 组合的动作节拍与做法详解

节拍：$\frac{6}{8}$ 拍，中速

准备姿态：右腿前五位站立，左臂单手扶把，右臂一位，头看 3 点方向。

（前奏）da5-6   不动

da7-8   右臂打开小七位 Allongé，再回到一位。头随手动，再抬头看向 3 点方向。

① da1-2   右腿抬起前 Sur le cou-de-pied 位置，右臂一位，头看右臂方向。再右腿吸腿到前五位 Battement retiré 位置，右臂到二位，头看右臂方向（图 4-8-1）。

da3-4   右腿 Battement développé plié 往前打开 90°，同时左腿 Plié 下蹲。右臂打开到七位，转头看 3 点方向（图 4-8-2）。再保持舞姿停顿一拍。

da5-6　右腿 Rond de jambe 环动到旁 90°，同时左腿推起全脚站立。右臂保持七位，转头看 1 点方向（图 4-8-3）。

da7-8　右腿直腿落旁点地，右臂七位 Allongé，转头看 3 点方向。再右腿 Battement tendu 收回前五位脚，同时右臂到一位，头部跟随手动，最后抬头看 3 点方向。

图 4-8-1　　　　　　　　图 4-8-2　　　　　　　　图 4-8-3

② da1-2　右腿抬起前 Sur le cou-de-pied 位置，右臂一位，头看右臂方向。再右腿吸腿到前五位 Battement retiré 位置，右臂到二位，头看右臂方向（图 4-8-4）。

da3-4　右腿 Battement développé 往前打开 90°，左腿保持全脚站立。右臂打开到七位，转头看 3 点方向（图 4-8-5）。再保持舞姿停顿一拍。

da5-6　右腿两拍 Grand rond de jambe 到后 90°。右臂保持七位，头看 3 点方向（图 4-8-6）。

da7-8　右腿直腿落后点地，右臂七位 Allongé。再右腿 Battement tendu 收回后五位脚，同时右臂到一位，头部跟随手动。

图 4-8-4　　　　　　　　图 4-8-5　　　　　　　　图 4-8-6

③ da1-2　右腿抬起后 Sur le cou-de-pied 位置，右臂一位，头看右臂方向。再右腿吸腿到后五位 Battement retiré 位置，右臂到二位，头看右臂方向（图 4-8-7）。

da3-4　右腿 Battement développé plié 往后打开 90°，同时左腿 Plié 下蹲。右臂打开到七位，转头看 3 点方向（图 4-8-8）。再保持舞姿停顿一拍。

da5-6　右腿 Rond de jambe 环动到旁 90°，同时左腿推起全脚站立。右臂保持七位，转头看 1 点方向（图 4-8-9）。

图 4-8-7　　　　　　　　图 4-8-8　　　　　　　　图 4-8-9

da7-8　右腿直腿落旁点地，右臂七位 Allongé，转头看 3 点方向。再右腿 Battement tendu 收回后五位脚，同时右臂到一位，头部跟随手动，最后抬头看 3 点方向。

④ da1-2　右腿抬起后 Sur le cou-de-pied 位置，右臂一位，头看右臂方向。再右腿吸腿到后五位 Battement retiré 位置，右臂到二位，头看右臂方向（图 4-8-10）。

da3-4　右腿 Battement développé 往后打开 90°，左腿保持全脚站立。右臂打开到七位，转头看 3 点方向（图 4-8-11）。再保持舞姿停顿一拍。

da5-6　右腿两拍 Grand rond de jambe 到前 90°。右臂保持七位，头看 3 点方向（图 4-8-12）。

图 4-8-10　　　　　　　　图 4-8-11　　　　　　　　图 4-8-12

da7-8　右腿直腿落前点地，再 Battement tendu 收回前五位脚。右臂保持七位，头看 3 点方向。

⑤ da1-2　双腿五位 Grand plié 下蹲。右臂经七位 Allongé 到一位再到二位，头随手动看右臂方向（图 4-8-13）。

da3-4　双腿推地站起，同时右腿 Tendu 往旁点的。右臂打开七位 Allongé，头随手动看右臂方向（图 4-8-14）。

da5-6　上身向左旁下腰的 Port de bras。右臂到三位，转头看 7 点斜下方（图 4-8-15）。

da7-8　上身起直，右臂打开七位，转头看 3 点方向。再右腿 Tendu 收回前五位脚站立。

图 4-8-13　　　　　图 4-8-14　　　　　图 4-8-15

⑥ da1-2　右腿经前 Sur le cou-de-pied 吸腿到前五位 Battement retiré 位置，右臂一位到二位，头看右臂方向。

da3-4　右腿 Battement développé 往前打开 90°。右臂打开到七位，转头看 3 点方向（图 4-8-16）。再保持舞姿停顿一拍。

da5-6　左腿全脚上的 Tour lent 向左转身 1/2 圈，右腿 90° 上的 Grand fouetté en dehors 从前腿，左臂扶把。转换到旁腿（图 4-8-17），双臂扶把。再到后腿，右臂扶把，左臂往前 Allongé，成身体对 5 点方向的第Ⅳ Arabesque 舞姿（图 4-8-18）。

图 4-8-16　　　　　图 4-8-17　　　　　图 4-8-18

da-7　保持延伸舞姿停顿不动。

da-8　右腿直腿落后点地，左臂打开七位 Allongé。再右腿 Battement tendu 收后五位脚，右臂到一位，头部跟随手动，最后抬头看 3 点方向。

（九）Grand battement jeté 大踢腿练习

1. 练习目的与教学内容

加快单一踢腿动作的节奏，学习 Grand battement jeté 完成体的做法。也学习 Grand battement jeté pointé 一拍一次的连续做法，对提升动作腿的爆发性能动力很有帮助。再加入了连接类动作 Battement soutenu en tournant 练习，为掌握更多动作的衔接方式做好基础。

（1）Grand battement jeté

本组合学习单手扶把做一拍一次完成体的往前、往旁、往后做法。

（2）Grand battement jeté pointé

本组合学习单手扶把一拍一次完成体的往前、往旁、往后做法。

（3）Battement soutenu en tournant

本组合学习四拍一次往旁的分解体做法。

2. 主要动作的节拍进度与练习要求

（1）Grand battement jeté ［格朗·巴特芒·热泰］：动作腿大的向外踢腿动作

节拍：一拍一次

右腿前五位脚站立，左臂扶把，右臂七位准备。

da-　右腿 Grand battement jeté 往前踢起 90° 以上。

1-　右腿收回前五位脚站立。

要求：动作腿向外踢起与收回，都要做得迅速、敏捷、主动，不能松软和缓慢。其运动路线的准确、Battement tendu 与地面的贴服、膝关节的伸直转开、支撑腿的提胯稳定，也都与分解体做法完全相同。

（2）Grand battement jeté pointé ［格朗·巴特芒·热泰·普安泰］：带点地的连续大踢腿动作

节拍：一拍一次的：右腿前五位脚站立，左臂扶把，右臂七位准备。

da-　右腿 Grand battement jeté 往前踢起 90° 以上。

1- 落前点地。

da- 右腿再一次往前踢起 90° 以上。

2- 落前点地。

要求：动作腿在快速的 Pointé 过程中，绷紧的脚尖同样需要有力地触碰到地板之后，才可以连续地踢起下一次，不能悬空地连续踢腿。并且 Pointé 点地的位置要尽可能地往远拉长，不能往里回缩。支撑腿要在连续的快速踢腿中保持强有力的向下推地，以使身体更为稳定，减少舞姿上的震颤和晃动。

（3）Battement soutenu en tournant［巴特芒·苏特纽·昂·图尔囊］：双腿经 Battement soutenu 动作打开收回，再接做双腿 Relevé 转身的动作

节拍：四拍一次的：右腿后五位脚站立，左臂扶把，右臂七位准备

da1-2 右腿经后 Sur le cou-de-pied 打开 Battement soutenu 往旁点地。

da3-4 右腿收前五位 En tournant 1/2 圈。

要求：在 En tournant 转身的过程中，头的"一留一甩"动作要和转身动作配合协调，躯干保持一个整体转身，手保持在二位上。双腿在开始转动时就要马上换脚，两条腿在转换位置时相互靠近，重心保持在两条腿上。

3. 组合的动作节拍与做法详解

节拍：$\frac{4}{4}$ 拍，稍快

准备姿态：站右腿前五位，左臂单手扶把，右臂一位，头看 3 点方向。

（前奏）da5-6 右臂打开旁小七位 Allongé，再到一位手，头随手动。

da-7 右臂到二位，侧头看向二位手。

da-8 右臂到三位，抬头看 3 点斜上方。

① da1-2 右腿一拍一次的 Grand battement jeté 往前做一次。da- 右腿经往前踢起 90° 以上（图 4-9-1）。1- 右腿收回前五位脚。da-2 站立不动。保持右臂三位，抬头看 3 点斜上方。

da3-4 右腿往前做两次 Grand battement jeté。

da5-6 右腿一拍一次的 Grand battement jeté pointé 往前做两次。da- 右腿 Grand battement jeté 往前踢起 90° 以上。1- 落前点地。da- 右腿再一次往前踢起 90° 以上。2- 落右腿前点地。

da7-8 右腿收回前五位同时，双腿五位 Demi plié 一次。右臂同时打开到七位。

头随手动，最后看向 3 点方向（图 4-9-2）。

图 4-9-1   图 4-9-2

② da1-2　右腿 Grand battement jeté 往旁做一次。da- 右腿经往旁踢起 90° 以上，同时转头看 1 点方向，右臂保持七位（图 4-9-3）。1- 右腿收回前五位脚。da-2 站立不动。

da3-4　右腿往旁做两次 Grand battement jeté。交替收后、前五位脚。

da5-6　右腿 Grand battement jeté pointé 往旁做两次。da- 右腿 Grand battement jeté 往旁踢起 90° 以上。1- 落旁点地。da- 右腿再一次往旁踢起 90° 以上。2- 落右腿旁点地。保持右臂七位，头看 1 点方向。

da7-8　右腿收回后五位同时，双腿五位 Demi plié 一次。右臂同时经一位到二位，头随手动（图 4-9-4）。

③ da1-2　右腿 Grand battement jeté 往后做一次。da- 右腿经往后踢起 90° 以上，同时右臂二位 Allongé，转头看 3 点方向。成第 Ⅱ Arabesque 舞姿（图 4-9-5）。1- 右腿收回后五位脚。da-2 站立不动。

da3-4　右腿往后做两次 Grand battement jeté。每次收右腿后五位。

da5-6　右腿 Grand battement jeté pointé 往后做两次。da- 右腿 Grand battement jeté 往后踢起 90° 以上。1- 落后点地。da- 右腿再一次往后踢起 90° 以上。2- 落右腿后点地。头和手保持第 Ⅱ Arabesque 舞姿。

da7-8　右腿收回后五位同时，双腿五位 Demi plié 一次。右臂向旁打开到七位，头保持看 3 点方向（图 4-9-6）。

图 4-9-3　　　　　　图 4-9-4　　　　　　图 4-9-5　　　　　　图 4-9-6

④ da1-2　右腿 Grand battement jeté 往旁做一次。da- 右腿经往旁踢起 90° 以上，同时转头看 1 点方向，右臂保持七位。1- 右腿收回后五位脚。da-2 站立不动。

da3-4　右腿往旁做两次 Grand battement jeté。交替收前、后五位脚。最后一拍手到一位，头随手动。

da5-6　右腿 Battement soutenu 往旁点地。da- 右腿抬起后 Sur le cou-de-pied，右臂到二位，头看右臂方向（图 4-9-7）。1- 右腿伸出旁点地，左腿 Demi plié 下蹲，身体稍向右旁展胸腰。右臂打开七位，头看 3 点斜下方（图 4-9-8）。

da-7　右腿收前五位 En tournant 1/2 圈。da- 右腿收前五位，同时双腿 Relevé，右臂到二位，头看 1 点方向（图 4-9-9）。1- 保持双腿重心，身体向左转身 En tournant 1/2 圈，身体正对 5 点方向。经双臂二位，换成右臂扶把，左臂二位，头看左臂方向（图 4-9-10）。

da-8　左臂抬起到三位，头看 3 点斜上方。保持双腿五位 Relevé 站立（图 4-9-11）。

图 4-9-7　　　　图 4-9-8　　　　图 4-9-9　　　　图 4-9-10　　　　图 4-9-11

（结束拍）da7-8　双腿落五位 Demi plié 再直立站起。右臂向旁经七位到一位，头随手动，最后抬头看 3 点方向。

二、CENTRE 中间部分

（十）Port de bras 头手练习

1. 练习目的与教学内容

逐步加入带有适度表演化的练习方式，加快 Temps lié 带 Port de bras 下腰的节拍时间，加入 Chassé plié 移动身体位置的做法，并学习 Piqué relevé 和 Battement fouetté en tournant 的转身练习。丰富这些舞步移动和连接动作，目的是加强身体 Port de bras 和舞姿方位的表现力练习，以达到从单一动作练习向舞蹈表演化的过渡式练习。

（1）Temps lié

本组合学习在 Temps lié 向前、向旁的移动中，使用 Chassé plié 动作来移动身体重心的做法。

（2）Piqué relevé

Piqué 原意为"刺扎"，指动作腿直腿向外迈出上步到半脚尖或足尖上。Relevé 原意为"升起、立起"，指通过立脚尖或半脚尖升高身体的高度。Piqué relevé 就是指动作腿直腿绷脚向外迈步，直接立到双腿五位 Relevé 的动作。本阶段学习在小的 Battement développé 伸出，往前、往旁上步 Relevé 的动作。

2. 主要动作的节拍进度与练习要求

（1）Temps lié［唐·利埃］：一系列的连接舞步

节拍：四拍一次的 Chassé plié

右腿前五位 Épaulement croisé 站立，双臂一位准备。

da-1　右腿对 8 点方向全脚 Chassé 至双腿四位 Demi plié 下蹲。双臂二位，头看右臂手心方向。

da-2　右腿推地全脚站立，左腿推绷 Croisé 后点地。双臂打开右五位，头看 2 点方向。

da-3　上身向后 Port de bras 下胸腰。保持右五位手。

da-4 上身起直站立。保持右五位手，左腿推绷 Croisé 后点地。

要求：整个动作做得连贯、平稳、顺畅。向前或向旁滑出的 Chassé 要全脚接触地面，过程中保持双胯最大限度的外开和上提。并且滑出的脚位距离不能过长、过大，要控制好身体重心的换位移动。

（2）Piqué relevé［皮凯·雷勒韦］：直腿上步立起半脚尖

节拍：两拍一次

右腿前五位 Épaulement croisé 站立，双臂一位准备。

da- 右腿对 8 点方向 Battement développé 出 Croisé 前 25°，左腿 Demi plié 下蹲。

1- 右腿向前直腿迈步，左腿快速推地跟上右腿，立起右腿 Croisé 前五位半脚尖 Relevé。

da-2 保持双腿 Relevé 不动。

要求：在 Piqué 上步时，动作腿要完全伸直膝关节、绷紧脚踝关节，只能松开脚趾关节触碰地面而立上半脚尖。过程中保持双腿的外开，双胯有力上提，以很好地帮助身体重心的移动。双腿的 Relevé 要并紧收拢，五位脚要向内收紧，保持住重心的平衡稳定。

3. 组合的动作节拍与做法详解

节拍：$\frac{3}{4}$ 拍，中速

准备姿态：站教室 4 点方位，身体面对 2 点方向。右腿后 Croisé 点地，双臂一位，头看 1 点方向准备。

（前奏）da5-6 保持双一位手不动，头看 1 点方向。

da7-8 双臂七位 Allongé，再收回到一位。

① da-1 右腿对 2 点方向往前迈出一步站立，左后 Effacé 后点地。双臂经二位打开，右臂掌心向上往前伸，左臂 Allongé 往后拉长，头看 2 点方向（图 4-10-1）。

da-2 站立停顿一拍不动。

da-3 左腿对 2 点方向往前 Croisé 迈出一步。保持双臂和头部的姿态和方向（图 4-10-2）。

da-4 左腿再对 2 点方向往前 Effacé 迈出一步。同时双臂打开七位 Allongé，转头看 8 点方向（图 4-10-3）。

图 4-10-1　　　　　　　图 4-10-2　　　　　　　图 4-10-3

　　da-5　左腿经一位收前五位 Demi plié 下蹲。双臂到一位，头看左臂方向（图 4-10-4）。

　　da-6　左腿 Battement tendu 出 Croisé 前点地。上身稍向前倾。双臂到二位，头看右臂方向（图 4-10-5）。

　　da-7　右腿推地全脚站立，左腿保持 Croisé 前点地。双臂到三位，头看 8 点斜上方（图 4-10-6）。

　　da-8　双臂向旁打开七位。保持左腿 Croisé 前点地，头看 8 点方向（图 4-10-7）。

图 4-10-4　　　　图 4-10-5　　　　图 4-10-6　　　　图 4-10-7

　　② da1-2　开始做带 Port de bras 的 Temps lié。保持左腿 Croisé 前点地，右腿 Demi plié 下蹲，双臂到二位，上身 Port de bras 往前下腰（图 4-10-8）。

　　da-3　左腿对 2 点方向全脚 Chassé 至双腿四位 Demi plié 下蹲。双臂二位，头看左臂方向（图 4-10-9）。

　　da-4　左腿推地全脚站立，右腿推绷 Croisé 后点地。双臂打开右五位，头看 8 点方向（图 4-10-10）。

da5-6　　上身向后 Port de bras 下胸腰。保持双臂左五位，头看 8 点方向（图 4-10-11）。

图 4-10-8　　　　　　图 4-10-9　　　　　　图 4-10-10　　　　　　图 4-10-11

da7-8　　上身起直站立，同时双臂打开七位。再右腿 Battement tendu 收回后五位，双臂经七位 Allongé 到一位，头看 8 点方向。

③ da-1　　左腿对 7 点方向全脚向旁 Chassé，至双腿二位 Demi plié 下蹲，身体同时转向 En face。双臂二位，头看左臂方向（图 4-10-12）。

da-2　　左腿推地全脚站立，右腿推绷旁点地。双臂打开七位，头看 1 点方向（图 4-10-13）。

da3-4　　上身 Port de bras 向左下旁腰。双臂到左四位，头看 7 点斜下方（图 4-10-14）。

图 4-10-12　　　　　　图 4-10-13　　　　　　图 4-10-14

da5-6　　上身向前含胸低头，双臂到二位（图 4-10-15）。

da-7　　上身起直，右臂打开到三位 Allongé，左臂打开七位 Allongé，转头看 3 点斜上方（图 4-10-16）。

da-8　右腿收前五位同时身体转向 8 点方向，双腿五位 Demi plié 下蹲。双臂到一位，头随右臂动作（图 4-10-17）。

图 4-10-15　　　　　　　　图 4-10-16　　　　　　　　图 4-10-17

④ da-1　开始做 Piqué relevé。da- 右腿对 8 点方向 Battement développé 往前 25° 伸出，双臂二位，头看右臂方向（图 4-10-18）。1-Croisé 往前 Piqué 迈步，成双腿五位 Relevé 半脚尖，双臂打开左臂在前的 Arabesque 手位，头看 8 点斜上方（图 4-10-19）。

da-2　保持右腿前五位 Relevé 舞姿不动。

da-3　落左腿 Demi plié 下蹲，身体转到 En face。da- 右腿 Battement développé 往旁 25° 伸出，双臂二位（图 4-10-20）。1- 身体向右旁移动重心，右腿对 3 点方向 Piqué 迈步，收左腿前五位 Relevé 半脚尖，双臂打开七位，头看 1 点斜方向（图 4-10-21）。

图 4-10-18　　　　图 4-10-19　　　　图 4-10-20　　　　图 4-10-21

da-4　保持左腿前五位 Relevé 舞姿不动。

da-5　身体转到 2 点方向，右腿 Plié 下蹲，左腿经小的 Battement développé 到 Croisé 前点地。双臂到右四位，上身稍向前倾，头看 8 点斜上方（图 4-10-22）。

da-6　左腿对 2 点方向落四位 Dime plié，双臂二位，头看左臂（图 4-10-23）。然后右腿推绷 Croisé 后点地，双臂打开左臂在前的第Ⅳ Arabesque 舞姿，头看 2 点方向（图 4-10-24）。

图 4-10-22　　　　　　图 4-10-23　　　　　　图 4-10-24

da-7　左腿支撑重心，向右转身 Battement fouetté en tournant，右腿由后点地换成前点地。同时右臂抬起三位。成身体对 8 点方向的右腿 Croisé 前点地舞姿，双臂左五位，头看 2 点斜上方（图 4-10-25）。

da-8　右臂打开七位，双臂七位 Allongé（图 4-10-26）。然后右腿 Battement tendu 收前五位，同时双臂到一位，头随右臂动，最后抬头看 2 点方向（图 4-10-27）。

图 4-10-25　　　　　　图 4-10-26　　　　　　图 4-10-27

（十一）Battement tendu 擦地练习

1. 练习目的与教学内容

学习通过 Battement tendu plié，双腿交替做 Épaulement 舞姿上的 Battement tendu 练习。以及连续交换双腿五位重心，做 Battement tendu jeté 的动作。练习中舞姿的变换与重心的交替移动，是为了身体逐步获得支配更多的流动性和稳定性的能力。这是从原地重心单腿多次运动，向移动重心双腿交替运动的晋级转变。

（1）Battement tendu demi plié

本组合学习用四位 Demi plié 交换双腿重心，并同步带上手臂 Port de bras 交换舞姿的联动做法，在 Croisé 和 Effacé 上学习。

（2）Battement tendu jeté

本组合学习在中间双腿交替五位连续做两拍一次的动作，以及在一位脚上一拍一次的做法。

2. 主要动作的节拍进度与练习要求

（1）Battement tendu demi plié［巴特芒·唐究·德米·普里耶］：带蹲的擦地

节拍：四拍一次

身体对 8 点方向，站右腿前五位，双臂打开右五位，头看 2 点方向准备。

da–1　右腿 Battement tendu 往前点地。

da–2　右腿落 Croisé 前四位 Demi plié，左臂打开七位，右臂经一位到二位，成双臂左六位，头看右臂方向。

da–3　右腿推地全脚站立，左腿推绷 Croise 后点地，右臂抬起三位，成双臂左五位，头看 2 点斜上方。

da–4　右腿收回后五位脚。

要求：四位 Demi plié 时双胯有力上提，保持身体的平稳与正直。同时双臂 Port de bras 交换的手位要连贯和准确，与双腿 Plié 时的起伏动律配合协调。并在腿部重心转换结束的同时，及时完成手臂的运动，在准确的节拍中，与双腿一起从一个舞姿转换构成到另一个舞姿。

（2）Battement tendu jeté［巴特芒·唐究·热泰］：小的踢腿动作

节拍：一拍一次（分解体）

身体对 En face，双腿一位站立，双臂打开七位，头看一点方向。

da- 右腿 Battement tendu jeté 踢出旁 35°。

1- 右腿收回一位脚站立。

要求：Battement tendu jeté 在 Battement tendu 全部要求的基础上，要强调擦地到最远处脚尖才能离地。动作腿踢到空中 35° 的高度上，即使在快速的节拍中，在空中都要有停顿并继续延伸。收回时，脚尖还要经过前点地最远端的位置，然后经过擦地的全过程收回到一位脚。

3. 组合的动作节拍与做法详解

节拍：$\frac{2}{4}$ 拍，中速

准备姿态：身体面对 8 点方向，右腿前五位 Épaulement croisé 站立，双臂一位，头看 2 点方向准备。

（前奏）da5-6 双臂小七位 Allongé，再收回到一位。

da7-8 双臂经二位打开到右五位，头看 2 点方向。

① da1-2 右腿两拍一次的 Battement tendu 往 Croisé 前一次。da-1 右腿向前 Battement tendu 点地，双臂保持右五位，头看 2 点方向方向（图 4-11-1）。da-2 右腿 Battement tendu 收回前五位脚。

da3-4 右腿一拍一次的 Battement tendu 往前做两次。

da5-8 右腿四拍一次的 Battement tendu demi plié 往 Croisé 前，四位脚交替重心的一次。da-1 右腿 Battement tendu 往前点地。da-2 右腿落 Croisé 前四位 Demi plié，左臂打开七位，右臂经一位到二位，成双臂左六位，头看右臂方向（图 4-11-2）。da-3 右腿推地全脚站立，左腿推绷 Croise 后点地，右臂抬起三位，成双臂左五位，头看 2 点斜上方（图 4-11-3）。da-4 右腿收回后五位脚。

图 4-11-1　　　　　图 4-11-2　　　　　图 4-11-3

② da1-2　右腿两拍一次的 Battement tendu 往 Écarté 前一次。da-1 右腿向旁 Battement tendu 点地，保持双臂左五位，头看 2 点斜上方（图 4-11-4）。da-2 右腿 Battement tendu 收回后五位脚。

da-3　右腿一拍一次的 Battement tendu 往旁做一次，收前五位脚。

da-4　右腿一拍一次的 Battement tendu 往旁做一次，收后五位脚。

da5-8　右腿四拍一次 Battement tendu demi plié 往 Écarté 前，带 Battement fouetté 落四位脚交替重心的一次。da-1　右腿 Battement tendu 往旁点地。da-2　右腿 Battement fouetté 从旁腿变换成前腿，落 Effacé 前四位 Demi plié，打开双臂七位，头看 4 点方向（图 4-11-5）。da-3　右腿推地全脚站立，左腿推绷 Effacé 后点地，左臂抬起三位 Allongé，右臂七位 Allongé，头看 8 点斜上方（图 4-11-6）。da-4　右腿收回后五位脚。

图 4-11-4　　　　　　　　　图 4-11-5　　　　　　　　　图 4-11-6

③ da1-2　左腿两拍一次的 Battement tendu 往 Effacé 后一次。保持双臂 Allongé 舞姿，头看 8 点斜上方。

da3-4　左腿一拍一次的 Battement tendu 往后做两次。

da5-6　左腿 Battement tendu 往 Effacé 后点地。然后左腿 Battement tendu passé par terre 到 Croisé 前点地，同时右腿 Plié，身体稍向后下胸腰，双臂到左六位，头看 8 点方向（图 4-11-7）。

da7-8　左腿收前五位 Relevé，保持身体对 2 点方向，双臂左六位（图 4-11-8）。打开右腿小二位，做直腿换脚向旁移动的 Pas de bourrée，双臂打开七位。落身体对 En face 右腿前五位全脚站立，头看 1 点方向（图 4-11-9）。

图 4-11-7   图 4-11-8   图 4-11-9

④ da1-2　右腿两拍一次 Battement tendu jedé 往旁做一次，保持双臂七位，转头看 8 点方向（图 4-11-10）。收右腿后五位。

da3-4　交换重心，左腿 Battement tendu jedé 往旁做一次，保持双臂七位，转头看 2 点方向（图 4-11-11）。收左腿后五位。

da-5　交换重心，右腿一拍一次的 Battement tendu jedé 往旁一次。收一位脚。

da-6　右腿一拍一次的 Battement tendu jedé plié 往旁一次。收右腿后五位 Demi plié 下蹲，同时身体转到面对 2 点方向，双臂到一位，头随左臂动。

da7-8　原地双腿五位 Relevé 立起，双臂经二位至三位，头看 8 点斜上方（图 4-11-12）。

图 4-11-10   图 4-11-11   图 4-11-12

（结束拍）da-7　保持双腿五位 Relevé，双臂打开七位，头看 8 点方向。

da-8　双腿落五位脚 Dime plié 再起直站立，同时双臂经七位 Allongé 收落一位手，头随左臂动，再抬起看向 8 点方向。

（十二）Adagio 控制练习

1. 练习目的与教学内容

在中间学习较为综合性的动作练习，将 Battement développé rond de jambe、Battement développé passé、Battement développé attitude 和圆周的 Tour lent 都纳入到此组合中来练习。这是单一性动作到复合性动作的过渡阶段，是为了更好地培养舞蹈表现力，用单一舞姿向多变化的丰富舞姿递进的阶段。

（1）Battement développé rond de jambe

本组合学习在中间，动作腿经 Battement développé 打开 Effacé 前舞姿，Grand rond de jambe 到 Croisé 后舞姿的 En dehors 做法。

（2）Tour lent

Tour 原意为"转"。Lent 原意是"慢速"。Tour lent 即为慢速的原地舞姿转动。以支撑腿在全脚掌上均匀、平稳的碾脚运动，推动身体在舞姿上无察觉地逐步转动。移动支撑腿脚跟往后的为 En dehors 转，推动脚跟往前移动的为 En dedans 的转。此动作有大舞姿或小舞姿上的转动，有保持一种舞姿的连续转动，也有在转动中变化不同舞姿的做法。本组合学习保持一种舞姿，在第 I Arabesque 大舞姿上的 Tour lent en dedans 做法。

2. 主要动作的节拍进度与练习要求

（1）Battement développé rond de jambe［巴特芒·代弗洛佩·隆·德·让］：动作腿由里向外伸出的带环动划圈的动作

节拍：八拍一次

身体对 8 点方向，右腿前五位 Épaulement croisé 站立，双臂右一位准备。

da1–2　右腿从前 Sur le cou-de-pied 吸腿到前五位 Battement retiré 位置。

da3–4　右腿 Battement développé 往 Croisé 前打开 90°。

da5–6　右腿 Grand rond de jambe 从前划圈到旁 90°。

da7–8　右腿 Grand rond de jambe 从旁划圈到后 90°。

要求：这是在中间分解的做法，要求动作腿从前环动到旁 90° 时，要在音乐中保持稳定的停顿。练习动作腿在每次的 Rond de jambe 过程中，都要经过准确和外开的旁腿位置，这是连贯环动划整圈的必须要求。支撑腿要保持外开和稳定的全脚站立，双胯上提，伸直膝关节。手臂和头部要协调配合在舞姿变化时身体重心的转换，要与腿部在音乐中同时、同步构成舞姿。

（2）Tour lent［图尔·朗］：慢速的原地舞姿转动

节拍：八拍一次（分解的）

身体对 3 点方向，左腿往后 90° 抬起，双臂打开右臂在前的第 I Arabesque 舞姿，头看 3 点方向准备。

da1-2　身体保持舞姿，向右转到面对 5 点方向。

da3-4　转到面对 7 点方向。

da5-6　转到面对 1 点方向。

da7-8　转回到面对 3 点方向。

要求：在舞姿的转动中，支撑腿的全脚碾动不能颠簸，步幅要小、要平稳。身体重心在前脚掌位置，脚跟主动转开向前或向后推动身体转动。膝关节有力伸直，双胯上提放正。动作腿和上身都要在转动过程中保持较长时间的姿态固定，犹如放置在转台上的雕塑一般，平稳匀速地连贯转动。

3. 组合的动作节拍与做法详解

节拍：$\frac{6}{8}$ 拍，中速

准备姿态：身体对 8 点方向，右腿前五位 Épaulement croisé 站立，双臂右一位准备。

（前奏）da5-6　保持双臂一位不动。

da7-8　双臂打开小七位 Allongé，再回到一位。头随右臂动。

① da1-2　右腿抬起前 Sur le cou-de-pied，同时身体转到面对 2 点方向。再右腿到五位 Battement retiré 位置。双右臂二位，头看左臂方向（图 4-12-1）。

da3-4　右腿 Battement développé 往 Effacé 前 90° 伸出。双臂打开右五位，转头看 8 点斜上方（图 4-12-2）。

图 4-12-1　　　　　　　　　图 4-12-2

da5-6   右腿 Grand rond de jambe en dehors 从 前 划 1/4 圈，到 À la seconde 旁 90°。双臂打开七位，头看 2 点方向（图 4-12-3）。

da7-8   右腿 Grand rond de jambe en dehors 从旁划 1/4 圈，到 Croisé 后 90°。右臂经一位到二位，向前打开第Ⅲ Arabesque 舞姿，头看 2 点方向（图 4-12-4）。

图 4-12-3   图 4-12-4

② da1-2   右腿吸腿到一位 Passé 位置。双臂到二位，头看左臂方向（图 4-12-5）。

da3-4   右腿 Battement développé 往 Effacé 后 90° 伸出。双臂打开左五位，头看 8 点斜下方（图 4-12-6）。

da-5   右腿落旁点地，保持 Effacé 后舞姿。

da-6   右腿落二位 Demi plié，打开右臂七位，转头看 4 点方向。

da-7   右腿推起全脚站立，左腿推绷旁点地，抬左臂到三位，成双臂到右五位 Allongé，头看 8 点斜上方（图 4-12-7）。

da-8   再左腿 Battement tendu 收前五位，双臂到一位。

图 4-12-5   图 4-12-6   图 4-12-7

③ da1-2　左腿抬起前 Sur le cou-de-pied 到前五位 Battement retiré 位置。双臂二位，头看左臂方向。

da3-4　左腿 Battement développé 往 Croisé 前 Attitude 90° 伸出。双臂打开左五位，转头看 8 点方向（图 4-12-8）。

da5-6　左腿 Croisé 往前 90° 伸直腿。双臂左五位 Allongé，头看 8 点方向（图 4-12-9）。

da7-8　左腿直腿落 Croisé 前点地。再 Battement tendu 收前五位，双臂到一位。

图 4-12-8　　　　　　　　图 4-12-9

④ da1-2　右腿抬起后 Sur le cou-de-pied 到后五位 Battement retiré 位置。双臂二位，头看左臂方向。

da3-4　右腿 Battement développé 往 Croisé 后 Attitude 90° 伸出。双臂打开左五位，转头看 8 点方向（图 4-12-10）。

da5-6　右腿 Croisé 往后 90° 伸直腿。双臂左五位 Allongé，头看 8 点方向（图 4-12-11）。

图 4-12-10　　　　　　　　图 4-12-11

da7-8　右腿直腿落 Croisé 后点地。再 Battement tendu 收后五位，双臂到一位。

⑤ da-1　左腿 Battement tendu 往旁点地，同时身体转到 En face。双臂经二位打开七位，头看 1 点方向（图 4-12-12）。

da-2　右腿 Battement fouetté en dedans，身体向右转动 1/4 圈，面对 3 点方向，左腿由旁转变为后点地。右臂向前延伸成第 I Arabesque 舞姿，头看 3 点方向（图 4-12-13）。

da3-4　左腿直腿 Battement relevé lent 抬起 90° 后，保持第 I Arabesque 舞姿（图 4-12-14）。

图 4-12-12　　　　　　　图 4-12-13　　　　　　　图 4-12-14

da5-6　右腿为轴做 Tour lent en dedans，身体向左转到对 5 点方向（图 4-12-15）。

da7-8　身体转到对 6 点方向（图 4-12-16）。

⑥ da1-2　身体转到对 8 点方向（图 4-12-17）。

图 4-12-15　　　　　　　图 4-12-16　　　　　　　图 4-12-17

da3-4　身体转到对 2 点方向（图 4-12-18）。

da5-6　左腿屈膝抬起 Effacé 后 Attitude 90°。抬左臂成右五位，转头看 8 点斜上方（图 4-12-19）。

da-7　左腿 Effacé 往后 90° 伸直腿。双臂右五位 Allongé，头看 8 点斜上方（图 4-12-20）。

图 4-12-18　　　　　　　图 4-12-19　　　　　　　图 4-12-20

da-8　左腿直腿落 Effacé 后点地。再 Battement tendu 经一位收回到前五位脚，双臂到一位，头随左臂动，最后抬头看 8 点方向。

（十三）Grand battement jeté 大踢腿练习

1. 练习目的与教学内容

学习在中间 Croisé 和 Écarté 的大舞姿上，完成一拍一次的 Grand battement jeté 动作。这是完成体的节拍做法，在加快动作腿运动速度，提高对肌肉爆发性能力练习的同时，也对动作腿脚下的细致程度有了更高的要求。学习从双腿四位 Plié 开始的 Pirouette en dehors 旋转，并结束在大四位 Plié 上的做法，是在以后的舞蹈中经常使用的表演方式，其技术能力需要逐步提高。

（1）Grand battement jeté

本组合学习在中间 Épaulement 五位脚站立 Effacé 往前、往后踢腿，以及双腿交替 À la seconde 往旁踢腿的练习。

（2）Pirouette

本组合学习身体对 En face，双腿从四位 Demi plié 开始和结束的 Pirouetté en dehors 转 2 整圈的做法。

2. 主要动作的节拍进度与练习要求

（1）Grand battement jeté［格朗·巴特芒·热泰］：动作腿大的向外踢腿动作

节拍：一拍一次

身体对 8 点方向，右腿前五位 Épaulement Croisé 站立，双臂打开右五位准备。

da-　　右腿踢起 Effacé 前 90° 以上。

1-　　右腿收回前五脚站立。

要求：在一拍一次的做法中，快速连贯踢起的动作腿与收回五位，都一定要有 Battement tendu 的完整过程。踢起时脚背、脚趾要在地面绷紧之后才可以离开地面踢起。收回时不能在空中下降的时候放松脚背，要在绷紧的脚趾触碰到地面之后，再经过 Battement tendu 收回。始终双腿保持最大限度的伸直和外开。在 Épaulement 展开双臂的所有大舞姿，都要在踢腿的震动中保持稳定，不能摇晃或松懈。

（2）Pirouette［皮鲁埃特］：单腿支撑的原地旋转动作

节拍：四拍一次：站中间 En face 右腿后五位，双臂一位准备

da-1　　右腿 Battement tendu 后点地，双臂经二位打开右臂在前的 Arabesque 舞姿。

da-2　　右腿落后四位 Demi plié 下蹲。双臂到左六位。

da-3　　左腿推地 Relevé，右腿收前五位 Retiré，双臂二位，向左转 Pirouette en dehors 2 圈。

da-4　　落身体对 2 点方向，右腿后大四位 Demi plié 下蹲，双臂打开七位。

要求：在旋转过程中，头部要有配合身体转动连续两次的留头摆头过程。预备转时的四位 Demi plié，要将身体重心放在双腿支撑的平衡位置，为后腿推地发力的起动旋转做好准备。旋转结束时的大四位 Plié，身体重心要更多地放在前腿上，向后直腿全脚踩落的大四位距离不要太远，不能拉扯身体重心。

3. 组合的动作节拍与做法详解

节拍：$\frac{3}{4}$ 拍，稍快

准备姿态：身体对 8 点方向，右腿前五位 Épaulement croisé 站立，双臂右一位准备。

（前奏）da5-6　　双臂打开小七位 Allogé，再回到一位。

da7-8　　双臂经二位打开右五位，头看 2 点方向。

① da-1　　右腿 Croisé 往前的 Grand battement jeté 一次。da- 往前 Croisé 踢起 90° 以上，手臂右五位，头看 8 点方向（图 4-13-1）。1- 右腿收回前五位站立。

da-2　　保持双腿五位站立不动。

da3-4　　同 da1-2 的动作，右腿往前踢腿的做一遍，再停一拍。

da5-6　同 da1-2 的动作，右腿往前踢腿的做一遍，再停一拍。

da-7　左腿 Battement tendu en tournant en dedans1/4 圈往旁点地，身体对 2 点方向，保持右五位手，转头看 8 点斜上方。成左腿 Écarté 往前的舞姿（图 4-13-2）。

da-8　左腿 Battement tendu 收前五位站立。同时双臂向上交换成左五位，头看 8 点斜下方，身体稍向左展旁腰（图 4-13-3）。

图 4-13-1　　　　　　　　图 4-13-2　　　　　　　　图 4-13-3

② da-1　右腿往后 Écarté 的 Grand battement jeté 一次。da- 右腿向旁踢起 90° 以上，手臂右五位，头看 8 点斜下方（图 4-13-4）。1- 右腿收回前五位站立。

da-2　保持双腿五位站立不动。

da3-4　同 da1-2 的动作，右腿往旁踢腿的做一遍，收后五位，再停一拍。

da5-6　同 da1-2 的动作，右腿往旁踢腿的做一遍，收前五位，再停一拍。

da-7　保持身体对 2 点方向，左腿 Battement tendu 往旁点地，右臂打开七位手，转头看 8 点方向（图 4-13-5）。

da-8　左腿 Battement tendu 收前五位站立。右臂经一位到二位，成双臂左六位舞姿，头看右臂方向（图 4-13-6）。

③ da-1　右腿 Croisé 往后的 Grand battement jeté 一次。da- 往后 Croisé 踢起 90° 以上，打开右臂在前的第Ⅲ Arabesque 舞姿，头看 2 点方向（图 4-13-7）。1- 右腿收回后五位站立。

da-2　保持双腿五位站立不动。

da3-4　同 da1-2 的动作，右腿往后踢腿的做一遍，再停一拍。

da5-6　同 da1-2 的动作，右腿往后踢腿的做一遍，再停一拍。

da-7   左腿 Battement tendu en tournant en dehors 1/8 圈往旁点地，身体转到 En face，双臂打开七位，头看 1 点方向（图 4-13-8）。

da-8   左腿 Battement tendu 收后五位 Demi plié 下蹲，双臂经七位 Allongé 到一位。

图 4-13-4   图 4-13-5   图 4-13-6

图 4-13-7   图 4-13-8

④ da-1   左腿推地高半脚 Relevé，右腿收前五位 Retiré，双臂到二位，头看 1 点方向（图 4-13-9）。

da-2   右腿落后四位的双腿 Demi plié 下蹲，双臂打开左六位，头看 1 点方向（图 4-13-10）。

da-3   左腿推地全脚站立，右腿推绷后点地。双臂打开右臂在前的 Arabesque 舞姿，头看 1 点方向（图 4-13-11）。

da-4   再右腿落后四位的双腿 Demi plié 下蹲，双臂打开左六位，头看 1 点方向。

da-5   左腿推地 Relevé，右腿收前五位 Retiré，双臂二位，留头摆头向左转 Pirouette en dehors 2 圈（图 4-13-12）。

da-6　落身体对 2 点方向，右腿后大四位 Demi plié 下蹲。双臂打开七位，头看 1 点方向（图 4-13-13）。

图 4-13-9　　　　　　　图 4-13-10　　　　　　　图 4-13-11

图 4-13-12　　　　　　　图 4-13-13

da-7　左腿推地全脚站立，右腿推绷 Croisé 后点地。双臂打开七位 Allongé，头看 8 点方向。

da-8　右腿 Battement tendu 收后五位站立。双臂到一位，头随左臂动，最后抬头看 8 点方向。

三、JUMPS 跳跃部分

（十四）Pas sauté 小跳练习

1. 练习目的与教学内容

学习在 Épaulement 姿态上开始的连续多次的 Changement de pied，以及 Pas échappé

打开四位、二位连续换位的小跳练习。目的是在快速连接的多次跳跃中，通过身体侧面与正面的交替转换方式，更多地练习对身体的重心支配与调度能力。同时也使双腿在丰富的脚位转换中，更加敏捷和灵活。

（1）Changement de pied

本组合学习一拍一次的 Changement de pied 连续换脚跳跃，并从 Épaulement 开始到 Épaulement 结束的做法。

（2）Pas échappé

本组合学习双腿打开四位和二位脚的连续换位小跳，并带 Épaulement 身体转动的原地做法。

2. 主要动作的节拍进度与练习要求

（1）Changement de pied［尚日芒·德·皮耶］：空中两脚交换位置的跳跃

节拍：四拍一组，连续三次的跳跃

身体面对 8 点方向，右腿前五位 Épaulement 站立，双臂一位准备。

da−8   右腿前五位 Demi plié 下蹲。

da−1   跳起到身体面对 En face，空中双腿打开一位，再落左腿前五位 Demi plié。

da−2   双腿跳起，落右腿前五位 Demi plié。

da−3   双腿跳起，再落身体对 2 点方向，左腿前五位 Demi plié。

da−4   双腿推直五位站立。

要求：在变换身体方向的多次 Changement de pied 跳跃中，身体背肌、腹肌要尽力收紧，要积极地控制重心调节身体的姿态，要在准确的节拍中完成 Épaulement 与 En face 之间的方位变换。头部要保持正直和松弛，随着身体不同的姿态而变换视点和方向。双腿同单一练习要求一样，做好快速起跳和全脚落地，保持腿部各关节在敏捷动作中的弹性。并在快速的节拍中，先做双腿空中打开在一位脚，两脚跟较小分开姿态上的交换方式，以后再做五位脚上交换双腿的做法。

（2）Pas échappé［帕·埃夏佩］：双腿打开等距的分腿跳跃

节拍：四拍一组，连续换位的跳跃

身体面对 8 点方向，右腿前五位 Épaulement 站立，双臂一位准备。

da−8   右腿前五位 Demi plié 下蹲。

da−1   保持身体面对 8 点方向，双腿跳起空中前后打开四位脚，落右腿前四位

Demi plié。

da-2　跳起到身体面对 En face，空中双腿二位脚，落二位 Demi plié。

da-3　跳起到身体面对 2 点方向，空中双腿二位脚。再落身体对 2 点方向，左腿前五位 Demi plié。

da-4　双腿推直五位站立。

要求：在 Pas échappé 变换身体方向的多次跳跃中，双腿打开的四位和二位的脚位距离都不要过大、过宽。这里是小跳性质的跳跃，双腿快速灵敏的屈伸和推绷是练习的主要目标。同时，对身体重心在姿态变换中的支配，也要积极、快速，不能拖沓、松懈。并注意身体在 Épaulement 上的侧身位置，不能角度太大、转身太多。要保持双肩、双胯的平衡与正直。

3. 组合的动作节拍与做法详解

节拍：$\frac{2}{4}$ 拍，中速

准备姿态：身体面对 8 点方向，右腿前五位 Épaulement 站立，双臂一位准备。

（前奏）da5-7　保持右腿前五位脚站立。

da-8　双腿五位 Demi plié 下蹲（图 4-14-1）。

① da1-4　做一拍一次的 Changement de pied 连续跳跃三次。

da-1　双腿跳起，身体转到面对 En face 方向，双臂一位，头看 1 点方向（图 4-14-2）。落左腿前五位 Demi plié 下蹲。

da-2　第二次 Changement de pied。

da-3　第三次 Changement de pied，落身体对 2 点方向，左腿前五位 Demi plié（图 4-14-3）。

图 4-14-1　　　图 4-14-2　　　图 4-14-3

da-4　双腿推直五位站立，再迅速到五位 Demi plié 下蹲。

da5-8　同 da1-4 的动作，左腿前五位开始再做一遍，Changement de pied 连续跳跃三次。最后一个跳落身体对 8 点方向，右腿前五位 Demi plié 下蹲。

② da1-2　保持身体面对 8 点方向，在 Épaulement 上做 Changement de pied 连续跳跃两次。双臂保持一位，头看 1 点方向。

da-3　向 8 点方向跳起往前移动的五位 Pas sauté（图 4-14-4），落右腿前五位 Demi plié 下蹲（图 4-14-5）。

da-4　双腿推直五位站立，再迅速到五位 Demi plié 下蹲。

da5-8　做四拍一组的 Pas échappé 连续四位、二位的换位跳跃。da-1　保持身体面对 8 点方向，双腿跳起空中前后打开四位脚，双臂经打开到右六位，头看左臂方向（图 4-14-6）。落右腿前四位 Demi plié（图 4-14-7）。da-2　跳起到身体面对 En face，空中双腿二位脚，双臂打开七位，头看 1 点方向（图 4-14-8）。落二位 Demi plié（图 4-14-9）。da-3　跳起到身体面对 2 点方向，空中双腿二位脚，双臂七位 Allongé（图 4-14-10）。再落身体对 2 点方向，左腿前五位 Demi plié，双臂到一位（图 4-14-11）。

图 4-14-4　　　　　图 4-14-5　　　　　图 4-14-6　　　　　图 4-14-7

图 4-14-8　　　　　图 4-14-9　　　　　图 4-14-10　　　　　图 4-14-11

da-4　腿推直五位站立，再迅速到五位 Demi plié 下蹲。

③ da1-4　同①da1-4 的动作，左腿前五位开始再做一遍，Changement de pied 连续跳跃三次。最后一个跳落身体对 8 点方向，右腿前五位 Demi plié 下蹲。

da5-8　同①da1-4 的动作，再做一遍，最后一个跳落身体对 8 点方向，左腿前五位 Demi plié 下蹲。

④ da1-2　保持身体面对 2 点方向，在 Épaulement 上做 Changement de pied 连续跳跃两次。双臂保持一位，头看 1 点方向。

da-3　向 2 点方向跳起往前移动的五位 Pas sauté，落左腿前五位 Demi plié 下蹲。

da-4　双腿推直五位站立，再迅速到五位 Demi plié 下蹲。

da5-8　做四拍一组的 Pas échappé 连续四位、二位的换位跳跃。da-1　保持身体面对 2 点方向，双腿跳起空中前后打开四位脚，双臂经打开到左六位，头看右臂方向。落左腿前四位 Demi plié。da-2　跳起到身体面对 En face，空中双腿二位脚，双臂打开七位，头看 1 点方向。落二位 Demi plié。da-3　跳起到身体面对 2 点方向，空中双腿二位脚，双臂七位 Allongé。再落身体对 2 点方向，右腿前五位 Demi plié，双臂到一位。da-4　双腿推直五位站立不动。

（十五）Pas assemblé 小跳练习

1. 练习目的与教学内容

学习 Pas double assemblé 往旁的做法。在练习腿部的灵活性方面，以及头、手、腿的配合能力方面，都起到很有效的作用。同时学习向外移动重心的连接类跳跃舞步 Sissonne tombé，为可以使更多的动作连接在一起舞蹈做好准备。

（1）Pas double assemblé

Double 原意为"双的、加倍的"，Assemblé 原意为"聚集、收到一起"。它是指向外踢起的动作腿，向旁做两次 Pas assemblé 完成一次脚位交替（由后五位换至前五位，或由前五位换至后五位）的连续跳跃动作。在发起快速的连续跳跃中，动作腿多次向外打开并空中收回，更进一步锻炼了双腿的跳跃与灵活能力。本组合学习四拍一次的做法，在 En face 方向单一练习。

（2）Sissonne tombé

Sissonne 是一种双腿起单腿落地的跳跃，因创造此类舞步者西松的姓氏而的得名。Tombé 原意为"下降、倒重心"。Sissonne tombé 即为身体外倒出带移动重心的跳跃动作。它可以往前、往旁、往后做，有 45° 和 90° 的做法，也可以带 En tournant 做。双腿推地起跳并依次落地，动作腿经小的 Battement développé 或全脚 Chassé 向行进方向打开，身体倒出重心成另一舞姿 Plié 的移动跳跃。本组合学习动作腿跳起在 Sur le cou-de-pied 位置，再落全脚，用 Chassé 往前移动重心，在 Épaulement 方向 Croisé 往前和 En face 往旁做的 Sissonne tombé 练习。

2. 主要动作的节拍进度与练习要求

（1）Pas double assemblé［帕·杜勃尔·阿桑布莱］：连续两次双腿聚集的跳跃

节拍：四拍一次

左腿前五位 En face 站立，双臂一位准备。

da-8　双腿五位 Demi plié 下蹲。

da-　右腿向旁擦地原地踢跳，空中右腿收回后五位。

1-　落右腿后五位 Demi plié。

da-　右腿再向旁擦地原地踢跳，空中右腿收回前五位。

2-　落右腿前五位 Demi plié。

da-3　双腿起直站立。

da-4　保持站立不动。

要求：两次向旁的踢跳，都同单一 Pas assemblé 的所有要求。每次跳跃在空中，都要双腿收紧五位。每次下落的 Demi plié 也都要全脚紧凑的五位。并且，它是在同一条腿上推地跳两次 Pas assemblé，第一次跳可以做得稍小一点，第二次跳要跳得高一点，要求两次跳之间没有停顿，要做得连贯、流畅。

（2）Sissonne tombé［西松·通贝］：用跳跃方式向外倒出重心成的动作

节拍：四拍一次往前的

身体对 8 点方向，右腿前五位 Épaulement croisé 站立，双臂一位准备。

da-8　双腿五位 Demi plié 下蹲。

da-　双腿推地跳起，同时右腿抬起前 Sur le cou-de-pied，左腿空中绷直。

1-　先落左腿 Demi plié，再依次落下右腿前五位 Demi plié，并右腿继续全脚 Chassé 往前 Tombé 移动重心，到四位 Demi plié 位置。

da-　右腿再次推地，空中左腿收后五位，同时向前移动跳起。

2- 落右腿前五位 Demi plié 下蹲。

da-3 双腿起直站立。

da-4 保持站立不动。

要求：小跳中的 Sissonne tombé 主要是连接和辅助动作，要求整个过程的两次跳跃，都不要跳起得太高，而是更注重移动身体重心向外的流畅滑动。空中脚趾绷紧，做离地不高的跳跃。在第一次跳落地之后的动作腿 Chassé，要经全脚向行进方向的滑动。再连贯推起的第二次跳跃，后腿要追赶前腿位置收紧，双腿完全伸直绷紧，带动身体继续向前或向旁移动。并且整个动作都要配合好手臂和头部的 Port de bras，做得平稳、流畅、舒展。

3. 组合的动作节拍与做法详解

节拍：$\frac{2}{4}$ 拍，中速

准备姿态：站左腿前五位 Épaulement croisé，双臂一位，头看 8 点方向准备。

（前奏）da-5 保持五位脚站立不动。

da-8 双腿五位 Demi plié 下蹲。

① da-1 右腿向旁打开的 Pas double assemblé 原地跳起，同时身体面对 En face，空中右腿收回后五位，双臂保持一位，头看 3 点方向（图 4-15-1）。落右腿后五位 Demi plié（图 4-15-2）。

da-2 再原地跳起第二次，空中右腿收回前五位，双臂保持一位，头看 3 点方向（图 4-15-3）。落右腿前五位 Demi plié（图 4-15-4）。

图 4-15-1   图 4-15-2   图 4-15-3   图 4-15-4

da-3 双腿推直五位站立，保持双臂一位，头看 3 点方向。

da-4 双腿五位 Demi plié。

da-5　保持身体面对 En face，左腿向旁打开的 Pas double assemblé 原地跳起，空中左腿收回后五位，双臂保持一位，头看 7 点方向。落左腿后五位 Demi plié。

da-6　再原地跳起第二次，空中左腿收回前五位。落左腿前五位 Demi plié。

da-7　双腿推直五位站立，保持双臂一位，头看 7 点方向。

da-8　双腿五位 Demi plié。

②da-　开始做往前移动的 Sissonne tombé。双腿推地跳起，同时身体面对 2 点方向，左腿抬起前 Sur le cou-de-pied，右腿空中绷直，双臂到二位，头看左臂方向（图 4-15-5）。

1-　先落右腿 Demi plié，再依次落下左腿前五位 Demi plié，并左腿继续全脚 Chassé 往前 Tombé 移动重心，到四位 Demi plié 位置。双臂打开到右臂在前的第Ⅲ Arabesque 舞姿，头看 2 点方向（图 4-15-6）。

da-　左腿再次推地，空中右腿收后五位，同时向前移动跳起。双臂保持 Arabesque 舞姿，头看 2 点方向（图 4-15-7）。

2-　落左腿前五位 Demi plié 下蹲。双臂到一位（图 4-15-8）。

图 4-15-5　　　　　图 4-15-6　　　　　　　图 4-15-7　　　　　图 4-15-8

da-3　双腿推直五位站立。

da-4　双腿五位 Demi plié。

da-　开始做往旁移动的 Sissonne tombé。双腿推地跳起，同时身体面 En face 方向，左腿抬起前 Sur le cou-de-pied，右腿空中绷直，双臂到二位，头看 1 点方向（图 4-15-9）。

5-　先落右腿 Demi plié，再依次落下左腿前五位 Demi plié，并左腿继续全脚 Chassé 往左旁 Tombé 移动重心，到二位 Demi plié 位置。双臂打开七位，头看 1 点方向（图 4-15-10）。

da-　左腿再次推地，空中右腿收前五位，同时向左旁移动跳起。双臂七位 Allongé，头看 1 点方向（图 4-15-11）。

6-　落身体对 8 点方向，右腿前五位 Demi plié 下蹲。双臂到一位（图 4-15-12）。

图 4-15-9　　　　　　图 4-15-10　　　　　　图 4-15-11　　　　　　图 4-15-12

da-7　双腿推直五位站立。

da-8　保持站立不动。

（十六）Pas jeté 小跳练习

1. 练习目的与教学内容

在 Pas jeté 的连续跳跃组合里，学习原地起跳的 Pas ballotté，以及移动位置跳跃的 Pas ballonné 和移动的 Pas jeté 动作。这几个动作都有动作腿快速踢向空中成舞姿的特点，因此也作为同性质的小跳动作，时常安排连接在一起练习。其目的是为练习动作腿在空中快速灵活的伸展，并带动身体重心在双腿交替单落的动态中，完成更为丰富的舞步位移。同时也在手臂 Port de bras 的加入中，与头部协同，更好地练习头、手、脚的协调。

（1）Pas ballotté

原意为"摇摆、晃荡"，是指摇摆的连续换脚跳。在往前、往后的连续跳跃中，双腿打开配合上身的倾倒，动作像"小船"一样的前后摇摆运动。空中双腿有五位直腿和经 Sur le cou-de-pied 打开的两种做法，也有动作腿打开在点地、45°、90° 不同高度的舞姿。可以原地做、移动做，也可以带原地转身的 En tournant 做。本组合学习打开在 45° 上的舞姿，原地的往前、往后连续的做法。

（2）Pas ballonné

原意为"弹出的气球"，是双起单落跳跃动作。它在连续多次做时，则成为单腿起和单腿落的跳。主要为展示动作腿在空中向外多次打开与收回的灵巧性。即锻炼动作腿凌空移动的能力和控制力，也锻炼支撑腿单腿落地与起跳的跳跃能力。Pas ballonné主要分为原地的、移动的两种，动作腿可以向前、向旁、向后打开，也可以往前、往旁、往后移动着连续跳跃。本组合学习动作腿在 Effacé 向前 45° 打开，并往前移动的连续跳跃。

2. 主要动作的节拍进度与练习要求

（1）Pas ballotté［帕·巴洛泰］：摇摆性质的换脚跳跃

节拍：一拍一次

左腿前五位 En face 站立，双臂一位准备。

da–8　双腿五位 Demi plié 下蹲。

da–　双腿原地推地跳起，空中左腿抬起前 Sur le cou-de-pied，右腿伸直绷紧。

1–　落身体面对 8 点方向，右腿 Demi plié，左腿 Développé 出 Effacé 前 45°。

da–　右腿推地跳起，左腿屈腿收前 Sur le cou-de-pied。空中成双腿屈膝的五位姿态。

2–　落左腿 Demi plié，右腿 Développé 出 Effacé 后 45°。

da3–4　连续接做往前的 Pas ballotté 或别的动作。

要求：在往前 Pas ballotté 的身体向后展胸腰，与伸出的 Effacé 前腿形成拉伸线条的姿态。往后做的 Pas ballotté，身体要更多地向前倾，并同样保持上身的挺展胸。双腿在空中的屈腿五位是过程动作，要清晰地快速经过这个位置，但不要过于的停顿，而是更多地强调往前、往后快速伸出的 Développé 舞姿。并注意在小跳的快速跳跃中，所有的跳跃都要配合音乐的速度，不要起跳过高，要注意在连续跳跃中的大小平衡关系。

（2）Pas ballonné［帕·巴洛内］：似球般的跳跃

节拍：一拍一次

站右腿前五位 Croisé，双臂一位准备。

da–8　双腿五位 Demi plié 下蹲。

da–　右腿向前 Effacé 擦地踢腿 45° 跳起，同时身体转到面对 2 点方向，左腿推地向下伸直往前跳移，空中双臂右六位。

1-　　落左腿 Demi plié，右腿前 Sur le cou-de-pied。

da-2　　再从右前 Sur le cou-de-pied 直接踢腿 45° 跳起，做第二次同方向的 Pas ballonné 往前移动的。

要求：第一次跳起时，往 Effacé 前 45° 踢起的动作腿，要有全脚擦地到伸直腿踢前踢跳的过程。在之后的第二次或第三次的连续 Pas ballonné 中，从 Sur le cou-de-pied 向外打开的动作腿，不擦地地始终绷紧脚背向外踢跳。双腿的打开和推地动作，要配合身体的重心，有控制地向行进方向跳移。空中双腿伸直绷紧与身体和双臂构成舞姿。落地双胯有力上提，保持单腿 Demi plié 的弹性缓冲和快速推地。

3. 组合的动作节拍与做法详解

节拍：$\frac{6}{8}$ 拍，稍快

准备姿态：身体对 2 点方向，左腿前五位 Épaulement croisé 站立，双臂一位，头看 8 点方向准备。

（前奏）da5-7　　保持五位脚站立不动。

da-8　　双腿五位 Demi plié 下蹲

① da-1　　右腿踢起旁的原地 Pas jeté 一次。身体到面对 En face，空中双腿二位，双臂打开小七位 Allongé，转头看 3 点方向（图 4-16-1）。落右腿 Demi plié，左腿收后 Sur le cou-de-pied（图 4-16-2）。

da-2　　左腿踢起旁的原地 Pas jeté 一次。身体保持 En face，空中双腿二位，双臂小七位 Allongé，转头看 7 点方向（图 4-16-3）。落左腿 Demi plié，右腿收后 Sur le cou-de-pied，左臂收回一位（图 4-16-4）。

图 4-16-1　　　　　图 4-16-2　　　　　图 4-16-3　　　　　图 4-16-4

da-3 左腿原地推起 Temps levé，空中保持右腿后 Sur le cou-de-pied，双臂到右六位，头看 7 点方向（图 4-16-5）。再落左腿 Demi plié 下蹲，右腿后 Sur le cou-de-pied（图 4-16-6）。

da-4 右腿全脚踩落后五位，双腿起直五位站立。双臂到一位。再双腿五位 Demi plié 下蹲。（图 4-16-7）

图 4-16-5   图 4-16-6   图 4-16-7

da-5 同 da-1 的动作，再做一遍。

da-6 同 da-2 的动作，再做一遍。

da-7 同 da-3 的动作，再做一遍。

da-8 同 da-4 的动作，再做一遍。

② da-1 双腿原地推跳，身体转到面对 8 点方向，左腿 Effacé 往前的 Pas ballotté，落右腿 Demi plié，左腿前 45°。空中双臂经二位到左六位，头看 2 点方向，身体向后展胸腰（图 4-16-8）。

da-2 再右腿原地跳起，换右腿 Effacé 往后的 Pas ballotté，落左腿 Demi plié，右腿后 45°。空中双臂经二位到右六位，头看左臂方向，身体稍向前倾展胸腰（图 4-16-9）。

图 4-16-8   图 4-16-9

da3-4　保持身体面对 8 点方向，右腿收后五位半脚掌 Pas coupé（图 4-16-10），左腿向旁擦地原地跳起 Pas assemblé。空中双臂打开七位 Allongé，看 2 点方向（图 4-16-11）。再落左腿前五位 Demi plié，双臂到一位，头看 2 点方向（图 4-16-12）。

da-5　右腿经擦地踢起前 45°，左腿推地向下伸直往前跳移，做 Effacé 往前移动的 Pas ballonné 跳起，同时身体转到面对 2 点方向，空中双臂打开右六位，头看 1 点方向（图 4-16-13）。再落左腿 Demi plié，右腿前 Sur le cou-de-pied（图 4-16-14）。

图 4-16-10　　　　　　图 4-16-11　　　　　　图 4-16-12

图 4-16-13　　　　　　图 4-16-14

da-6　再从右腿前 Sur le cou-de-pied 直接踢腿 45° 跳起，做第二次同方向的 Pas ballonné 往前移动的。

da-7　右腿前 Sur le cou-de-pied 直接踢腿 45° 跳起，做往前移动 Pas jeté。空中双腿大四位伸直，左臂到三位，双臂成右五位舞姿，头看 1 点方向（图 4-16-15）。落右腿 Demi plié，左腿后 45° 抬起（图 4-16-16）。

da-8　左腿收后五位，右腿向旁打开，做直腿向右旁移动的 Pas de bourrée。收落身体对 2 点方向，右腿前五位 Demi plié 下蹲再起直五位。双臂经七位 Allongé 到一位，头看 8 点方向。

图 4-16-15　　　　　　　　　　　　图 4-16-16

（十七）Sissonne fondu 中跳练习

1. 练习目的与教学内容

学习将不同的中跳动作连接起来，完成多次的连续跳跃。这是芭蕾跳跃动作练习的常用方式，要逐步加强身体各种舞姿在空中的不同变换与衔接。在练习双腿跳跃能力的同时，也在与手臂的协调配合中增加着身体的舞蹈表现力。Sissonne fondu、Sissonne ouverte、Pas assemblé、Sissonne fermée 等在前阶段里分解或分段组合的动作，都组合在一个练习里去完成。

（1）Sissonne fondu

本组合学习原地起跳的，动作腿经 Passé 位置落地之后再往旁打开 45° 的做法，同时带身体的 Épaulement 方向。并在落地之后快速与其他跳跃动作相连接。

（2）Sissonne fermée

本组合学习连续三次的跳跃连接，在连跳中改变方向和舞姿的联动方式。

2. 主要动作的节拍进度与练习要求

（1）Sissonne fondu［西松·丰究］：带动作腿渐落的西松跳跃

节拍：两拍一次

身体对 8 点方向，右腿前五位 Épaulement croisé 站立，双臂一位准备。

da-8　双腿五位 Demi plié 下蹲。

da-　双腿推地跳起，空中右腿快速吸腿至前 Passé 位置。双臂到二位。

1-　身体 En face，双腿依次落五位 Demi plié 下蹲，同时右腿向旁擦地。双臂打开七位。

da-　双腿原地推地跳起，空中右腿经旁 45° 打开，并收回至后五位。双臂七位

Allongé。

2- 　落身体对 2 点方向，左腿前五位 Demi plié 下蹲。双臂到一位。

要求：这是一个由两次原地跳跃动作组成的一组动作。要求在第一次跳跃时，双腿原地最大限度地推地跳起，动作腿的右腿要快速有力地吸起至前 Passé 位置，左腿保持空中垂直紧绷。落下时，左腿先触地 Demi plié，右腿在稍晚于左腿下落的前五位，并向旁经全脚擦地跳起第二次跳跃。第二次的跳跃也就是一次向旁打开的原地 Pas assemblé，双腿要在最高点收拢成空中五位。所有跳跃中保持上身的垂直与双胯上提，双臂 Port de bras 要配合联动。

（2）Sissonne fermée［西松·弗尔梅］：双腿闭合式的跳跃

节拍：一拍一次

身体面对 8 点方向，右腿前五位 Épaulement croisé 站立，双一位准备。

da-8　双腿五位 Demi plié 下蹲。

da-　双腿推地跳起，空中身体转向面对 2 点方向。右腿踢前 45°，左腿向踢后 90°，做向 2 点方向往前移动跳跃。

1-　落右腿前五位 Demi plié 下蹲。

da-2 双腿推地跳起第二次往前移动的 Sissonne fermée 跳跃。再落右腿前五位 Demi plié 下蹲。（第二次为一拍一次的跳跃）

要求：连贯的 Sissonne fermée 做法中，要求从空中舞姿下落到五位 Demi plié 过程时，向移动方向踢起的第一条腿直接落地要平稳、有支撑。另一条腿，则同样需要经过全脚快速擦地，收回到双腿五位加深 Demi plié。双腿要在音乐中要按节拍连贯地完成，不要拖沓。因为在两次连续的跳跃动作中，第一次的落地收五位的下蹲，将是第二次连续跳跃的起始。要在落地的时间和过程中，都做好有韧性的、充分的 Demi plié。

3. 组合的动作节拍与做法详解

节拍：$\frac{3}{4}$ 拍，中速

准备姿态：身体面对 8 点方向，右腿前五位 Épaulement croisé 站立。双臂一位，头看 2 点方向准备。

（前奏）da5-6　保持不动。

da-7　双臂打开小七位 Allongé，再收回到一位手，头随右臂动。

da-8　双腿五位 Demi plié 下蹲。双臂保持一位，头看 2 点方向。

① da-　开始做原地带 Épaulement 方向的 Sissonne fondu。双腿推地跳起，空中右腿快速吸腿至前 Passé 位置。双臂到二位，头看 1 点方向（图 4-17-1）。

1-　身体 En face，双腿依次落五位 Demi plié 下蹲，同时右腿向旁擦地。双臂打开七位，头看 1 点方向

da-　双腿原地推地跳起，空中右腿经旁 45° 打开收回至后五位。双臂七位 Allongé（图 4-17-2）。

图 4-17-1　　　　　　　图 4-17-2

2-　落身体对 2 点方向，左腿前五位 Demi plié 下蹲。双臂到一位，头看 8 点方向。

da-　开始连续做往前移动的 Sissonne ouverte。双腿推地跳起，身体重心向 2 点方向往前移动跳跃，空中左腿直腿踢前 45°，右腿向后踢 Attitude 90°。双臂经二位打开成左五位，头看 8 点方向（图 4-17-3）。

3-　落左腿 Demi plié 下蹲，右腿保持 Attitude 后 90°。双臂保持右五位。

da-　身体保持对 2 点方向，右腿 Effacé 往前四位 Pas coupé。右臂到二位，成双臂左六位，头看右臂方向（图 4-17-4）。再左腿经擦地快速往前踢起 45°，右腿推地跳起，身体向 2 点方向 Pas assemblé 往前移动，空中双腿成左腿前五位。双臂打开成右臂对 2 点斜下方向的 Arabesque 舞姿，左臂在身后稍高的抬起，头看右臂方向（图 4-17-5）。

4-　落左腿前五位 Demi plié 下蹲，双臂到一位。

da5-6　同 da1-2 的动作，做另一边左腿吸起前 Passé 位置的 Sissonne fondu 一遍。

da7-8　同 da3-4 的动作，做另一边右腿往前移动的 Sissonne ouverte、Pas coupé、

图 4-17-3   图 4-17-4   图 4-17-5

往前移动的 Pas assemblé 一遍。落身体对 8 点方向，右腿 Épaulement croisé 前五位 Demi plié 下蹲，双臂到一位。

② da-　开始做带 Épaulement 方向，连续两次往前、一次往旁的 Sissonne fermée 跳跃。双腿推地跳起，空中身体转向面对 2 点方向。右腿踢前 45°，左腿向踢后 90°，做向 2 点方向往前移动跳跃。双臂同时打开成右臂在前的第 I Arabesque 舞姿，头看 2 点方向（图 4-17-6）。

1-　落右腿前五位 Demi plié 下蹲，保持第 I Arabesque 舞姿。

da-　双腿推地跳起第二次往前移动的 Sissonne fermée 跳跃。

2-　保持身体对 2 点方向，落右腿前五位 Demi plié 下蹲。双臂到一位。

da-　双腿推地跳起，空中身体保持面对 2 点方向。右腿向踢旁 45°，左腿踢旁 90°，做身体重心向 4 点方向往旁移动的 Sissonne fermée。双臂同时打开成七位 Allongé 舞姿，头看 8 点方向（图 4-17-7）。

图 4-17-6   图 4-17-7

3－　落身体对 2 点方向，右腿前五位 Demi plié 下蹲，双臂到一位，头看 8 点方向。

da－　双腿推直五位站立。

4－　再双腿五位 Demi plié 下蹲，双臂保持一位舞姿。

da－5　同做①da－1 的动作，做往 8 点方向往前移动的 Sissonne fermée。空中双臂打开成左臂在前的第 Ⅰ Arabesque 舞姿（图 4-17-8）。落左腿前五位 Demi plié 下蹲，头看 8 点方向。

da－6　同做①da－2 的动作，第二次连续往前移动的 Sissonne fermée 跳跃。

da－　同做①da－2 的动作，第三次连续往前移动的 Sissonne fermée 跳跃。

7－　先落左腿前 Demi plié 下蹲，再右腿经一位全脚擦地，向 8 点方向做往前移动的 Pas failli，成右腿前大四位 Plié 下蹲。双臂经七位 Allongé 到右臂在前的第 Ⅳ Arabesque 舞姿，头看 8 点方向（图 4-17-9）。

图 4-17-8　　　　　　　　　　图 4-17-9

da－8　右腿推地原地跳起 Pas assemblé。落身体对 8 点方向，右腿前五位 Demi plié 下蹲再站起，双臂到一位，头看 8 点方向。

（十八）Grand assemblé 中跳练习

1. 练习目的与教学内容

学习 Grand assemblé 往前移动的练习，这是与往旁跳跃向前移动的 Grand assemblé 同类的动作，都是强调身体在空中形成舞姿大幅移动的基础性练习动作。对于空中姿态的快速形成，以及掌握在移动中身体重心的调度与平衡，都是必不可少的练习。双腿向内收紧并拢形成空中姿态的移动方式，也是为之后学习更多的双腿向外打开及在空中移动飞跃培养基础。同时也开始学习在移动中配合 Pas chassé 等辅助舞步，去完成 Grand fouetté sauté 双腿打开转体的动作。在加强舞蹈调度流动性的同时，丰富舞蹈的动作表现能力。

（1）Grand assemblé

本组合学习往前踢起的 Grand assemblé，并与其他跳跃动作相连接，形成连续的、在横线上的移动跳跃。

（2）Grand fouetté sauté

本组合学习从前腿跳起，转换为后腿舞姿的做法。并与其他跳跃动作相连接，形成连续的、在斜线上的移动跳跃。

2. 主要动作的节拍进度与练习要求

（1）Grand assemblé［格朗·阿桑布莱］：双腿在空中聚集的移动式跳跃

节拍：一拍一次

身体对 8 点方向，右腿前 Épaulement croisé 五位站立，双臂一位准备。

da-8　双腿五位 Demi plié 下蹲。

da-1　身体对 2 点方向往前的 Pas failli。落左腿 Croisé 前大四位 Demi plié。

da-2　右腿踢起旁腿 90° 的 Grand assemblé 向 2 点方向移动。落右腿前五位 Demi plié。

要求：在连续的跳跃中，在 Croisé 大四位 Demi plié 的左腿，要有力地配合右腿的擦地动作去完成起跳。右腿经全脚擦地以后，要向跳跃的移动方向快速有力地踢起 Grand battement jeté。并带动身体跃向空中，左腿再并拢到后五位，双腿夹紧、绷直，完成向 2 点方向的抛物线跳跃。

（2）Grand fouetté sauté［格朗·弗韦泰·索泰］：大的变身跳

节拍：两拍一次

身体对 4 点方向，左腿 Croisé 前点的，双臂七位准备。

da-8　左腿对 4 点方向往前 Pas chassé。

da-1　落左腿前大四位 Demi plié 下蹲。右腿踢前 90°，左腿推地跳起 Grand fouetté sauté。空中身体向左转动 1/2 圈到面对 8 点方向，右腿 Fouetté 成后 90°，双臂三位。

da-2　落身体面对 8 点方向，左腿 Demi plié 下蹲，右腿保持后 90°，双臂到第 I Arabesque 舞姿。

要求：从四位 Demi plié 垂直向上踢腿跳起，身体要保持后背挺直收紧的状态去完成空中的转体。并要在跳起的过程中，快速有力地完成动作腿从前到后 90° 的 Fouetté 动作。要在跳跃的最高点之时，就形成后腿 90° 的空中舞姿。向 7 点方向往前移动重心。同时左腿也要有力地向 8 点方向踢起前腿。空中形成双腿外开踢出的舞姿。落地时上身要有力上挺，双胯上提。后腿要保持 90° 的高度，减少因落地震动而产生的上下摆动。

3. 组合的动作节拍与做法详解

节拍：$\frac{3}{4}$ 拍，中速

准备姿态：身体面对 8 点方向，右腿前五位 Épaulement croisé 站立。双臂一位，头看 2 点方向准备。

（前奏）da5-6　保持不动。

da-7　双臂打开小七位 Allongé，再收回到一位手，头随手动。

da-8　双腿五位 Demi plié 下蹲，双臂保持一位。

① da-　双腿推地跳起 Pas failli。空中身体转向面对 2 点方向，右腿踢前 35°，左腿踢后 45° 以上。双臂打开小七位 Allongé，头看 1 点方向（图 4-18-1）。

1-　保持身体 2 点，落左腿经擦地到 Croisé 前大四位 Demi plié 下蹲，双臂到二位，头看左臂方向。

da-　左腿推地，右腿经一位全脚擦地向旁 90° 踢起 Grand assemblé。空中身体转向面对 8 点方向，双腿收拢成右腿前五位，向 2 点方向移动。双臂打开左五位 Allongé，头看 2 点斜上方（图 4-18-2）。

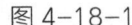

图 4-18-1　　　　　　　　图 4-18-2

2-　　落右腿前的五位 Demi plié，保持双臂经七位到一位。

da-3　　同 da-1 的动作，连续做第二次往前的 Pas failli，向 2 点方向往前移动。

da-4　　同 da-2 的动作，连续做第二次往旁的 Grand assemblé，向 2 点方向往前移动。落右腿前五位 Demi plié，保持双臂左五位 Allongé 姿态。

da-5　　从打开右腿开始，做身体到 2 点方向往前的 Pas de basque 舞步。交换双腿跳起至左腿向前的 Piqué 上步 Relevé 支撑，同时右腿抬起后 90°。双臂经二位打开至右臂在前的第Ⅲ Arabesque 舞姿，头看 2 点方向（图 4-18-3）。

da-6　　原地落左腿前大四位 Demi plié，同时身体向右转身，右腿开始做向 7 点方向横线移动的 Pas chassé，双臂七位。

da-7　　再左腿对 8 方向，Effacé 前大四位 Pas coupé。身体对 8 点方向，双臂保持七位，头看 8 点斜下方。

da-8　　左腿推地，右腿经一位全脚擦地向前 90° 踢起 Grand assemblé。空中双腿收拢成右腿前五位，向 8 点方向往前移动。双臂经二位到右四位，头看 1 点方向（图 4-18-4）。落右腿前五位 Demi plié，双臂保持右四位。

图 4-18-3　　　　　　　　　图 4-18-4

② da-1　　右腿向 8 点方向往前 Piqué 上步 Relevé，同时左腿抬起后 90°。双臂经二位打开至左臂在前的第Ⅲ Arabesque 舞姿，头看 8 点方向。

da-2　　原地落右腿前大四位 Demi plié，同时身体向左转身，左腿开始做向 4 点方向往前移动的 Pas chassé，双臂七位。

da-3　　落身体对 4 点方向，左腿前大四位 Demi plié。同时右腿经擦地踢前 90°，左腿推地原地跳起 Grand fouetté sauté，双臂经二位到三位，头看 4 点斜上方

（图 4-18-5）。空中身体再快速向左转动 1/2 圈到面对 8 点方向，右腿 Fouetté 成后 90°，保持双臂三位，头看 8 点方向（图 4-18-6）。

da-4　落身体面对 8 点方向，左腿 Demi plié 下蹲，右腿保持后 90°，双臂到第 I Arabesque 舞姿（图 4-18-7）。

图 4-18-5   图 4-18-6   图 4-18-7

da-5　左腿推地交换双腿重心，做左腿向 8 点方向 Effacé 往前的 Sissonne tombé。收左臂至右六位，头看左臂方向（图 4-18-8）。

da-6　右腿后五位 Pas coupé（图 4-18-9）。打开左腿向后，双臂右六位手心向上（图 4-18-10）做横线向旁的 Pas chassé。落身体对 2 点方向，左腿前大四位 Demi plié，双臂七位。

图 4-18-8   图 4-18-9   图 4-18-10

da-7　再右腿对 2 方向，Effacé 前大四位 Pas coupé。双臂保持七位，头看 2 点斜下方。

da-8　右腿推地，左腿经一位全脚擦地向前 90° 踢起 Grand assemblé。空中双腿收

拢成左腿前五位，向 2 点方向往前移动。双臂经二位到左四位，头看 8
点方向（图 4-18-11）。落左腿前五位 Demi plié，再起直站立，双臂保
持右四位。

（结束拍）da-7　双臂打开七位，头看 8 点方向。

　da-8　双臂经七位 Allongé 收落一位。头随左臂动作，最后看向 8
点方向。

（十九）Grand jeté 大跳练习

图 4-18-11

1. 练习目的与教学内容

学习 Grand jeté 大跳的练习。大跳是相对小跳和中跳动作而言的，推
跳高度更高，移动位置更远，舞姿张力更大，滞空时间更长的跳跃动作，

是芭蕾舞蹈跳跃类表演语言中，对技术要求最高的部分。其对身体在空中
的控制能力，肢体的瞬间张力，以及起跳的爆发力和落地的平稳支撑力，都是很好的
练习。Grand jeté 是学习大跳类动作的起始练习，同时它自身的发展也很丰富，是舞台
上最为常用的大跳动作，是学习其他大跳技术的基础环节。

Grand jeté

Grand 原意为"大的、全部的"，jeté 原意为"扔出、踢出"，此动作为空中大舞姿
的踢腿跳跃。它是动作腿向前或向旁直腿踢出 90°，另一腿再同时推地跳起，双腿在
空中大幅度分离拉伸的动作，通常与其他辅助和连接动作组合在一起，在有助跳衔接
的动式上去完成大的跳跃。有往前、往旁移动的做法，也有带 En tournant 在移动中踢
腿转身的做法。本组合学习 Croisé 往前踢起的 Grand jeté，空中成前腿 90° 直腿，后腿
90° Attitude 的大舞姿。并与 Pas chassé、Pas coupé 跳跃辅助动作相连接，形成在斜线
上的移动跳跃。

2. 主要动作的节拍进度与练习要求

Grand jeté［格朗·热泰］：直腿踢起双腿分离的大舞姿换脚跳

节拍：两拍一次

身体对 2 点方向，左腿 Croisé 前点地站立，双臂七位准备。

da-8　左腿往前 Pas chassé，落 Croisé 前大四位 Demi plié。

da-1　右腿往前落大四位 Pas coupé 推地跳起，左腿经擦地向前踢起 Grand jeté，

右腿踢后 90° Attitude。

da-2　落左腿前 Demi plié，保持右腿 Attitude 后 90° 舞姿。

要求：在 Grand jeté 的往前跳跃中，前腿一定要经擦地之后，在最大限度绷脚伸直膝关节的外开直腿状态上，有力地往前踢向空中 90° 以上。同时 Coupé 推地的支撑腿，也快速地配合起跳踢起 Attitude 后 90°。双腿在空中成最大幅度的前后分离，并保持姿态往行进方向做向上的抛物线移动。落地时，上身要保持继续的收紧和上提，前腿有控制地缓冲 Plié，后腿则要继续保持 Attitude 后 90° 位置，减少上下的颤动。

3. 组合的动作节拍与做法详解

节拍：$\frac{3}{4}$ 拍，稍快

准备姿态：左腿 Croisé 前点地站立，双臂小七位 Allongé，头看 1 点方向准备（图 4-19-1）。

（前奏）da-5　保持不动。

da-6　先做起跳前的 Préparation（预备动作）。左腿落前四位 Tombe，右腿收后 sur le cou-de-pied。双臂到二位，转头看左臂方向（图 4-19-2）。

图 4-19-1　　　　　　　图 4-19-2

da-7　右腿踩落后四位，回到左腿 Croisé 前点地站立，双臂小七位 Allongé，头看 1 点方向。

da-8　左腿开始往前 Pas chassé，落 Croisé 前大四位 Demi plié。双臂七位 Allongé，头看 1 点方向。

① da-1　右腿往前落大四位 Pas coupé 推地跳起，左腿经擦地向前踢起 Grand jeté，右腿踢后 90° Attitude。双臂经二位打开左五位。头随左臂运动，空中双臂打开时看 1 点方向（图 4-19-3）。

da-2 落左腿前 Demi plié，保持右腿 Attitude 后 90° 舞姿。保持双臂左五位，头看 1 点方向（图 4-19-4）。

图 4-19-3   图 4-19-4

da-3 右腿踩落后四位，左腿 Croisé 前点地站立。双臂经二位打开至小七位 Allongé，头看 1 点方向。

da-4 左腿往前做第二次 Pas chassé，落 Croisé 前大四位 Demi plié。双臂七位 Allongé，头看 1 点方向。

da-5 同 da-1 的动作，做第二次往前的右腿 Pas coupé，左腿向前踢起 Grand jeté。

da-6 同 da-1 的动作，落左腿前 Demi plié，保持右腿 Attitude 后 90° 舞姿。

da-7 同 da-3 的动作，右腿踩落后四位，左腿 Croisé 前点地站立。

da-8 保持不动。

② da-1 落左腿四位 Demi plié，再迈右腿向 2 点方向做 Écarté 往前的 Pas balancé 舞步。身体对 8 点方向，双臂左五位 Allongé，头看 2 点斜上方（图 4-19-5）。

da-2 左腿迈向 6 点方向，做 Écarté 往后的 Pas balancé 舞步。身体对 8 点方向，双臂左六位，头看 2 点斜下方（图 4-19-6）。

da-3 打开右腿向 3 点方向 Piqué 往旁迈步，收左腿 Épaulement croisé 前五位 Relevé。双臂经二位打开右六位，身体对 2 点方向，头看 1 点方向（图 4-19-7）。

da-4 保持不动。

da5-6 打开右腿 Effacé 向后，向右转身体做 Pas couru，从教室 2 点位置跑至 4 点位置。

图 4-19-5   图 4-19-6   图 4-19-7

da-7   身体继续向右转至面对 8 点方向，出右腿 Croisé 前点地站立，双臂小七位 Allongé，头看 1 点方向准备。

da-8   右腿开始往前 Pas chassé，落 Croisé 前大四位 Demi plié。双臂七位 Allongé，头看 1 点方向。

③ da-1   同①da1-8 动作，开始做另一边的斜线往前。左腿往前 Pas coupé，右腿往前的 Grand jeté，右腿踢后 90° Attitude。双臂经二位打开右五位。头随左臂运动，空中双臂打开时看 1 点方向。

da-2   落右腿前 Demi plié，保持左腿 Attitude 后 90° 舞姿。保持双臂右五位，头看 1 点方向。

da-3   左腿踩落后四位，右腿 Croisé 前点地站立。双臂经二位打开至小七位 Allongé，头看 1 点方向。

da-4   右腿往前做第二次 Pas chassé，落 Croisé 前大四位 Demi plié。双臂七位 Allongé，头看 1 点方向

da-5   同 da-1 的动作，做第二次往前的左腿 Pas coupé，右腿向前踢起 Grand jeté。

da-6   同 da-1 的动作，落右腿前 Demi plié，保持左腿 Attitude 后 90° 舞姿。

da-7   同 da-3 的动作，左腿踩落后四位，右腿 Croisé 前点地站立。

da-8   保持不动。

④ da-1   同②da1-8 动作，开始做另一边。落右腿四位 Demi plié，再迈左腿向 8 点方向做 Écarté 往前的 Pas balancé 舞步。身体对 2 点方向，双臂右五位 Allongé，头看 8 点斜上方。

da-2   右腿迈向 4 点方向，做 Écarté 往后的 Pas balancé 舞步。双臂右六位，头看

8 点斜下方。

da–3　打开左腿向 7 点方向 Piqué 往旁迈步，收右腿 Épaulement croisé 前五位 Relevé。双臂经二位打开左六位，身体对 8 点方向，头看 1 点方向。

da–4　保持不动。

da5–6　打开左腿 Effacé 向后，向左转身体做 Pas couru，从教室 8 点位置跑至 6 点位置。

da–7　身体继续向左转至面对 2 点方向，出右腿 Croisé 前点地站立，

da–8　双臂至左六位，头看 1 点方向。

四、END 尾声

（二十）Révérence 行礼练习

1. 练习目的与教学内容

学习用小跳组合的形式来完成课堂的尾声部分。将前面练习过的连续多次 Changement de pied 和 Pas échappé 连续换位小跳动作，与 Entrechat quatre 空中击打双腿的动作结合在一起练习。目的是学会在活泼、欢快节奏中完成课堂练习。这种 Allegro 的小快板，展示了双腿丰富、灵活、敏捷的舞步，是与慢板 Adagio 相对应的结束方式，在课堂练习与舞台表演中都会时常被使用。

Entrechat quatre

Entrechat 原意为"交叉编织"，为击腿跳，用指双腿垂直向上跳起，用绷紧的双腿内侧快速的前后交替，互相击打。quatre 原意为"四"，即为空中做四动的击打动作，其双腿起跳和双腿结束落地的平稳样式，是 Entrechat 类击打动作的基础形式。本组合学习用 Entrechat quatre 击打方式的原地击腿跳动作。

2. 主要动作的节拍进度与练习要求

Entrechat quatre［昂特勒夏·卡尔特］：空中双腿四动的击腿跳跃

节拍：四拍一次

身体面对 8 点方向，右腿前五位 Épaulement 站立，双臂一位准备。

da–8　右腿前五位 Demi plié 下蹲。

da-1　双腿向旁打开跳起，右腿击打左腿后五位，再向旁打开，落回到右腿前五位 Demi plié 下蹲。

da-2　保持五位 Demi plié 下蹲。

da3-4　双腿起直或连接做下一次。

要求：跳在空中的双腿向旁打开，不能做前后腿的打开。并要注意双腿向旁打开的位置不要太大，在一位和二位之间即可。距离过大，击打过程缓慢，不显灵活；距离太小则击打不充分，击打展示也不清晰。双腿要保持在最大限度外开的基础上，用小腿肌肉的部位相互击打。空中双肩、双胯平衡稳定，身体不能前后摆动摇晃。

3. 组合的动作节拍与做法详解

节拍：$\frac{2}{4}$ 拍，稍快

准备姿态：身体面对 8 点方向，右腿前五位 Épaulement 站立，双臂一位准备。

（前奏）da5-7　保持右腿前五位脚站立。

da-8　双腿五位 Demi plié 下蹲（图 4-20-1）。

① da1-4　做一拍一次的 Changement de pied 连续跳跃三次。da-1　双腿跳起，身体转到面对 En face 方向，双臂一位，头看 1 点方向（图 4-20-2）。落左腿前五位 Demi plié 下蹲。da-2　第二次 Changement de pied。da-3　第三次 Changement de pied，落身体对 2 点方向，左腿前五位 Demi plié（图 4-20-3）。da-4　双腿保持五位 Demi plié 下蹲。

图 4-20-1　　　　　图 4-20-2　　　　　图 4-20-3

da-5　双腿跳起击打 Entrechat quatre 一次。空中向旁打开跳起（图 4-20-4），左腿击打右腿后五位（图 4-20-5），再向旁打开，落回到左腿前五位 Demi plié 下蹲。

da-6　保持五位 Demi plié 下蹲。

图 4-20-4   图 4-20-5

da-7　再同样做 Entrechat quatre 一次。落回到左腿前五位 Demi plié 下蹲。

da-8　保持五位 Demi plié 下蹲。

② da1-4　同①da1-4 的动作，左腿前五位开始再做一遍，Changement de pied 连续跳跃三次。最后一个跳落身体对 8 点方向，右腿前五位 Demi plié 下蹲。

da5-6　双腿跳起击打 Entrechat quatre 一次。空中右腿击打左腿后五位，落回到右腿前五位 Demi plié 下蹲。

da7-8　再同样做 Entrechat quatre 一次。落回到右腿前五位 Demi plié 下蹲。

③ da1-4　做四拍一组的 Pas échappé 连续四位、二位的换位跳跃。da-1　保持身体面对 8 点方向，双腿跳起空中 Croisé 前四位脚，双臂经打开到右六位，头看左臂方向（图 4-20-6）。落右腿前四位 Demi plié。da-2　双腿跳起到空中四位脚，再落右腿前五位 Demi plié。双臂到一位。da-3　双腿跳起到身体面对 En face，空中双腿二位脚，双臂经二位到七位（图 4-20-7）。再落二位脚 Demi plié。da-4　双腿跳起二位脚，再落右腿后五位。保持身体 En face，双臂经七位 Allongé 到一位。

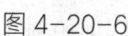 

图 4-20-6   图 4-20-7

da-5　再双腿 Pas échappé 跳起二位脚，双臂经二位到七位。再落二位脚 Demi plié。头看左臂方向。

da-6　双腿推直 Relevé，做直腿换脚向右旁移动的 Pas de bourrée。双臂七位

Allong，头看左臂方向。

da-7　落身体对 2 点方向，左腿前五位 Demi plié，双臂到一位。

da-8　保持五位 Demi plié 下蹲。

④ da1-4　做四拍一组的 Pas échappé 连续四位、二位的换位跳跃。da-1　保持身体面对 2 点方向，双腿跳起空中 Croisé 前四位脚，双臂经打开到左六位，头看右臂方向。落左腿前四位 Demi plié。da-2　双腿跳起到空中四位脚，再落左腿前五位 Demi plié。双臂到一位。da-3　双腿跳起到身体面对 En face，空中双腿二位脚，双臂经二位到七位。再落二位脚 Demi plié。da-4　双腿跳起二位脚，再落左腿后五位。保持身体 En face，双臂经七位 Allongé 到一位。

da-5　再双腿 Pas échappé 跳起二位脚，双臂经二位到七位。再落二位脚 Demi plié。头看右臂方向。

da-6　双腿推直 Relevé，做直腿换脚向左旁移动的 Pas de bourrée。双臂七位 Allong，头看右臂方向。

da-7　落身体对 8 点方向，右腿前五位 Demi plié，双臂到一位。

da-8　双腿推起五位站立。头看 2 点方向。

⑤ da-1　开始做 Révérence 行礼。右腿向 4 点方向往旁迈出一步，身体转到面对 2 点方向，左腿左旁点地。同时右臂经二位打开旁七位，掌心向上。

da-2　左腿收回成自然步双腿重心站立。右臂保持七位不变。

da-3　右臂收落回身体右旁自然下垂。同时上身稍向前俯对 2 点方向低头（给钢琴伴奏老师）行礼，视线看向地面正下方。

da-4　再抬起头部目视前方，身体起直站立。

da-5　左腿向 7 点方向往旁迈出一步，身体转到面对 En face 方向，右腿旁点地。同时左臂手经二位打开旁七位，掌心向上。

da-6　右腿收回成自然位双腿重心站立。右臂手经二位打开旁七位，掌心向上，左臂保持七位，头看 1 点方向。

da-7　双臂收落回身体旁自然下垂。同时上身稍向前俯对 1 点方向低头行礼。

da-8　再抬起头部目视前方，身体起直站立。

高级阶段：第五课例

本课例视频
汇总

⬣ 练习总任务：

本阶段练习内容是在前四个阶段训练基础上的综合涵盖与继续提升，第五阶段的美感要求与技术难度都持续地向前递进。要求学生在新的动作节拍与连接方式上，既有较高的动作准确完成度，又要更好地去关注动作间的衔接流畅度，在提高技术技能丰富性的同时，要更好地兼顾到运用舞姿与空间、包括情绪而一起营造出肢体的动态美感。通过对丰富的舞蹈语言的练习，塑造有知觉、有意识的形体律动样式，培养坚实的、自信的气度风格，都成为了舞蹈美育形体练习的更高标准。

扶把部分所有腿部动作，都要在手臂 Port de bras 的连续运动中或带方向的舞姿上去完成，动作方位的交换连接与节拍变化也更为紧密。Adagio 和 Grand battement jeté 的组合，学习带方向在 Épaulement 的舞姿上去完成。中间的部分动作加入 En tournant 转动的练习，并开始在移动的舞步中去连接 Pirouette2 圈的 En dehors 和 En dedans。跳跃部分的 Grand jeté entrelacé 和 Grand jeté pas de chat 等中大跳练习，都加入到技术动作的难度练习之中。

注意按照教学和学习的必要步骤，每一个动作都需要在完成各自的单一和多次练习之后，才彼此组合在一起做综合练习。

一、BARRE 扶把部分

（一）Warm up 热身练习

1. 练习目的与教学内容

本阶段组合内容是在第四课例基础上的进一步提升，动作难度继续向前递进。此组合从舞蹈学生与授课教师面对面的行礼开始，再转身走向扶把完成"热身"活动，为后续的其他训练做好身体与精神的准备。勾脚训练的 Battement fondu，可以让动作腿的跟腱和膝关节在蹬伸中得到很好的拉伸活动。同时，在合理运用双臂扶把的基础上，增加了对身体重心大幅提拉移动的练习，这既是对支撑腿跟腱最大幅度的拉伸活动，也是为身体中段完成好收腹提胯的强有力练习。

2. 主要动作的节拍进度与练习要求

（1）Battement fondu［巴特芒·丰究］：在单腿重心上，双腿柔和缓慢的屈伸动作

节拍：两拍一次

da-1　下蹲。

da-2　起直。

要求：这是动作腿在外完成勾脚抬腿 25° 之后去做的动作。在所有 Fondu 过程中，动作腿始终保持强有力地向上勾起和大幅外开，以加强从勾脚 Sur le cou-de-pied 到打开站直时，动作腿的跟腱韧带得到拉伸，膝关节也在蹬伸过程中得到很好的预热。

（2）Battement tendu pour le pied［巴特芒·唐究·普·勒·皮耶］：动作腿的勾绷练习

节拍：勾绷移动重心的八拍一次

da-1　右腿擦出旁点地。

da-2　勾脚。

da3-4　勾脚并回向左大幅移重心。

da-5　左腿站回重心，右腿旁点地。

da-6　　重心大幅右移，右腿屈膝高半脚支撑。

da-7　　左腿站回重心，右腿旁点地。

da-8　　右腿擦地收回一位。

要求：在向支撑腿的左侧移动时，身体要在双臂扶把的帮助下，收腹提胯大幅的移动重心，使支撑腿的跟腱获得最大限度的拉伸展开。注意过程中双腿的膝关节始终保持有力的收紧上提，不可放松。动作腿同样有力地勾起向支撑腿并拢夹紧。

而在向右侧移动时，身体同样需要在双臂扶把的帮助下，收腹提胯大幅向右旁移动重心。动作腿屈膝高半脚支撑，使右腿脚趾后侧韧带获得最大限度的拉伸锻炼。并与最后的快速抓绷脚趾点地动作配合，形成一组有拉伸、有聚合的脚趾关节活动练习。

3. 组合的动作节拍与做法详解

节拍：$\frac{2}{4}$拍，中速

准备姿态：学生面对教室前区 1 点位置收腹挺胸站立，双腿成自然位，双臂于身体两侧自然下垂，抬头平视前方。

（前奏）da1-2　　右腿向身体右旁迈出一步，左腿推地紧绷于身体左旁点地。同时右臂经二位打开旁七位，掌心向上。左腿向右腿收回成自然位双腿重心站立。右臂保持七位不变。

da3-4　　右臂收落回身体右旁自然下垂。同时上身稍向前俯对 1 点方向低头行礼，视线看向地面正下方。抬起头部目视前方，身体起直站立。

da5-8　　迈左腿向左侧后转身，走向扶把双臂搭扶，双腿一位站立。抬头挺胸收腹，目视 1 点方向。双腿重心垂直站立。

① da1-2　　右腿 Battement tendu pour le pied 往前勾脚的。da-1 右腿擦出前绷脚点地，同时转头到 3 点方向。da-2 转开腿勾脚（图 5-1-1）。

da3-4　　右腿 Battement fondu 前一次。da-3 左腿 Plié 下蹲，右腿收勾脚前 Sur le cou-de-pied（图 5-1-2）。da-4 左腿起直全脚站立，右腿勾脚前 25°。

da5-6　　右腿向前往长绷脚点地。再擦地收回一位脚站立。头保持看 3 点方向。

da7-8　　右腿 Battement tendu 向前的一次。头保持看 3 点方向，重心保持在左腿支撑。

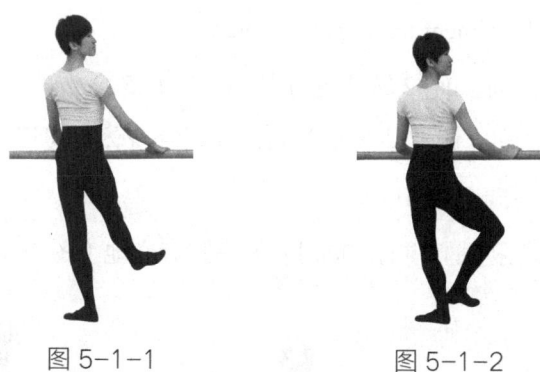

图 5-1-1   图 5-1-2

② da1-2　右腿 Battement tendu pour le pied 往旁勾脚的。da-1 右腿擦出旁绷脚点地，同时转头到 1 点方向。da-2 转开腿勾脚。

da3-4　右腿 Battement fondu 旁一次。da-3 左腿 Plié 下蹲，右腿收勾脚前 Sur le cou-de-pied。da-4 左腿起直全脚站立，右腿保持勾脚出 25° 旁腿。

da5-6　右腿向旁点地。再擦地收回一位脚站立。头保持看 1 点方向。

da7-8　右腿 Battement tendu 向旁的一次。头保持看 1 点方向，重心保持在左腿支撑。

③ da1-2　右腿 Battement tendu pour le pied 往后勾脚的。da-1 右腿擦出后绷脚点地，同时转头到 7 点方向。da-2 转开腿勾脚（图 5-1-3）。

da3-4　右腿 Battement fondu 后一次。da-3 左腿 Plié 下蹲，右腿收勾脚后 Sur le cou-de-pied（图 5-1-4）。da-4 左腿起直全脚站立，右腿保持勾脚出 25° 后腿。

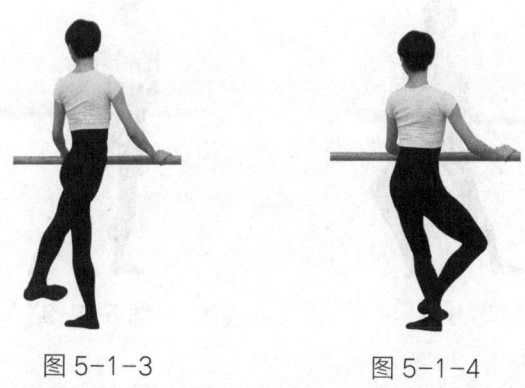

图 5-1-3   图 5-1-4

da5-6　右腿向后往长绷脚点地。再擦地收回一位脚站立。头保持看 7 点方向。

da7-8　右腿 Battement tendu 向后的一次。头保持看 7 点方向，重心保持在左腿支撑。

④ da1-2　右腿 Battement tendu pour le pied 往旁勾脚的。da-1 右腿擦出旁绷脚点地，同时转头到 1 点方向。da-2 转开腿勾脚（图 5-1-5）。

da3-4　右腿勾脚向左腿双膝收紧并回，并同时身体收腹提胯，向左大幅移重心（图 5-1-6）。头保持看向 1 点方向。

da-5　身体移回左腿站立重心，同时打开右腿旁点地（图 5-1-7）。

图 5-1-5　　　　　　　图 5-1-6　　　　　　　图 5-1-7

da-6　身体重心大幅向右移动，左腿保持伸直膝关节，右腿屈膝抬脚跟高半脚支撑（图 5-1-8）。

da-7　身体移回左腿站立重心，同时打开右腿旁点地（图 5-1-9）。

da-8　右腿擦地收回一位脚。再身体移动重心至右腿支撑重心。

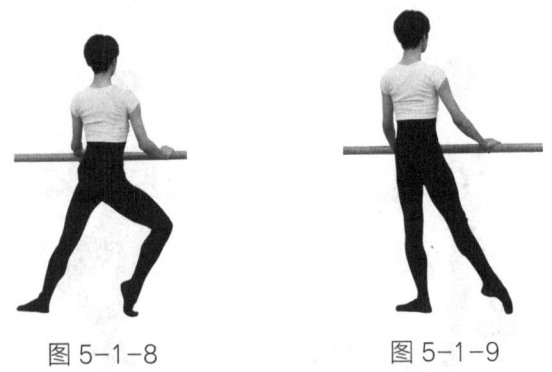

图 5-1-8　　　　　　　图 5-1-9

⑤ da1-2　左腿 Battement tendu pour le pied 往前勾脚的，头转到 7 点方向。同做 ① da1-2 另一边动作。

da3-4　左腿 Battement fondu 前一次。同做 ① da3-4 另一边动作。

da5-6　左腿向前点地，再擦地收回一位脚。头保持看 7 点方向。

da7-8　左腿 Battement tendu 向前的一次。同做①da7-8 另一边动作。

⑥ da1-2　左腿 Battement tendu pour le pied 往旁勾脚的。同做②da1-2 另一边动作。

da3-4　左腿 Battement fondu 旁一次。同做②da3-4 另一边动作。

da5-6　左腿向旁点地。再擦地收回一位脚站立。头保持看 1 点方向。

da7-8　左腿 Battement tendu 向旁的一次。头保持看 1 点方向，重心保持在右腿支撑。

⑦ da1-2　左腿 Battement tendu pour le pied 往后勾脚的，头转到 3 点方向。同做③da1-2 另一边动作。

da3-4　左腿 Battement fondu 后一次。同做③da3-4 另一边动作。

da5-6　左腿向后往长绷脚点地。再擦地收回一位脚站立。头保持看 3 点方向。

da7-8　左腿 Battement tendu 向后的一次。头保持看 3 点方向，重心保持在右腿支撑。

⑧ da1-2　左腿 Battement tendu pour le pied 往旁勾脚的。同做④da1-2 另一边动作。

da3-4　左腿勾脚向右腿双膝收紧并回，并同时身体收腹提胯，向右大幅移重心。头保持看向 1 点方向。同做④da3-4 另一边动作。

da-5　身体移回右腿站立重心，同时打开左腿旁点地。同做④da-5 另一边动作。

da-6　身体重心大幅向左移动，右腿保持伸直膝关节，左腿屈膝抬脚跟高半脚支撑。同做④da-6 另一边动作。

da-7　身体移回右腿站立重心，同时打开左腿旁点地。同做④da-7 另一边动作。

da-8　左腿擦地收回一位脚。8-da 身体移动重心双腿站立。

（二）Plié 蹲起练习

1. 练习目的与教学内容

学习更为连贯、流畅的 Plié 练习，并与 Port de bras 和 Relevé 动作相互衔接，在活动预热身体的同时，更多地将头手与躯干带入到优缓流动的舞蹈中。在每个脚位上直接开始 Grand plié 多次的蹲起，并加大了手臂 Port de bras 的运动幅度，身体在大幅度圆周下腰的练习中，得到更充分的伸展与释放。

2. 主要动作的节拍进度与练习要求

Port de bras［波·德·勃拉］：手臂的动作或上体的仰俯

节拍：圆周展胸腰四拍一次

da-1　上体向前俯身。

da-2　上体左环动至旁展胸腰。

da-3　上体继续环动到向后展胸腰。

da-4　上体起直站立。

要求：上体做环绕展胸腰的过程中，双胯上提、双腿收紧、膝关节伸直，始终保持好身体重心的垂直，不能向后缩胯和向前顶胯。上体环动要在音乐的节拍中有韵律地、连贯舒展地完成，并最大限度地拉伸胸椎和腰椎，大幅度地伸展胸腰。头部和手臂不要僵硬，不要耸肩，要在控制姿态位置准确的同时，保持相应的舒展和松弛。

3. 组合的动作节拍与做法详解

节拍：$\frac{3}{8}$拍，中速

准备姿态：左臂单手扶把，右臂一位，双腿一位，头转向 3 点方向，抬头挺胸收腹，平视前方。

（前奏拍）da5-6　右臂打开旁小七位 Allongé，再到一位手，头随手动。

da7-8　右臂到二位手，再打开至七位手。头看 3 点方向。

① da1-2　一位脚的 Grand plié 下蹲。右臂经七位 Allongé 至一位手，头随手动。

da3-4　一位脚 Grand plié 起直。在双腿踩落至全脚 Demi plié 时，右臂到二位手。在推直膝关节站起直立时，右臂到三位手，抬头看向右臂（图 5-2-1）。

da5-6　再一次一位脚的 Grand plié 下蹲。右臂从三位经二位至一位，头随手动。

da7-8　一位脚 Grand plié 起直。右臂从一位到七位手 Allongé，头看 3 点方向（图 5-2-2）。

图 5-2-1　　　　　　　　图 5-2-2

② da1-2　保持一位脚站立，上体向前俯身的 Port de bras。同时右臂从七位到一位手，手指轻触地板。头部稍向左侧头并看向右臂（图 5-2-3）。

da3-4　上体抬起垂直站立。右臂经二位手至三位手，头部稍向右侧抬起看向右臂。

da5-6　保持一位脚站立，上体向后展胸腰的 Port de bras。抬头保持三位手，双肩打开，拉长颈椎，向后大幅度地展开胸腰（图 5-2-4）。

da7-8　上体抬起垂直站立。过程中逐渐将三位手打开至七位手，头看 3 点方向。再右腿 Battement tendu 向旁点地，移动重心踩落二位全脚站立。

图 5-2-3　　　　　　　　　　　图 5-2-4

③ da1-2　二位脚的 Grand plié 下蹲。同做①da1-2 的动作。

da3-4　二位脚的 Grand plié 起直。同做①da3-4 的动作。

da5-6　再一次二位脚的 Grand plié 下蹲。同做①da5-6 的动作。

da7-8　二位脚的 Grand plié 起直。同做①da7-8 的动作。

④ da1-2　上体做 Port de bras 向左旁展胸腰。da-1 推绷右腿旁点地，身体移动重心至左腿支撑站立。右臂经七位 Allongé 到三位。da-2 向左旁展胸腰，头随身体联动时看向左侧斜下方（图 5-2-5）。

da3-4　上体起直，回到双肩正直，移动重心踩落二位全脚站立。同时右臂打开七位，头看 3 点方向。

da5-6　双腿立起二位高半脚 Relevé。右臂经七位 Allongé 到一位、二位，再到三位手，抬头看向右臂一侧（图 5-2-6）。

　　　　　　图 5-2-5　　　　　　　　　　　图 5-2-6

da-7　双腿主动踩落二位全脚站立，同时右臂打开至七位，头看 3 点方向。

da-8　推绷右腿旁点地，经 Battement tendu 收右腿前五位站立。右臂保持七位。

⑤ da1-2　五位脚的 Grand plié 下蹲。同做①da1-2 的动作。

da3-4　五位脚的 Grand plié 起直。同做①da3-4 的动作。

da5-6　再一次五位脚的 Grand plié 下蹲。同做①da5-6 的动作。

da7-8　五位脚的 Grand plié 起直。同做①da7-8 的动作。

⑥ da1-4　做 Port de bras 圆周的展胸腰一次。da-1 上体向前俯身，右臂经七位 Allongé 到一位（图 5-2-7）。da-2 上体从前向左环动至旁展胸腰。右臂到三位，头看向左侧斜下方（图 5-2-8）。da-3 上体继续环动到向后展胸腰，头部上抬并向右转动看三位手（图 5-2-9）。da-4 上体抬起垂直站立，右臂打开三位手，头看 3 点方向（图 5-2-10）。过程中保持五位双腿重心挺直站立。

　　da5-6　双腿立起五位高半脚 Relevé。右臂经七位 Allongé 到一位、二位，再到三位手，抬头看向右臂一侧（图 5-2-11）。

　　　图 5-2-7　　　　　　　　图 5-2-8　　　　　　　　图 5-2-9

图 5-2-10   图 5-2-11

da7–8　双腿踩落五位起立，右臂打开七位，头看 3 点方向。再右腿 Battement tendu 向前点地，身体向前移动重心踩落四位脚站立。

⑦ da1–2　四位脚的 Grand plié 下蹲。同做①da1–2 的动作。

da3–4　四位脚的 Grand plié 起直。同做①da3–4 的动作。

da5–6　再一次四位脚的 Grand plié 下蹲。同做①da5–6 的动作。

da7–8　四位脚的 Grand plié 起直。同做①da7–8 的动作。

⑧ da1–2　双腿立起四位高半脚 Relevé。右臂经七位 Allongé 到一位、二位，再到三位手，抬头看向右臂一侧（图 5-2-12）。

da3–4　保持四位脚 Relevé 舞姿不动。

da5–6　上体稍向右侧转动，右臂向 4 点方向打开七位手，头看向右臂（图 5-2-13）。

da7–8　右臂离开扶把向前打开二位 Allongé，转头看向 1 点方向，双臂成第 Ⅲ Arabesque 舞姿（图 5-2-14）。

图 5-2-12   图 5-2-13   图 5-2-14

（结束拍）da-7   双腿主动踩落四位 Demi plié，双臂到二位，头看右臂。

da-8   身体起直同时推绷右腿点地，右臂打开七位，左臂到单手扶把。再右腿 Battement tendu 收回一位脚站直。右臂经七位 Allongé 至一位手，头部跟随手动，最后抬头看 3 点方向。

（三）Battement tendu 擦地练习

1. 练习目的与教学内容

在本阶段 Battement tendu 的组合里，动作的综合程度进一步提高，头、手、脚同步一起运动的方式更为加强，与 Battement tendu 相关的多元素动作也交替加入。这既是为了使学生掌握丰富的舞蹈动作语言，也是为了训练学生逐步获得更好的肢体协调配合的舞动能力。

（1）练习连续多次 Battement tendu 往前和往后的动作，并同时带上手臂的 Port de bras 达到不同的舞姿。这既是身体上下肢配合的必要练习，也是 Battement tendu 动作加大难度的教学步骤。

（2）练习两种 Battement tendu demi plié 的发展动作。一种是往前或往后经过四位脚 Demi plié 交换双腿支撑身体重心的练习，另一种的动作腿经过全脚 Chassé 打开成二位 Demi plié 动作。两种动作都是为了练习身体在重心的更大移动中，使动作和舞姿更多地流动起来。

（3）练习 Battement tendu passé par terre 动作。Passé 原意是"经过"，Par terre 原意是"在地面"，我们称此动作为"经过地面的擦地"。它训练动作腿从前点地到后点地，或从后点地到前点地，经过一位脚开位前后交替擦地时，脚踝关节一松一紧的连贯伸绷能力，为 Battement tendu jeté balancé、Rond de jambe par terre 等动作做准备。

2. 主要动作的节拍进度与练习要求：

（1）Battement tendu ［巴特芒·唐究］：动作腿的擦地延伸与收回

节拍：一拍一次

da-   出前点地。

1-   收回五位脚。

要求：在学习五位 Battement tendu 连续往前或往后带手的 Port de bras 时，手臂的动作要连贯，头部也要与手臂、动作腿在音乐中协调配合运动，不要僵硬或松散。

（2）Battement tendu demi plié［巴特芒·唐究·德米·普利埃］：带蹲的擦地

节拍：二拍一次

da-　右腿出前点地。

1-　双腿四位 Demi plié 下蹲。

da-　站直右腿，左腿后点地。

2-　左腿收后五位。

要求：学习移动身体重心经过四位脚 Demi plié 交换双腿支撑的练习，要求动作之间要做得连贯，身体要有力地提胯，移动重心参加 Demi plié 的下蹲和推起点地动作。第一条从绷脚落下 Plié 的动作腿，要有全脚向前或向后的滑动，四位脚的距离稍放大一些。双腿保持协调配合，很好地完成同时屈膝蹲下和伸展站立的过程。

（3）Battement tendu passé par terre［巴特芒·唐究·帕塞·巴·泰尔］：经过地面前后连贯的擦地

节拍：一拍一次

da-1　右腿出前点地。

da-2　经过一位到后点地。

da-3　经过一位到前点地。

da-4　右腿收前五位。

要求：过程中始终保持动作腿的外开，保持膝关节的收紧伸直。身体要保持稳定，不能前后晃动。

3. 组合的动作节拍与做法详解

节拍：$\frac{4}{4}$ 拍，稍快

准备姿态：右腿前五位，左臂单手扶把，右臂一位，头转向 3 点方向，抬头挺胸收腹，平视前方。

（前奏拍）da5-6　右臂打开旁小七位 Allongé，再到一位手，头随手动。

da7-8　右臂到二位手，再打开至七位手。头看 3 点方向。

① da1-2　右腿二拍一次的 Battement tendu 往前做，右臂保持七位，头看 3 点方向。da-1 右腿向前伸出绷脚点地。da-2 右腿收前五位脚。

da3-4　右腿一拍一次的 Battement tendu 往前二次。同时右臂经七位 Allongé，到一位手，头随手动。

da5-6　再右腿一拍一次的 Battement tendu 往前二次。同时右臂经二位打开到七位手，头随手动，转到 3 点方向。

da-7　右腿绷脚前点地，再移动身体重心向前至双腿四位 Demi plié 的下蹲。右臂保持七位，头看 3 点方向。da- 右腿出前。7- 双腿 Demi plié 下蹲（图 5-3-1）。

da-8　身体重心前移站起，左腿收回五位。右臂保持七位，头看 3 点方向。da- 右腿站直，绷左腿后点地（图 5-3-2）。8- 左腿收回后五位脚。

图 5-3-1　　　　　　　　　　　　图 5-3-2

② da1-2　右腿二拍一次的 Battement tendu 往旁做，右臂保持七位，转头看 1 点方向。da-1 右腿向旁伸出绷脚点地。da-2 右腿收后五位脚。

da-3　右腿一拍一次的 Battement tendu 往旁一次。da- 出旁。1- 收前五位。

da-4　再右腿 Battement tend 往旁一次，收后五位脚。

da-5　双腿屈膝向右旁移动重心，右腿全脚掌 Chassé 往旁打开，成二位脚 Demi plié 下蹲。保持右臂七位，头 1 点方向（图 5-3-3）。

da-6　身体提胯向左移动重心，左腿起直站立，右腿绷脚旁点地。

da-7　右腿一次 Battement double tendu，快速压踩二位脚（图 5-3-4），再绷脚旁点地。过程中保持左腿支撑身体重心。

图 5-3-3　　　　　　　　　　　　图 5-3-4

da-8　右腿 Battement tendu 收回右前五位脚。右臂保持七位，头看 1 点方向。

③ da1-2　右腿二拍一次的 Battement tendu 往后做，右臂保持七位，转头看 3 点方向。同①da1-2 的动作。

da3-4　右腿一拍一次的 Battement tendu 往后二次。同时右臂经七位 Allongé，到一位手，头随手动。

da5-6　再右腿一拍一次的 Battement tendu 往后二次。同时右臂到二位向前 Allongé，转到 3 点方向，成第 Ⅱ Arabesque 舞姿（图 5-3-5）。

da-7　右腿绷脚前点地，再移动身体重心向后至双腿四位 Demi plié 的下蹲。同时右臂打开七位，头看 3 点方向。da- 右腿出后。7- 双腿 Demi plié 下蹲（图 5-3-6）。

da-8　身体重心后移站起，左腿收回五位。右臂保持七位，头看 3 点方向。da- 左腿站直，绷右腿前点地（图 5-3-7）。8- 左腿收回前五位脚。

图 5-3-5　　　　　　　图 5-3-6　　　　　　　图 5-3-7

④ da1-2　右腿二拍一次的 Battement tendu 往旁做，右臂保持七位，转头看 1 点方向。da-1 右腿向旁伸出绷脚点地。da-2 右腿收前五位脚。同②da1-2 的动作。

da-3　右腿 Battement tendu 往旁一次，收后五位。同②da-3 的动作。

da-4　再右腿 Battement tend 往旁一次，收前五位脚。同②da-4 的动作。

da5-8　右腿做 Battement tendu passé par terre 动作。da-5 右腿出前点地，转头看 3 点方向，保持右臂七位（图 5-3-8）。da-6 右腿经过一位到后点地（图 5-3-9）。da-7 右腿经过一位到前点地，同时右臂七位 Allongé（图 5-3-10）。da-8 右腿收前五位，同时右臂收回一位，头随手动，最后抬头看向 3 点方向。

图 5-3-8   图 5-3-9   图 5-3-10

（四）Battement tendu jeté 小踢腿练习

1. 练习目的与教学内容

本阶段的 Battement tendu jeté 组合，加快了动作的节奏难度，增加了动作腿连续性的快速方向练习，并开始更多复合动作的连贯训练。Battement tendu jeté 在一位脚上的完成速度加快到两拍三次。Battement tendu jeté pointé 学习一拍两次的。同时加入 Battement retiré 的练习。

2. 主要动作的节拍进度与练习要求

（1）Battement tendu jeté［巴特芒·唐究·热泰］：小的踢腿动作

节拍：两拍三次

da－　右腿经擦地踢出旁 35°。

1－　收回一位脚，再快速踢出旁。

da－　收回一位脚，再快速踢出旁。

2－　收回一位脚。

要求：从擦地到踢起的过程顺畅、连贯、快速、有力。动作腿的重拍安排在收回双腿并紧的一位脚上。动作中注意支撑腿和躯干的稳定，不要摇晃，躯干要保持正直。

（2）Battement tendu jeté pointé［巴特芒·唐究·热泰·普安泰］：带点地的小踢腿

节拍：一拍两次

da－　右腿踢出前 35°。

1－　右腿快速点地再踢起。

da- 右腿再一次快速点地踢起。

2- 收回前五位脚。

要求：动作腿经点地踢起时，始终保持整条腿的收紧和绷直转开，用力伸直膝盖、绷紧脚踝和脚趾，点地时也不能松懈。整体动作要快速敏捷。

（3）Battement retiré［巴特芒·勒蒂雷］：绷脚吸腿的姿态

节拍：两拍一次

da-1 右腿前五位，绷脚吸腿至左腿膝关节前侧。

da-2 右腿收落后五位脚。

要求：动作腿首先经高半脚绷脚至前 Sur le cou-de-pied 位置，在保持动作腿完全外开的姿态上，抬大腿、收小腿至主力腿膝关节前侧的位置停顿。两腿保持外开，骨盆保持平整，动作腿的脚趾始终轻轻贴在支撑腿上，沿着一条直线向上抬起和落下。动作过程中，支撑腿要和身体保持稳定，动作腿在不停往上抬高的同时，支撑腿要更结实地推地，后背有力地收紧，保持骨盆的平正。

3. 组合的动作节拍与做法详解

节拍：$\frac{2}{4}$ 拍，稍快

准备姿态：站右腿前五位，左臂单手扶把，右臂一位，头转向 3 点方向，抬头挺胸收腹，平视前方。

（前奏拍）da5-6 右臂打开旁小七位 Allongé，再到一位手，头随手动。

da7-8 右臂到二位手，再打开至七位手。头看 3 点方向。

① da-1 右腿一拍一次往前的 Battement tendu jeté 一次。da- 右腿经擦地踢前 35°。1- 右腿收回前五位脚。保持右臂七位，头看 3 点方向。

da-2 右腿一拍一次往前的 Battement tendu jeté 一次。同 da-1 的动作。

da3-4 右腿往前的一拍两次的 Battement tendu jeté pointé。da- 右腿踢出前 35°。1- 右腿快速点地再踢起前。da- 右腿再一次快速点地踢起前 35°（图 5-4-1）。2- 右腿经一位擦地快速的 Battement tendu jeté balancé 踢后 35°（图 5-4-2）。

da-5 右腿往后的 Battement tendu jeté 一次，右腿收后五位脚。

da-6 右腿往后的 Battement tendu jeté 一次，右腿收后五位脚。

da7-8 右腿往后的一拍两次的 Battement tendu jeté pointé（图 5-4-3）。再 Battement tendu jeté balancé 踢前 35°（图 5-4-4）。保持右臂七位，头看 3 点方向。

图 5-4-1   图 5-4-2

图 5-4-3   图 5-4-4

② da-1　右腿收回前五位脚，保持右臂七位。

da-2　右腿往旁的 Battement tendu jeté 一次，右腿收后五位脚。同时转头看 1 点方向，右臂保持七位。

da-3　右腿往后的 Battement tendu jeté 一次，右腿收后五位脚。同时转头看 3 点方向，右臂保持七位。

da-4　右腿往旁的 Battement tendu jeté 一次，右腿收前五位脚。同时转头看 1 点方向，右臂保持七位。

da5-6　右腿再一位脚往旁做两拍三次的 Battement tendu jeté。da-　右腿踢出旁35°。1-　收回一位脚，再快速踢出旁（图 5-4-5）。da-　收回一位脚，再快速踢出旁，同时右臂 Allongé，转头看 3 点方向（图 5-4-6）。2-　收右腿前五位 Demi plié，同时右臂至一位，头随手动。

da-7　右腿吸腿前 Battement retiré 姿态。右臂至二位，头看 1 点方向（图 5-4-7）。

da-8　右腿收回后五位脚。同时右臂打开至七位，转头看 3 点方向（图 5-4-8）。

图 5-4-5   图 5-4-6

图 5-4-7   图 5-4-8

③ da-1 右腿往后的 Battement tendu jeté 一次，右腿收后五位脚。右臂七位，头看 3 点方向。

da-2 右腿往后的 Battement tendu jeté 一次。同③da-1 的动作。

da3-4 右腿往后的一拍两次的 Battement tendu jeté pointé。再 Battement tendu jeté balancé 踢前 35°。保持右臂七位，头看 3 点方向。

da-5 右腿往前的 Battement tendu jeté 一次，右腿收前五位脚。

da-6 右腿往前的 Battement tendu jeté 一次，右腿收前五位脚。

da7-8 右腿往前的一拍两次的 Battement tendu jeté pointé。再 Battement tendu jeté balancé 踢后 35°。保持右臂七位，头看 3 点方向。

④ da-1 右腿收回后五位脚，保持右臂七位，头看 3 点方向。

da-2 右腿往旁的 Battement tendu jeté 一次，右腿收前五位脚。同时转头看 1 点方向，右臂保持七位。

da-3 右腿往前的 Battement tendu jeté 一次，右腿收前五位脚。同时转头看 3 点方向，右臂保持七位。

　　da-4　右腿往旁的 Battement tendu jeté 一次，右腿收后五位脚。同时转头看 1 点方向，右臂保持七位。

　　da5-6　右腿再一位脚往旁做两拍三次的 Battement tendu jeté。da-　右腿踢出旁 35°。1-　收回一位脚，再快速踢出旁。da-　收回一位脚，再快速踢出旁，同时右臂 Allongé，转头看 3 点方向（图 5-4-9）。2-　收右腿后五位 Demi plié，同时右臂至一位，头随手动。

　　da-7　右腿吸腿前 Battement retiré 姿态。右臂至二位，头看 1 点方向（图 5-4-10）。

　　da-8　保持右腿 Battement retiré 姿态不动。

图 5-4-9　　　　　　　　　图 5-4-10

　　（结束拍）da-7　右腿收前五位脚站立。同时右臂打开至七位，转头看 3 点方向。

　　da-8　右臂经七位 Allongé 收落一位手，头随手动，最后再抬头看向 3 点方向。

（五）Rond de jambe 划圈练习

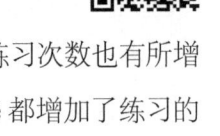

1. 练习目的与教学内容

　　Rond de jambe 的节奏相对于前一阶段更为快速，组合内动作的练习次数也有所增加。一小节一次的 Rond de jambe par terre 和 Grand rond de jambe jeté 都增加了练习的次数，以学习所有动作在快速运动中身体的控制能力，以及动作之间的流畅衔接。

　　Port de bras

　　学习带移动重心换位的前后腰练习，包括单脚点地的圆的下腰练习。为丰富中间的 Port de bras 动作打好基础。

2. 主要动作的节拍进度与练习要求

　　（1）Rond de jambe par terre［隆·德·让·巴·泰尔］：动作腿的划圈环动

节拍：一小节一次

1- 右腿 Tendu 出前点地。

da-da 右腿经旁腿连贯地划到后点地。

要求：在动作腿从前点地划圈后点地的过程中，双腿保持充分的外开，动作腿在经过旁点地的位置时，要保持连贯延伸的环动过程，不要有停顿。En dehors 与 En dedans 的要求都一样，圈要划得连贯平稳。

（2）Grand rond de jambe jeté［格朗·隆·德·让·热泰］：动作腿在空中 90° 以上的踢腿划圈

节拍：两小节一次

1-da 右腿屈膝向前抬起 Attitude 25°。

da- 右腿打开向旁踢起 Grand rond de jambe jeté en dehors。

2-da-da 落右腿后点地舞姿。

要求：踢腿时，支撑腿要很有力地向上拉直转开，膝关节有力伸直，后背收紧挺立。注意动作腿从前或后的小 Attitude 25° 起始时，要在斜下方先快速伸直膝关节，再带动髋关节直腿踢起。并且动作腿在 En dehors 从前到后的快速划圈过程中，要求旁腿的位置最高。而做 En dedans 从后划到前时，则是前腿的位置最高。

（3）Port de bras［波·德·勃拉］：带移动换位的下腰以及圆的下腰动作

节拍：八拍一次（也可以按 $\frac{3}{4}$ 拍，记八小节一次）

da1-2 左腿后点地，右腿大四位 Plié，上身向前下腰 90°。

da-3 左腿向后迈大步直腿站起，右腿推地绷脚前点地。

da-4 舞姿上保持延伸不动。

da5-6 上身往左下圆的腰，从旁到后腰。

da7-8 上身起直站立，手到七位再收回一位。

要求：在大四位往前下腰时，上身要保持挺胸收紧，上身要与绷紧的后腿成一条拉长的大斜线。主力腿推地交换四位重心的过程要直接、迅速，要有力量地快速交换成另一脚点地脚的舞姿。环动圆周下腰要做得流畅、连贯和伸展，并保持双胯的正直与平稳。

3. 组合的动作节拍与做法详解

节拍：$\frac{3}{4}$ 拍，中速

准备姿态：右腿前五位站立，左臂单手扶把，右臂一位，头转向3点方向，抬头挺胸收腹，平视前方。

（前奏拍）5-da-da 做 Rond de jambe par terre prèparation。右臂小七位 Allongé 打开，头随手动。

6-da-da 双腿 Demi plié 下蹲，右臂一位。

7-da-da 右腿 Tendu 出前点地，右臂二位，头看右臂。

8-da 右腿划到旁点地，左腿站起直立，右臂七位，头看3点方向。

da- 在最后一拍再右腿划到后点地。

① 1-da-da 一小节一次的 Rond de jambe par terre en dehors。1- 右腿从后点地经一位脚 Battement tendu passé par terre 到前点地。da-da 右腿从前向外经旁划到后点地。保持右臂七位，头看3点方向。

2-3-da-da 同1-da-da 动作，再做两遍。

4-da-da 右腿经一位 Passé par terre 往前 Battement relevé lent 抬起到90°，保持右臂七位，头看3点方向（图5-5-1）。

5-8-da-da 做 Grand rond de jambe en dehors。1-da-da 右腿划到旁90°（图5-5-2）。2-da-da 右腿一位 Retiré，绷脚收在支撑腿膝关节的旁侧（图5-5-3）。3-da-da 右腿 Battement développé 往后出90°（图5-5-4）。

4-da-da 右腿后点地。保持右臂七位，头看3点方向。

图 5-5-1   图 5-5-2   图 5-5-3   图 5-5-4

② 1-da-da 一小节一次的 Rond de jambe par terre en dehors。保持右臂七位，头看3点方向。

2-3-da-da 同1-da-da 动作，再做两遍。

4-da-da　开始做 Grand rond de jambe jeté en dehors。右腿经 Tendu 收一位脚，再屈膝向前抬起 Attitude 25°，右臂经一位到二位，头随手动。（图 5-5-5）

5-da-da　右腿打开向旁踢起 Grand rond de jambe jeté en dehors，同时右臂到三位，头看 3 点斜上方（图 5-5-6）。

6-7-da-da　同 ② 4-da-da、5-da-da 动作，再做一遍。右臂保持三位。

8-da-da　右腿一位 Passé par terre 往前点地，同时手到七位，上身向后展胸腰，头看 3 点方向（图 5-5-7）。

图 5-5-5　　　　　　图 5-5-6　　　　　　图 5-5-7

③ 1-da-da　一小节一次的 Rond de jambe par terre en dedans。1- 右腿从前点地经一位脚 Battement tendu passé par terre 到后点地。da-da 右腿从前向外经旁划到前点地。保持右臂七位，头看 3 点方向。

2-3-da-da　同 1-da-da 动作，再做两遍。

4-da-da　右腿经一位 Passé par terre 往后 Battement relevé lent 抬起到 90°，保持右臂七位，头看 3 点方向。

5-8-da-da　做 Grand rond de jambe en dedans。1-da-da 右腿划到旁 90°。2-da-da 右腿一位 Retiré，绷脚收在支撑腿膝关节的旁侧。3-da-da 右腿 Battement développé 往前出 90°。4-da-da 右腿前点地。保持右臂七位，头看 3 点方向。

④ 1-da-da　一小节一次的 Rond de jambe par terre en dedans。保持右臂七位，头看 3 点方向。

2-3-da-da　同 1-da-da 动作，再做两遍。

4-da-da　开始做 Grand rond de jambe jeté en dedans。右腿经 Tendu 收一位脚，再屈膝向后抬起 Attitude 25°，右臂经一位到二位，头随手动（图 5-5-8）。

5-da-da　右腿打开向旁踢起 Grand rond de jambe jeté en dedans，同时右臂经一位、七位到三位，头看 3 点斜上方（图 5-5-9）。落右腿前点地。

6-7-da-da　同 4-da-da、5-da-da 动作，再做一遍。右臂保持三位。

8-da　右腿 Tendu 收回前五位，手到七位，头看 3 点方向。da- 左腿出后 Tendu 点地，右臂七位 Allongé（图 5-5-10）。

图 5-5-8　　　　　　　　图 5-5-9　　　　　　　　图 5-5-10

⑤ 1-2-da　左腿从后点地绷脚向后向远滑动，右腿大四位 Grand plié，上身向前下腰 90°。手经到二位，头看向右臂一侧（图 5-5-11）。da- 右腿保持重心，左腿快速踢后腿 15°，以辅助接下去的站立动作。

3-da-da　左腿向后迈大步移动重心站起，右腿推地绷脚前点地。上身稍向左前倾斜，右臂二位，头看右臂（图 5-5-12）。

4-da-da　舞姿上保持延伸不动。

5-6-da-da　右臂引动上身往左下圆的腰，从旁到后腰 90°。手到三位，头随手动，看向右臂斜上方（图 5-5-13）。

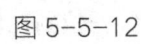

图 5-5-11　　　　　　　　图 5-5-12　　　　　　　　图 5-5-13

7-8-da-da　上身起直站立，右腿保持前点地，手打开至七位，头看 3 点方向。再右腿收回前五位，右臂收回一位。

⑥ 1-2-da-da　右腿 Battement développé 往旁 90°，右臂经二位至七位打开，头看 1 点方向（图 5-5-14）。

3-4-da-da　右腿吸腿收一位 Retiré，同时左腿原地全脚 Tour lent 向左转动 1/8 圈，身体对 8 点方向。手经七位 Allongé 到二位，头随手动（图 5-5-15）。

图 5-5-14　　　　　　　　　　　图 5-5-15

5-6-da-da　保持身体对 8 点方向，右腿往后 Attitude 90°，左腿保持全脚站立。右臂到三位，抬头看向右臂斜上方（图 5-5-16）。

7-da-da　右腿向后伸直 90°，右臂向身体侧后方向三位 Allongé，头看右臂上方（图 5-5-17）。

8-da-da　右腿落后点地，右臂保持三位 Allongé。再右腿经 Tendu 收回前五位，同时身体向右转回对 1 点方向，头随手动，最后抬头看向 3 点方向。

图 5-5-16　　　　　　　　　　　图 5-5-17

（六）Battement fondu 单腿蹲练习

1. 练习目的与教学内容

学习在五位 Relevé 上交换双腿重心的做法，为中间双腿多次交换往前、往旁、往后的 Battement fondu 做好准备。同时，在 Relevé 上 Battement double fondu 的练习，是对手脚协调配合，联动能力培养的有效练习，也为以后更多舞姿变化的 Double fondu 打好基础。这些动作按照教学步骤，都需要在完成各自单一的多次练习之后，才可以组合在一起做综合练习。

Battement double fondu

本组合学习动作腿带 Battement retiré 和带手臂 Port de bras 的做法。

2. 主要动作的节拍进度与练习要求

Battement double fondu［巴特芒·杜勃尔·丰究］：用两次 Fondu 组合在一起的变化动作

节拍：四拍一次（或 $\frac{3}{4}$ 拍，音乐四小节一次）

da-1　右腿抬前 Sur le cou-de-pied 位置，同时左腿 Demi plié 下蹲。右臂一位。

da-2　右腿五位 Battement retiré，左腿推地半脚尖 Relevé 站起。右臂二位。

da-3　右腿落前 Sur le cou-de-pied，同时左腿 Demi plié 下蹲。右臂一位。

da-4　右腿向旁打开 45°，左腿推地半脚尖 Relevé 站起。右臂七位。

要求：动作腿的 Battement retiré 过程要清晰、顺畅、连贯。从 Sur le cou-de-pied 到支撑腿膝关节高度的位置时，动作腿脚尖要贴着支撑腿小腿轻巧的攀升，并有力地收紧小腿停顿在高位上。在落脚回五位 Relevé 的过程中，也要同样贴着支撑腿小腿下落。并注意在带手臂 Port de bras 的联动中，与腿部动作的协调配合。强调在音乐重拍上，头、手、脚、视线要同步整合。

3. 组合的动作节拍与做法详解

节拍：$\frac{2}{4}$ 拍，中速

准备姿态：站右腿前五位，左臂单手扶把，右臂一位，头转向 3 点方向，抬头挺胸收腹，平视前方。

（前奏拍）da5-6　右臂打开旁小七位 Allongé，再到一位手，头随手动。

da7-8　双腿五位 Relevé 立起，右臂到二位手，再打开至七位手，头随手动，看向 3 点方向。

① da1-2　右腿两拍一次 Battement fondu 45° 带 Relevé 的往前，并带手臂 Port de bras 的。da-1 右腿收前 Sur le cou-de-pied，同时左腿 Demi plié 下蹲。右臂七位 Allongé 落一位，再到二位手。头随手动，看向二位手（图 5-6-1）。da-2 右腿往前伸出 45°，左腿推地半脚尖 Relevé 站起。同时右臂打开七位，头看 3 点方向（图 5-6-2）。

图 5-6-1　　　　　　　　　图 5-6-2

da3-4　同 da1-2 的动作，再做一遍。这次右臂保持在七位不动，头看 3 点方向。

da5-6　左腿两拍一次 Battement fondu 45° 带 Relevé 的往后，并带手臂 Port de bras 的。da- 右腿收回前五位 Relevé，同时右臂七位 Allongé。1- 左腿收后 Sur le cou-de-pied，同时右腿 Demi plié 下蹲。右臂经一位到二位手，头随手动，看向二位手（图 5-6-3）。da-2 左腿往后伸出 45°，右腿推地半脚尖 Relevé 站起。同时右臂打开七位，头看 3 点方向（图 5-6-4）。

图 5-6-3　　　　　　　　　图 5-6-4

da7-8　同 da5-6 的动作，再做一遍。这次右臂保持在七位不动，头看 3 点方向。

② da1-4　四拍一次 Battement double fondu，从 Battement retiré 到旁腿 45° 的。da- 左腿收回后五位 Relevé，同时右臂七位 Allongé。1- 右腿收前 Sur le cou-de-pied，同时左腿 Demi plié 下蹲。右臂经一位到二位手，头随手动，看向二位手。

da-2　右腿前五位 Battement retiré 到支撑腿膝关节高度。同时左腿推地半脚尖 Relevé 站起。右臂保持二位，头看 1 点方向（图 5-6-5）。da-3　右腿落前 Sur le cou-de-pied，同时左腿 Demi plié 下蹲。右臂到一位，头随手动。da-4　右腿向旁打开 45°，同时左腿推地半脚尖 Relevé 站起。右臂打开七位，头保持看 1 点方向（图 5-6-6）。

图 5-6-5　　　　　　　　　　　图 5-6-6

da5-6　右腿 45° Rond de jambe en l'air en dehors 两次，一拍一次的。保持左腿半脚尖 Relevé 站立，右臂七位，头看 1 点方向。

da-7　右腿收前五位 Battement retiré 到支撑腿膝关节高度。左腿保持半脚尖 Relevé 站立。右臂到二位，头看右臂方向。

da-8　右腿收落右后五位 Relevé 站立。右臂打开七位，头看 3 点方向。

③ da1-2　右腿两拍一次 Battement fondu 45° 带 Relevé 的往后，并带手臂 Port de bras 的。da-1 右腿收后 Sur le cou-de-pied，同时左腿 Demi plié 下蹲。右臂七位 Allongé 落一位，再到二位手。头随手动，看向二位手（图 5-6-7）。da-2 右腿往后伸出 45°，左腿推地半脚尖 Relevé 站起。同时右臂打开七位，头看 3 点方向（图 5-6-8）。

图 5-6-7　　　　　　　　　　　图 5-6-8

da3–4　同 da1–2 的动作，再做一遍。这次右臂保持在七位不动，头看 3 点方向。

da5–6　左腿两拍一次 Battement fondu 45° 带 Relevé 的往前，并带手臂 Port de bras 的。da– 右腿收回后五位 Relevé，同时右臂七位 Allongé。1– 左腿收前 Sur le cou-de-pied，同时右腿 Demi plié 下蹲。右臂经一位到二位手，头随手动，看向二位手（图 5–6–9）。da–2 左腿往前伸出 45°，右腿推地半脚尖 Relevé 站起。同时右臂打开七位，头看 3 点方向（图 5–6–10）。

图 5–6–9　　　　　　　　　　　　图 5–6–10

da7–8　同 da5–6 的动作，再做一遍。这次右臂保持在七位不动，头看 3 点方向。

④ da1–4　四拍一次 Battement double fondu，从 Battement retiré 到旁腿 45° 的。da– 左腿收回前五位 Relevé，同时右臂七位 Allongé。1– 右腿收后 Sur le cou-de-pied，同时左腿 Demi plié 下蹲。右臂经一位到二位手，头随手动，看向二位手。da–2 右腿后五位 Battement retiré 到支撑腿膝关节高度。同时左腿推地半脚尖 Relevé 站起。右臂保持二位，头看 1 点方向（图 5–6–11）。da–3 右腿落后 Sur le cou-de-pied，同时左腿 Demi plié 下蹲。右臂到一位，头随手动。da–4 右腿向旁打开 45°，同时左腿推地半脚尖 Relevé 站起。右臂打开七位，头保持看 1 点方向（图 5–6–12）。

da5–6　右腿 45° Rond de jambe en l'air en dedans 两次，一拍一次的。保持左腿半脚尖 Relevé 站立，右臂七位，头看 1 点方向。

da–7　右腿收前五位 Battement retiré 到支撑腿膝关节高度。左腿保持半脚尖 Relevé 站立。右臂到二位，头看右臂方向。

da–8　双腿保持 Battement retiré 舞姿上的拉伸，右臂抬起三位，头看 3 点斜上方（图 5–6–13）。

（结束拍）da–7　右腿收落前五位 Relevé 站立。右臂打开七位，头看 3 点方向。

| 图 5-6-11 | 图 5-6-12 | 图 5-6-13 |

da-8　双腿落五位 Demi plié 再全脚站立。右臂经七位 Allongé 到一位手，头随手动，最后抬头看 3 点方向。

（七）Battement frappé 小弹腿练习

1. 练习目的与教学内容

在扶把上学习支撑腿在 Relevé 上的 Frappé 练习，加大了支撑腿能力和重心的训练要求。动作腿也加强了灵敏度和灵活性的更多要求，Battement double frappé 做一拍一次的，并学习 Battement double frappé 带 Plié 的往前、往旁、往后的做法。Pirouette en dehors 做八拍一次转一整圈的单手扶把练习。按照教学步骤，每一个动作都需要在完成各自的单一和多次练习之后，才可以组合在一起做综合练习。

（1）Battement frappé

本组合练习支撑腿在 Relevé 上做的所有 Frappé 动作。

（2）Battement double frappé

本组合练习在支撑腿 Plié 姿态上，动作腿打开 Battement double frappé 成舞姿的动作。

（3）Pirouette

本组合学习在扶把上，从双腿五位 Demi plié 开始的 Pirouetté en dehors 转 1 整圈的做法。

2. 主要动作的节拍进度与练习要求

（1）Battement frappé［巴特芒·弗拉佩］：动作腿快速屈伸的弹腿动作

节拍：一拍一次，双腿五位，左腿立起半脚尖 Relevé 的同时，右腿打开旁 25° 准备。

da— 右腿收包脚前 Sur le cou-de-pied 位置。

1— 右腿快速伸出旁 25°，左腿始终保持 Relevé 站立。

动作腿要求与 Battement frappé 单一做法一样，要保持动作腿膝关节和大腿最大限度的外开。并注意支撑腿的半脚尖 Relevé 要有力上提，减少上下的颠簸和左右的晃动，加强重心的稳定。

（2）Battement double frappé［巴特芒·杜勃尔·弗拉佩］：动作腿完成两次击打的小弹腿动作

节拍：一拍一次

双腿五位，左腿立起半脚尖 Relevé 的同时，右腿打开旁 25° 准备。

da— 右腿收包脚前、收后的 Sur le cou-de-pied 位置。左腿保持 Relevé。

1— 右腿往旁踢出 25°。左腿同时 Demi plié。

要求：动作腿的要求与单一在做的 Battement double frappé 一样，要位置准确、路线清晰。对支撑腿带 Demi plié 的要求是，下蹲过程要与 Frappé 的速度一致，迅速敏捷地完成从半脚尖 Relevé 到 Demi plié 的过程。并且双腿要与手臂的动作协调配合，快速同步打开成在各方位的舞姿。

（3）Pirouette［皮鲁埃特］：单腿支撑的原地旋转动作

节拍：八拍一次（1 整圈）：站左腿前五位，右臂扶把准备。

da1-2 左腿前五位 Demi plié。

da-3 向左转身 Pirouette en dehors 1 整圈。右腿推地 Relevé，左腿收前五位 Retiré。右臂扶把，左臂二位。

da4-6 保持 Retiré 不动。

da7-8 落左腿前五位 Relevé。再落双腿五位。

要求：在转一整圈的做法中，要求头部留头摆头的过程更为清楚，与身体的转动协调配合。双臂在二位上完成旋转。

3. 组合的动作节拍与做法详解

节拍：$\frac{2}{4}$ 拍，稍快

准备姿态：左臂单手扶把，右臂一位，双腿一位，头转向 3 点方向，抬头挺胸收腹，平视前方。

（前奏拍）da5-6 右臂打开旁小七位 Allongé，再到一位手，头随手动。

da-7   双腿立起半脚尖 Relevé。同时右臂到二位，侧头看向二位手。

da-8   左腿保持 Relevé，右腿往旁 Battement tendu jeté 停在 25°，同时右臂打开到七位手，头看 3 点方向。

① da1-2   右腿往前一拍一次的 Battement frappé 25° 做两次。每次做法为：da-右腿收包脚前 Sur le cou-de-pied。1- 右腿伸出前 25°（图 5-7-1）。保持左腿 Relevé，右臂七位，头看 3 点方向。

da-3   右腿往旁一拍一次的 Battement double frappé 25°。da- 右腿收包脚前、收后 Sur le cou-de-pied。1- 右腿出旁 25°，同时转头看 1 点方向。保持右臂七位（图 5-7-2）。

da-4   保持停顿一拍。

图 5-7-1   图 5-7-2

da5-6   右腿往后 Battement frappé 25° 做两次。第一个打开 25° 后的同时，转头看 3 点方向。保持左腿 Relevé，右臂七位（图 5-7-3）。

da7-8   右腿往旁 Battement double frappé 25° 做一次，同时转头看 1 点方向。保持右臂七位（图 5-7-4）。再停顿一拍不动。

图 5-7-3   图 5-7-4

② da-1　一拍一次带 Demi plié 的 Battement double frappé 往前。da- 右腿收后、收包脚前的 Sur le cou-de-pied，同时右臂经七位 Allongé 到一位手，头随手动。1- 左腿落单腿 Demi plié，右腿打开往前点地。同时右臂到三位，头看 3 点斜上方，身体稍向后展胸腰（图 5-7-5）。

da-2　左腿推起半脚尖 Relevé 站立，同时右腿直腿抬起前 25°。保持头看 3 点斜上方，右臂三位。

da-3　一拍一次带 Demi plié 的 Battement double frappé 往旁。da- 右腿收包脚前、收后的 Sur le cou-de-pied，保持头看 3 点斜上方，右臂三位。1- 左腿落单腿 Demi plié，右腿打开往旁点地。同时右臂打开到七位，转头看 1 点方向（图 5-7-6）。

da-4　左腿推起半脚尖 Relevé 站立，同时右腿直腿抬起旁 25°。保持头看 1 点方向，右臂七位。

图 5-7-5　　　　　　　　　图 5-7-6

da5-7　右腿一拍一次的 Petit battement sur le cou-de-pied 做三次。da- 右腿收包脚前的 Sur le cou-de-pied。1- 右腿收后的 Sur le cou-de-pied。保持左腿 Relevé 站立，右臂打开到七位，转头看 1 点方向。

da-8　右腿打开旁 25°，保持 Relevé 站立。

③ da1-2　右腿往后 Battement frappé 25° 做两次。第一个打开 25° 后的同时，转头看 3 点方向。保持左腿 Relevé，右臂七位。

da3-4　右腿往旁 Battement double frappé 25° 做一次，同时转头看 1 点方向，保持右臂七位。再停顿一拍不动。

da5-6　右腿往前 Battement frappé 25° 做两次。第一个打开 25° 前的同时，转头看

3 点方向。保持左腿 Relevé，右臂七位。

da7-8　右腿往旁 Battement double frappé 25° 做一次，同时转头看 1 点方向，保持右臂七位。再停顿一拍不动。

④ da-1　带 Demi plié 的 Battement double frappé 往后。da- 右腿收包脚前、收后的 Sur le cou-de-pied，同时右臂经七位 Allongé 到一位手，头随手动。1- 左腿落单腿 Demi plié，右腿打开往后点地。同时右臂到二位 Arabesque 往前，转头看 3 点方向（图 5-7-7）。

da-2　左腿推起半脚尖 Relevé 站立，同时右腿直腿抬起后 25°。保持头看 3 点方向，右臂往前的第 Ⅱ Arabesque 舞姿。

da-3　带 Demi plié 的 Battement double frappé 往旁。da- 右腿收后、收包脚前的 Sur le cou-de-pied，同时手到二位，头看右臂。1- 左腿落单腿 Demi plié，右腿打开往旁点地。同时右臂打开到七位，头看 1 点方向（图 5-7-8）。

da-4　左腿推起半脚尖 Relevé 站立，同时右腿直腿抬起旁 25°。保持头看 1 点方向，右臂保持七位。

图 5-7-7　　　　　　　　　图 5-7-8

da5-7　右腿一拍一次的 Petit battement sur le cou-de-pied 做三次。da- 右腿收后的 Sur le cou-de-pied。1- 右腿收包脚前的 Sur le cou-de-pied。保持左腿 Relevé 站立，右臂打开到七位，转头看 1 点方向。

da-8　右腿打开旁 25°，保持 Relevé 站立。

⑤ da1-2　右腿落旁点地，左腿落全脚站立。同时右臂七位 Allongé，头转到 3 点方向。再右腿 Tendu 收前五位，右臂到一位。

da3-4　右腿前五位 Demi plié，右臂到二位，头看 1 点方向（图 5-7-9）。

da-5　向左转 Pirouette en dehors 1/2 圈。右腿推地 Relevé，左腿收前五位 Retiré。

同时经双臂二位，换右臂扶把，左臂二位。身体和头对 5 点方向（图 5-7-10）。

图 5-7-9 　　　　　　　　图 5-7-10

da6-8　保持高半脚 Relevé 上 Retiré 姿态的平衡稳定。

⑥ da1-2　左腿落前五位 Relevé，同时左臂打开七位至 Allongé，转头看 3 点方向。保持右臂扶把（图 5-7-11）。

da3-4　落左腿前五位 Demi plié，左臂经一位到二位，头看 5 点方向（图 5-7-12）。

da5-6　向左转 Pirouette en dehors 1 整圈。右腿推地 Relevé，左腿收前五位 Retiré。同时经双臂二位，留头摆头，到右臂扶把，左臂二位，身体和头对 5 点方向（图 5-7-13）。再停顿一拍不动。

图 5-7-11 　　　　　图 5-7-12 　　　　　图 5-7-13

da-7　左腿落前五位 Relevé，同时左臂向旁打开七位 Allongé，转头看 3 点方向。

da-8　落左腿前五位 Demi plié 蹲下再全脚站直，同时左臂到一位，头随手动，最后抬头看 3 点方向。

（八）Adagio 控制练习

1. 练习目的与教学内容

学习 Épaulement 方向上 Battement développé 打开成舞姿的做法。Battement développé fouetté 也开始学习双臂脱离扶把的 En dedans 做法。同时手臂与头部更多姿态的加入，都是培养身体重心稳定性与控制力的很好练习。

（1）Battement développé 带 Épaulement

本组合学习所有在身体在 Épaulement 侧面方向上，动作腿 Battement développé 打开成 Croisé、Effacé、Écarté 舞姿的做法。并在所有舞姿中带入手臂的 Port de bras 律动。

（2）Battement développé fouetté

本组合学习单手扶把 En dehors 的做法。

2. 主要动作的节拍进度与练习要求

（1）Battement développé［巴特芒·代弗洛佩］：动作腿由屈腿延伸到直腿打开的动作

节拍：八拍一次带 Épaulement croisé 的：身体对 2 点方向，右腿前五位 Épaulement 站立，左臂扶把，右臂一位准备。

da1–2　右腿经前 Sur le cou-de-pied 吸腿到前五位 Battement retiré 位置。右臂到二位。

da–3　右腿 Battement développé 打开 Croisé 往前 90°。右臂到三位。

da4–6　保持舞姿不动。

da7–8　右腿落前点地，再 Tendu 收回前五位脚。身体保持对 2 点方向。

要求：身体 Épaulement 的侧面位置要准确，不要距离扶把太远，以免拉扯重心破坏支撑腿的稳定。手臂、头部与动作腿的伸展动作要同步配合，要在节拍的同一时间里到达位置形成舞姿。

（2）Battement développé fouetté［巴特芒·代弗洛佩·弗韦泰］：动作腿由里向外伸展并继续做转身的动作

节拍：八拍一次 En dedans 的

右腿前五位站立，左臂扶把，右臂一位准备。

da1–2　右腿经前 Sur le cou-de-pied 吸腿到前五位 Battement retiré 位置。右臂到二位。

da3–4　右腿 Battement développé 往后打开 90°。右臂往前第 II Arabesque 舞姿。

da5–6　身体向右 En dehors 转身 1/4 圈。右腿从后腿转到旁腿，双臂七位。

da7-8 身体继续向右转身 1/4 圈。右腿从旁腿转到前腿。左臂到三位，右臂扶把。

要求：动作腿在单手扶把 Fouetté en dehors 过程中，要注意转身到旁腿 90°，双臂离开扶把打开七位手姿态时，身体不可向后躺，要有力地收腹提胯，保持支撑腿的重心平衡。同时动作腿抬起的高度不变，保持在相对固定的位置上做后、旁、前的换位转身。支撑腿全脚上在原地 Tour lent 的转身动作，要做得平稳有力，不能上下颠簸。

3. 组合的动作节拍与做法详解

节拍：$\frac{4}{4}$ 拍，中速

准备姿态：右腿前五位站立，左臂单手扶把，右臂一位，头看 3 点方向。

（前奏）da5-6 不动

da7-8 右臂打开小七位 Allongé，再回到一位。头随手动。

① da1-2 右腿抬起前 Sur le cou-de-pied 位置，同时左腿以前脚掌为轴，全脚向右转 En dehors 1/8 圈，成身体对 2 点方向的 Épaulement 位置。再右腿连贯地吸腿到前五位 Battement retiré 位置，右臂到二位，头看右臂方向（图 5-8-1）。

da3-4 右腿 Battement développé 往前伸出 90°，右臂到三位，头看右臂斜上方。成右腿 Croisé 前 90° 舞姿（图 5-8-2）。

图 5-8-1　　　　　　　　图 5-8-2

da5-6 保持延伸，Croisé 前舞姿停顿不动。

da7-8 右腿直腿落前点地，右臂到七位 Allongé，转头看 4 点方向。再右腿 Battement tendu 收回前五位脚，同时右臂到一位，头部跟随手动。

② da1-2 保持身体正对 2 点方向。右腿抬起前 Sur le cou-de-pied，再连贯的吸腿到前五位 Battement retiré 位置，右臂到二位，头看右臂方向（图 5-8-3）。

　　da3-4　右腿 Battement développé 往旁伸出 90° 以上，右臂到三位，转头看 8 点斜下方。成右腿 Écarté 后 90° 舞姿（图 5-8-4）。

图 5-8-3　　　　　　　　　　　　　图 5-8-4

　　da5-6　保持延伸，Écarté 后舞姿停顿不动。

　　da7-8　右腿直腿落旁点地，右臂到七位 Allongé，转头看 4 点方向。再左腿以前脚掌为轴，全脚向左转 En dedans 1/4 圈。同时右腿 Battement tendu 收回前五位脚，成身体对 8 点方向的 Épaulement 位置。右臂到一位，头部跟随手动。

　　③ da1-2　保持身体对 8 点方向。左腿抬起后 Sur le cou-de-pied，再连贯地吸腿到后五位 Battement retiré 位置，右臂到二位，头看右臂方向（图 5-8-5）。

　　da3-4　右腿 Battement développé 往后伸出 90°，右臂二位往前 Allongé，头看 8 点方向。成左腿在后 90° 的第 Ⅳ Arabesque 舞姿（图 5-8-6）。

图 5-8-5　　　　　　　　　　　　　图 5-8-6

　　da5-6　保持延伸，第 Ⅳ Arabesque 舞姿停顿不动。

　　da7-8　左腿直腿落后点地，右臂到七位 Allongé，转头看 2 点方向。再右腿 Battement tendu 收回后五位脚，同时右臂到一位，头部跟随手动。

④ da1-2　保持身体对 8 点方向。右腿抬起前 Sur le cou-de-pied，再连贯地吸腿到前五位 Battement retiré 位置，右臂到二位，头看右臂方向（图 5-8-7）。

da3-4　右腿 Battement développé 往旁伸出 90° 以上，右臂到三位，转头看 2 点斜上方。成右腿 Écarté 前 90° 舞姿（图 5-8-8）。

图 5-8-7　　　　　　　　　　　图 5-8-8

da5-6　保持延伸，Écarté 前舞姿停顿不动。

da7-8　右腿直腿落旁点地，右臂到七位，头看 2 点方向。再左腿以前脚掌为轴，全脚向右转 En dehors 1/8 圈。同时右腿 Battement tendu 收回前五位脚，成身体对 1 点方向。右臂七位 Allongé，转头看 3 点方向。

⑤ da1-4　双腿五位站立，做四拍一次连贯的圆的 Port de bras 下腰。da-1　上身往前下胸腰，右臂到二位（图 5-8-9）。da-2　上身从最低点向左环动到往旁的胸腰，右臂到三位，头看 7 点斜下方（图 5-8-10）。da-3　上身从旁环动到往后的胸腰，右臂保持三位，同时转头看右臂斜上方（图 5-8-11）。da-4　上身起直的同时，右臂打开到七位 Allongé，头看 3 点方向。

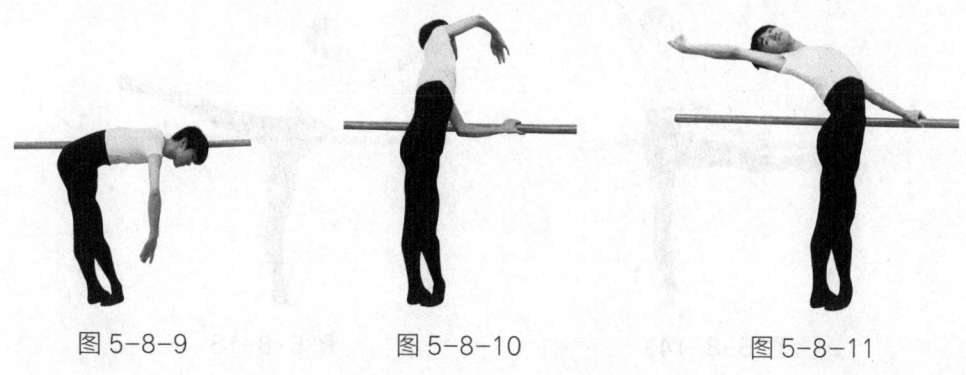

图 5-8-9　　　　　　　　图 5-8-10　　　　　　　　图 5-8-11

da5-6　右腿抬起前 Sur le cou-de-pied 位置，再连贯地吸腿到前五位 Battement retiré 位置，右臂到二位，头看右臂方向。

da7-8　右腿 Battement développé 往后伸出 90°，右臂二位往前 Allongé，头看 3 点方向。成右腿在后 90° 的第 Ⅱ Arabesque 舞姿（图 5-8-12）。

⑥ da1-2　左腿为轴，在全脚上的 Tour lent 向右转身 1/4 圈。右腿 90° 的 Fouetté en dehors 从后腿转换到旁腿。右臂经一位到双臂七位，身体对 3 点方向（图 5-8-13）。

图 5-8-12　　　　　　　　　　　图 5-8-13

da3-4　左腿继续全脚上的 Tour lent 向右转身 1/4 圈，右腿 Fouetté en dehors 从旁腿转换到前腿。右臂到扶把，左臂到三位，身体对 5 点方向，头看左臂斜上方。成右腿前 Effacé 90° 舞姿（图 5-8-14）。

da5-6　右腿直腿落前点地，左臂保持三位。再右腿经一位脚的 Battement tendu passé par terre 到后点地，左臂到二位往前的 Allongé，头看 5 点方向。

da7-8　右腿 Battement relevé lent 抬起后腿 90°，成身体对 5 点方向的第 Ⅳ Arabesque 舞姿（图 5-8-15）。再右腿直腿落后点地，左臂打开七位 Allongé。右腿 Battement tendu 收后五位脚，右臂到一位，头部跟随手动，最后抬头看 3 点方向。

图 5-8-14　　　　　　　　　　　图 5-8-15

（九）Grand battement jeté 大踢腿练习

1. 训练目的与教学内容

学习 Grand battement jeté 带舞姿的做法，掌握在更多方向上完成不同姿态的踢腿动作。并练习在扶把上的 Pas de bourrée en tournant 动作，使组合的结束部分有了多样的变化，也为动作与动作之间的衔接方式更为丰富、流畅。

（1）Grand battement jeté

本阶段学习身体在 Épaulement 站立的基础上，做一拍一次在 Croisé、Effacé、Écarté 舞姿上往前、往后的大踢腿练习。

（2）Pas de bourrée en tournant

本阶段练习 Pas de bourrée 带转身移动位置的 En dehors 做法。

2. 主要动作的节拍进度与练习要求

（1）Grand battement jeté［格朗·巴特芒·热泰］：动作腿大的向外踢腿动作

节拍：一拍一次带舞姿的。身体对 2 点方向，站右腿前五位，左臂扶把，右臂三位准备。

da－   右腿 Grand battement jeté 踢起 Croisé 往前 90° 以上。

1－   右腿收回前五位脚站立。

要求：在所有带舞姿的大踢腿中，要求动作腿向外踢起的方向要准确、清晰。身体即使面对不同 Épaulement 的方向，踢起的动作腿也一定要与身体构成正前、正旁、正后的关系，不能松散和歪斜。同时要注意上身胸腰的运用，配合不同的踢起方位，展开胸腰调整好合理的身体重心，形成优美的舞姿。

（2）Pas de bourrée en tournant［帕·德·布雷·昂·图尔囊］：带转身移动位置的 Pas de bourrée 舞步

节拍：两拍一次

身体对 1 点方向，右腿 Plié 五位，左腿后 Sur le cou-de-pied 准备。

1－   左腿向后四位脚方向伸出，踩立高半脚 Relevé，同时右腿推地抬起到前 Sur le cou-de-pied。成身体左转正对 7 点方向。

da－   身体继续向左转动。右腿向 6 点方向往二位旁迈出，踩立高半脚 Relevé，同时左腿推地抬起到前 Sur le cou-de-pied。成身体正对 4 点方向。

2－   左腿落前五位 Plié，并往前对 4 点方向全脚 Chassé，成双腿四位 Demi plié 的

Croisé 姿态。

　　要求：动作同单一 Pas de bourrée 的要求相同，双腿重心的转换要平稳并迅速，两只脚一直不断交替转换身体重心，即一脚踩下去另一只脚马上抬起到 Sur le cou-de-pied 的位置上。En tournant 转身移动的步伐不要迈得太大，舞步要轻巧、灵活、干净。

　　3. 组合的动作节拍与做法详解

　　节拍：$\frac{3}{4}$ 拍，稍快

　　准备姿态：站右腿前五位，左臂单手扶把，右臂一位，头看 3 点方向。

　　（前奏）da5-6　右臂打开旁小七位 Allongé，再到一位手，头随手动。

　　da-7　左腿前脚掌为轴，向右转 1/8 圈，成身体正对 2 点方向。同时右臂到二位，头看右臂方向。

　　da-8　右臂到三位，抬头看 4 点斜上方（图 5-9-1）。

　　① da1-2　右腿做前 Croisé 舞姿的 Grand battement jeté 一次。da- 保持身体对 2 点方向，右腿 Grand battement jeté 往前踢起 90° 以上，身体稍向后展胸腰（图 5-9-2）。1- 右腿收回前五位脚。da-2 站立不动。保持右臂三位，抬头看 4 点斜上方。

　　da3-4　同① da1-2 动作，再做一遍。

图 5-9-1　　　　　　　　图 5-9-2

　　da5-6　右腿做后 Écarté 舞姿的 Grand battement jeté 一次。da- 保持身体对 2 点方向，右腿 Grand battement jeté 往旁踢起 90° 以上，同时转头看 8 点斜下方，右臂保持三位，身体稍向左旁展胸腰（图 5-9-3）。1- 右腿收回前五位脚。da-2 站立不动。

　　da7-8　同 da5-6 动作，再做一遍。右腿收回后五位脚。

　　② da1-2　左腿做前 Effacé 舞姿的 Grand battement jeté 一次。da- 保持身体对 2

点方向，左腿 Grand battement jeté 往前踢起 90° 以上，同时转头看 4 点斜上方，右臂保持三位，身体稍向后展胸腰（图 5-9-4）。1- 左腿收回前五位脚。da-2 站立不动。

da3-4　同 da1-2 动作，再做一遍。

da5-6　右腿 Battement tendu en tournant 往旁 En dedans 的一次。da-1 左腿前脚掌为轴，向左转 1/8 圈，同时右腿向旁 Tendu 点地，成身体对 1 点方向。右臂打开到七位，头看 1 点方向（图 5-9-5）。da-2 右腿收 Tendu 回前五位。

da7-8　右腿 Battement tendu en tournant 往旁 En dedans 的一次。da-1 保持身体对 1 点方向，右腿向旁 Tendu 点地，右臂到七位 Allongé，转头看 3 点方向（图 5-9-6）。da-2 右腿 Tendu 收回后五位，同时左腿前脚掌为轴，向左转 1/8 圈，成身体对 8 点方向。右臂到一位，头随手动。

图 5-9-3　　　　　　图 5-9-4　　　　　　图 5-9-5　　　　　　图 5-9-6

③ da1-2　右腿做后 Effacé 舞姿的 Grand battement jeté 一次。da- 保持身体对 8 点方向，右腿 Grand battement jeté 往后踢起 90° 以上，右臂到二位往前伸长，身体成第 Ⅱ Arabesque 舞姿（图 5-9-7）。1- 右腿收回后五位脚。da-2 站立不动。

da3-4　同 da1-2 动作，再做一遍。

da5-6　右腿做前 Écarté 舞姿的 Grand battement jeté 一次。da- 保持身体对 8 点方向，右腿 Grand battement jeté 往旁踢起 90° 以上，同时右臂到三位，转头看 2 点斜上方，身体稍向左旁展胸腰（图 5-9-8）。1- 右腿收回后五位脚。da-2 站立不动。

da7-8　同 da5-6 动作，再做一遍。右腿收回前五位脚。

④ da1-2　左腿做后 Croisé 舞姿的 Grand battement jeté 一次。da- 保持身体对 8 点方向，左腿 Grand battement jeté 往后踢起 90° 以上，右臂到二位往前伸长，身体成

第Ⅳ Arabesque 舞姿（图 5-9-9）。1- 左腿收回后五位脚。da-2 站立不动。

图 5-9-7   图 5-9-8   图 5-9-9

da3-4　同 da1-2 动作，再做一遍。

da-5　右腿 Battement tendu en tournant 往旁 En dehors 的打开旁点地。左腿前脚掌为轴，向右转 1/8 圈，同时右腿向旁 Tendu 点地，成身体对 1 点方向。右臂打开到七位 Allongé，转头看 3 点方向（图 5-9-10）。

da-6　右腿收前五位 Tombe plié，左腿抬起后 Sur le cou-de-pied，右臂到二位，头看 2 点斜下方（图 5-9-11）。

da7-8　做 Pas de bourrée en tournant 舞步。1-　左腿向后四位脚方向伸出，踩立高半脚 Relevé，同时右腿推地抬起到前 Sur le cou-de-pied，成身体左转正对 7 点方向。保持双臂二位，留头看向 1 点方向（图 5-9-12）。Ta-　身体继续向左转动。右腿向 6 点方向往二位旁迈出，踩立高半脚 Relevé，同时左腿推地抬起到前 Sur le cou-de-pied，身体正对 4 点方向。双臂保持二位，转头看 4 点方向（图 5-9-13）。2-　左腿落

图 5-9-10   图 5-9-11   图 5-9-12

前五位 Plié，并对 4 点方向全脚往前 Chassé，成双腿四位 Demi plié 的 Croisé 姿态。双臂保持二位，头看左臂方向（图 5-9-14）。

　　da-　左腿推地全脚站立，右腿后 Croisé 点地。双臂打开左五位，头看 2 点方向（图 5-9-15）。

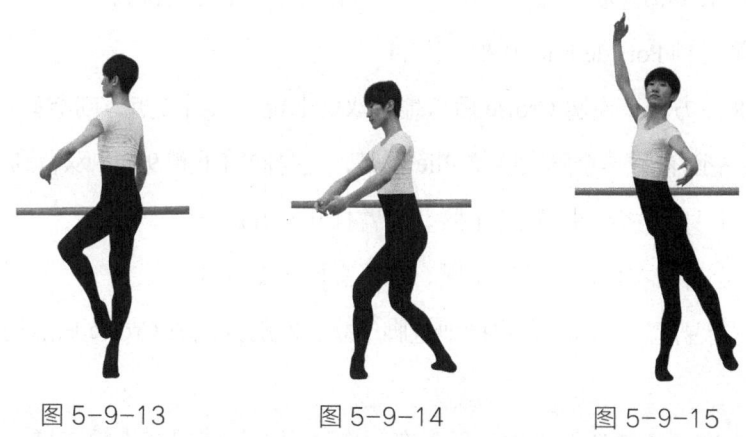

图 5-9-13　　　　　　　图 5-9-14　　　　　　　图 5-9-15

（结束拍）da-7　打开右臂七位，转头看右臂方向。保持身体对 4 点方向。

da-8　双臂七位 Allongé，转头看左臂方向。再右腿经 Tendu 收后五位。双臂到一位，头随手动，最后抬头看 2 点方向。

二、CENTRE 中间部分

（十）Port de bras 头手练习

1. 练习目的与教学内容

在此阶段的 Port de bras 的组合练习中，将以往学习过的单一动作综合在一起来练习，让动作与动作之间的连接更为顺畅，肢体的运动范围和速度也逐步加大加快。学习在大四位 Plié 做第五种圆周下腰的 Port de bras，Pas de bourrée en tournant 也开始在中间来练习。

（1）Port de bras

本组合学习在大四位 Plié 上做第五种圆周下腰的 Port de bras 动作。

（2）Pas de bourrée

本组合学习移动身体位置的 Pas de bourrée，以及移动带转身的 Pas de bourrée en tournant。

2. 主要动作的节拍进度与练习要求

（1）Port de bras［波·德·勃拉］：手臂的动作或上体的仰俯

节拍：第五种 Port de bras 八拍一次的

身体对 8 点方向，左腿 Croisé 后点地，双臂七位，头看 2 点方向准备。

da1-2　左腿直腿落全脚大四位 Plié 下蹲，上身向前下腰 90°，双臂到二位。

da3-4　上身向左环动到往旁下腰，双臂打开左五位。

da5-6　上身向左环动到往后下腰，双臂交换成右五位。

da7-8　上身起直，同时右腿推地全脚站立，左腿推绷成 Croisé 后点地，双臂保持右五位。

要求：大四位的 Plié 要稳定，后腿在动作过程中始终保持直腿支撑。注意身体的重心要更多地保持在屈前腿的右腿，不能过多地向后拉扯。圆周环动的下腰要做得连贯、顺畅，最大幅度地向外、向远伸展上身。手臂和头部的延伸要保持，不能僵硬或回缩。双胯要保持正直与上提。

（2）Pas de bourrée［帕·德·布雷］：双腿交替重心换位的一种舞步

① 节拍：两拍一次（向旁移动的）

右腿 Croisé 前五位 Plié 下蹲，左腿 Sur le cou-de-pied 后五位，双臂左六位准备。

1-　左腿踩后五位立起半脚尖 Revelé，同时身体转到 En face，右腿抬到前 Sur le cou-de-pied 位置。左臂收成双臂二位，头看 1 点方向。

da-　右腿向旁二位迈步 Revelé，左腿收 Sur le cou-de-pied 前。

2-　左腿落前五位 Demi plié，身体转到对 2 点方向，右腿收后 Sur le cou-de-pied。右臂打开成双臂右六位，头看 8 点方向。

要求：双腿重心的转换要平稳并迅速，两只脚一直是不断交替转换身体重心，即一脚踩下去，另一只脚马上抬起到 Sur le cou-de-pied 的位置上。Sur le cou-de-pied 的位置在支撑腿小腿的高度，比普通不包脚的 Sur le cou-de-pied 位置要抬高一些，但不能抬到膝关节的高度。打开的二位脚不要幅度过大，重心转换要顺畅，双胯保持有力的上提。

② 节拍：两拍一次（移动位置带 En tournant 转身，直腿的）

右腿 Croisé 前五位 Plié 下蹲，左腿 Sur le cou-de-pied 后五位，双臂左六位准备。

1- 左腿向 Croisé 后四位伸出，踩落半脚尖 Revelé，收右腿直腿经前五位，同时身体转到面对 5 点方向。左臂收成双臂二位，留头看 8 点再看到 5 点方向。

da- 右腿对 3 点方向往旁二位迈步 Revelé，身体转到面对 2 点方向，收左腿直腿收前五位 Revelé。保持双臂二位，摆头看向 2 点方向。

2- 落双腿五位 Demi plié。双打开到七位，头看 8 点方向。

要求：做 En tournant 时，转动的力量不要太大，主要用好大步迈出的步伐来提胯转身。并注意头部不能僵硬，要松弛地有留头摆头的过程。

3. 组合的动作节拍与做法详解

节拍：$\frac{3}{4}$ 拍，中速

准备姿态：身体面对 8 点方向，站右腿前 Croisé 前五位脚，双臂一位，头看 2 点方向准备。

（前奏）da5-6 保持双一位手不动，头看 2 点方向。

da7-8 双臂七位 Allongé，再收回到一位。

① da-1 右腿开始做 Battement tendu demi plié。右腿 Battement tendu en tournant 1/4 向旁点地，身体面对 2 点方向。双臂经二位打开七位，头看 8 点方向（图 5-10-1）。

da-2 右腿踩落二位 Demi plié，双臂向旁落小七位，手心向上，头随左臂动作，看 8 点斜下方（图 5-10-2）。

da-3 交换身体重心，右腿推起全脚站立，左腿推绷旁点地，同时左臂抬起三位 Allongé，右臂打开七位 Allongé。头看 8 点斜上方（图 5-10-3）。

图 5-10-1　　　　　　　　图 5-10-2　　　　　　　　图 5-10-3

da-4　左腿 Battement tendu 收回前五位。保持身体对 2 点方向，双臂收回一位，头看 8 点方向。

da-5　左腿开始做另一边的 Battement tendu demi plié。左腿 Battement tendu en tournant 1/4 向旁点地，身体面对 8 点方向。双臂经二位打开七位，头看 2 点方向。

da-6　左腿踩落二位 Demi plié，双臂向旁落小七位，手心向上，头随左臂动作，看 2 点斜下方。

da-7　交换身体重心，左腿推起全脚站立，右腿推绷旁点地，同时右臂抬起三位 Allongé，左臂打开七位 Allongé。头看 2 点斜上方。

da-8　右腿 Battement tendu 收回前五位。保持身体对 8 点方向，双臂收回一位，头看 2 点方向。

②da-1　双腿五位 Demi plié，双臂保持一位，头看 2 点方向（图 5-10-4）。

da-2　左腿保持 Plié，右腿 Battement tendu 往 Croisé 前点地，双臂到二位，头看右臂方向（图 5-10-5）。

da-3　左腿在 Plié 上，以脚掌为轴，打开右腿转身体 1/4 圈，至右腿 Effacé 前点地。右臂打开七位，成双臂右六位。头看 2 点方向（图 5-10-6）。

da-4　右腿对 2 点方向落 Effacé 四位全脚 Chassé plié。双臂保持右六位，头看左臂方向（图 5-10-7）。

图 5-10-4　　　　　图 5-10-5　　　　　图 5-10-6　　　　　图 5-10-7

da-5　交换重心，右腿推起全脚站立，左腿推绷 Effacé 后点地。左臂抬起成右五位，头看 8 点斜上方（图 5-10-8）。

da-6　保持舞姿不动。

da-7　左腿 Rond de jambe par terre en dedans 到 Croisé 前点地。双臂交换成左五

位，头看 8 点方向（图 5-10-9）。

da-8　左腿 Battement tendu 收回前五位。双臂打开七位。

③ da-1　开始做第五种 Port de bras。右腿 Battement tendu 到 Croisé 后点地，同时双臂七位 Allongé。再右腿直腿落全脚大四位 Plié 下蹲，上身往前 Port de bras 下腰 90°，双臂到二位，头看左臂方向（图 5-10-10）。

da3-4　上身向右环动到往旁下腰。双臂打开右五位，头看 4 点斜下方（图 5-10-11）。

图 5-10-8　　　　　图 5-10-9　　　　　图 5-10-10　　　　　图 5-10-11

da5-6　上身向右环动到往后下腰。双臂向上交换成右五位，抬头转向 8 点方向（图 5-10-12）。

da7-8　上身起直，同时左腿推地全脚站立，右腿推绷成 Croisé 后点地，双臂保持左五位（图 5-10-13）。再左腿 Plié 下蹲，右腿收后 Sur le cou-de-pied，左臂到二位，右臂打开七位，成双臂右六位，头看 8 点方向（图 5-10-14）。

图 5-10-12　　　　　图 5-10-13　　　　　图 5-10-14

④ da-1　右腿踩后五位立起半脚尖 Revelé，同时身体转到 En face，左腿抬到前 Sur le cou-de-pied 位置。右臂收成双臂二位，头看 1 点方向（图 5-10-15）。

da-2　左腿向旁二位迈步 Revelé，右腿收前 Sur le cou-de-pied（图 5-10-16）。再落右腿前五位 Demi plié，身体转到对 8 点方向，左腿收后 Sur le cou-de-pied。左臂打开成双臂左六位，头看 2 点方向（图 5-10-17）。

图 5-10-15　　　　　图 5-10-16　　　　　图 5-10-17

da-3　同做另一边。左腿踩后五位立起半脚尖 Revelé，同时身体转到 En face，右腿抬到前 Sur le cou-de-pied 位置。左臂收成双臂二位，头看 1 点方向。

da-4　右腿向旁二位迈步 Revelé，左腿收前 Sur le cou-de-pied。再落左腿前五位 Demi plié，身体转到对 2 点方向，右腿收后 Sur le cou-de-pied。右臂打开成双臂右六位舞姿，头看 8 点方向。

da-5　右腿向 Croisé 后四位伸出（图 5-10-18），踩落半脚尖 Revelé，收左腿直腿经前五位，同时身体转到面对 5 点方向。右臂收成双臂二位，留头看 2 点再看到 5 点方向。

da-6　左腿对 7 点方向往旁二位迈步 Revelé（图 5-10-19），身体转到面对 8 点方向，收左腿直腿收前五位 Revelé。保持双臂二位，摆头看向 8 点方向。再落双腿五位 Demi plié，双打开到七位，头看 8 点方向（图 5-10-20）。

da-7　右腿对 8 点方向 Battement développé 往前 25° 伸出，双臂二位，头看右臂方向（图 5-10-21）。再往前四位 Piqué 迈步，收左腿成双腿五位 Relevé，双臂打开左臂在前的第Ⅲ Arabesque 手位，头看 8 点斜上方（图 5-10-22）。

da-8　保持身体面对 8 点方向，双腿五位 Demi plié 站起。双臂收回一位，头看 2 点方向。

图 5-10-18   图 5-10-19   图 5-10-20

图 5-10-21   图 5-10-22

（十一）Battement tendu 擦地练习

1. 练习目的与教学内容

将前几个阶段 Battement tendu 组合中的学习内容综合到一起，逐次练习。并开始练习 Battement tendu en tournant 往旁的 En dehors 和 En dedans 动作，这是所有 En tournant 类动作形式中最基础的做法。逐步掌握在支撑腿上原地转身 En tournant 的运动方式，将为以后其他动作的 En tournant 方式打好基础。

Battement tendu en tournant

本组合学习 En tournant 1/4 和 1/2 圈，以及 En dehors 和 En dedans 转动的综合练习。

2. 主要动作的节拍进度与练习要求

Battement tendu en tournant［巴特芒·唐究·昂·图尔囊］：带转身的动作腿的擦地延伸与收回

节拍：两拍一次

身体面对 En face，站右腿前五位，双臂打开七位，头看 1 点方向准备。

da-1　左腿 Battement tendu 往旁点地，同时身体向左转 1/4 圈面对 7 点方向，留头保持看向 1 点方向。

da-2　左腿 Battement tendu 收回后五位站立。

要求：在做 En tournant 时，身体保持平稳，要以支撑腿的左腿前脚掌为轴，全脚直腿带动身体转动，脚跟不能有意上抬离地过高。双臂、双肩、双胯都要保持平正。头部在完整的一圈的 En tournant 转动中，要完成好留头摆头的过程。

3. 组合的动作节拍与做法详解

节拍：$\frac{4}{4}$ 拍，中速

准备姿态：身体面对 8 点方向，右腿前五位 Épaulement croisé 站立，双臂一位，头看 2 点方向准备。

（前奏）da5-6　双臂小七位 Allongé，再收回到一位。

da-7　双臂到二位，头看右臂方向。

da-8　双打开到右五位，同时身体转到面对 2 点方向，头看 8 点斜上方。成右腿前五位 Épaulement effacé 站立。

① da1-2　右腿两拍一次的 Battement tendu 往 Effacé 前一次。da-1 右腿向前 Battement tendu 点地，双臂保持右五位，头看 8 点斜上方（图 5-11-1）。da-2 右腿 Battement tendu 收回前五位脚。

da3-4　右腿一拍一次的 Battement tendu 往前做两次。

da5-6　右腿 Battement tendu 往前点地。再经一位 Battement tendu passé par terre 到 Croisé 后点地，同时左腿 Plié，身体稍向前下胸腰，右臂经一位到二位，左臂打开七位，成双臂到左六位，头看 8 点方向（图 5-11-2）。

da7-8　左腿推地全脚站立，右腿保持 Croise 后点地（图 5-11-3）。再右腿 Battement tendu 收回后五位脚。

② da1-2　右腿两拍一次的 Battement tendu 往 Croisé 后一次。da-1 右腿向后 Battement tendu 点地，同时双臂打开第Ⅲ Arabesque 舞姿，头看 2 点方向（图 5-11-4）。da-2 右腿 Battement tendu 收回后五位脚。

da3-4　右腿一拍一次的 Battement tendu 往后做两次。

da5-8　右腿四拍一次的 Battement tendu demi plié 往 Croisé 后，四位脚交替重心的一次。da-1　右腿 Battement tendu 往后点地。da-2　右腿落 Croisé 后四位 Demi plié，双臂收回到左六位，头看右臂方向（图 5-11-5）。da-3　　右腿推地全脚站立，左腿推绷 Croise 前点地，双臂保持六位，头看右臂方向（图 5-11-6）。da-4　　左腿收回前五位脚，同时身体转到 En face，双臂打开七位，头看 1 点方向（图 5-11-7）。

图 5-11-1　　　　　　　　　　　图 5-11-2　　　　　　　　　　　图 5-11-3

图 5-11-4　　　　　　　　　　　图 5-11-5　　　　　　　　　　　图 5-11-6

③ da1-2　　左腿两拍一次的 Battement tendu en tournant en dehors 往旁伸出点地，同时身体向左转 1/4 圈，对 7 点方向，双臂保持七位，留头看 1 点方向（图 5-11-8）。右腿再收回后五位。

da-3　　左腿一拍一次的 Battement tendu 往旁做一次。收前五位。

da-4　　左腿一拍一次的 Battement tendu 往旁做一次。收后五位。

da5-6　　右腿两拍一次的 Battement tendu en tournant en dedans 往旁伸出点地，同时身体向左转 1/4 圈，对 5 点方向，双臂保持七位，转头看 5 点方向（图 5-11-9）。右腿再收回后五位。

da-7　　右腿一拍一次的 Battement tendu 往旁做一次。收前五位。

da-8　　右腿一拍一次的 Battement tendu 往旁做一次。收后五位。

图 5-11-7　　　　　　　图 5-11-8　　　　　　　图 5-11-9

④ da1-2　左腿两拍一次的 Battement tendu en tournant en dehors 往旁伸出点地，同时身体向左转 1/2 圈，对 1 点方向，双臂保持七位，转头看 1 点方向（图 5-11-10）。右腿再收回后五位。

da-3　左腿一拍一次的 Battement tendu 往旁做一次。收前五位。

da-4　左腿一拍一次的 Battement tendu 往旁做一次。收后五位。

da-5　右腿向旁全脚 Chassé 二位 Demi plié，保持身体对 1 点方向，双臂七位（图 5-11-11）。

da-6　左腿收后五位立起双腿 Relevé，同时右腿向旁打开做直腿换脚移动的 Pas de bourrée。再收立成左腿前五位 Relevé，身体转到面对 2 点方向，双臂打开七位 Allongé（图 5-11-12）。

da7-8　身体对 2 前方向，收落左腿前五位 Dime plié 再起直站立，同时双臂经收落一位手，头随左臂动，再抬起看向 8 点方向。

图 5-11-10　　　　　　　图 5-11-11　　　　　　　图 5-11-12

（十二）Adagio 控制练习

1. 练习目的与教学内容

在此段教学内容中，递进式地加快前阶段部分动作的节奏速度，逐步提升中间 Adagio 组合的难度和丰富程度。学习在圆周的 Tour lent 中完成大舞姿的变化，在 Développé 中练习 Battement développé passé 和 Battement développé fouetté。并在中间练习 Grand pirouette 的大舞姿旋转，以及圆周的 Port de bras 环动下腰。要求在组合中训练更多的舞姿衔接与动作变化，为进一步提高舞蹈表现力和技术能力做好充分的训练。

（1）Tour lent

本组合学习在第 I Arabesque 大舞姿上的 En dedans 转动，速度比前一阶段有所提高。学习在四拍一次的 3/4 圈 Tour lent 中，完成从第 I Arabesque 舞姿到 Attitdue 舞姿转换的做法。

（2）Battement développé fouetté

本组合在中间学习在动作腿 Battement développé 打开旁 90°，再 Fouetté en dedans 到后腿 90° 的做法。

（3）Grand pirouette

Grand 的原意为"全的、大的"，Pirouette 的原意为"原地旋转"，即大舞姿上的原地旋转。旋转类动作是古典芭蕾技术动作的重要组成部分，指支撑腿的半脚尖或脚尖为支点所做的原地旋转。并从旋转姿态上，分为动作腿打开成小舞姿的 Pirouetté 和打开成大舞姿的 Grand pirouetté 两种类型。以支撑腿为轴，分为 En dehors 往外和 En dedans 往里的两种旋转方向。本组合学习从动作腿抬起 90° 后腿，成第 I Arabesque 舞姿的 Grand pirouetté en dedans 1 整圈的做法。

2. 主要动作的节拍进度与练习要求

（1）Tour lent［图尔·朗］：慢速的原地舞姿转动

节拍：四拍一次

身体对 8 点方向，右腿往后 90° 抬起，双臂打开左臂在前的第 I Arabesque 舞姿，头看 8 点方向准备。

da1-2　身体保持第 I Arabesque 舞姿，向左 En dedans 转到面对 4 点方向。

da3-4　继续转到面对 2 点方向，右腿 Croisé 往后屈膝 Attitude 90°。同时右臂从旁抬起到三位，左臂向旁打开七位，成双臂左五位，头看 8 点方向。

要求：在保持舞姿的转动中，支撑腿的全脚碾动不能颠簸，步幅要小、要平稳。身体重心在前脚掌位置，脚跟主动转开向前或向后推动身体转动。膝关节有力伸直，双胯上提放正。动作腿和上身都要在转动过程中保持较长时间的姿态固定，犹如放置在转台上的雕塑一般，平稳匀速地连贯转动。

（2）Battement développé fouetté［巴特芒·代弗洛佩·弗韦泰］：动作腿由里向外伸展并继续做转身的动作

节拍：八拍一次 En dedans

左腿前五位 En face 站立，双臂一位准备。

da1-2　左腿经 Sur le cou-de-pied 到五位 Battement retiré 位置，双臂到二位。

da3-4　左腿 Battement développé 往 À la seconde 旁 90° 伸出，双臂抬起到三位。

da5-6　右腿为轴，全脚 Tour lent 向右转身 1/4 圈，左腿 Battement fouetté en dedans 从旁转身成后腿 90°。保持双臂三位，身体对 3 点方向。

da7-8　左腿直腿落后点地，再 Battement tendu 收后五位脚。双臂到一位。

要求：在中间的 Fouetté en dedans 过程中，身体要有力地收腹提胯，保持支撑腿的重心平衡。支撑腿全脚上在原地 Tour lent 的转身动作，要做得平稳有力，不能上下颠簸。动作腿抬起的高度不变，保持在相对固定的位置上做从旁腿到后腿的 Fouetté 换位转身。

（3）Grand pirouette［格朗·皮鲁埃特］：单腿支撑的原地大舞姿旋转

节拍：四拍一次：身体对 2 点方向，右腿全脚直腿 Croisé 后大四位 Plié，双臂右六位准备。

da-1　左腿推立高半脚 Relevé，右腿踢起后 90° 的第 I Arabesque 舞姿，身体向左转动的 Grand pirouette en dedans 1 圈。

da-2　落身体对 7 点方向，左腿 Demi plié 的第 I Arabesque 舞姿。

da-3　左腿推直站立，右腿落直腿后点地。

da-4　右腿 Battement tendu 收前五位，身体转到对 8 点方向，双臂到一位。

要求：支撑腿推起半脚尖时，身体要提起来，后背收紧，支撑腿要伸直、有力，保持外开。动作腿要快速、有力地踢起并保持往后 90° 的位置，伸直膝盖并外开。头部始终跟随 Arabesque 前手的方向，不用留头摆头。

3. 组合的动作节拍与做法详解

节拍：$\frac{3}{4}$ 拍，中速

准备姿态：身体对 8 点方向，右腿前五位 Épaulement croisé 站立，双臂右一位准备。

（前奏）da7-8　双臂打开小七位 Allongé，再回到一位。头随右臂动。

① da1-2　右腿抬起前 Sur le cou-de-pied，到五位 Battement retiré 位置。双右臂二位，头看右臂方向。

da3-4　右腿 Battement développé 往 Croisé 前 90° 伸出。双臂打开右五位，转头看 2 点方向（图 5-12-1）。

da5-6　右腿落点地，经一位脚 Battement tendu passé par terre 到 Effacé 后点地。左臂到二位，成双臂右六位，头看左臂方向。

da7-8　右腿 Battement relevé lent 抬起后 90°。左臂向前打开第 I Arabesque 舞姿，头看 8 点方向（图 5-12-2）。

图 5-12-1　　　　　　　　　　图 5-12-2

② da1-2　左腿为轴 Tour lent 向左 En dedans 转动 3/4 圈。保持第 I Arabesque 舞姿，身体经 6 点方向（图 5-12-3）和 4 点方向（图 5-12-4）。头始终看左臂往前方向。

图 5-12-3　　　　　　　　　　图 5-12-4

da3-4   身体继续转到面对 2 点方向，右腿 Croisé 往后屈膝 Attitude 90°。同时右臂从旁抬起到三位，左臂向旁打开七位，成双臂左五位，头看 8 点方向（图 5-12-5）。

da-5   双臂左五位 Allongé，右腿向 Croisé 后 90° 伸直腿（图 5-12-6）。右腿再落 Croisé 后点地。

图 5-12-5   图 5-12-6

da-6   开始做圆的 Port de bras 环动下腰。右腿落后四位 Demi plié，双臂到二位，头看右臂方向（图 5-12-7）。再右腿推起全脚站立，左腿 Croisé 前点地，同时上身向右下旁腰，双臂打开右五位，（图 5-12-8）。

da-7   保持左腿 Croisé 前点地，上身继续环动到向后下腰，左臂打开七位。再上身起直，双臂七位 Allongé，头看 8 点方向（图 5-12-9）。

da-8   左腿 Battement tendu 收回前五位，同时身体转到 En face。双臂到一位，头看 1 点方向。

图 5-12-7   图 5-12-8   图 5-12-9

③ da1-2   开始做 Battement développé fouetté。左腿抬起前 Sur le cou-de-pied，到五位 Battement retiré 位置，双臂到二位。

da3-4　左腿 Battement développé 往 À la seconde 旁 90° 伸出。双臂抬起到三位，头看 1 点方向（图 5-12-10）。

da5-6　右腿为轴，全脚 Tour lent 向右转身 1/4 圈，左腿 Battement fouetté en dedans 从旁转身成后腿 90°。保持双臂三位，身体和头面对 3 点方向（图 5-12-11）。再双臂下落到右臂在前的第 I Arabesque 舞姿（图 5-12-12）。

图 5-12-10　　　　　　　　图 5-12-11　　　　　　　　图 5-12-12

da7-8　右腿 Demi plié，保持左腿后 90° 的第 I Arabesque 舞姿（图 5-12-13）。再收左腿后五位 Relevé，打开右腿做直腿向旁移动的 Pas de bourrée，落身体对 2 点方向，左腿经全脚 Chassé 往前四位 Demi plié，双臂经一位到二位，头看左臂方向（图 5-12-14）。再左腿起直站立，右腿 Croisé 后点地，双臂打开右五位，头看 8 点方向（图 5-12-15）。

图 5-12-13　　　　　　　　图 5-12-14　　　　　　　　图 5-12-15

④ da1-2　右臂打开七位，双臂七位 Allongé，头看 8 点方向。再右腿直腿向后落 Croisé 大四位 Demi plié，左臂经一位到二位，成双臂右六位，头看 1 点方向

（图 5-12-16）。

da3-4　左腿推立高半脚 Relevé，右腿踢起后 90° 的第 I Arabesque 舞姿，身体向左转动的 Grand pirouette en dedans 1 圈。落身体对 7 点方向，左腿 Demi plié 的第 I Arabesque 舞姿，头看 7 点方向（图 5-12-17）。

图 5-12-16　　　　　　　　　　图 5-12-17

da-5　左腿原地推立高半脚 Relevé，身体在第 I Arabesque 舞姿上更大的 Allongé 伸直（图 5-12-18）。

da-6　右腿经一位全脚 Chassé 向 8 点方向 Pas failli，成左腿 Croisé 后点地的大四位 Plié，右臂经一位往前手背向上的抬起第 IV Arabesque 舞姿，头看 8 点方向（图 5-12-19）。

da-7　左腿收后五位 Relevé，同时身体向右转 1/4 圈，右腿对 2 点方向 Effacé 往前四位 Sissonne tombée。右臂抬起左五位，头看 2 点方向（图 5-12-20）。

图 5-12-18　　　　　　　　图 5-12-19　　　　　　　　图 5-12-20

da-8　收左腿后五位 Relevé，打开右腿做直腿向旁移动的 Pas de bourrée，双臂打开七位，头看 1 点方向。落身体对 2 点方向，左腿前五位 Demi plié 再起直站立，双臂到一位，头随左臂动，最后抬头看 8 点方向。

（十三）Grand battement jeté 大踢腿练习

1. 练习目的与教学内容

学习在教室中间的对角线上，用舞步移动展开旋转和踢腿动作。舞蹈中除了定点小范围运动的样式之外，还有很多需要在流动的调度中去完成的动作，这是丰富舞蹈动作获取更多表演空间的方式和方法。舞台对角线的调度，就是古典芭蕾传统的、常用的直线运动方式。此组合用往前的 Tombé 与 Pas de bourrée 衔接成移动的舞步，将 Grand battement jeté 和 Pirouette en dehors、en dedans 的练习都穿插在线路的调度之中。Grand battement jeté 的动作节奏提高到一拍一次的连续多次踢起方式，对身体的支撑腿重心稳定和动作腿快速的大幅度运动，都是很有效的能力训练方式。

（1）Grand battement jeté

本组合学习在中间 Épaulement 大舞姿上连续多次一拍一次的踢腿练习。

（2）Pirouette

本组合学习双腿从四位 Demi plié 开始和结束的 Pirouetté 转 2 整圈，En dehors 和 En dedans 的做法。

（3）Tombé

原意为"下降、倒重心"。指从支撑腿将身体重心倒到打开的动作腿上，换动作腿为支撑腿并结束在 Demi plié 舞姿上，可以向前、旁、后方向做，有在原地和移动做的。动作腿经小的 Battement développé 往外打开倒出重心成另一舞姿的移动动作。本组合学习在中间 Effacé 往前移动的小的做法，并连接 Pas de bourrée 舞步，成为舞台对角线上向前移动的舞步。

2. 主要动作的节拍进度与练习要求

（1）Grand battement jeté［格朗·巴特芒·热泰］：动作腿大的向外踢腿动作

节拍：一拍一次

身体对 8 点方向，右腿前五位 Épaulement croisé 站立，双臂打开右五位准备。

da- 右腿踢起 Effacé 前 90° 以上。

1- 右腿收回前五脚站立。

da-2 连续做下一次的踢起和收回五位。

要求：在连续多次的一拍一次做法中，除了注意以往关于踢起和收回的所有脚部、腿部的外开和绷紧伸直的要求之外，还特别需要注意每次收回五位脚站立时的时间与过程。每次踢腿都要收回到完整的五位脚位置之后，才能继续发起下一次的踢腿，不能因为节奏加快或多次联动而放松双腿的紧凑并拢。

（2）Pirouette［皮鲁埃特］：单腿支撑的原地旋转动作

节拍：四拍一次 En dedans：身体对 2 点方向，左腿 Épaulement croisé 前五位站立，双臂一位准备。

da-1　左腿 Battement tendu 前点地，双臂抬起到二位。

da-2　左腿向前 Tombé 落大四位 Plié 下蹲，双臂经七位到右六位。

da-3　左腿推地 Relevé，右腿收前五位 Retiré，双臂二位，向左转 Pirouette en dedans 2 圈。

da-4　原地落身体对 8 点方向，右腿前五位 Demi plié 下蹲，双臂打开七位。

要求：在 En dedans 旋转过程中，收吸到 Retiré 的动作腿位置要准确。动作腿要从后四位全脚踩地的位置，快速推绷脚踝、脚趾离开地面，经直线向上拉升到支撑腿膝关节内侧的前五位 Retiré 位置完成旋转。支撑腿也要在旋转中保持最大限度的外开和伸直，头部要配合身体转动，协调地做好连续的留头摆头过程。

（3）Tombé［通贝］：打开动作腿向外倒重心成为支撑腿

节拍：一拍一次往前

身体对 8 点方向，右腿 Épaulement croisé 前五位站立，双臂一位准备。

da-　左腿为轴，身体转向 2 点方向，同时右腿抬起前 Sur le cou-de-pied。再右腿向 2 点方向伸出 Battement développé 到 Effacé 前点地，左腿同时 Plié。

1-　向前移动重心，右腿向 2 点方向 Tombé 落大四位 Plié，同时左腿推绷 Effacé 后点地。

要求：向 Effacé 前伸出的 Battement développé 前点地的右腿，要有绷紧脚尖沿地面向前滑行的过程，其目的是将双腿大四位的重心转换做得流畅连贯。打开的腿要向远移动，倒出去的步伐要大。动作过程中保持躯干的直立和挺拔，并注意落地支撑腿的外开。

3. 组合的动作节拍与做法详解

节拍：$\frac{3}{4}$ 拍，稍快

准备姿态：身体对 8 点方向，右腿前五位 Épaulement croisé 站立，双臂右一位准备。

（前奏）da5-6 站立不动，头看 2 点方向。

da7-8 双臂打开小七位 Allongé，再收回一位。头随右臂动作。

① da-1 身体转向 2 点方向，右腿经小的 Battement développé 向 Effacé 前点地，双臂经二位打开左五位，头看 2 点方向（图 5-13-1）。再右腿向前大四位 Tombé 落 Plié，左腿推绷后点地（图 5-13-2）。

da-2 左腿收后五位 Relevé，右腿向旁打开直腿的 Pas de bourrée。落身体 En face 左腿前五位 Demi plié。双臂打开七位 Allongé 收到一位。

da-3 左腿 Battement tendu 到旁点地。双臂经二位打开七位，头看 1 点方向（图 5-13-3）。

da-4 左腿 Rond de jambe par terre 到后点地，落双腿四位 Demi plié。左臂到二位成右六位，头看 1 点方向（图 5-13-4）。

图 5-13-1   图 5-13-2   图 5-13-3   图 5-13-4

da-5 右腿推地 Relevé，左腿收前五位 Retiré，双臂二位，留头摆头向左转 Pirouette en dehors 2 圈（图 5-13-5）。

da-6 落身体对 8 点方向，左腿直腿后大四位 Demi plié 下蹲。双臂打开七位，头看 1 点方向（图 5-13-6）。

da-7 右腿推地全脚站立，左腿推绷 Croisé 后点地。左臂抬起成右五位，头看 2 点方向（图 5-13-7）。

da-8 左腿 Battement tendu 收后五位站立。

图 5-13-5   图 5-13-6   图 5-13-7

② da-1   右腿往 Croisé 前的 Grand battement jeté 一次。保持双臂右五位，头看 2
点方向（图 5-13-8）。

da-2   同②da-1 的动作，右腿往前踢腿的做一遍。

da-3   同②da-1 的动作，右腿往前踢腿的做一遍。

da-4   保持右腿前五位站立，左臂到二位向前伸出 Arabesque，头看 8 点方向。

da-5   左腿往 Croisé 后的 Grand battement jeté 一次。保持左臂在前的第 Ⅲ Arabesque，
头看 8 点方向（图 5-13-9）。

图 5-13-8   图 5-13-9

da-6   同 da-5 的动作，左腿往后踢腿的做一遍。

da-7   同 da-5 的动作，左腿往后踢腿的做一遍。

da-8   保持右腿前五位站立，左臂到一位。

③ da1-2   同①da1-2 的动作，再做一遍。右腿向 Effacé 前 Tombé，接向旁打开

直腿的 Pas de bourrée，落身体 En face 左腿前五位 Demi plié。

da3-4　同①da3-4 的动作，再做一遍。左腿 Battement tendu 到旁点地，落双腿四位 Demi plié。

da5-6　同①da5-6 的动作，再做一遍。右腿推地 Relevé，左腿收前五位 Retiré，向左转 Pirouette en dehors2 圈。落身体对 8 点方向，左腿直腿后大四位 Demi plié 下蹲。

da7-8　同①da7-8 的动作，再做一遍。右腿推地全脚站立，左腿推绷 Croisé 后点地。左腿 Battement tendu 收后五位站立。双臂保持七位。

④ da-1　右腿 À la seconde 往旁的 Grand battement jeté 一次，同时身体转到 En face，收右腿后五位。保持双臂七位，转头看 7 点方向（图 5-13-10）。

da-2　左腿 À la seconde 往旁的 Grand battement jeté 一次，收左腿后五位。保持双臂七位，转头看 3 点方向（图 5-13-11）。

da-3　右腿 À la seconde 往旁的 Grand battement jeté 一次，收右腿后五位。保持双臂七位，转头看 7 点方向。

da-4　保持左腿前五位站立，双臂经七位 Allongé 到一位，头随左臂动作。

da-5　身体对 2 点方向，左腿 Battement tendu 到 Croisé 前点地。双臂经二位到三位，头看 1 点方向（图 5-13-12）。

图 5-13-10　　　　　　　图 5-13-11　　　　　　　图 5-13-12

da-6　左腿往前四位 Tombé，成右腿直腿 Croisé 后大四位 Plié。左臂经七位到一位再抬起二位，右臂打开七位，成双臂右六位舞姿，头看 1 点方向（图 5-13-13）。

da-7　左腿推地 Relevé，右腿收前五位 Retiré，向左转 Pirouette en dedans 2 圈。双臂到二位，头对 1 点方向留头摆头两次配合旋转（图 5-13-14）。

da-8　　原地落身体对 8 点方向，右腿前五位 Demi plié 下蹲，双臂打开七位（图 5-13-15）。再双腿推直站起，双臂经七位 Allongé 到一位，头随右臂动，最后抬头看 2 点方向。

图 5-13-13　　　　　　　　　图 5-13-14　　　　　　　　　图 5-13-15

三、JUMPS 跳跃部分

（十四）Pas sauté 小跳练习

1. 练习目的与教学内容

学习更多的双起双落小跳动作的相互连接。包括 Pas sauté 在一、二位和 Changement de pied 的连接，也加入了 Pas emboîté 和 Royale 以及 Pas coupé 和 Pas assemblé 的动作连接。在原地跳跃的基础上，更大程度地丰富了身体重心和姿态的变换。用快节奏的起落和动作衔接，逐步训练双腿在跳跃舞步中的灵活性。

（1）Pas emboîté

原意为"跟踪"，是一种双腿轮流交换向前或后踢的换脚跳。训练腿脚的灵活性以及跳至空中的舞姿变换能力。它有跳落成 Sur le cou-de-pied 的、抬腿 45° 的和 90° 的，以及原地的、移动的和带 En tournant 的多种做法。跳落成 Sur le cou-de-pied 有换脚或不换脚两种做法。换脚做是两腿连续交替做前或后 Sur le cou-de-pied，不换脚是五位脚保持前后位置不变，前腿落成前 Sur le cou-de-pied，后腿落后 Sur le cou-de-pied。本组合学习原地跳跃的、落地不换脚的 Sur le cou-de-pied 做法。

（2）Royale

Entrechat 原意为"交叉编织"，为击腿跳，用指双腿垂直向上跳起，用绷紧的双腿内侧快速的前后交替，互相击打。Royale 原意为"国王的"，用指换脚击腿跳。相传由于法国国王路易十四不会做不换脚的击腿跳 Entrechat quatre 而改做此动作而得名。本组合就学习用 Royale 击打方式的原地击腿跳动作。

2. 主要动作的节拍进度与练习要求

（1）Pas emboîté［帕·昂布瓦泰］：双腿轮流交换向前或后踢的换脚小跳

节拍：一拍一次

身体面对 8 点方向，右腿前五位 Épaulement 站立，双臂一位准备。

da-8　右腿前五位 Demi plié 下蹲。

da-1　双腿推地跳起，空中伸直双腿五位。再落左腿 Demi plié 下蹲，右腿抬起前 Sur le cou-de-pied。

da-2　左腿推地跳起，空中伸直双腿五位。再落右腿 Demi plié 下蹲，左腿抬起后 Sur le cou-de-pied。

da-3　右腿推地跳起，空中伸直双腿五位。再落右腿前五位 Demi plié 下蹲。

da-4　双腿推直五位站立。

要求：在交换腿的跳跃过程中，空中所有的双腿五位都要收紧、伸直，不可松懈、弯曲。往前、往后抬起的 Sur le cou-de-pied 位置，要清晰、准确，要有控制地紧贴支撑腿，并保持双腿的向外转开。动作轻盈而富有弹性。

（2）Royale［罗亚尔］：空中双腿的换脚击腿跳

节拍：两拍一次

身体面对 8 点方向，右腿前五位 Épaulement 站立，双臂一位准备。

da-8　右腿前五位 Demi plié 下蹲。

da-1　双腿向旁打开跳起，右腿击打左腿前五位，再向旁打开，落右腿后五位 Demi plié 下蹲。

da-2　双腿推直五位站立。

要求：跳在空中的双腿向旁打开的位置不要太大，在一位和二位之间即可。若距离过大，则击打过程缓慢，不显灵活；距离太小则击打不充分，击打展示也不清晰。双腿要保持在最大限度外开的基础上，用小腿肌肉的部位相互击打。空中双肩、双胯平衡稳定，不能前后摆动摇晃。

3. 组合的动作节拍与做法详解

节拍：$\frac{2}{4}$ 拍，中速

准备姿态：双腿一位 En face 站立，双臂一位准备。

（前奏）da5-7　保持一脚站立。

da-8　双腿一位 Demi plié 下蹲。

① da1-2　做一拍一次的一位 Pas sauté 连续跳跃两次。双臂一位，头看 1 点方向（图 5-14-1）。

da3-4　从一位脚跳落到二位 Demi plié，二位 Pas sauté 连续跳跃两次（图 5-14-2）。

da5-6　从二位脚跳落到右腿前五位 Demi plié，Changement de pied 连续跳跃两次（图 5-14-3）。最后一个落身体对 2 点方向，左腿前五位 Demi plié。双臂保持一位，头看 8 点方向（图 5-14-4）。

图 5-14-1　　　　　图 5-14-2　　　　　图 5-14-3　　　　　图 5-14-4

da7-8　双腿推直五位站立，再到五位 Demi plié 下蹲。

② da-1　保持身体面对 2 点方向，在 Épaulement 上做 Pas emboîté。双腿推地跳起，空中伸直双腿五位，双臂打开七位 Allongé（图 5-14-5）。再落右腿 Demi plié 下蹲，左腿抬起前 Sur le cou-de-pied，收右臂到左六位，头看右臂方向（图 5-14-6）。

da-2　右腿推地跳起，空中伸直双腿五位（图 5-14-7）。再落左腿 Demi plié 下蹲，右腿抬起后 Sur le cou-de-pied，双臂换成右六位，头看 8 点方向（图 5-14-8）。

da-　保持舞姿稍停顿。

3-4　右腿在后五位经高半脚掌 Pas coupé 触地（图 5-14-9），同时左腿向旁打开，原地跳起 Pas assemblé，双臂七位 Allongé（图 5-14-10）。再落身体面对 En face，右腿前五位 Demi plié 下蹲。

da-5　双腿原地推跳 Royale。空中双腿向旁打开跳起，右腿击打左腿前五位（图5-14-11），再向旁打开，落身体面对2点方向，右腿后五位 Demi plié 下蹲。

da-6　双腿推直五位站立，保持双臂一位（图5-14-12）。

图 5-14-5　　　　　图 5-14-6　　　　　图 5-14-7　　　　　图 5-14-8

图 5-14-9　　　　　图 5-14-10　　　　　图 5-14-11　　　　　图 5-14-12

da-7　保持站立不动。

da-8　双腿五位 Demi plié 下蹲。

③ da1-2　从左腿前五位双腿跳起一位 Pas sauté，身体回到面对 En face 的一位 DemiPlié。再连续一位 Pas sauté 一次。双臂一位，头看1点方向。

da3-4　从一位脚跳落到二位 Demi plié，二位 Pas sauté 连续跳跃两次。

da5-6　从二位脚跳落到左腿前五位 Demi plié，Changement de pied 连续跳跃两次。最后一个落身体对8点方向，右腿前五位 Demi plié。双臂保持一位，头看1点方向。

da7-8　双腿推直五位站立，再到五位 Demi plié 下蹲。

④ da-1　保持身体面对8点方向，在 Épaulement 上做 Pas emboîté。双腿推地跳起，空中伸直双腿五位，双臂打开七位 Allongé。再落左腿 Demi plié 下蹲，右腿抬起前 Sur le cou-de-pied，收左臂到右六位，头看左臂方向。

da-2　左腿推地跳起，空中伸直双腿五位，双臂打开七位 Allongé。再落腿右 Demi plié 下蹲，左腿抬起后 Sur le cou-de-pied，双臂换成左六位，头看 2 点方向。

da-　保持舞姿稍停顿。

3-4　左腿在后五位经高半脚掌 Pas coupé 触地，同时右腿向旁打开，原地跳起 Pas assemblé，双臂七位 Allongé。再落身体面对 En face，左腿前五位 Demi plié 下蹲。

da-5　双腿原地推跳 Royale。空中双腿向旁打开跳起，左腿击打右腿前五位，再向旁打开，落身体面对 8 点方向，左腿后五位 Demi plié 下蹲。

da-6　双腿推直五位站立。

da7-8　保持站立不动，双臂一位，头看 2 点方向。

（十五）Pas assemblé 小跳练习

1. 练习目的与教学内容

此阶段，对于连续多次跳跃的要求逐渐增加，加强动作的综合性训练，将以往学习过的相关内容连接在一起练习，为提高舞蹈的表现能力而训练多角度、多舞姿的练习。主要学习 Pas double assemblé 带上手臂 port de bras 的同步运动，增强手、脚、头部协调配的合舞能力。Sissonne tombée 开始练习带 En tournant 的做法，适度少量的空中旋转技术的加入，既是对身体平衡能力的训练，也是丰富舞蹈语言的基本方式。

（1）Pas double assemblé

本组合学习二拍一次的做法，并同时带上双臂的 Port de bras 与 Pas saute 连接在一起，组成更多的连续性跳跃方式来练习。

（2）Sissonne tombé

本组合学习动作腿经 Sur le cou-de-pied 直接向四位 Tombé 倒出的做法。以及动作腿经 Sur le cou-de-pied 往前带 Chassé 移动的做法，在 Épaulement 方向带 En tournant 的练习。

2. 主要动作的节拍进度与练习要求

（1）Pas double assemblé［帕·杜勃尔·阿桑布莱］：双腿在空中聚集的跳跃

节拍：二拍一次

身体面对 2 点方向，站左腿前五位 Épaulement croisé，双臂一位，头看 8 点方向准备。

da-8　双腿五位 Demi plié。

da-1　右腿擦地往旁 Pas assemblé 跳起，身体转到 En face 方向，双臂保持一位，头看 3 点方向。落右腿后五位 Demi plié。

da-2　右腿再擦地往旁 Pas assemblé 跳起，双臂打开七位 Allongé，头看 3 点方向。再落右腿前五位 Demi plié，双臂到一位。

da3-4　接做另一边或其他的跳跃动作。

要求：手臂 Port de bras 的带入，要与头部和腿部形成在节拍上的统一协调关系。手臂的运动，要有带动和辅助所有跳跃的意识，使空中构成更多样的舞姿，也为身体跳跃在空中的重心平衡，提供帮助。向旁 Double 的两次踢跳，都同单一 Pas assemblé 的所有要求，跳之间要保持弹性的 Plié，要做得连贯、流畅。

（2）Sissonne tombé en tournant［西松·通贝·昂·图尔囊］：用空中旋转跳跃方式向外倒出重心成舞姿动作

四拍一次往前的：身体面对 2 点方向，站左腿前五位 Épaulement croisé，双臂一位，头看 8 点方向准备。

da-8　双腿五位 Demi plié 下蹲。

da-　双腿推地跳起，右腿抬起前 Sur le cou-de-pied，左腿空中绷直，同时向右 En dehors 空中转动 3/4 圈，双臂二位。

1-　落身体对 8 点方向，先左腿 Demi plié，再依次落下右腿前五位 Demi plié，并右腿继续全脚 Chassé 往 Croisé 前移动重心，到四位 Demi plié 位置。双臂打开左臂在前的第Ⅲ Arabesque。

da-　右腿再次推地，空中左腿收后五位，同时向前移动跳起。

2-　落右腿前五位 Demi plié 下蹲。双臂到一位。

da-3　双腿起直站立。

da-4　保持站立不动。

要求：在空中的转动要保持身体重心的垂直，以及在转动时空中舞姿的固定，做到动作腿前 Sur le cou-de-pied 和双臂二位手的姿态不松散。同样，跳转的高度要控制好，其他动作要求也与单一的 Sissonne tombé 相同，要配合小跳的节奏速度，灵活、流畅地做动作。

3. 组合的动作节拍与做法详解

节拍：$\frac{4}{4}$拍，稍快

准备姿态：站左腿前五位 Épaulement croisé，双臂一位，头看 8 点方向准备。

（前奏）da-5 保持五位脚站立不动。

da-8 双腿五位 Demi plié 下蹲。

① da-1 右腿擦地往旁 Pas assemblé 跳起（图 5-15-1），身体转到 En face 方向，双臂保持一位，头看 3 点方向。落右腿后五位 Demi plié。

da-2 右腿再擦地往旁 Pas assemblé 跳起，双臂打开七位 Allongé，头看 3 点方向（图 5-15-2）。再落右腿前五位 Demi plié，双臂到一位。

da-3 双腿原地跳起 Pas sauté，双臂到左六位，头看 3 点方向（图 5-15-3）。落右腿前五位 Demi plié。

图 5-15-1   图 5-15-2   图 5-15-3

da- 双腿推直站立。双臂到一位。

4- 双腿五位 Demi plié 下蹲。

da-5 左腿擦地往旁 Pas assemblé 跳起，身体转到 En face 方向，双臂保持一位，头看 7 点方向。落左腿后五位 Demi plié。

da-6 左腿再擦地往旁 Pas assemblé 跳起，双臂打开七位 Allongé，头看 7 点方向。再落左腿前五位 Demi plié，双臂到一位。

da-7 双腿原地跳起 Pas sauté，双臂到右六位，头看 7 点方向。落左腿前五位 Demi plié 下蹲。

da- 双腿推直站立。双臂到一位。

8- 双腿五位 Demi plié 下蹲。

② da-1　右腿往旁做不换脚的 Pas glissade，空中双臂经二位至七位，头看 1 点方向（图 5-15-4）。落左腿前五位 Demi plié 下蹲。

da-2　右腿往旁的 Pas assemblé 一次，双臂七位 Allongé（图 5-15-5）。落身体对 8 点方向，右腿前五位 Demi plié 下蹲，双臂到一位。

da3-4　右腿往 Croisé 前全脚 Chassé 移动的 Sissonne tombé 一次，双臂经二位到左臂在前的第Ⅲ Arabesque 舞姿，头看 8 点方向（图 5-15-6）。落右腿前五位 Demi plié 下蹲，双臂到一位（图 5-15-7）。

图 5-15-4　　　　　图 5-15-5　　　　　图 5-15-6　　　　　图 5-15-7

da-5　右腿向 2 点方向 Effacé 前的 Sissonne tombé。空中右腿经前 Sur le cou-de-pied 直接打开到 Effacé 前大四位 Demi plié 下蹲。双臂经二位打开到左六位，头看右臂方向（图 5-15-8）。

da-6　保持身体对 2 点方向，左腿后五位 Pas coupé（图 5-15-9），打开右腿往旁的 Pas assemblé 原地跳起，双臂打开七位 Allongé，头看 8 点方向（图 5-15-10）。落左腿前五位 Demi plié 下蹲，双臂到一位。

图 5-15-8　　　　　图 5-15-9　　　　　图 5-15-10

da− 双腿推地跳起，右腿抬起前 Sur le cou-de-pied，左腿空中绷直，同时向右 En dehors 空中转动 3/4 圈，双臂二位（图 5−15−11）。

7− 落身体对 8 点方向，先落左腿 Demi plié，再依次落下右腿前五位 Demi plié，并右腿继续全脚 Chassé 往 Croisé 前移动重心，到四位 Demi plié 位置。双臂打开左臂在前的第 Ⅲ Arabesque（图 5−15−12）。

da− 右腿再次推地，空中左腿收后五位，同时向前移动跳起（图 5−15−13）。

8− 落右腿前五位 Demi plié 下蹲，双臂到一位（图 5−15−14）。再双腿起直站立。

图 5−15−11　　　　　图 5−15−12　　　　　图 5−15−13　　　　　图 5−15−14

（十六）Pas jeté 小跳练习

1. 练习目的与教学内容

学习在 Pas jeté 的组合中，做连续的原地 Temps levé 跳跃，并将前阶段学习的 Pas ballotté 和移动的 Pas jeté 等跳跃动作连接在一起练习。在古典芭蕾动作语言中，男性有较为丰富的、特意展示小腿快速弹跳和击打的动作语言，用动作的快速和灵敏创造出视觉上的神奇，Pas jeté 类的小跳就是这类跳跃的代表。并且，从小跳部分逐步加入适量的连续的跳跃，也是为今后展开更多的、连续的中、大跳动作打好基础。在练习中，对身体重心的把控，双腿各关节的敏捷，手臂与头部的协调能力等，都能够得到很好的锻炼。按照教学步骤，每一个动作都需要在完成各自的单一和多次练习之后，才可以组合在一起做综合练习。

Temps levé

Temps 的原意为重心不变的动作，用指打倒身体重心的舞蹈动作。Temps levé 为直上直下的单腿起单腿落的跳跃动作，通常是支撑腿垂直往上跳起，动作腿可以成 Sur le cou-de-pied 或其他打开的舞姿。可以原地做、移动做，也可以带转身 En tournant 做。本组合学习动作腿在 Sur le cou-de-pied 位置上的原地连续多次跳跃。

2. 主要动作的节拍进度与练习要求

Temps levé［唐·勒韦］：直上直下的单腿跳

节拍：一拍一次

右腿前五位 En face 站立，双臂一位准备。

da-8　右腿 Demi plié 下蹲，同时左腿抬起后 Sur le cou-de-pied。

da-　右腿推起绷脚跳起，空中左腿保持后 Sur le cou-de-pied 位置。

1-　落右腿 Demi plié 下蹲，左腿保持后 Sur le cou-de-pied 位置。

da-2　右腿推地跳起第二次 Temps levé。

要求：在跳跃中支撑腿最大限度地外开，脚跟有力前顶。单腿推地跳起和落地下蹲，都要保持原地垂直的起落重心点，减少前后的摇晃和位移。形成 Sur le cou-de-pied 姿态的动作腿，在空中和落地时也都要保持在原位，不能松散。

3. 组合的动作节拍与做法详解

节拍：$\frac{6}{8}$ 拍，稍快

准备姿态：身体对 2 点方向，左腿前五位 Épaulement croisé 站立，双臂一位，头看 8 点方向准备。

（前奏）da5-7　保持五位脚站立不动。

da-8　双腿五位 Demi plié 下蹲。

① da-1　打开右腿 Pas glissade 向右旁移动，身体到面对 En face，双臂经二位到七位，头看 1 点方向（图 5-16-1）。落左腿前五位 Demi plié。

da-2　右腿踢起旁的原地 Pas jeté 一次。身体到面对 En face，空中双腿二位，双臂打开七位 Allongé，转头看 3 点方向（图 5-16-2）。落右腿 Demi plié，左腿收后 Sur le cou-de-pied，右臂收回成左六位。

da-3　右腿推地跳起原地的 Temps levé 一次。身体保持 En face，空中左腿保持后 Sur le cou-de-pied 位置，双臂左六位，头看 3 点方向（图 5-16-3）。落右腿 Demi plié，左腿保持后 Sur le cou-de-pied。

da-4　右腿再原地跳起 Temps levé 一次。抬右臂到左五位，头看右臂方向（图 5-16-4）。落右腿 Demi plié，左腿保持后 Sur le cou-de-pied。

图 5-16-1　　　　　图 5-16-2　　　　　图 5-16-3　　　　　图 5-16-4

da-5　打开左腿 Pas glissade 向左旁移动，身体到面对 En face。打开右臂成双臂七位，头看 1 点方向。落右腿前五位 Demi plié。

da-6　左腿踢起旁的原地 Pas jeté 一次。身体到面对 En face，空中双腿二位，双臂七位 Allongé，转头看 7 点方向。落左腿 Demi plié，右腿收后 Sur le cou-de-pied，左臂收回成右六位。

da-7　左腿推地跳起原地的 Temps levé 一次。双臂右六位，头看 7 点方向。落左腿 Demi plié，右腿保持后 Sur le cou-de-pied。

da-8　左腿再原地跳起 Temps levé 一次。抬左臂到右五位，头看左臂方向。落左腿 Demi plié，右腿保持后 Sur le cou-de-pied。

②　da-1　左腿原地推跳，身体转到面对 8 点方向，左腿 Effacé 往前的 Pas ballotté。落右腿 Demi plié，左腿前 45°。空中左臂打开到七位，右臂到二位，成双臂的左六位舞姿，头看 2 点方向，身体向后展胸腰（图 5-16-5）。

da-2　再右腿原地跳起，换右腿 Effacé 往后的 Pas ballotté，落左腿 Demi plié，右腿后 45°。空中双臂到右六位，头看左臂方向，身体稍向前倾展胸腰（图 5-16-6）。

图 5-16-5　　　　　　　　图 5-16-6

da3-4　保持身体面对 8 点方向，右腿收后五位半脚掌 Pas coupé（图 5-16-7），左腿向旁擦地原地跳起 Pas assemblé。空中双臂打开七位 Allongé，看 2 点方向（图 5-16-8）。再落左腿后五位 Demi plié，双臂到一位，头看 1 点方向（图 5-16-9）。

图 5-16-7　　　　　　　图 5-16-8　　　　　　　图 5-16-9

da-5　左腿经擦地向 Écarté 后踢起 45°，做往旁移动的 Pas jeté 一次。空中身体面对 8 点方向，双腿大二位，双臂打开七位 Allongé，转头看 6 点方向（图 5-16-10）。落左腿 Demi plié，右腿收前 Sur le cou-de-pied，双臂到一位，头看左臂方向（图 5-16-11）。

图 5-16-10　　　　　　　图 5-16-11

da-6　右腿不经擦地，直接向 Croisé 前踢起 45 前腿°，做往前移动的 Pas jeté 一次。空中身体保持面对 8 点方向，双腿大四位，双臂经二位到七位，头看 1 点方向（图 5-16-12）。落右腿 Demi plié，左腿 Attitude 后 45° 抬起（图 5-16-13）。

da-7　左腿向 8 点方向，往 Effacé 前大四位全脚 Pas coupé。双臂七位 Allongé，头看左臂方向（图 5-16-14）。

da-8　右腿经一位擦地对 8 点方向踢起前 45°，双腿往前移动 Pas assemblé 跳起。

空中双臂经二位至右四位，头看 2 点方向（图 5-16-15）。再落右腿前五 Demi plié 下
蹲（图 5-16-16）。

图 5-16-12　　　　　　　　　　图 5-16-13

图 5-16-14　　　　　　图 5-16-15　　　　　　图 5-16-16

（结束拍）da7-8　　双腿起直五位站立，双臂打开七位到一位，头看 2 点方向。

（十七）Sissonne fermée 中跳练习

1. 练习目的与教学内容

学习 Sissonne fermée 连续多次跳跃，并与 Sissonne ouverte 相连接的连贯做法。在
连贯的起跳和落地之间，带上更多的空中姿态的连接。并学习 Pas échappe 带上 Battu
双腿空中交叉击打的练习，加强双腿力量的训练同时，也更多地丰富空中动作的技术
样式。同时也开始学习 Pas echappe 带 En tournant 原地转身跳跃的做法，为之后更多的
中大跳空中转体动作，做好跳跃在空中控制身体转动方式与空间方位感的练习。

（1）Pas échappé

本组合学习双腿从五位脚到二位脚交替换位的原地跳跃，并在空中做双腿的 Battu

动作。同时也学习单一的 Pas échappé 带 1/2 原地转身的 En tournant 做法。

（2）Sissonne fermée

本组合学习完成连续多次跳跃的同时，连接其他跳跃动作一起联动的做法。同时也学习往前 Sissonne fermée 落地 Plié 时，后腿经一位脚收到前五位的做法，为直接衔接其他跳跃做好准备。

2. 主要动作的节拍进度与练习要求

（1）Pas échappé［帕·埃夏佩］：双腿打开等距的分腿跳跃

① 节拍：两拍一次带 Battu 的

身体面对 8 点方向，右腿前五位 Épaulement croisé 站立，双一位准备。

da-8　双腿五位 Demi plié 下蹲。

da-　双腿推地跳起，身体转到面对 1 点方向，空中右腿前五位。

1-　双腿快速打开落二位 Demi plié 下蹲。

da-　双腿推地跳起，双腿做 Battu 的击打动作。空中右腿先击打前五位，再打开小二位。

2-　再收落左腿前五位 Demi plié 下蹲。

da3-4　双腿再推起做另一边的跳跃。

要求：空中的 Battu 击打动作，双腿要用旁打开的方式去完成击打，空中五位往内的交叉与二位向外的打开，不能做双腿前后摆动，要紧贴。空中向内击打的第一动，要比正常的五位 Pas sauté 位置多向内交叉一些，双腿不能松散。空中击打的第二动，打开的二位要有控制，不能位置过大。Battu 的所有击打过程中，双腿膝关节伸直，保持脚背紧绷，动作要快速有力。

② 节拍：两拍一次，带 1/2 圈 En tournant 的

身体面对 8 点方向，右腿前五位 Épaulement croisé 站立，双一位准备。

da-8　双腿五位 Demi plié 下蹲。

da-　双腿推地跳起，空中保持右腿前五位，身体向右转到面对 5 点方向。

1-　保持身体面对 5 点，双腿快速打开落二位 Demi plié 下蹲。

da-　双腿推地跳起，空中双腿二位脚。

2-　落左腿前五位 Demi plié 下蹲，保持身体对 5 点方向。

da3-4　双腿再推起做另一次的 1/2 圈跳转。

要求：在 En tournant 的转身中，要原地向上推地跳起，双腿夹紧空中的五位完成转动。过程中双肩与双胯要保持在一个平面，用平整、垂直的姿态去完成空中的转动，不能松胯和塌腰。

（2）Sissonne fermée［西松·弗尔梅］：双腿闭合式的跳跃

节拍：一拍一次

身体面对 8 点方向，右腿前五位 Épaulement croisé 站立，双一位准备。

da-8　双腿五位 Demi plié 下蹲。

da-　双腿推地跳起，空中身体转向面对 2 点方向。右腿踢前 45°，左腿向踢后 90°，做向 2 点方向往前移动跳跃。

1-　落右腿前五位 Demi plié 下蹲。

da-　双腿推地跳起第二次往前移动的 Sissonne fermée 跳跃。（一拍一次的）

2-　落右腿下蹲同时，左腿经一位收至前五位双腿 Demi plié。

da-3　双腿推地跳起其他跳跃动作。

要求：连贯的 Sissonne fermée 做法中，从空中舞姿下落到五位 Demi plié 过程时，向移动方向踢起的第一条腿直接落地要平稳、有支撑。另一条腿，则同样需要经过全脚快速擦地，收回到双腿五位加深 Demi plié。双腿的配合在音乐中要按节拍连贯地完成，不要拖沓。因为在两次连续的跳跃动作中，第一次落地收五位的下蹲，将是第二次连续跳跃的起始。要在落地的时间和过程中，都做好有韧性的、充分的 Demi plié。

3. 组合的动作节拍与做法详解

节拍：$\frac{3}{4}$ 拍，中速

准备姿态：身体面对 8 点方向，右腿前五位 Épaulement croisé 站立。双臂一位，头看 2 点方向准备。

（前奏）da5-6　保持不动。

da-7　双臂打开小七位 Allongé，头随手动。

da-8　双腿五位 Demi plié 下蹲，双臂收回到一位手。

① da-　开始做 Pas échappé battu。双腿推地跳起，身体转到面对 1 点方向，空中右腿前五位。双臂到二位，头看 1 点方向（图 5-17-1）。

1-　保持身体 En face，双腿快速打开落二位 Demi plié 下蹲。双臂打开七位，头看 1 点方向（图 5-17-2）。

图 5-17-1　　　　　　　　　　　图 5-17-2

da-　双腿推地跳起，双腿做 Battu 的击打动作。空中右腿先击打前五位（图 5-17-3），再打开小二位（图 5-17-4）。双臂七位 Allongé，头看 1 点方向。

2-　再收落左腿前五位 Demi plié 下蹲。双臂到一位，保持身体 En face（图 5-17-5）。

图 5-17-3　　　　　　　　　图 5-17-4　　　　　　　　图 5-17-5

da3-4　同做 ① da1-2 的动作，从左腿前五位打开的另一边 Pas échappé battu 跳跃。结束在右腿前五位 Demi plié 下蹲。双臂到一位，保持身体 En face。

da-　开始做 Pas échappé en tournant 1/2 圈的。双腿推地跳起，空中保持右腿前五位，身体向右转到面对 5 点方向。双臂到二位，头看 5 点方向（图 5-17-6）。

5-　保持身体面对 5 点，双腿快速打开落二位 Demi plié 下蹲。双臂打开七位（图 5-17-7）。

da-　双腿推地跳起，空中双腿二位脚。双臂七位 Allongé，头看 5 点方向（图 5-17-8）。

6-　落左腿前五位 Demi plié 下蹲，保持身体对 5 点方向。双臂到一位，保持身体对 5 点方向（图 5-17-9）。

图 5-17-6   图 5-17-7   图 5-17-8   图 5-17-9

da7-8   同做 da5-6 的动作，从左腿前五位向右转身的 Pas échappé en tournant1/2 圈。落身体对 1 点方向，右腿前五位 Demi plié 下蹲。双臂一位，头看 1 点方向。

② da-   开始做带 Épaulement 方向，连续两次往前的 Sissonne fermée 跳跃。双腿推地跳起，空中身体转向面对 2 点方向。右腿踢前 45°，左腿向踢后 90°，做向 2 点方向往前移动跳跃。双臂同时打开成右臂在前的第 I Arabesque 舞姿，头看 2 点方向（图 5-17-10）。

1-   落右腿前五位 Demi plié 下蹲，保持第 I Arabesque 舞姿。

da-   双腿推地跳起第二次往前移动的 Sissonne fermée 跳跃。

2-   落右腿下蹲同时，左腿经一位收至前五位双腿 Demi plié（图 5-17-11）。

图 5-17-10   图 5-17-11

da-   开始连续做往前移动的 Sissonne ouverte。双腿推地跳起，身体重心向 2 点方向往前移动跳跃，空中左腿直腿踢前 45°，右腿向后踢 Attitude 90°。双臂经二位打开成左五位，头看 8 点方向（图 5-17-12）。

3-   落左腿 Demi plié 下蹲，右腿保持 Attitude 后 90°。双臂保持右五位。

da-   身体保持对 2 点方向，右腿 Effacé 往前四位 Pas coupé。右臂到二位，成双臂左六位，头看右臂方向（图5-17-13）。再左腿经擦地快速往前踢起45°，右腿推地跳起，身体向2点方向Pas assemblé往前移动，空中双腿成左腿前五位。双臂打开成右臂对2点斜下方向的Arabesque舞姿，左臂在身后稍高的抬起，头看右臂方向（图5-17-14）。

图5-17-12   图5-17-13   图5-17-14

4—   落左腿前五位Demi plié下蹲，双臂到一位。

da5-6   同da1-2的动作，另一边同做一遍。左腿往8点方向往前移动的Sissonne fermée两次。空中双臂打开成左臂在前的第Ⅰ Arabesque舞姿，头看8点方向。最后落右腿前五位Demi plié下蹲，双臂到一位。

da7-8   同da3-4的动作，做右腿往前移动的Sissonne ouverte、Pas coupé、往前移动的Pas assemblé一遍。落身体对8点方向，右腿Épaulement croisé前五位Demi plié下蹲再起直站立，双臂到一位，头看2点方向。

（十八）Grand assemblé中跳练习

1. 练习目的与教学内容

学习Grand assemblé带空中En tournant身体旋转的做法。这是空中带身体移动重心的跳跃，是男生比较常用的空中技术，为之后更大难度的转体双圈做好准备。同时在组合中安排了Sissonne fondu和Grand assemblé的连续中跳练习，并配合Pas failli、Pas chassé、Pas couru、Pas coupé等辅助跳跃动作，组合成斜线往前、往后更多的运动调度路线，训练学生在连贯舞步中舞蹈的表现力。

Grand assemblé

本组合学习往旁踢起 Grand assemblé 并带 En tournant，身体在向前进方向移动过程中，双腿并拢五位空中转体一圈的旋转跳跃做法。

2. 主要动作的节拍进度与练习要求

Grand assemblé en tournant［格朗·阿桑布莱·昂·图尔囊］：双腿在空中聚集的带转身的移动式跳跃

节拍：两拍一次

身体对 6 点方向，左腿 Effacé 前点地，双臂七位 Allongé 准备。

da-8　向斜线 6 点方向左腿开始做往前移动的 Pas chassé，双臂七位。

da-1　左腿对 6 方向 Effacé 前大四位 Pas coupé。同时左腿推地，右腿向往旁 90°踢起 Grand assemblé en tournant。

da-2　空中双腿收拢成右腿前五位，向 6 点方向往前移动，身体向左转动 1 圈。落身体对 8 点方向，右腿前五位 Demi plié，双臂保持三位。

要求：在起跳时，动作腿（右腿）经一位擦地之后，向行进方向绷紧伸直的踢起旁腿。支撑腿（左腿）要有力地配合右腿的擦地动作去完成起跳，并向动力腿方向快速并拢到后五位，与双臂经一位到二位，在抬起到三位手的过程一起配合。在空中身体形成一条紧凑的竖线，在转身旋转的同时向外移动，完成向行进方向的抛物线跳跃。上身在空中要快速地紧跟踢起的动力腿，不能向后躺或松垮。落地的五位保持空中的姿态，双胯有力上提，五位不换脚。

3. 组合的动作节拍与做法详解

节拍：$\frac{6}{8}$ 拍，中速

准备姿态：身体面对 8 点方向，右腿前五位 Épaulement croisé 站立。双臂一位，头看 2 点方向准备。

（前奏）da5-6　保持不动。

da-7　双臂打开小七位 Allongé，再收回到一位手，头随手动。

da-8　双腿五位 Demi plié 下蹲，双臂保持一位。

① da-　开始做原地带 Épaulement 方向的 Sissonne fondu。双腿推地跳起，空中右腿快速吸腿至前 Passé 位置。双臂到二位，头看 1 点方向（图 5-18-1）。

1-　身体 En face，双腿依次落五位 Demi plié 下蹲，同时右腿向旁擦地。双臂打

开七位，头看 1 点方向。

da- 双腿原地推地跳起，空中右腿经旁 45° 打开收回至后五位。双臂七位 Allongé（图 5-18-2）。

图 5-18-1　　　　　　　　　　图 5-18-2

2- 落身体对 2 点方向，左腿前五位 Demi plié 下蹲。双臂到一位，头看 8 点方向。

da3-4 同①da1-2 的动作，做左腿前 Passé 的另一边 Sissonne fondu 同做一遍。落身体对 8 点方向，右腿前五位 Demi plié 下蹲。双臂到一位，头看 2 点方向。

da- 双腿推地跳起 Pas failli。空中身体转向面对 2 点方向，右腿踢前 35°，左腿踢后 45° 以上。双臂打开小七位 Allongé，头看 1 点方向（图 5-18-3）。

5- 保持身体 2 点，落左腿经擦地到 Croisé 前大四位 Demi plié 下蹲，双臂到二位，头看左臂方向。

da- 左腿推地，右腿经一位全脚擦地向旁 90° 踢起 Grand assemblé。空中身体转向面对 8 点方向，双腿收拢成右腿前五位，向 2 点方向移动。双臂打开左五位 Allongé，头看 2 点斜上方（图 5-18-4）。

图 5-18-3　　　　　　　　　　图 5-18-4

6—　　落右腿前的五位 Demi plié，保持双臂经七位到一位。

da—　　双腿推地跳起第二次 Pas failli。空中身体转向面对 2 点方向，右腿踢前 35°，左腿踢后 45° 以上。双臂打开小七位 Allongé，头看 1 点方向。

7—　　保持身体 2 点，落右腿 Demi plié 下蹲，左腿后 Sur le cou-de-pied。双臂到二位，头看左臂方向（图 5-18-5）。

da—　　右腿原地 Relevé 立起，左腿抬起 Attitude 后 90°。双臂打开右五位，头看 1 点方向（图 5-18-6）。

8—　　落左腿 Croisé 前四位，对 2 点方向往前移动的 Pas chassé，双臂经一位到二位，头看左臂方向。

图 5-18-5　　　　　　　　　　　图 5-18-6

②　da-1　右腿对 2 点方向往前 Piqué 上步 Relevé 支撑，同时左腿抬起后 90°。双臂经打开至右臂在前的第 I Arabesque 舞姿，头看 2 点方向（图 5-18-7）。

da-2　　原地落右腿 Demi plié，同时身体向左转身，左腿开始对 6 点方向往前 Pas couru 迈出两步，双臂打开左臂在前的 Arabesque 舞姿，头看行进方向。

da-3　　左腿对 6 方向 Effacé 前大四位 Pas coupé 推地跳起，右腿经一位擦地对 6 点方向踢起旁 90° 做 Grand assemblé en tournant。双臂经二位到三位。

da-4　　空中双腿收拢成右腿前五位，向 6 点方向往前移动，身体向左转动一圈头看 6 点斜上方留头摆头（图 5-18-8）。落身体对 8 点方向，右腿前五位 Demi plié，双臂保持三位（图 5-18-9）。

da-5　　同②da1-4 的动作，开始同做另一边。左腿向 8 点方向往前 Piqué 上步 Relevé，同时右腿抬起后 90°。双臂经二位打开至左臂在前的第 I Arabesque 舞姿，头

图 5-18-7   图 5-18-8   图 5-18-9

看 8 点方向。

da-6　原地落左腿 Demi plié，同时身体向右转身，右腿开始对 4 点方向往前 Pas couru 迈出两步，双臂打开右臂在前的 Arabesque 舞姿，头看行进方向。

da-7　右腿对 4 方向 Effacé 前大四位 Pas coupé 推地跳起，左腿经一位擦地对 4 点方向踢起旁 90° 做 Grand assemblé en tournant。双臂经二位到三位。

da-8　空中双腿收拢成左腿前五位，向 4 点方向往前移动，身体向右转动一圈头看 4 点斜上方留头摆头。落身体对 2 点方向，左腿前五位 Demi plié。再双腿五位 Relevé 立起。双臂保持三位，转头看 8 点方向。

（结束拍）da-7　落五位 Demi plié，双臂打开七位到一位，头随左臂运动。

da-8　双腿起直五位站立，头看 8 点方向。

（十九）Grand jeté entrelacé 大跳练习

1. 练习目的与教学内容

学习连续跳跃的大跳练习。用 Pas chassé、Pas couru、Pas coupé 等辅助类跳跃舞步，将单一的大跳动作连接在一起，在对角线上连贯地组成多次跳跃。并在前期学习的 Grand jeté 基础上，加入对 Grand jeté entrelacé 和 Grand jeté pas de chat 的学习。在掌握更多的、丰富的大跳类动作语言的同时，训练身体各部位的配合，并将舞姿更有张力地释放在空中，获得更强有力的技术表达。

（1）Grand jeté

本组合学习双腿在空中直腿踢起的 Grand jeté，并学习空中成 Croisé 和 Effacé 两种姿态上的做法。

（2）Grand jeté entrelacé

Entrelacé 原意为"交织的"。是双腿踢跳的同时，身体由面对行进方向，在空中180°转身，转变为背对行进方向的大跳动作。通常称它为"变身跳"或"翻身跳"。可以在舞台的横线、斜线和圆周上做，可以单一地做，也可以在配合辅助动作连贯地做。也还可以空中旋转的带 En tournant 来做。本组合学习在斜线上由前往后的，带辅助动作的连贯做法。

（3）Grand jeté pas de chat

Pas de chat 原意为"猫步"。它是双腿吸腿跳跃，依次落地的动作。这是在小的双吸腿 Pas de chat 基础上的发展动作，为大跳类的吸腿踢腿移动跳跃。动作腿经向前吸起 Passé 快速向外踢出 90°，另一腿推地跳起的同时，向外直腿踢起。形成双腿在空中大幅度分离拉伸的大跳技术动作。有往前、往旁移动的做法，也有带 En tournant 在转身之后踢出的做法。本组合学习往前移动的，空中成 Effacé 姿态的 Grand jeté pas de chat 做法。

2. 主要动作的节拍进度与练习要求

（1）Grand jeté［格朗·热泰］：直腿踢起双腿分离的大舞姿跳跃

节拍：两拍一次

身体对 2 点方向，左腿 Croisé 前点地站立，双臂七位准备。

da-8　左腿往前 Pas chassé，落 Croisé 前大四位 Demi plié。

da-1　右腿往前落大四位 Pas coupé 推地跳起，左腿经擦地向前踢起 Grand jeté，右腿踢后直腿 90° Attitude。

da-2　落左腿前 Demi plié，保持右腿后直腿 90° 舞姿。

要求：在 Grand jeté 的往前跳跃中，前腿一定要经擦地之后，在最大限度绷脚伸直膝关节的外开直腿状态上，有力地往前踢向空中 90° 以上。同时 Coupé 推地的支撑腿，也快速地配合起跳踢起后直腿 90°。双腿在空中成最大幅度的前后分离，并保持姿态往行进方向做向上的抛物线移动。落地时，上身要保持继续收紧和上提，前腿有控制地缓冲 Plié，后腿则要继续保持后直腿 90° 位置，减少上下的颤动。

（2）Grand jeté entrelacé［格朗·热泰·昂特尔拉塞］：空中翻身的换脚大跳

节拍：两拍一次的

身体对 2 点方向，左腿 Effacé 后点地站立，双臂第 I Arabesque 准备。

da-8　身体向左转身面对 6 点方向，左腿开始对跑往前的 Pas couru 两步。双臂七位 Allongé。

da-1　左腿 Effacé 大四位向前 Pas coupé，右腿往前踢跳 Grand jeté entrelacé。双臂经二位到三位。

da-2　落身体对 2 点方向，右腿 Demi plié，左腿后 90°，第 I Arabesque 舞姿。

要求：左腿的 Coupé 之后，双腿要伸直紧绷、快速离地跳起。右腿第一次往前 90° 的踢腿要完全放正，不能向外画圈。双腿的空中换位，要紧贴一位的交错，不能松散。空中的转身要快速有力，从前变身到后时，双臂要保持很好的三位，帮助上身挺立抬起。在空中转身的同时，右腿要对 2 点方向踢起第二次的前腿 45°，与左腿同时踢出的后腿 90°，形成空中双腿分离的大幅度舞姿。右腿落地平稳支撑，左腿保持后 90° 要减少上下的颤动。

（3）Grand jeté pas de chat ［格朗·热泰·巴代沙］：大的"猫步"跳跃

节拍：两拍一次

身体对 2 点方向，右腿 Croisé 后点地站立，双臂七位准备。

da-8　右腿对 2 点方向往前的 Pas glissade，落左腿 Croisé 前大四位 Demi plié。

da-1　右腿经吸腿往前踢出 Grand jeté pas de chat 90°，左腿推地跳起同时直腿踢后 90°。

da-2　先落右腿前 Demi plié，左腿依次落后，再经一位 Tendu 到 Croisé 前四位 Demi plié 起直。成右腿 Croisé 后点地站立。

要求：在往前的踢跳时，吸起的右腿为不开的正腿向上吸起，再快速地前踢出 90° 前腿。要与推地踢起的后腿，形成空中最大限度的直腿前后拉伸姿态。双胯要正，上身收腹、挺立。在右腿落地获得支撑之后，左腿要配合向前移动的惯性，经一位顺畅地滑到 Croisé 的四位 Plié，作为单一跳法的稳定结束方式。

3. 组合的动作节拍与做法详解

节拍：$\frac{6}{8}$ 拍，稍快

准备姿态：左腿 Croisé 前点地站立，双臂小七位 Allongé，头看 1 点方向准备（图 5-19-1）。

（前奏）da-5　保持不动。

da-6　先做起跳前的 Préparation（预备动作）。左腿落前四位 Tombé，右腿收后

Sur le cou-de-pied。双臂到二位，转头看左臂方向（图5-19-2）。

da-7　右腿踩落后四位，回到左腿 Croisé 前点地站立，双臂小七位 Allongé，头看1点方向。

da-　右腿推地跳起原地的 Pas de basque，空中双腿经一位直腿交换，落左腿 Demi plié，右腿 Effacé 前点地。保持双臂小七位 Allongé，头看1点方向（图5-19-3）。

8-　右腿开始往前 Pas chassé（图5-19-4），落 Effacé 前大四位 Demi plié。双臂七位 Allongé，头看1点方向。

图 5-19-1　　　　　　图 5-19-2　　　　　　图 5-19-3　　　　　　图 5-19-4

① da-1　左腿 Croisé 往前大四位 Pas coupé 推地跳起，右腿经擦地向前踢起90°，左腿踢后直腿90°，成 Effacé 往前的 Grand jeté。双臂经二位打开左臂在前的第 Ⅱ Arabesque，头看1点方向（图5-19-5）。

da-2　落右腿 Effacé 前 Demi plié，左腿快速到 Croisé 前四位，做往前的 Pas chassé。再落左腿 Croisé 前大四位 Demi plié。双臂七位 Allongé，头看1点方向。

da-3　右腿 Effacé 往前大四位 Pas coupé 推地跳起，左腿经擦地向前踢起90°，右腿踢后直腿90°，成 Croisé 往前的 Grand jeté。双臂经二位打开右臂在前的第 Ⅲ Arabesque，头看1点方向（图5-19-6）。

图 5-19-5　　　　　　　　　　　　图 5-19-6

da-4　先落左腿 Croisé 前 Demi plié，再右腿快速到 Effacé 前四位，做往前的 Pas chassé。再落右腿 Effacé 前五位 Demi plié。双臂到二位，头看左臂方向。

da-5　右腿向 2 点方向 Piqué 往前迈步 Relevé，左腿踢起直腿 Effacé 后 90°。双臂经二位打开第 I Arabesque，头看 2 点方向（图 5-19-7）。

da-6　身体向左转身面对 6 点方向，左腿开始跑往前的 Pas couru。双臂七位 Allongé，头看 6 点方向。

da-7　左腿 Effacé 大四位向前 Pas coupé，右腿往前踢跳 Grand jeté entrelacé。双臂经二位到三位。空中身体向左转至面对 2 点方向（图 5-19-8）。

da-8　落身体对 2 点方向，右腿 Demi plié，左腿后 90°，第 I Arabesque 舞姿（图 5-19-9）。

图 5-19-7　　　　　　　　图 5-19-8　　　　　　　　图 5-19-9

② da-1　同 ① da5-8 动作，开始做斜线往后移动的第二次 Grand jeté entrelacé。右腿原地 Relevé 立起，左腿保持 Effacé 后 90°。双臂保持第 I Arabesque 舞姿，头看 2 点方向。

da-2　身体向左转身面对 6 点方向，左腿开始跑往前的 Pas couru。双臂七位 Allongé，头看 6 点方向。

da-3　左腿 Effacé 大四位向前 Pas coupé，右腿往前踢跳 Grand jeté entrelacé。双臂经二位到三位。空中身体向左转至面对 2 点方向。

da-4　落身体对 2 点方向，右腿 Demi plié，左腿后 90°，第 I Arabesque 舞姿。

da-5　开始做 6 点位置至 2 点位置的斜线往前连贯跳跃。右腿原地推起，向 2 点方向做 Effacé 往前的 Sissonne tombé。落右腿 Effacé 前大四位 Demi plié，右臂经一位至左六位，头看右臂方向（图 5-19-10）。

da-6　左腿收后五位，开始做向 2 点方向往前移动的直腿的 Pas de bourrée。落左腿 Criosé 前大四位 Demi plié，双臂七位 Allongé，头看 1 点方向。

da-7　右腿对 2 点方向往前的 Pas glissade（图 5-19-11），落左腿 Croisé 前大四位 Demi plié，双臂到一位。再右腿经吸腿往前踢出 Grand jeté pas de chat 90°，左腿推地跳起同时直腿踢后 90°。双臂经二位打开右五位，头看 1 点方向（图 5-19-12）。

da-8　保持身体对 2 点方向，先落右腿前 Demi plié，再左腿经 chassé 到 Croisé 前四位 Demi plié。双臂经七位到左六位。最后起直左腿，成右腿 Croisé 后点地站立，抬起右臂成左五位，头看 1 点方向（图 5-19-13）。

图 5-19-10　　　　　　　　　　　　图 5-19-11

图 5-19-12　　　　　　　　　　　　图 5-19-13

四、END 尾声

（二十）Révérence 行礼练习

1. 练习目的与教学内容

在课程最后尾声部分的 Révérence 组合中，主要学习舞步有较大方位调度的流动性组合。在更好地掌握 Temps levé、Pas de basque en tournant、Pas balancé 等常规舞步丰富运用的同时，加强对舞蹈表现力和运动能力的提高。此组合可以是三个或三个以上的同学一起练习，每一个同学代表一个小组，在多人的穿插舞蹈间，逐步学习多人协同共舞的队列配合能力。同时，也可以由一个同学来完成所有的组合动作，培养对舞台空间更多元的认识和把控能力。

（1）Temps levé

本组合学习动作腿打开在第 I Arabesque 上的原地跳跃。

（2）Pas de basque

本组合学习的是在地面往前 En dehors 转身 1/2 圈、往后 En dedans 转身 1/2 圈的 En tournant 做法，并在教室的对角线上做连续的移动位置。

（3）Sauté de basque

带跳的巴斯克舞步，一种空中带转身的、移动的跳跃。单腿起跳，空中一条腿成 Passé 位置，再单腿落地。有 En dehors 向外转身，空中换脚 Passé 姿态的，以及 En dedans 向内转身，踢起腿直接 Passé 姿态的做法。空中转身有 1/2 圈、1 圈、2 圈等做法。本阶段学习 En dehors 向外转身 1/2 圈，空中换脚 Passé 姿态的做法。

2. 主要动作的节拍进度与练习要求

（1）Temps levé［唐·勒韦］：直上直下的单腿跳

节拍：二拍一次

身体面对 2 点方向，右腿 Épaulement criosé 后点地准备。

da-1　右腿经 Battement développé 往前落 Effacé 四位 Demi plié。

da-2　右腿推起绷脚跳起，同时左腿踢起后 90°，空中成第 I Arabesque。再落右腿单腿 Demi plié 下蹲，保持 Arabesque 舞姿。

要求：单腿推地跳起的支撑腿，在空中要继续紧绷地向前踢起 35°，不仅仅是原地绷脚离地。在空中形成双腿前后正直的姿态，膝关节伸直绷紧。上身要挺立，不能松懈，手臂要配合跳跃，协调平衡。落地时支撑腿要转开，并加深下蹲来缓冲落地，获得姿态的稳定与动力的流畅。

（2）Pas de basque en tournant［帕·德·巴斯克·昂·图尔囊］：带转身的巴斯克舞步

节拍：一小节一次（通常用 $\frac{3}{4}$ 拍音乐做）

身体对 2 点方向，右腿后 Épaulement croisé 点地准备。

1- 右腿经小的 Battement développé 往前迈出，落 Effacé 四位 Demi plié。左腿经一位 Tendu 到 Croisé 前点地。

da- 左腿往前 Piqué relevé，同时身体向右转动 1/4 圈。

da- 再右腿收后五位 Relevé，同时身体向右转动 1/4 圈，至身体面对 6 点方向。

2- 左腿向后迈出四位 Demi plié，同时右腿经小的 Battement développé 往后伸出 Effacé 后点地。

da- 右腿往后 Piqué relevé，同时身体向右转动 1/4 圈。

da- 再左腿收前五位 Relevé，同时身体向右转动 1/4 圈，至身体面对 2 点方向。

要求：舞步的过程要连贯、柔和，步伐行进要顺畅。每一拍都在交换重心的连续迈步，左右腿一拍一步地在转身中交替行进。往前和往后的 Pas de basque en tournant，都要保持在一条由后往前的对角线上向前直线运动。双臂与身体也要协调、舒展地配合好步伐往前推进。

（3）Sauté de basque［索·德·巴斯克］：空中转身的巴斯克跳跃

节拍：两拍一次

身体对 5 点方向，左腿前点地准备。

da-1 左腿往前落大四位 Demi plié。

da- 左腿快速推地，右腿 Grand jeté 往前踢腿跳起。空中左腿收至后 Passé 位置，身体向左转 1/2 圈。

2- 再落身体对 8 点方向，右腿屈膝，左腿直腿全脚 Croisé 大四位 Plié 舞姿。

要求：在踢跳过程中，右腿的直腿踢跳要快速有力，左腿收吸 Passé 的过程也要敏捷地迅速形成舞姿。空中双胯有力上提，身体向行进方向呈抛物线轨迹移动。要在跳跃的最高点完成 En dehors 向外转身 1/2 圈的转动。跳跃的结束为双腿依次落地，大四位 Plié 的右前腿为重心主要支撑点，左腿要从 Passé 快速直接地向下伸腿至全脚踏地。落地要平稳、有控制、有支撑。

3. 组合的动作节拍与做法详解

节拍：$\frac{3}{4}$ 拍，稍快

准备姿态：站教室中后区 6 点位置，身体面对 2 点方向，右腿 Épaulement criosé 后点地站立，双臂一位准备。

（前奏）5-6-da-da　保持站立不动。

7-8-da　双臂打开小七位 Allongé，再收回到一位。头随左臂动作。

da-　右腿经 Battement développé 伸出 Effacé 前。

① 1-da-da　右腿落 Effacé 四位 Demi plié，再快速推起绷脚原地跳起 Temps levé 一次。同时左腿踢起后 90°，空中成右臂在前的第 Ⅰ Arabesque 舞姿，头看 2 点方向（图 5-20-1）。再落右腿单腿 Demi plié 下蹲，保持 Arabesque 舞姿。

2-da-da　身体向左转到面对 8 点方向，左腿向旁后移动的 Pas balancé 舞步一次。双臂到左六位，头看左臂方向（图 5-20-2）。

图 5-20-1　　　　　　　　　　图 5-20-2

3-da-da　身体向右转到面对 2 点方向，同做 1-da-da 的动作，右腿往前的 Temps levé 一次。

4-da-da　身体向左转到面对 8 点方向，同做 2-da-da 的动作，左腿向旁后移动的 Pas balancé 舞步一次。

5-da-da　身体向右转到面对 2 点方向，右腿往前迈步做往前移动的 Pas de basque en tournant 舞步一次。打开双臂成左五位 Allongé，头看 1 点方向。在对角线上向前移动（图 5-20-3）。

6-da-da　身体向右转到面对 6 点方向，右腿往后迈步，做继续往 2 点方向移动的 Pas de basque en tournant 舞步一次。双臂翻转掌心向上，头看 6 点方向。保持在对角线上向前移动（图 5-20-4）。

7-da-da　身体向右转到面对 2 点方向，同做 1-da-da 的动作，右腿往前的 Temps levé 一次。

8-da-da   保持身体对 2 点方向，左腿向前迈出一步，落 Criosé 前四位 Demi plié 下蹲。再左腿起直站立，右腿 Criosé 后点地，双臂左六位，头看 1 点方向舞姿（图 5-20-5）。

② 1-da-da   同做①2-da-da 的动作，打开右腿，向旁后移动的 Pas balancé 舞步一次。双臂成右六位，头看右臂方向。

2-da-da   再打开左腿，向旁后移动的 Pas balancé 舞步一次。双臂成左六位，头看左臂方向。

3-da-da   身体面对 2 点方向，右腿 Effacé 往前 Piqué 迈步，双臂打开七位 Allongé，头看 2 点方向。再左腿快速到收至前五位 Relevé，双臂经二位至右四位，头看 1 点方向（图 5-20-6）。

图 5-20-3   图 5-20-4   图 5-20-5   图 5-20-6

4-da-da   保持五位 Relevé 舞姿站立。

5-6-da-da   打开右腿往前 Pas couru 跑步下场，双臂打开七位，头看行进方向。同时，第二位同学站教室中后区 4 点位置，身体面对 8 点方向，左腿 Épaulement criosé 后点地站立，双臂一位准备。

7-8-da-da   双臂打开小七位 Allongé，再收回到一位。头随右臂动作。在最后一拍，左腿经 Battement développé 伸出 Effacé 前。

③ 1-da-da   第二位同学开始做第一位同学相对应的另一边动作。左腿落 Effacé 前四位 Demi plié，再快速推起绷脚原地跳起 Temps levé 一次。同时右腿踢起后 90°，空中成左臂在前的第 I Arabesque 舞姿，头看 8 点方向。再落左腿单腿 Demi plié 下蹲，保持 Arabesque 舞姿。

2-da-da　身体向右转到面对 2 点方向，右腿向旁后移动的 Pas balancé 舞步一次。双臂到右六位，头看右臂方向。

3-da-da　身体向左转到面对 8 点方向，同做 1-da-da 的动作，左腿往前的 Temps levé 一次。

4-da-da　身体向右转到面对 2 点方向，同做 2-da-da 的动作，右腿向旁后移动的 Pas balancé 舞步一次。

5-da-da　身体向左转到面对 8 点方向，左腿往前迈步做往前移动的 Pas de basque en tournant 舞步一次。打开双臂成右五位 Allongé，头看 1 点方向。在对角线上向前移动。

6-da-da　身体向左转到面对 4 点方向，左腿往后迈步，做继续往 8 点方向移动的 Pas de basque en tournant 舞步一次。双臂翻转掌心向上，头看 4 点方向。保持在对角线上向前移动。

7-da-da　身体向左转到面对 8 点方向，同做 1-da-da 的动作，左腿往前的 Temps levé 一次。

8-da-da　保持身体对 8 点方向，右腿向前迈出一步，落 Criosé 前四位 Demi plié 下蹲。再右腿起直站立，左腿 Criosé 后点地，双臂右六位，头看 1 点方向舞姿（图 5-20-7）。

图 5-20-7

④ 1-da-da　同做 ③2-da-da 的动作，打开左腿，向旁后移动的 Pas balancé 舞步一次。双臂成左六位，头看左臂方向。

2-da-da　再打开右腿，向旁后移动的 Pas balancé 舞步一次。双臂成右六位，头看右臂方向。

3-da-da　身体面对 8 点方向，左腿 Effacé 往前 Piqué 迈步，双臂打开七位 Allongé，头看 8 点方向。再右腿快速到收至前五位 Relevé，双臂经二位至左四位，头看 1 点方向。

4-da-da　打开左腿往旁，向左转身 Pas couru 跑半圆形向教室中区移动。双臂打开七位，头看行进方向。

5-6-da-da　同时，第一位同学从教室 3 点位置横线站 Pas couru 跑入。第三位同学从教室 7 点位置横线站 Pas couru 跑入。

7-8-da-da　三人在教室中区成一横排队列，身体面对 2 点方向，右腿 Épaulement

criosé 后点地站立。双臂左六位，头看 1 点方向。

⑤ 1-da-da　三人保持横排队列，一起用 Pas balancé 逐渐向教室后区移动舞步。先做打开右腿，向旁后移动的 Pas balancé 舞步一次。双臂成右六位，头看右臂方向。

2-da-da　打开左腿，向旁后移动的 Pas balancé 舞步一次。双臂成左六位，头看左臂方向。

3-da-da　再做打开右腿，向旁后移动的 Pas balancé 舞步一次。双臂成右六位，头看右臂方向。

4-da-da　再做打开左腿，向旁后移动的 Pas balancé 舞步一次。双臂成左六位，头看左臂方向。

5-da-da　三人保持横排队列，一起用 Temps levé 和 Pas chassé 逐渐向教室前区移动舞步。先做右腿 Effacé 往前 Temps levé 一次，身体对 2 点方向，左臂经一位、二位打开到右五位，头看 1 点方向（图 5-20-8）。

6-da-da　身体转向 8 点方向，左腿 Effacé 往前 Pas chassé 一次，空中双腿五位。双臂打开七位，头看 1 点方向。

图 5-20-8

7-da-da　保持身体对 8 点方向，左腿 Effacé 往前 Temps levé 一次。右臂经一位、二位打开到左五位，头看 1 点方向。

8-da-da　身体面对 En face，左腿 Effacé 往前的 Pas chassé 一次。双臂打开七位，再经一位到二位，头看 1 点方向。

⑥ 1-da-da　三人保持横排队列，右腿对 1 点方向往前 Piqué 迈步 Relevé，左腿踢起后 90°，双臂打开掌心向上的三位 Allongé，头看 1 点方向（图 5-20-9）。

2-da-da　左腿落后四位 Demi plié，身体向左转身面对 5 点方向，左腿向前 Pas chassé 一次，向教室后区移动舞步。双臂打开七位，头看 5 点方向。落左腿前大四位 Plié。

3-da-da　右腿对 5 点方向往前踢跳 Sauté de basque en dehors 向左转身 1/2 圈。空中换左腿至后 Passé 位置，双臂到二位。

4-da-da　落身体对 8 点方向，右腿前 Croisé 大四位 Plié，左腿直腿全脚踩地。左臂到三位，右臂压掌根叉腰舞姿，头看 1 点方向（图 5-20-10）。

图 5-20-9   图 5-20-10

5-da-da　右腿向 3 点方向往旁迈出一步，身体转到面对 En face 方向，左腿旁点地。同时左臂手经二位打开旁七位，掌心向上，右臂落回身体旁自然下垂，头看 1 点方向。

6-da-da　左腿收回成自然位双腿重心站立。左臂手经二位打开旁七位，掌心向上，成双臂七位舞姿，头看 1 点方向。

7-da-da　双臂收落回身体旁自然下垂。同时上身稍向前俯对 1 点方向低头行礼。

8-da-da　再抬起头部目视前方，身体起直站立。

附录 芭蕾术语

术语	译音	释义
A		
À la seconde	阿·拉·瑟贡德	成二位
Adagio［意］	阿达若	慢板
Allegro［意］	阿莱格洛	快板
Allongé	阿隆热	伸展的
Arabesque	阿拉贝斯克	基本舞姿之一
Assemblé	阿桑布莱	聚集
Attitude	阿蒂迪德	基本舞姿之一
B		
Balancé	巴朗塞	摇摆步
Ballet	巴莱	芭蕾舞
Battement	巴特芒	拍打
Battement développé	巴特芒·代弗洛佩	经屈膝伸出的腿
Battement double fondu	巴特芒·杜勃尔·丰究	双的单腿蹲
Battement double frappé	巴特芒·杜勃尔·弗拉佩	双的小弹腿
Battement double tendu	巴特芒·杜勃尔·唐究	带压脚的擦地
Battement fondu	巴特芒·丰究	单腿蹲
Battement frappé	巴特芒·弗拉佩	小弹腿
Battement relevé lent	巴特芒·雷勒韦·朗	直腿抬腿
Battement retiré	巴特芒·勒蒂雷	吸腿
Battement soutenu	巴特芒·苏特纽	腿的控制
Battement tendu	巴特芒·唐究	擦地
Battement tendu demi plié	巴特芒·唐究·德米·普利埃	擦地带蹲

Battement tendu passé par terre	巴特芒·唐究·帕塞·巴·泰尔	经过地面擦地
Battement tendu jeté	巴特芒·唐究·热泰	小踢腿
Battement tendu jeté balancé	巴特芒·唐究·热泰·巴朗塞	摇摆式的小踢腿
Battement tendu jeté demi plié	巴特芒·唐究·热泰·	
	德米·普利埃	带蹲的小踢腿
Battement tendu jeté pointé	巴特芒·唐究·热泰·普安泰	带点地的小踢腿
Battement tendu pour le pied	巴特芒·唐究·普·勒·皮耶	勾绷脚或压脚
Battu	巴丘	被打击的
Brisé	勃里泽	移位的打击小跳

C

Chaînés	谢奈	一连串快速转
Changement de pied	尚日芒·德·皮耶	换位跳
Chassé	夏塞	追赶步
Cou-de-pied	库德皮耶	踝骨
Coupé	库佩	切割
Couru	库吕	奔跑
Croisé	克鲁瓦泽	交叉的

D

Demi plié	德米·普利埃	半蹲
Demi rond de jambe	德米·隆·德·让	单腿划半圈
Devant	德旺	向前
Développé	代弗洛佩	伸展

E

Écarté	艾卡泰	分开的
Échappé	埃夏佩	等距分腿
Effacé	埃法塞	敞开的

Épaulement	埃波尔芒	斜肩侧身
En dedans	昂·德当	往里的
En dehors	昂·德奥	往外的
En tournant	昂·图尔囊	在转身中
Entrechat quatre	昂特勒夏·卡尔特	四动的击腿跳

F

Failli	法伊	舞步名
Fermée	弗尔梅	闭合的
Fondu	丰究	渐蹲
Fouetté	弗韦泰	转身或挥鞭

G

Grand assemblé	格朗·阿桑布莱	大的聚集式跳
Grand battement jeté	格朗·巴特芒·热泰	大踢腿
Grand battement jeté balancé	格朗·巴特芒·热泰·巴朗塞	摇摆式的大踢腿
Grand battement jeté plié	格朗·巴特芒·热泰·普利埃	带蹲的大踢腿
Grand battement jeté pointé	格朗·巴特芒·热泰·普安泰	带点地的大踢腿
Grand fouetté sauté	格朗·弗韦泰·索泰	大的转身跳
Grand jeté	格朗·热泰	大的换脚跳
Grand jeté entrelacé	格朗·热泰·昂特尔拉塞	翻身换脚大跳
Grand jeté pas de chat	格朗·热泰·帕·德·夏	大的猫步跳
Grand plié	格朗·普利埃	大的蹲
Grand rond de jambe	格朗·隆·德·让	单腿划整圈
Grand rond de jambe jeté	格朗·隆·德·让·热泰	大的踢腿划圈

P

| Passé | 帕塞 | 经过 |
| Pas assemblé | 帕·阿桑布莱 | 双腿聚集跳 |

Pas balancé	帕·巴朗塞	摇摆步
Pas ballonné	帕·巴洛内	似球般的跳跃
Pas ballotté	帕·巴洛泰	摇摆的换脚跳
Pas chassé	帕·夏塞	追赶步
Pas coupé	帕·库佩	切
Pas couru	帕·库吕	跑
Pas de basque	帕·德·巴斯克	巴斯克舞步
Pas de bourrée	帕·德·布雷	布雷舞步
Pas de chat	帕·德·夏	猫步
Pas double assemblé	帕·杜勃尔·阿桑布莱	双的聚集跳
Pas échappé	帕·埃夏佩	变位跳
Pas emboîté	帕·昂布瓦泰	换脚小跳
Pas glissade	帕·格利沙德	滑步
Pas jeté	帕·热泰	换脚跳
Pas sauté	帕·索泰	跳
Petit battement sur le cou–de–pied	珀蒂·巴特芒·絮·勒·库德皮耶	在脚踝上的击打
Piqué	皮凯	直腿上步
Pirouetté	皮鲁埃特	原地旋转
Plié	普利埃	蹲
Port de bras	波·德·勃拉	手臂姿态
Posé	波塞	成舞姿
Prèparation	普雷帕拉雄	准备
Penchée	庞舍	成后腿舞姿向前俯身

R

Relevé	雷勒韦	立（半）脚尖
Révérence	勒韦朗斯	行礼
Rond de jambe	隆·德·让	单腿划圈
Rond de jambe en l'air	隆·德·让·昂·莱尔	小腿在空中划圈

| Rond de jambe par terre | 隆·德·让·巴·泰尔 | 地面划圈 |
| Royale | 罗亚尔 | 换脚的击腿跳 |

S

Sauté	索泰	带跳的
Sauté de basque	索·德·巴斯克	转身的巴斯克跳
Simple	森普尔	简单的
Sissonne	西松	双起单落类的跳
Sissonne fermée	西松·弗尔梅	闭合式的跳
Sissonne fondu	西松·丰究	渐落式的跳
Sissonne ouverte	西松·乌韦尔	敞开式的跳
Sissonne simple	西松·森普尔	双起单落的跳
Sissonne tombée	西松·通贝	往下落的跳
Suivi	絮依维	小碎步
Sur le cou-de-pied	絮·勒·库德皮耶	放在脚踝上
Soutenu	苏特纽	舞姿不变的

T

Temps de cuisse	唐·德·居伊斯	扭胯的跳
Temps leve	唐·勒韦	直上直下的单腿跳
Temps lié	唐·利埃	连接动作
Tendu	唐究	绷直
Tombé	通贝	倒重心
Tour	图尔	转
Tour lent	图尔·朗	慢速转动

W

| Warm up［英］ | 沃尔门·阿普 | 热身活动 |

注：上述芭蕾术语以法语为主，按英文字母、单词读音顺序排列，非法语芭蕾术语特别予以标注。以上术语仅为本课例组合内涉及的芭蕾术语，供参考。

读者意见反馈

为收集对教材的意见建议，进一步完善教材编写并做好服务工作，读者可将对本教材的意见建议通过如下渠道反馈至我社。

咨询电话　400-810-0598

反馈邮箱　gjdzfwb@pub.hep.cn

通信地址　北京市朝阳区惠新东街4号富盛大厦1座

　　　　　高等教育出版社总编辑办公室

邮政编码　100029

防伪查询说明

用户购书后刮开封底防伪涂层，使用手机微信等软件扫描二维码，会跳转至防伪查询网页，获得所购图书详细信息。

防伪客服电话　（010）58582300